Strafrecht AT 2

2024

Die Autorin

Dr. Jannina Schäffer

promovierte an der Deutschen Hochschule der Polizei (DHPol), ist Lehrbeauftragte für Strafrecht an der FernUniversität Hagen und wissenschaftliche Mitarbeiterin bei Alpmann Schmidt.

Als Autorin der RechtsprechungsÜbersicht (RÜ) weiß sie, welche Themen besonders examensrelevant sind und kann rechtliche Probleme so darstellen, wie sie in Ihrer Examensklausur abgefragt werden. Aufgrund ihrer Tätigkeit ist sie im Strafrecht immer up-to-date und vermittelt Ihnen gekonnt das gesamte examensrelevante Wissen des Strafrecht AT 2 in diesem Skript.

Die Autorin hat dieses Werk 2024 von Dr. Rolf Krüger übernommen, der als Autor, Repetitor und Gesellschafter über Jahrzehnte eng mit Alpmann Schmidt verbunden war.

Zitiervorschlag: Krüger/Schäffer, Strafrecht AT 2, Rn.

Dr. Krüger, Rolf
Dr. Schäffer, Jannina
Strafrecht AT 2
19., neu bearbeitete Auflage 2024
ISBN: 978-3-86752-926-6

Verlag: Alpmann und Schmidt Juristische Lehrgänge
Verlagsgesellschaft mbH & Co. KG, Münster

Unterstützt uns bei der Weiterentwicklung unserer Produkte.
Wir freuen uns über Anregungen, Wünsche, Lob oder Kritik an:
feedback@alpmann-schmidt.de

INHALTSVERZEICHNIS

LITERATURVERZEICHNIS

Baumann/Weber/Mitsch/Eisele	Strafrecht, Allgemeiner Teil, 13. Auflage 2021 (zitiert: Baumann/Weber/Mitsch/Eisele)
Fischer	Strafgesetzbuch und Nebengesetze, 71. Auflage 2024 (zitiert: Fischer)
Frister	Strafrecht, Allgemeiner Teil, 10. Auflage 2023 (zitiert: Frister)
Herzberg	Täterschaft und Teilnahme, 1977 (zitiert: Herzberg)
Jescheck/Weigend	Lehrbuch des Strafrechts, Allgemeiner Teil, 5. Auflage 1996 (zitiert: Jescheck/Weigend)
Kindhäuser/Neumann/ Paeffgen/Saliger	Nomos Kommentar Strafgesetzbuch, 6. Auflage 2023 (zitiert: NK/Bearbeiter)
Kindhäuser/Zimmermann	Strafrecht, Allgemeiner Teil, 11. Auflage 2023 (zitiert: Kindhäuser/Zimmermann)
Krey/Esser	Deutsches Strafrecht, Allgemeiner Teil, 7. Auflage 2021 (zitiert: Krey/Esser)
Kühl	Strafrecht Allgemeiner Teil, 8. Auflage 2017 (zitiert: Kühl)

Münchener Kommentar zum Strafgesetzbuch	Band 1: §§ 1–37 4. Auflage 2020 Band 2: §§ 38–79b 4. Auflage 2020 (zitiert: MünchKomm/Bearbeiter)
Rengier	Strafrecht, Allgemeiner Teil, 12. Auflage 2023 (zitiert: Rengier)
Roxin/Greco	Strafrecht Allgemeiner Teil, Band I 5. Auflage 2020 (zitiert: Roxin/Greco AT I)
Roxin	Strafrecht Allgemeiner Teil, Band II 2003 (zitiert: Roxin AT II)
Roxin	Täterschaft und Tatherrschaft, 11. Auflage 2022
Schönke/Schröder	Strafgesetzbuch, 30. Auflage 2019 (zitiert: Sch/Sch/Bearbeiter)
Stratenwerth/Kuhlen	Strafrecht, Allgemeiner Teil I, Die Straftat, 6. Auflage 2011 (zitiert: Stratenwerth/Kuhlen)
Wessels/Beulke/Satzger	Strafrecht Allgemeiner Teil, 53. Auflage 2023 (zitiert: Wessels/Beulke/Satzger)

1. Teil: Täterschaft und Teilnahme

1. Abschnitt: Beteiligungsformen bei der Vorsatz- und Fahrlässigkeitstat

A. Numerus clausus der Beteiligung bei der Vorsatztat

Das deutsche Strafrecht geht bei Vorsatzdelikten von einem **dualistischen Beteiligungssystem** aus.[1] Man unterscheidet zwischen Täterschaft und Teilnahme. 1

- **Tätern (§ 25[2])** wird das tatbestandliche Unrecht direkt zugeschrieben.
- **Teilnehmer (§§ 26, 27)** sind indirekt über die rechtswidrige Haupttat eines anderen für das von ihnen vorsätzlich veranlasste (Anstiftung) oder geförderte (Beihilfe) Unrecht verantwortlich.

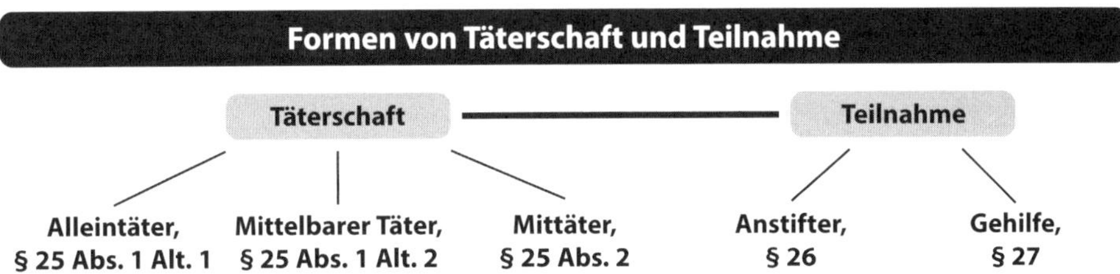

I. Täterschaftsformen

§ 25 unterscheidet zwischen:[3] 2

- dem unmittelbaren Täter, § 25 Abs. 1 Alt. 1,
- dem mittelbaren Täter, § 25 Abs. 1 Alt. 2, und
- dem Mittäter, § 25 Abs. 2.

Der **unmittelbare Täter** (inhaltsgleich: Alleintäter) verwirklicht alle Deliktsmerkmale in eigener Person. Der **mittelbare Täter** steuert die Deliktsverwirklichung durch das Handeln eines von ihm beherrschten Menschen (Werkzeug). **Mittäter** nehmen die Tathandlung aufgrund eines gemeinsamen Tatplans in arbeitsteiligem Zusammenwirken vor. Die Mittäterschaft und die mittelbare Täterschaft bewirken also die **Zurechnung fremder Handlungen**. Folge dieser Handlungszurechnung ist, dass jeder Täter strafrechtlich so angesehen wird, als habe er jede Handlung selbst vorgenommen.

Beispiel: A und B stechen absprachegemäß mit Tötungsvorsatz auf C ein. C stirbt an einem der Stiche, doch lässt sich später nicht aufklären, welcher der Stiche tödlich war. – A und B sind wegen gemeinschaftlichen vollendeten Totschlags strafbar. Die Ungewissheit über den tatsächlichen Ablauf wirkt sich hier nicht aus: Entweder hat A oder B selbst den tödlichen Stich gesetzt oder dieser ist ihm als tatplangemäße Handlung nach § 25 Abs. 2 wie eine eigene Handlung zuzurechnen (Fall der sog. Tatsachenalternativität, s. unten Rn. 791).

---

1 Vgl. § 28 Abs. 2 StGB, Rengier § 40 Rn. 1.
2 §§ ohne Gesetzesangabe sind solche des StGB.
3 Kindhäuser/Zimmermann § 38 Rn. 2.

II. Teilnahmeformen

3 Die Teilnahme setzt eine vorsätzliche, rechtswidrige Haupttat voraus, sog. **Akzessorietät der Teilnahme.**[4] Teilnehmer können entweder Anstifter oder Gehilfen sein:

- **Anstifter** ist nach **§ 26**, wer einen anderen zu dessen Vorsatztat „bestimmt", d.h. durch psychische Einwirkung beim Haupttäter den Tatentschluss zu dessen Vorsatztat hervorruft.
- **Gehilfe** ist jeder, der die vorsätzliche Haupttat psychisch oder physisch fördert, **§ 27**.

Klausurhinweis: *Täterschaft und Teilnahme sind immer tatbestandsbezogen zu sehen. Folglich kann sich die Beteiligtenrolle von einem zum anderen Delikt ändern, sie ist „teilbar". Für das* ***strafrechtliche Gutachten*** *folgt daraus der Grundsatz, dass die Frage nach Täterschaft und Teilnahme* ***bei jedem Delikt neu*** *geprüft werden muss!*

B. Beteiligung an der Fahrlässigkeitstat

4 Da Anstiftung und Beihilfe eine vorsätzliche, rechtswidrige Haupttat erfordern, gibt es **keine Teilnahme an einer Fahrlässigkeitstat**.

I. Einheitstäterbegriff

5 Bei Fahrlässigkeitsdelikten ist vielmehr derjenige Täter, der sorgfaltswidrig einen Deliktserfolg verursacht hat. Beim Fahrlässigkeitsdelikt gilt also ein **Einheitstäterbegriff**.[5]

Beispiel: Bauarbeiter A ruft seinem Kollegen B zu, dieser solle ihm ein schweres Werkzeug herüberwerfen, obwohl beide wissen, dass die Wurfweite viel zu groß ist, um das Werkzeug sicher zu fangen. B wirft und A schafft es nicht, das Werkzeug zu fangen. Arbeitskollege C wird getroffen und verletzt. – A und B sind als Täter einer fahrlässigen Körperverletzung gemäß § 229 strafbar.

II. Mittäterschaft bei der Fahrlässigkeitstat

6 Umstritten ist, ob es Mittäterschaft am Fahrlässigkeitsdelikt gibt.

Beispiel: Entgegen den geltenden Sicherheitsvorschriften werfen die Abbrucharbeiter A und B nach vorheriger Absprache Gerümpel aus dem Obergeschoss eines Gebäudes in einen auf der Straße abgestellten Container. Ein Abfallteil trifft einen Passanten tödlich. – Ob A oder B geworfen hat, lässt sich nicht mehr aufklären.

7 Eine **vordringende Meinungsgruppe im Schrifttum** hält Mittäterschaft an einer Fahrlässigkeitstat für möglich, wenn mehrere eine gemeinschaftliche sorgfaltswidrige Handlung verabreden und hierdurch den Deliktserfolg unvorsätzlich herbeiführen.[6] Auswirkungen hat diese Ansicht, wenn sich nicht nachweisen lässt, welche von mehreren fahrlässig handelnden Personen ursächlich für einen Deliktserfolg geworden ist.

Diese Ansicht müsste im vorgenannten Abbrucharbeiter-Beispiel wegen der Gemeinschaftlichkeit der konkreten Art und Weise der Entrümpelung zur Strafbarkeit von A und (!) B wegen fahrlässiger Tötung gemäß § 222 gelangen.

---

4 NK/Schild/Kretschmer Vor §§ 26, 27 Rn. 10.
5 Rengier § 53 Rn. 2.
6 Frister Kap. 26 Rn 4.

Die **Gegenauffassung** verweist auf § 15, der auch für § 25 als Ergänzung der BT-Tatbestände gelte und deshalb die Mittäterschaft und die mittelbare Täterschaft auf Vorsatztaten begrenze.[7] 8

Nach dieser Meinung kann die Strafbarkeit von A und B nicht über die Mittäterschaft gemäß § 25 Abs. 2 begründet werden.

Die letztgenannte Ansicht ist überzeugender, weil Mittäterschaft untrennbar mit Vorsatz hinsichtlich des Taterfolges verknüpft ist, der bei der Fahrlässigkeitstat gerade nicht vorliegt.

Auch ohne die Zurechnungsregel des § 25 Abs. 2 lässt sich aber die Fahrlässigkeitsstrafbarkeit jedes Mitwirkenden damit begründen, dass er schon durch die Verabredung des späteren sorgfaltswidrigen Handelns **fahrlässig eine eigene Ursache** für den späteren Taterfolg gesetzt hat.[8]

Dann sind A und B als fahrlässige Nebentäter gemäß § 222 strafbar, weil jeder von ihnen den Tod des Passanten entweder durch die Verabredung zur verbotenen Art der Entrümpelung oder durch den tödlichen Wurf verursacht hat.

C. Subjektqualität

Täterschaft setzt **Subjektqualität** voraus. Deswegen können **juristische Personen** im strafrechtlichen Sinn nicht handeln und sind auch nicht schuldfähig.[9] 9

I. Täterqualität

Wer als natürliche Person keine **Täterqualität** besitzt, kann kein unmittelbarer, mittelbarer oder Mittäter sein, selbst wenn er die Tathandlung selbst vorgenommen hat. Es kommt dann bei der Vorsatztat nur Anstiftung oder Beihilfe in Betracht. 10

7 Krey/Esser Rn. 1342.

8 Wessels/Beulke/Satzger Rn. 839.

9 MünchKomm/Joecks/Scheinfeld Vor § 25 Rn. 16.

- Dies wird bedeutsam bei **eigenhändigen Delikten** (die eine höchstpersönliche Vornahme der strafbaren Handlung voraussetzen).

  Beispiel: So kann ein Aussagedelikt nach §§ 153, 154, 156 nicht in mittelbarer Täterschaft (etwa durch Bedrohung eines Zeugen) begangen werden; wohl kann aber § 160 (Verleitung zur Falschaussage) eingreifen.[10]

- Auch wer bei einem **Sonderdelikt** die geforderte Subjektqualität nicht besitzt, scheidet von vornherein als Täter aus.

  Beispiel: Bei der Falschbeurkundung im Amt, § 348, kann nur der Amtsträger Täter sein, der zur Beurkundung zuständig ist. Ein anderer kann nur Anstifter oder Gehilfe dazu sein.

- Auch bei Allgemeindelikten, die durch **irgendein auf das Tatsubjekt bezogenes Merkmal** bestimmte Personen aus dem Täterkreis ausklammern, scheidet jede Form der Täterschaft aus, wenn die fragliche Person nicht die geforderte Subjektqualität mitbringt. Hierbei kann es sich um objektive, subjektive, tatbezogene oder persönliche Merkmale handeln.

  Beispiel 1: A und B entwenden gemeinsam eine Kiste bei C, um die darin enthaltenen Wertsachen zu verkaufen. An der Kiste selbst haben sie kein Interesse. Als sie die Kiste zu Hause öffnen, stellt B fest, dass sich darin nur Bücher befinden, die B dem C Monate zuvor geliehen hatte. – A ist strafbar wegen vollendeten Diebstahls, § 242. B ist dagegen kein Mittäter der Vollendungstat, weil die Bücher in seinem Eigentum standen, also für ihn nicht fremd waren. Gegeben ist ein untauglicher Versuch des Diebstahls in Mittäterschaft, §§ 242, 25 Abs. 2, 22, 23 Abs. 1.

  Beispiel 2: Der sterbewillige S veranlasst seinen Freund F, „nur so zum Spaß die ungeladene Pistole" auf ihn zu richten und „symbolisch" abzudrücken. S will auf diese Weise durch die Hand des gutgläubigen F sterben. F drückt ab, doch geht der Schuss daneben. – F ist straflos. Aber auch S ist straflos. Versuchter Totschlag in mittelbarer Täterschaft, §§ 212 Abs. 1, 25 Abs. 1 Alt. 2, 22, 23 Abs. 1, und versuchte Tötung auf Verlangen in mittelbarer Täterschaft gemäß §§ 216 Abs. 1, 2, 25 Abs. 1 Alt. 2, 22, 23 Abs. 1 scheitern daran, dass Täter und Opfer bei den Tötungsdelikten personenverschieden sein müssen, dass also das Tatopfer ein anderer Mensch sein muss. Dieses ungeschriebene Merkmal folgt aus der Tatbestandslosigkeit der Selbsttötung.

Klausurhinweis: *Abgesehen von solchen Evidenzfällen erschließt sich die fehlende Täterqualität in der Regel erst bei genauer Subsumtion nach dem jeweiligen Deliktsschema. Deshalb sollte man im Gutachten nur ausnahmsweise sofort auf die fehlende Täterqualität „springen".*

II. Strafausdehnung auf Vertreter nach § 14

11 Würde der Grundsatz „Keine Täterschaft ohne Subjektqualität" ausnahmslos gelten, ergäbe sich eine kriminalpolitisch unbefriedigende Strafbarkeitslücke: Wenn nämlich – wie im arbeitsteiligen Wirtschaftsleben häufig – der Normadressat bestimmter Sonderdelikte (vgl. §§ 283 ff., 325) selbst nicht handelt oder nicht handeln kann und deshalb Vertreter tätig werden lässt, die selbst keine Normadressaten sind, bliebe der Sonderpflichtige mangels eigener Handlung oder wegen fehlender Deliktsfähigkeit straflos, und der Vertreter wäre kein tauglicher Täter. Diese Lücke schließt **§ 14** durch eine **Strafausdehnung** der Sondereigenschaft **auf Vertreter**.[11]

---

10 RGSt 75, 113; Sch/Sch/Bosch/Schittenhelm Vor § 153 ff. Rn. 33.

11 Lackner/Kühl/Heger, StGB, 29. Aufl. 2018, § 14 Rn. 1.

Voraussetzungen des § 14	
Objektiv	**Subjektiv**
a) Vertretungsverhältnis nach § 14 Abs. 1, Abs. 2 b) Innerer Zusammenhang c) Besonderes persönliches Merkmal strafbegründender Art	d) Kenntnis der Umstände
Rechtsfolge: Strafausdehnung der Sondereigenschaft auf Vertreter	

Die Strafausdehnung des § 14 auf Vertreter hat folgende Voraussetzungen:[12]

- Der Handelnde muss objektiv in einem der aufgezählten **Vertretungsverhältnisse** gestanden haben. 12

  - § 14 Abs. 1 Nr. 1 nennt Organe oder deren Mitglieder bei juristischen Personen, § 14 Abs. 1 Nr. 2 nennt vertretungsberechtigte Gesellschafter einer Personengesellschaft, z.B. OHG, KG, Partnerschaftsgesellschaft, aber auch BGB-Gesellschaften, wenn sie als Außengesellschaften am Rechtsverkehr teilnehmen.[13] § 14 Abs. 1 Nr. 3 bezieht gesetzliche Vertreter mit ein, wie z.B. Eltern, Pfleger, Insolvenzverwalter, Testamentsvollstrecker etc.
  - § 14 Abs. 2 behandelt rechtsgeschäftlich begründete Vertretungsverhältnisse selbstständig und eigenverantwortlich handelnder Beauftragter in Betrieben (S. 1), Unternehmen (S. 2) und Stellen der öffentlichen Verwaltung (S. 3).[14]
  - Auf die Wirksamkeit des die Vertretung oder das Auftragsverhältnis begründenden Rechtsgeschäfts kommt es nicht an, § 14 Abs. 3.

- Die **deliktische Handlung des Vertreters** muss in einem **inneren Zusammenhang zur Vertretungsaufgabe** stehen (Abs. 1: „als"; Abs. 2: „aufgrund dieses Auftrags"). 13

- Die beim Vertretenen vorhandenen, dem Vertreter fehlenden Deliktsvoraussetzungen müssen **„besondere persönliche Merkmale" strafbegründender Art** sein. Dieser Begriff ist nach überwiegender Ansicht enger auszulegen als in § 28 Abs. 1 – entgegen der dortigen Gesetzesverweisung.[15] 14

Da § 14, anders als § 28 Abs. 1, keine Strafmilderung, sondern eine Übertragung der strafrechtlichen Verantwortung auf den Vertreter eines Sonderpflichtigen bezweckt, scheiden als „besondere persönliche Merkmale" im Sinne dieser Vorschrift die Absichten, Motive und Tendenzen aus, da sie bei juristischen Personen nicht vorliegen können und bei vertretenen natürlichen Personen ohne gleichzeitiges Handeln nicht denkbar sind (z.B. wäre die „Rücksichtslosigkeit" als solche ohne ein entsprechendes Verhalten nicht feststellbar); ferner scheiden „höchstpersönliche" Merkmale aus, bei denen eine Vertretung aus rechtlichen oder tatsächlichen Gründen nicht möglich ist, z.B. „Amtsträger" in § 344, „Arzt" in § 203, „Unfallbeteiligter" in § 142.[16]

Besondere persönliche Merkmale i.S.d. § 14 sind solche,

- die einen bestimmten Täter mit einer **Statusbezeichnung** umschreiben und ihm **besondere Pflichten** auferlegen (z.B. Kraftfahrzeughalter in § 21 StVG);

---

12 Rengier § 42 Rn. 12 ff.; NK/Böse/Bülte § 14 Rn. 10 ff.

13 MünchKomm/Radtke § 14 Rn. 79.

14 Zusätzlich verlangt der BGH sachliche Notwendigkeit der Aufgabenübertragung, BGH RÜ 2013, 94.

15 Sch/Sch/Perron/Eisele § 14 Rn. 8.

16 H.M., vgl. Lackner/Kühl/Heger § 14 Rn. 12; Fischer § 14 Rn. 2.

- in denen die Täterbeschreibung auch Personenmehrheiten und natürliche Personen einschließt, die **typischerweise durch andere handeln** (z.B. Veranstalter oder Halter eines Glücksspiels, § 284);
- die einen bestimmten **Täterkreis** bezeichnen, **vor dem das jeweilige Rechtsgut besonders geschützt werden muss** (z.B. der Gemeinschuldner in § 283, Treuepflichtige nach § 266).

15 ■ In subjektiver Hinsicht muss der Handelnde – bei Vorsatzdelikten – **die Umstände kennen, die ihn nach § 14 zum Täter machen.**

Aufbau: *Bevor man im Rahmen der Tatbestandsprüfung auf § 14 zu sprechen kommt, sollte sichergestellt sein, dass der fragliche Beteiligte nicht schon ohne diese Vorschrift sonderpflichtiger Normadressat ist, z.B. bei der Untreue wegen eigener Vermögensbetreuungspflicht.*

Klausurhinweis: *Benötigt man § 14 für die Strafbarkeit, ist diese Vorschrift im Obersatz nach der BT-Strafnorm zu zitieren.*

2. Abschnitt: Reichweite der unmittelbaren Täterschaft

16 Nach § 25 Abs. 1 Alt. 1 wird als Täter bestraft, wer die Straftat **„selbst begeht"**. Hiermit wird die häufigste Erscheinungsform der Täterschaft beschrieben, nämlich der **unmittelbare Täter** oder auch **Einzeltäter**.

A. Täter ist, wer die Tathandlung vollständig allein verwirklicht

17 Hat jemand **alle Deliktsmerkmale selbst verwirklicht**, ist er stets Täter. Er kann dann seine Täterschaft nicht unter Berufung auf einen Teilnahmewillen zum Gehilfenbeitrag einer fremden Tat herabstufen.[17]

Beispiel: Aus diesem Grund sind Soldaten der ehemaligen DDR-Grenztruppen, die eigenhändig Flüchtlinge erschossen haben, Täter eines Totschlags, auch wenn sie ohne Eigeninteresse nur in Ausführung eines ihnen zuvor erteilten Tötungsbefehls bei „Grenzdurchbrüchen" gehandelt haben.[18]

Anders noch die früher vom RG und BGH vertretene **extrem subjektive Theorie**. Danach wurde z.B. im „Badewannen-Fall"[19] und im „Staschynskij-Urteil"[20] bei eigenhändiger Tatbestandsverwirklichung eine Täterschaft mit der Begründung abgelehnt, dass kein Täterwille, sondern nur Gehilfenwille vorgelegen habe.

Klausurhinweis: *Die extrem subjektive Theorie ist heute nicht mehr vertretbar und deshalb auch in einer Falllösung nicht mehr zu erwähnen.*

18 Hat jemand eine Straftat begangen, so schadet es auch nicht, dass noch andere Personen als Täter für denselben tatbestandlichen Erfolg an demselben Tatobjekt einzustehen haben. Alle sind dann **Nebentäter** – eine Bezeichnung, die im StGB nicht vorkommt und nur klarstellende Bedeutung hat.[21]

Beispiel: X und Y kippen – ohne Wissen voneinander – Abwässer in einen See. – Gewässerverunreinigung gemäß § 324 Abs. 1 Alt. 1 in Nebentäterschaft.

---

17 BGH, Urt. v. 23.08.2018 – 3 StR 149/18, BeckRS 2018, 26591, Rn. 14; Fischer § 25 Rn. 3; Roxin AT II § 25 Rn. 42.

18 BGHSt 39, 12, 31 f., wo zusätzlich noch der bei den Ausführenden vorhandene Handlungsspielraum berücksichtigt wird.

19 RGSt 74, 85: Die Schwester der Kindesmutter hatte das neugeborene Kind mit eigener Hand ertränkt.

20 BGHSt 18, 87: Staschynskij hatte als Agent des KGB der ehemaligen UdSSR auftragsgemäß in München den Ukrainer Bandera mit einer Giftpistole getötet.

21 Vgl. MünchKomm/Joecks/Scheinfeld § 25 Rn. 2.

B. Unmittelbare Täterschaft in sonstigen Fällen

Unmittelbare Täterschaft kann auch vorliegen, wenn eine Person **nur eine Teilhandlung** vorgenommen hat und der Erfolg erst durch eine weitere Handlung (eines Dritten oder des Opfers) vermittelt wurde. Hier darf man aber die Grenzen zu den anderen in § 25 genannten Täterschaftsformen nicht aus den Augen verlieren. Deshalb folgende Unterscheidung: 19

I. Hat der Täter einer Vorsatztat durch seine Handlung **unvorsätzlich** nur die **Gelegenheit dafür geschaffen,** dass sich **andere in die Deliktsverwirklichung einschalten**, kann die (unmittelbare) Täterschaft nur – dann aber auch immer – bejaht werden, wenn der tatbestandliche Erfolg trotz des Dazwischentretens der anderen Person noch im **objektiven Zurechnungszusammenhang der Ersthandlung steht (Lit.) bzw. keine vorsatzausschließende wesentliche Kausalabweichung begründet (Rspr.)**. Dies ist unabhängig von der Strafbarkeit des Zweitverursachers und sollte in jedem Fall problematisiert werden.[22] 20

Beispiel: Um O zu töten, schlägt A ihn nieder. Als O lebensgefährlich verletzt bewusstlos am Boden liegt, glaubt A, dieser sei bereits tot. Er verlässt den Tatort. B kommt hinzu und erkennt, dass O noch lebt. Um A vor Strafe zu schützen, tötet er O. – B ist strafbar wegen Mordes in Verdeckungsabsicht, § 211. A ist dennoch unmittelbarer Täter eines vollendeten Totschlags, § 212. Die, wenn auch vorsätzlich, von B bewirkte Beschleunigung des Todeseintritts an dem schwer verletzten O unterbricht weder Kausalität noch objektiven Risikozusammenhang zwischen dem Niederschlagen und dem eingetretenen Tod. Sie begründet auch keine vorsatzausschließende wesentliche Kausalabweichung.[23]

Bejaht man die objektive und subjektive Zurechnung – wie in den meisten Fällen –, ist der Erstverursacher stets unmittelbarer Täter.

II. Unmittelbare Täterschaft liegt auch dann vor, wenn der Ersthandelnde seine Handlung **bewusst** mit der **einer anderen Person verbindet, um einen Deliktserfolg zu ermöglichen**, aber die Tathandlung **trotzdem vollständig in eigener Person** ausführt. Er nutzt dann nur die Wirkung der Mitwirkungsbeiträge des anderen aus. Diese müssen ihm aber nicht über § 25 zugerechnet werden. Auch bei solchen Konstellationen sind zusätzliche Ausführungen zum Täterbegriff überflüssig und falsch. 21

Beispiel: A bittet B, ihm zur Begehung eines Diebstahls einen Nachschlüssel zu besorgen. Führt er sodann mithilfe dieses Werkzeugs die Tat aus, ist er unmittelbarer Täter des § 242, auch wenn der Diebstahlsgehilfe einen Tatbeitrag erbracht hat, ohne den die Tat nicht hätte ausgeführt werden können.

III. Überlässt aber der Ersthandelnde dem von ihm willentlich eingeschalteten Menschen die **unmittelbare Herbeiführung des Taterfolges** oder auch nur einen Teil derselben, muss ihm dieses „Vertreterhandeln" **nach § 25 Abs. 1 Alt. 2 oder § 25 Abs. 2 wie eigenes zurechenbar sein, damit er Täter ist**. 22

Hinweis: *Die **objektive Zurechnung** betrifft den Risikozusammenhang **zwischen einer Handlung und einem Erfolg**. Bei **§ 25** geht es darum, ob einer Person die **Handlung einer anderen Person** als eigene angelastet werden kann.*

Ist eine solche Handlungszurechnung nicht möglich, scheidet Täterschaft generell aus. Möglich ist allenfalls noch Teilnahme in Form der Anstiftung oder Beihilfe.

---

22 Vgl. dazu ausführlich AS-Skript Strafrecht AT 1 (2021), Fall 3 Rn. 133 ff.

23 S. dazu AS-Skript Strafrecht AT 1 (2021), Rn. 135 ff.

Beispiel: A hat erfahren, dass B in die Wohnung des W einsteigen will, um dort zu stehlen. Damit B die Tat ungestört ausführen kann, schließt A den W kurz vor Auftauchen des B in seiner Garage ein. B bekommt von alldem nichts mit und verschwindet mit der Beute. – B hat einen schweren Wohnungseinbruchdiebstahl nach § 244 Abs. 1 Nr. 3, Abs. 4 begangen. A hat eine Nötigung gemäß § 240 (mit gesetzeskonkurrierender Freiheitsberaubung gemäß § 239 Abs. 1 Alt. 1) als unmittelbarer Täter begangen. Raub gemäß § 249 (mit Drittzueignungsabsicht) scheidet dagegen aus. Die Wegnahmehandlung hat B vorgenommen. Sie ist dem A nicht zurechenbar: B war kein Tatmittler und mangels gemeinsamen Tatplans auch kein Mittäter.[24] A ist deshalb nur Gehilfe des schweren Wohnungseinbruchdiebstahls des B.

Klausurhinweis: *Im Anwendungsbereich der unmittelbaren Täterschaft sind zusätzliche Kriterien zum Täterbegriff entbehrlich. Auch ist es überflüssig, § 25 Abs. 1 Alt. 1 bei unmittelbarer Täterschaft im Obersatz mitzubenennen.*

Subjektqualität als Mindestvoraussetzung jeder Täterschaft

- Bei eigenhändigen Delikten: Höchstpersönliche Vornahme der Tathandlung
- Bei Sonderdelikten:
  - Vorliegen der im jeweiligen Tatbestand verlangten Sondereigenschaft
  - Bei Handeln für andere Strafausdehnung nach § 14 möglich
- Bei Allgemeindelikten: Vorliegen aller objektiven und subjektiven auf den Täter bezogenen Merkmale

Reichweite der unmittelbaren Täterschaft

- Täter ist, wer (bei vorhandener Subjektqualität) alle Deliktsmerkmale in eigener Person verwirklicht.
- Auch wer Mitwirkungsbeiträge anderer ausnutzt, bleibt unmittelbarer Täter, wenn er die Tathandlung selbst ausführt und den Taterfolg selbst zurechenbar herbeiführt.
- Wenn die Tathandlung ganz oder teilweise von einem anderen ausgeführt wurde, endet die unmittelbare Täterschaft anderer Tatmitwirkender. Hier kann bei der Vorsatztat Täterschaft nur unter den Voraussetzungen des § 25 Abs. 2 als Mittäterschaft oder gemäß § 25 Abs. 1 Alt. 2 als mittelbare Täterschaft vorliegen.

Aufbau: *Sind nach der Fallfrage mehrere Beteiligte zu untersuchen, beginnen Sie* ***immer mit dem Tatnächsten und prüfen zuerst, ob Täterschaft vorliegt****! Stellen Sie bei wechselnden Beteiligungsrollen verschiedener Personen sicher (ggf. durch Handlungskomplexe), dass* ***Täter immer vor*** *den haupttatabhängigen* ***Teilnehmern*** *geprüft werden!*

24 Vgl. Kindhäuser/Zimmermann § 40 Rn. 8.

3. Abschnitt: Mittäterschaft, § 25 Abs. 2

A. Reichweite der Mittäterschaft

I. Verwirklichen mehrere Personen die Tathandlung(en) aufgrund eines **gemeinsamen Tatplanes gemeinschaftlich**, so sind sie **Mittäter, § 25 Abs. 2**. Das Zusammenwirken hat zur Folge, dass jedem die Handlung(en) des anderen wie eigene **zugerechnet** werden, und löst damit für jeden Mittäter die volle Strafbarkeit für das Delikt aus.[25] 23

Beispiel: X und Y verschaffen sich wertvolle Antiquitäten dadurch, dass X in die Villa des Eigentümers einbricht und die Beutestücke durch ein geöffnetes Fenster an den draußen wartenden Y weiterreicht, der sie in seinem Lieferwagen allein abtransportiert. – Hier sind beide Mittäter eines schweren Wohnungseinbruchdiebstahls gemäß § 244 Abs. 1 Nr. 3, Abs. 4, obwohl Y selbst nicht in die Wohnung eingebrochen ist und X beim Abtransport nicht dabei war!

II. Gemeinschaftliches Handeln und damit Mittäterschaft liegt auch dann vor, wenn beim Zusammenwirken **jeder aufgrund eines gemeinsamen Tatplans alle Tatbestandsmerkmale eigenhändig verwirklicht**.[26] § 25 Abs. 2 fungiert dann nicht als Zurechnungsnorm, sondern begründet allenfalls den prozessualen Zusammenhang i.S.v. § 3 StPO, der zur gemeinsamen Anklage und Aburteilung führt. 24

Beispiel: Die Obdachlosen A und B verschaffen sich durch gegenseitige Hilfestellung Zutritt zum Keller eines Verwaltungsgebäudes und legen sich dort schlafen. – Gemeinschaftlicher Hausfriedensbruch, §§ 123 Abs. 1 Alt. 1, 25 Abs. 2.

III. Der Mittäterschaft steht es auch nicht entgegen, dass einer der Mitwirkenden schuldunfähig war (§ 20) oder einem unvermeidbaren Verbotsirrtum unterlag (§ 17 S. 1). Da die Schuld ein allgemeines persönliches Merkmal i.S.v. § 29 ist, hat dies nur zur Folge, dass der ohne Schuld Handelnde nicht strafbar ist. Das schließt aber nicht aus, dem schuldhaft Handelnden die Beiträge des anderen nach § 25 Abs. 2 als Mittäter zuzurechnen. **Mittäterschaft ist also auch mit einem nicht schuldhaft Handelnden möglich**.[27] Mittelbare Täterschaft ist nur dann gegeben, wenn ein strafrechtlicher Defekt ausgenutzt wird, um die Tat zu ermöglichen, s. unten Rn. 90 ff. 25

B. Voraussetzungen der Mittäterschaft nach § 25 Abs. 2

Das Tatbestandsmerkmal **„gemeinschaftlich"** setzt zweierlei voraus: Einen gemeinsamen Tatplan und eine gemeinschaftliche Tatbegehung. Beide Voraussetzungen bestehen sowohl aus **objektiven** als auch aus **subjektiven** Elementen. 26

I. Gemeinsamer Tatplan

Der gemeinsame Tatplan beinhaltet die Verabredung der Beteiligten, durch Erbringung von Tatbeiträgen im Zusammenwirken den Tatbestand zu erfüllen. Das verlangt zum einen die **objektive Willensübereinstimmung** und zum anderen den **Vorsatz** zur gemeinsamen Verwirklichung aller Umstände des objektiven Tatbestandes.[28] 27

---

25 Kindhäuser/Zimmermann § 40 Rn. 1 f.

26 BGH NJW 1993, 74.

27 So schon RGSt 19, 193.

28 Kühl § 20 Rn. 104; Rengier § 44 Rn. 13.

28 **1.** Die **Willensübereinstimmung** kann ausdrücklich, stillschweigend oder durch schlüssiges Handeln zustande kommen und auch noch während der Tatausführung hergestellt werden. Auch brauchen sich die Beteiligten untereinander nicht zu kennen.[29] Jedoch ist Mittäterschaft ganz ohne gegenseitige Verständigung der Beteiligten nicht möglich.[30]

29 **2.** Der **Vorsatz jedes Beteiligten** begründet und begrenzt bereits die Handlungszurechnung aus § 25 Abs. 2.

a) Wer also schon keinen Tatbestandsvorsatz hat, kann auch kein Mittäter des fraglichen Delikts werden.

b) Die objektiv verwirklichte Tat darf ferner nicht so sehr von der ursprünglich gewollten abweichen, dass **sie nicht mehr mit dem gemeinsamen Tatplan identisch** ist. Auch in diesem Fall ist die mittäterschaftliche Zurechnung wegen fehlenden Vorsatzes ausgeschlossen und evtl. der Versuch (der gewollten Tat) in Mittäterschaft zu prüfen. Geringfügige Abweichungen sind unerheblich, wenn sie noch im Rahmen vergleichbarer Taten liegen, mit ihnen noch gerechnet werden kann und wenn sie immer noch zur Zielerreichung der Tat beitragen.[31] Auch begründet die Täuschung eines Mittäters gegenüber einem anderen über den angeblichen Nichteintritt der Tatvollendung nach gemeinsamem Versuchsbeginn keinen Vorsatzausschluss.[32] Wesentliche Abweichungen liegen aber vor, wenn sich dadurch **das Gepräge der Tat in tatsächlicher Hinsicht ändert**, z.B. bei völlig vom Plan abweichender Ausführung, anderem Tatopfer, anderer Tatzeit oder anderen Tatbeteiligten.[33]

30 **3.** Auch **Exzesshandlungen** eines oder mehrerer Mittäter sind den übrigen strafrechtlich nicht als Vorsatztaten anzulasten. Dabei ist unerheblich, ob man bei einem Exzess mangels Zugehörigkeit zum gemeinsamen Tatplan schon den objektiven Tatbestand verneint[34] oder mangels gemeinsamen Wollens erst den Vorsatz.[35]

War nur die exzessive Handlung, nicht aber der dadurch verursachte Erfolg vom Vorsatz umfasst, war der Erfolg aber vorhersehbar, kommt für die übrigen Mittäter eine Bestrafung wegen einer Erfolgsqualifikation infrage.

Beispiel: A und B wollten den Straßenmusikanten S massiv verletzen. A wusste, dass B zu unkontrollierten Wutausbrüchen neigte. Verabredungsgemäß schlug A den S nieder und B trat auf den Rumpf des am Boden liegenden S ein. Ohne Absprache mit A versetzte B dem S sodann zwei Stampftritte ins Gesicht, weil er spontan den Entschluss gefasst hatte, einmal einen Menschen umzubringen. Als A das sah, zog er den B weg, doch konnte er nicht mehr verhindern, dass S an den von B zugefügten Tritten auf den Kopf starb. – B ist strafbar wegen Mordes aus Mordlust gemäß § 211 Abs. 2 Mod. 1. Dahinter tritt die gemeinschaftliche gefährliche Körperverletzung gemäß §§ 223, 224 Abs. 1 Nr. 2 (Schuhe), Nr. 4 (von mehreren gemeinschaftlich) und Nr. 5 (lebensgefährdende Behandlung) zurück. Bei A ist Mittäterschaft zum Mord gemäß §§ 211, 25 Abs. 2 zu verneinen. Da eine Tötung vom gemeinsamen Tatplan nicht umfasst war, lag in den Stampftritten eine Exzesshandlung, die dem A nicht zuzurechnen ist.[36]

---

29 Sch/Sch/Heine/Weißer § 25 Rn. 72.

30 BGH NJW 1995, 2998.

31 Vgl. BGH NStZ 2005, 261.

32 BGH RÜ 2012, 579.

33 Vgl. BGH RÜ 2008, 639.

34 Frister Kap. 26 Rn. 10.

35 So die Rspr., vgl. BGH RÜ 2020, 372, 374.

War schon die exzessive Handlung nicht vom Vorsatz umfasst, waren aber die Handlung und der dadurch verursachte Erfolg für den fraglichen Mittäter objektiv und subjektiv vorhersehbar, bleibt immer noch eine Bestrafung der übrigen Mittäter wegen eines fahrlässigen Erfolgsdelikts möglich.[37]

II. Gemeinschaftliche Tatbegehung

1. Mitverursachungsbeitrag

Für die gemeinschaftliche Tatbegehung muss jeder der potenziellen Mittäter tatsächlich mindestens einen **objektiven Mitverursachungsbeitrag für die Tatausführung** erbracht haben. Wer selbst keine aktive Handlung beigesteuert hat, dem können die aktiven Handlungen anderer nicht über § 25 Abs. 2 zugerechnet werden. Der Unterlassende kann folglich kein Mittäter zu einer Aktivtat, sondern allenfalls Mittäter durch Unterlassen (§ 13) sein (vgl. dazu unten Fall 4, Rn. 80). 31

2. (Mit-)Täterschaftliche Gleichrangigkeit der Mitwirkung

Da auch Anstifter und Gehilfen psychisch oder physisch wirkende Tatbeiträge erbringen, müssen die Tatbeiträge des Mittäters von denen eines Teilnehmers **qualitativ abgegrenzt werden**. Das Gesetz schweigt hierzu. Lit. und Rechtspraxis streiten deshalb über die „richtigen" Abgrenzungskriterien: 32

a) Im **Schrifttum** dominiert die **Tatherrschaftslehre** (auch materiell-objektive Theorie). Danach müssen die Mitwirkungshandlungen in so enger Beziehung zur Tatausführung stehen, dass sie dem Beteiligten die Tatherrschaft zuweisen. **Tatherrschaft ist das vom Vorsatz umfasste In-den-Händen-Halten des tatbestandsmäßigen Geschehensablaufs:**[38] 33

Täter	Teilnehmer
ist, wer objektiv das „Ob" und „Wie" der Tatbestandsverwirklichung beherrscht und einen entsprechenden Willen besitzt.	**ist, wer das „Ob" und „Wie" der Tat vom Willen eines anderen abhängig macht und damit ohne eigene Tatherrschaft die Tat veranlasst oder fördert.**

Bei der Mittäterschaft, welche die arbeitsteilige Zusammenarbeit voraussetzt, verengt sich dieser Begriff auf die **funktionale Tatherrschaft**. Damit ist gemeint, dass der Tatbeitrag, der von dem jeweiligen Täter geleistet wird, **von seiner Funktion her so wesentlich sein muss**, dass nach Ansicht der übrigen Beteiligten die Tat, so wie sie geplant ist, steht und fällt.[39] Subjektiv ist Kenntnis der die Tatherrschaft objektiv begründenden Umstände erforderlich, sog. **Tatherrschaftsbewusstsein**. 34

36 Gegeben ist aber gemeinschaftliche Körperverletzung mit Todesfolge gemäß §§ 227, 25 Abs. 2, 18, da verletzende Tritte im gemeinsamen Tatplan lagen und A wegen seiner Kenntnis der Aggressivität des B hinsichtlich der Todesfolge objektiv und subjektiv fahrlässig handelte, als er die Tat mit B durchführte. Die mittäterschaftliche gefährliche Körperverletzung und die fahrlässige Tötung gemäß § 222 treten dahinter zurück. Vgl. BGH RÜ 2013, 164; RÜ 2016, 230.

37 BGH RÜ 2020, 372.

38 Baumann/Weber/Mitsch/Eisele § 25 Rn. 34; Roxin AT II § 25 Rn. 10 ff., 27 ff.; Rengier § 41 Rn. 10 ff.; Wessels/Beulke/Satzger Rn. 810.

39 Sch/Sch/Heiner/Weißer Vor §§ 25 ff. Rn. 80.

35 **b)** Die **Rspr.** vertritt bei der Mittäterschaft im Ausgangspunkt eine **subjektive Theorie**. Danach kann Mittäterschaft durch jeden objektiven Tatbeitrag begründet werden. Die Abgrenzung zwischen Täterschaft und Teilnahme geschieht im Vorsatz, nämlich nach der Willensrichtung des Handelnden:

Täter	Teilnehmer
ist, wer einen Tatbeitrag mit Täterwillen leistet. Täterwillen *(animus auctoris)* besitzt, wer die Tat als eigene will.	**ist, wer einen Tatbeitrag mit Teilnehmerwillen leistet. Teilnehmerwillen *(animus socii)* besitzt, wer die Tat als fremde will.**

36 Allein dass sich jemand als Mittäter fühlt, genügt aber auch nach der Rspr. nicht für die Begründung der Mittäterschaft. Vielmehr müssen Umstände hinzukommen, die im Rahmen einer **objektiv wertenden Gesamtschau** den Schluss erlauben, dass die Tat maßgeblich vom Willen des fraglichen Beteiligten abhängt.[40] Die subjektive Theorie ist damit zu einer **normativen Kombinationstheorie**[41] geworden.

37 Nach einer in st.Rspr. verwendeten Formel begründen folgende Indizien den Täterwillen und damit die Mittäterschaft:

- Grad des **eigenen Interesses am Erfolg**,
- **Umfang der Tatbeteiligung**,
- **Tatherrschaft** oder wenigstens **Wille zur Tatherrschaft**.

Beispiel 1:[42] *Mittäterschaft zum (schweren) Raub wurde vom BGH z.B. bei einer Person angenommen, welche die Komplizen zum Tatort fuhr, ihnen seine Dienstjacke der Post überließ (um das Opfer zu täuschen), und aufgrund eigener Schulden ein hohes Interesse am Taterfolg hatte, obwohl die Person bei der Tatausführung vor Ort nicht mitwirkte (zur Mitwirkung im Vorbereitungsstadium vgl. auch Fall 2, Rn. 55).*

Beispiel 2:[43] *Wer lediglich als austauschbarer „Abholer" der Beute an einem sog. „Polizistentrick" (Betrug) mitwirkt, ist kein Mittäter, sondern lediglich Gehilfe.*

Diese Indizien müssen nicht kumulativ auf die Täterschaft hindeuten; vielmehr kann ein stärker ausgeprägtes ein schwächeres ausgleichen. Innerhalb der Gesamtbewertung haben **Art und Umfang der Tatbeteiligung das stärkste Gewicht**, weil sich daraus sowohl auf die Tatherrschaft als auch auf das Interesse am Taterfolg schließen lässt.[44]

38 Allein der Wille zur Tatherrschaft ohne korrespondierende objektive Mitgestaltung ist dagegen vom BGH noch nicht zur Begründung der Mittäterschaft herangezogen worden. Auch das Interesse am Taterfolg reicht nach der Rspr. – jedenfalls beim Begehungsdelikt – nicht aus, um den mangelnden Einfluss auf das Tatgeschehen auszugleichen.[45]

Klausurhinweis: *Wegen der Anknüpfung an die Tatherrschaft kommt die Rspr.* ***weitgehend zu denselben Ergebnissen*** *wie die materiell-objektive Theorie.*

---

40 BGHSt 28, 346, 348 f.; BGH NStZ-RR 2016, 6.

41 Vgl. Frister Kap. 26 Rn 19.

42 BGH RÜ 2023, 718.

43 BGH RÜ 2023, 29.

44 Vgl. BGH, Beschl. v. 19.11.2019 – 4 StR 449/19, BeckRS 2019, 32845.

45 BGH RÜ 2018, 638; Beschl. v. 20.02.2019 – AK 4/19, Rn. 24, BeckRS 2019, 3847.

C. Aufbau

I. Man darf bei den zusätzlichen Voraussetzungen und dem Streit über die Bestimmung der Täterschaft nicht aus den Augen verlieren, dass das Prüfungsprogramm der Mittäterschaft **nur ein Unterschema** zur Handlungszurechnung ist. Gutachtliches Leitschema ist immer noch dasjenige des jeweiligen BT-Tatbestandes. Die objektiven und subjektiven Voraussetzungen des **§ 25 Abs. 2** sind dort **bei der Tathandlung** einzupassen. 39

Klausurhinweis: *Die Mittäterschaft bzw. die Abgrenzung zwischen Täterschaft und Teilnahme ist also auf keinen Fall „abstrakt“ vorweg zu prüfen, sondern bei der Handlung, innerhalb des objektiven Tatbestand des BT-Delikts, bei der sie relevant wird.*

II. Da die Handlungszurechnung nach § 25 Abs. 2 sowohl objektive als auch subjektive Voraussetzungen hat, fragt sich, wie diese im Gutachten zu verteilen sind. Im Schrifttum wird zum Teil vorgeschlagen, das gesamte Prüfungsprogramm des § 25 Abs. 2 „en bloc“ darzustellen und auf die Trennung zwischen objektivem und subjektivem Tatbestand zu verzichten.[46] 40

Vorzugswürdig ist, **im objektiven Tatbestand** bei der Tathandlung nur die **objektiven Elemente der mittäterschaftlichen Handlungszurechnung** zusammenzutragen, nämlich die objektive Willensübereinstimmung zu gemeinsamem Handeln und die gemeinschaftliche Verwirklichung der Tathandlungen. Hier ist auch der Streit über die Kriterien für die Gleichrangigkeit der Verursachungsbeiträge zwischen Tatherrschaftslehre und subjektiver Theorie zu verorten.

Im **subjektiven Tatbestand** sind dann **für jeden Beteiligten der Tatbestandsvorsatz**, der **Wille zu gemeinschaftlichem Handeln** und das **Tatherrschaftsbewusstsein** festzustellen. Irrtumsfragen einschließlich eines vorsatzausschließenden Exzesses (s.o. Rn. 31) und sonstiger wesentlicher Tatabweichungen sind an dieser Stelle zu erörtern.[47] Nicht zu vergessen sind deliktsspezifische besondere Absichten oder Motivmerkmale. Eine gegenseitige Zurechnung findet hier über § 25 Abs. 2 **nicht** statt.

Merke: *Der subjektive Tatbestand ist für jeden Beteiligten gesondert zu prüfen, subjektive Merkmale können über § 25 Abs. 2 nicht zugerechnet werden.*

Beispiel: A und B töten gemeinschaftlich den X. A handelt mit niedrigen Beweggründen, B hat keine niedrigen Beweggründe und kennt auch die verachtenswerte Motivation des A nicht. – A ist Mittäter eines Mordes gemäß § 211, B ist nur Mittäter eines Totschlages gemäß § 212.[48]

III. Je nach Fallkonstellation kann die Mittäterschaft als getrennte oder gemeinsame Prüfung erfolgen.

1. Im häufigsten Falltyp **führt einer der Beteiligten die Tathandlung im Wesentlichen allein** aus, während die Tat durch andere vorbereitet oder im Ausführungsstadium erleichtert wird. 41

Beispiel: A begeht einen Weideviehdiebstahl. B hatte den Plan ausgeheckt, Transportmittel zur Verfügung gestellt und für Abnehmer gesorgt, ist aber bei der Tatausführung nicht dabei.

---

46 Seher JuS 2009, 1, 7; bei getrennter Prüfung auch Rengier § 44 Rn. 10.

47 Vgl. Krey/Esser Rn. 981 a.E.

48 Ausführlich zur Divergenz bei persönlichen Mordmerkmalen zwischen Mittätern AS-Skript Strafrecht BT 2 (2024), Fall 5 Rn. 192 ff.

Hier sollte man **getrennt** prüfen, d.h. man **beginnt mit dem Tatnächsten** und untersucht dessen Strafbarkeit nach den für den Alleintäter entwickelten Deliktsschemata. Dann wendet man sich dem weiteren Beteiligten zu und fragt, welche der von dem Tatnächsten verwirklichten Delikte er als Mittäter begangen hat. Bei der Tathandlung ist dann zu erörtern, ob sich der Beteiligte die Handlungen des Tatnächsten **nach § 25 Abs. 2 zurechnen** lassen muss und ob in seiner Person alle sonstigen objektiven und subjektiven Tatbestandsmerkmale erfüllt sind. Wenn ja, so sind beide Mittäter. Ist einer dieser Punkte zu verneinen, so kann der Beteiligte nur noch Teilnehmer sein.

Klausurhinweis: *Bei der Prüfung des Tatnächsten brauchen Sie § 25 Abs. 2 im Obersatz nicht zu erwähnen. Denn dessen zusätzliche Voraussetzungen prüfen Sie ja an dieser Stelle noch gar nicht. Bei jedem Delikt, das Sie für den weiteren Beteiligten als Mittäter untersuchen, müssen Sie aber § 25 Abs. 2 im Obersatz mitzitieren. Bejahen Sie dann Mittäterschaft, ist automatisch der allein Handelnde auch Mittäter. Das ist dann im Gesamtergebnis durch erneute Benennung von § 25 Abs. 2 klarzustellen.*

Aufbauschema: Getrennte Prüfung bei Mittäterschaft

A. Strafbarkeit des Tatnächsten (nach den Aufbauregeln für Alleintäter)

B. Strafbarkeit des weiteren Beteiligten als Mittäter

I. Tatbestandsmäßigkeit

1. Objektiver Tatbestand (nach der Prüfungsfolge des jeweiligen Delikts)

- Deliktsspezifische objektive Merkmale
- Tathandlung: *Zurechnung der Handlungen des anderen nach § 25 Abs. 2:*
  - **Gemeinsamer Tatplan**, d.h.
    Einigung zu gemeinsamer Tatverwirklichung
  - **Gemeinschaftliche Tatbegehung**
    - **Verursachungsbeiträge** des Beteiligten zur Tatausführung
    - **Täterschaftliche Gleichrangigkeit** unter Berücksichtigung des Tatplans und aller Verursachungsbeiträge:
      - Nach **materiell-objektiver Theorie** muss der Beitrag die funktionale Tatherrschaft vermitteln
      - Nach **subjektiver Theorie** genügt jeder nicht völlig untergeordnete Beitrag, sofern ein u.a. durch Tatherrschaft indizierter Täterwille vorliegt

2. Subjektiver Tatbestand

- **Tatvorsatz mit Willen zur gemeinschaftlichen Tatausführung und Tatherrschaftsbewusstsein**
- Deliktsspezifische subjektive Tatbestandsmerkmale

II. Rechtswidrigkeit

III. Schuld

2. Beim zweiten Sachverhaltstyp handeln entweder mehrere Personen objektiv und subjektiv wie eine **„Gesamtperson"** oder jeder der Beteiligten verwirklicht arbeitsteilig nur einzelne Deliktsteile. 42

Sehr klausurbeliebtes Beispiel: A und B begehen einen Überfall in der Weise, dass A das Opfer anrempelt und B dem am Boden liegenden Opfer die Geldbörse entwendet. Hier hat A für sich gesehen eine Nötigung und B für sich gesehen einen Diebstahl begangen. Dass die Tat letztlich ein mittäterschaftlicher Raub war, wird bei getrennter Prüfung gar nicht erkannt!

Ist in derartigen Fällen nach der Strafbarkeit aller Beteiligten gefragt, muss man die Beteiligten **zusammen** prüfen. **Dafür ist jedes Deliktsmerkmal entsprechend der Zahl der möglichen Mittäter mehrmals zu prüfen**. Bei der Tathandlung sind im objektiven Tatbestand und beim Vorsatz die objektiven und subjektiven Voraussetzungen des § 25 Abs. 2 zu erörtern; ferner ist sicherzustellen, dass auch die übrigen objektiven und subjektiven Merkmale bei jedem Beteiligten erfüllt sind.

Aufbauschema: Gemeinsame Prüfung bei Mittäterschaft

I. Tatbestandsmäßigkeit

1. Objektiver Tatbestand (nach der Prüfungsfolge des jeweiligen Delikts)
   - Deliktsspezifische äußere Merkmale *jeweils in Bezug auf alle als Mittäter infrage kommenden Personen prüfen*
   - Bei der Tathandlung: *gegenseitige Handlungszurechnung nach § 25 Abs. 2:*
   - **Gemeinsamer Tatplan**, d.h. **Einigung** *aller als Mittäter infrage Kommenden* zu gemeinsamer Tatverwirklichung
   - **Gemeinschaftliche Tatbegehung**
     - **Verursachungsbeiträge** *aller als Mittäter infrage Kommenden* zur Tat
     - **Täterschaftliche Gleichrangigkeit** *aller als Mittäter infrage Kommenden* unter Berücksichtigung des Tatplans und aller Verursachungsbeiträge:
       - Nach **materiell-objektiver Theorie** muss der jeweilige Beitrag die funktionale Tatherrschaft vermitteln.
       - Nach **subjektiver Theorie** genügt jeder nicht völlig untergeordnete Beitrag, sofern ein u.a. durch Tatherrschaft indizierter Täterwille vorliegt.
2. Subjektiver Tatbestand
   - Tatvorsatz *bei jedem als Mittäter infrage kommenden Beteiligten* mit Willen zur gemeinschaftlichen Tatausführung und Tatherrschaftsbewusstsein
   - Deliktsspezifische subjektive Tatbestandsmerkmale *bei jedem als Mittäter infrage kommenden Beteiligten*

II. Rechtswidrigkeit

III. Schuld

3. Ein Mischfall aus den vorgenannten Schemata ergibt sich bei der **„einseitigen Mittäterschaftsprüfung"**: Hier soll nur die Strafbarkeit einer Person untersucht werden – etwa weil nur nach ihr gefragt ist oder weil der andere Mittäter verstorben ist. 43

Die zu prüfende Person hat jedoch nicht alle Deliktsmerkmale erfüllt; daher kommt man mit dem oben dargestellten getrennten Aufbau allein auch nicht weiter. Möglich ist in solchen Fällen nur folgende Vorgehensweise:

Man stellt im Obersatz klar, dass die zu prüfende Person als Mittäter zu dem fraglichen Delikt untersucht wird. Sodann geht man nach dem Deliktsschema für den Einzeltäter vor. Bei der Tathandlung wird – soweit die zu prüfende Person nicht alle Verursachungsbeiträge allein erbracht hat – auf den anderen Beteiligten „übergeblendet". Dabei ist zu erörtern, ob sich die fragliche Person die Handlungen des anderen als Mittäter unter den Voraussetzungen des § 25 Abs. 2 zurechnen lassen muss.

Klausurhinweis: *In den beiden letztgenannten Sachverhaltskonstellationen ist § 25 Abs. 2 natürlich bei jeder Deliktsprüfung im Obersatz mitzuerwähnen.*

D. Mittäterschaft im Ausführungsstadium

44 Fraglich ist, ob für eine mittäterschaftliche Gleichrangigkeit genügt, dass die Täter vereinbaren, die Tathandlung **alternativ** (entweder durch den einen oder durch den anderen) vorzunehmen. Denn im Normalfall der Mittäterschaft **addieren** sich die Mitwirkungshandlungen. Dies ist umstritten.

Fall 1: Additives und alternatives Zusammenwirken

A und B wollten den Minister M dafür „bestrafen", dass er eine aus ihrer Sicht fremdenfeindliche Politik betrieb. Nach einer Talkshow sollte M mit einem Farbbeutel beworfen werden. Da A und B nicht bekannt war, durch welchen Ausgang M das Fernsehstudio verlassen würde, postierten sie sich – jeder mit einem Farbbeutel bewaffnet – an zwei Eingängen. M lief dem A in die Arme, und ein halber Liter Lackfarbe ergoss sich nach einem gezielten Wurf über den Anzug des Ministers.
Strafbarkeit von A und B? Erforderliche Strafanträge sind gestellt.

45 **A. Strafbarkeit des A**

I. In dem Farbbeutelwurf liegt eine Kundgabe persönlicher Missachtung des A gegenüber M durch eine auf den Körper des Opfers gerichtete Einwirkung, mithin eine **tätliche Beleidigung** gemäß **§ 185 Alt. 2**. A handelte vorsätzlich, rechtswidrig und schuldhaft. Der nach § 194 Abs. 1 S. 1 erforderliche Strafantrag ist gestellt.

II. Ebenfalls erfüllt ist die **Qualifikation des § 188 Abs. 1**. Seit dem Inkrafttreten des Gesetzes zur Bekämpfung von Rechtsextremismus und Hasskriminalität am 01.07.2021 umfasst § 188 auch Beleidigungen (§ 185) gegenüber Politikern und stellt diese verschärft unter Strafe.

III. Tateinheitlich mitverwirklicht ist eine **Sachbeschädigung** an dem von M getragenen Anzug, **§ 303 Abs. 1**. Der gemäß § 303 c grundsätzlich erforderliche Strafantrag ist gestellt.

B. Strafbarkeit des B

I. Mittäterschaft an der tätlichen Beleidigung, §§ 185 Alt. 2, 25 Abs. 2.

1. A und B haben sich geeinigt, beide Ausgänge gleichzeitig abzusichern und als Ausführende bereit zu stehen. Jede Person sollte die andere ergänzen und dadurch das Gelingen der Tat absichern.

2. Der Mitwirkungsbeitrag des B bestand darin, dem M am Tatort aufzulauern; ferner hatte er seine Zusage gegeben, zu werfen, falls M an dem von ihm bewachten Ausgang auftauchte. Den Farbbeutel hat A allein geworfen.

3. Fraglich ist, ob dies für eine mittäterschaftliche Gleichrangigkeit genügt: Im Normalfall der Mittäterschaft **addieren** sich die Mitwirkungshandlungen zur Tatbestandserfüllung. 46

Beispiel: Bei einem Juwelendiebstahl schaltet A die Alarmanlage aus, B öffnet den Tresor und C sorgt für einen gefahrlosen Abtransport der Beute.

Die gegenseitige Ergänzung sollte im vorliegenden Fall nicht durch Addition der Tatbeiträge zum Erfolg führen; vielmehr sollte jeder nur **alternativ** die Tat ausführen, dann aber allein. 47

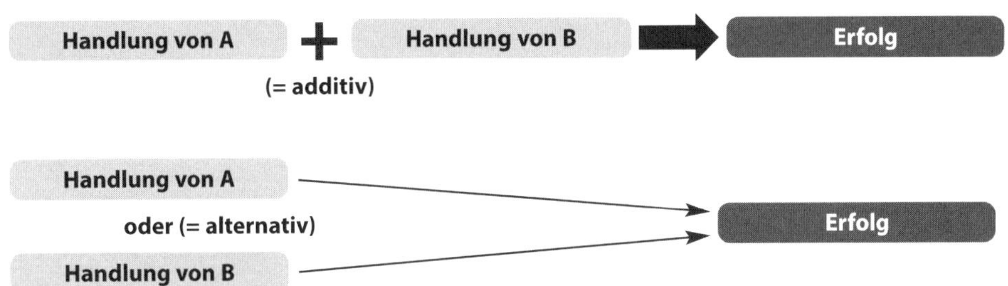

a) Nach der im **Schrifttum** dominierenden **Tatherrschaftslehre** ist Mittäter, wer gemeinschaftlich die Durchführung der Tat auf der Grundlage eines gemeinsamen Tatplans gestaltet. Maßgeblich ist die objektiv arbeitsteilige Funktion. Deshalb spricht man bei der Mittäterschaft von ***funktionaler Tatherrschaft***.[49] Allerdings ist innerhalb der Tatherrschaftslehre die Einordnung **alternativer Tatmitwirkung** umstritten. 48

aa) Für eine ganz enge, tathandlungsbezogene Auffassung bedeutet funktionale Tatherrschaft die **Mitausführung der konkreten Tatbestandsverwirklichung**. Wer daran nicht mitgewirkt hat, weil er nur alternativ zum Zuge kommen sollte, kann folglich kein Mittäter sein.[50] Nach dieser Meinung kann B allenfalls Gehilfe des A gewesen sein. 49

bb) Eine weitergehende Auffassung verlangt einen **Mitwirkungsakt bei der Tatausführung**, der jedoch nicht voraussetzen soll, dass die Beiträge ineinandergreifen oder aufeinander aufbauen. Ausreichend ist danach, dass B mit A durch seine Anwesenheit am Tatort so zusammenwirkte, dass M der Falle nicht entrinnen konnte und dass B dadurch die Chance des Taterfolges verdoppelte.[51] 50

cc) Die meisten Vertreter der Tatherrschaftslehre gehen noch weiter und stellen allein auf die Funktion in dem deliktischen Gesamtgeschehen ab. Mittäter ist danach jeder, der – ohne notwendigerweise bei der Ausführung anwesend zu sein – **einen in der Tat-** 51

49 Nach Roxin, Täterschaft und Tatherrschaft, S. 307 ff.
50 NK/Schild/Kretschmer § 25 Rn. 126.
51 Vgl. Roxin JA 1979, 519, 524.

ausführung weiterwirkenden Beitrag von erheblichem Gewicht für das Gelingen der Tat erbracht hat. Das war hier der Fall, weil A und B als „Alter Ego" des jeweils anderen in den Tatablauf eingebunden waren und es deshalb dem Zufall überlassen konnten, wer den tatverwirklichenden Ausführungsakt vornahm.[52]

52 **b)** Nach der von der **Rspr.** vertretenen **subjektiven Theorie** ergibt sich schon aus der (weiten) Tatherrschaft ein Indiz für den Täterwillen des B. Ergänzt wird dies durch sein persönliches Interesse am Taterfolg.[53]

53 **c) Kritik:** Das tatbestandsbezogene enge Verständnis funktionaler Tatherrschaft ist abzulehnen. Es kommt nach § 25 Abs. 2 gerade nicht auf eine eigenhändige Mitverwirklichung einzelner Tatbestandsmerkmale an, wenn die Rollenverteilung so angelegt war, dass jede der Personen austauschbar ist. Eine Entscheidung für eine der sonstigen Auffassungen erübrigt sich, weil alle hier die Mittäterschaft bejahen.

4. B besaß Vorsatz zur gemeinsamen tätlichen Beleidigung.

5. Rechtswidrigkeit, Schuld und Verfolgbarkeit der Tat sind gegeben.

II. Die Qualifikation des **§ 188 Abs. 1** ist ihm nach § 25 Abs. 2 wie eine eigene zuzurechnen.

III. Auch die tateinheitlich durch den Farbbeutelwurf begangene **Sachbeschädigung** gemäß **§ 303 Abs. 1** ist ihm nach § 25 Abs. 2 wie eine eigene zuzurechnen.

Ergebnis: A und B sind Mittäter einer qualifizierten tätlichen Beleidigung i.S.d. §§ 185 Alt. 2, 188 Abs. 1 und einer tateinheitlichen Sachbeschädigung i.S.d § 303 Abs. 1.

E. Mittäterschaft durch Mitwirkung im Vorbereitungsstadium

54 Ebenfalls umstritten ist, welche Auswirkungen es auf eine Mittäterschaft hat, wenn einer der Täter lediglich eine **Tathandlung im Vorbereitungsstadium** unternimmt und bei der eigentlichen Tatausführung **ortsabwesend** ist.

Fall 2: Streit zwischen enger und weiter Tatherrschaftslehre

A war überschuldeter Eigentümer eines Imbisswagens. Um die Auszahlung der Feuerversicherung zu erhalten, heuerte er B an und versprach diesem 30 % von der ausgezahlten Versicherungssumme, wenn er die Brandstiftung erledige. B willigte ein. A gab ihm genaue Anweisungen über Ort und Zeit der Tat – für die A sich ein Alibi verschaffen wollte – sowie über die sicherste Vorgehensweise. Dann übergab er B die Schlüssel. Um die Brandursache als Stromunfall hinzustellen, überbrückte B absprachegemäß den Thermostaten in der angeschalteten Fritteuse. woraufhin der Imbisswagen in Flammen aufging. Zu der geplanten Schadensmeldung kam es aber nicht mehr, weil die Tat vorher von der Polizei aufgeklärt wurde.
Strafbarkeit der Beteiligten?

---

52 Vgl. MünchKomm/Joecks/Scheinfeld § 25 Rn. 196; Kühl § 20 Rn. 109.

53 Vgl. BGH NJW 1991, 1068 zur Zurechnung einer Tötung wegen vorher verabredeter gegenseitiger Schützenhilfe und BGH RÜ 2022, 780 zu Täterschaft und Teilnahme bei der gemeinsamen Verfolgung eines Opfers.

A. Strafbarkeit des B 55

I. Der Tatbestand des **§ 306 Abs. 1 Nr. 2, 4** ist erfüllt, weil B den im Eigentum des A stehenden Imbisswagen, also eine technische Einrichtung und zugleich Kraftfahrzeug, vorsätzlich in Brand gesetzt hat. Fraglich ist aber, ob auch die Rechtswidrigkeit gegeben ist. Denn das Delikt schützt nur **fremdes Eigentum** und ist daher einwilligungsfähig.[54] A hat durch den Auftrag zur Brandstiftung der Eigentumsverletzung zugestimmt. Dass der Zweck der **Einwilligung** gegen die guten Sitten verstieß – betrügerische Erlangung der Versicherungssumme –, ist unerheblich. § 228 ist außerhalb der Körperverletzungsdelikte nach h.M. nicht anwendbar.[55] B handelte auch in Kenntnis und aufgrund der Einwilligung, sodass die Rechtswidrigkeit entfällt.

II. § 305 Abs. 1 scheidet aus, weil der Imbisswagen als bewegliches Fahrzeug kein mit dem Boden fest verbundener Raum ist.

III. B hat das fremde Fahrzeug i.S.d. **§ 303 Abs. 1** zerstört; die Tat war jedoch durch die Einwilligung des Eigentümers A gerechtfertigt.

IV. B könnte wegen **Versicherungsmissbrauchs** strafbar sein, **§ 265 Abs. 1**.

1. Der Wagen war u.a. gegen Feuer versichert. Durch die Inbrandsetzung hat B bewirkt, dass das Fahrzeug zerstört wurde, 2. Mod.

2. B handelte mit Tatvorsatz und in der Absicht, dem A als einem Dritten Leistungen aus der Brandversicherung zu verschaffen.

3. Die Tat geschah rechtswidrig und schuldhaft.

Hinweis: *Die formelle Subsidiarität dieses Delikts gegenüber einem Betrug durch die spätere Inanspruchnahme der Versicherung wird vorliegend nicht bedeutsam, da es zur Schadensmeldung nicht mehr gekommen ist und damit zum Versuch nicht unmittelbar angesetzt wurde.*

Ergebnis: B ist strafbar wegen Versicherungsmissbrauchs.

B. Strafbarkeit des A

I. A könnte durch sein Verhalten **Mittäter des Versicherungsmissbrauchs** sein, **§§ 265 Abs. 1, 25 Abs. 2**.

1. Es lag zwar eine vorherige Absprache vor. Die Mitwirkungsakte des A (die Anweisungen über Ausführungsweise, Ort und Zeit der Tat sowie die Übergabe der Schlüssel) wurden aber allesamt **im Vorbereitungsstadium erbracht**, denn während der eigentlichen Tatausführung war er nicht anwesend.

a) Unter den Vertretern der Tatherrschaftslehre ist **umstritten**, ob solche nur in der Vorbereitungsphase geleisteten, aber in der Tatausführung fortwirkenden Beiträge **die funktionelle Tatherrschaft begründen können**: 56

54 NK/Kargl § 306 Rn. 26; AS-Skript Strafrecht BT 2 (2024), Rn. 862.

55 Sch/Sch/Lenckner/Sternberg-Lieben Vorbem. §§ 32 ff. Rn. 37 m.w.N.

57 **aa)** Die streng auf Mitverwirklichung der Tatbestandshandlung abstellende Auffassung muss dies schon wegen **fehlender Anwesenheit am Tatort** verneinen.[56] Nach dieser Ansicht kann A nur wegen Anstiftung zum Versicherungsmissbrauch bestraft werden.

58 **bb)** Diejenigen, die den Rahmen der Mittäterschaft auf die Tatausführung erweitern, verlangen nicht notwendig Anwesenheit am Tatort oder physisches Erbringen eines Teils der Tathandlung; doch **beginnt die Tatausführung erst beim Versuch**. Wer nur an der Planung mitwirkt, die Tatausführung aber anderen überlässt, hat nach diesem Verständnis keine funktionale Tatherrschaft über die Ausführung.[57] Auch nach dieser Ansicht kann A nur als Anstifter bestraft werden.

59 **cc)** Nach **herrschender Interpretation** der **funktionalen Tatherrschaft** als Mitgestaltung der Tat durch **erhebliche Tatbeiträge** können **auch Handlungen im Vorbereitungsstadium** Mittäterschaft begründen. **Das „Beteiligungsminus"** bei der realen Tatausführung müsse aber durch das **Gewicht des Tatbeitrages** für die Tatverwirklichung und **durch die Stellung des Beteiligten in der Organisation ausgeglichen werden.**[58] Diese Auffassung kommt hier zur Mittäterschaft: A hatte als Organisator die Rolle des B sowohl hinsichtlich des Zeitpunkts als auch der günstigen Ausführung so vorgezeichnet, dass die Tat ohne seine Mitwirkung in der Tatnacht ablaufen konnte. Er besaß nach weitem Verständnis die (funktionale) Mit-Tatherrschaft.

Merke: *Ein Plus in der Planung ersetzt ein Minus bei der Tatausführung.*

60 **b)** Für die **subjektive Theorie** genügt als objektive Voraussetzung **irgendein nicht völlig untergeordneter Tatbeitrag**, der sich auf eine Vorbereitungs- und Unterstützungshandlung beschränken und auch durch psychische Einwirkung geleistet werden kann.[59] Entscheidend ist danach auf **subjektiver Ebene**, ob der Beteiligte die **Tat als eigene gewollt** hat. Dafür sprechen hier mehrere Indizien: A hatte wegen seiner Überschuldung ein erhebliches Eigeninteresse am Erfolg der Brandstiftung; er war der Initiator der Tat; zudem legte er Ort, Zeit sowie Ausführungsweise fest und ermöglichte den ungehinderten Zutritt zum Imbisswagen durch Überlassen der Schlüssel.[60] Art und Umfang der Mitwirkung sowie die hieraus erwachsene Tatherrschaft sprechen also ebenfalls für den Täterwillen. Auch nach der subjektiven Theorie ist A Mittäter.

61 **c) Kritik:** Ein auf Tatbestandsverwirklichung oder Tatausführung nach Versuchsbeginn begrenztes Verständnis der Tatherrschaft ist zu eng. Es führt bei Bandentaten zu unbilligen Ergebnissen. Der **Bandenchef als Organisator wird danach zur akzessorischen Sekundärperson herabgestuft**, obwohl er alle Fäden in der Hand hält. Zwischen den übrigen Auffassungen, welche die Mittäterschaft bejahen, bedarf es keiner weiteren Entscheidung.

2. A handelte vorsätzlich und hatte auch die Absicht, einen Großteil der Versicherungssumme zu erlangen.

---

56 Rudolphi, in: Festschrift Bockelmann (1979), S. 369, 374.

57 Herzberg S. 64 ff.; Krey/Esser Rn. 978.

58 Lackner/Kühl/Heger § 25 Rn. 11; Rengier § 41 Rn. 19; Stratenwerth/Kuhlen § 12 Rn. 94; Wessels/Beulke/Satzger Rn. 826.

59 St.Rspr., vgl. BGH RÜ 2013, 31; RÜ 2020, 22.

60 Ähnlich auch: BGH RÜ 2023, 718.

Ergebnis: A hat rechtswidrig und schuldhaft einen Versicherungsmissbrauch als Mittäter begangen, §§ 265 Abs. 1, 25 Abs. 2.

II. Die gleichzeitig gegebenen Beteiligungshandlungen des A (Anstiftung des B und Beihilfe) werden von seiner Mittäterschaft als subsidiäre Teilnahmeformen verdrängt.

Gesamtergebnis: A und B sind Mittäter eines Versicherungsmissbrauchs.

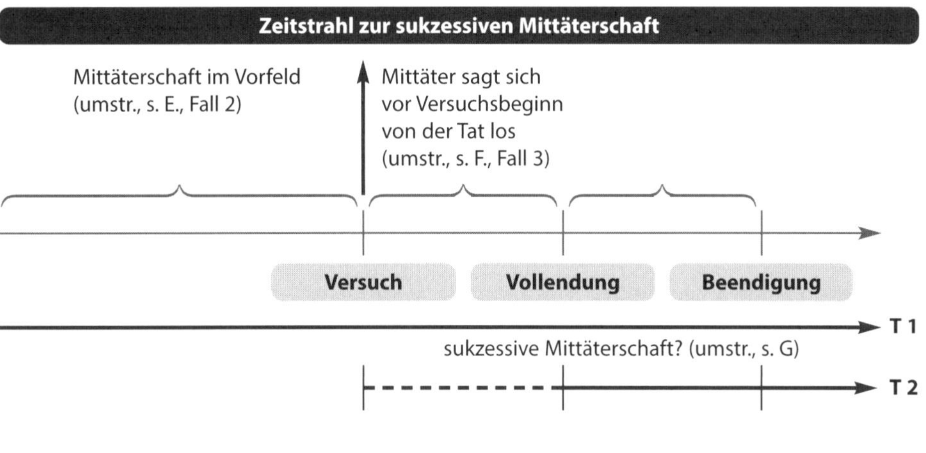

F. Auswirkungen des vorzeitigen Ausstiegs eines Mittäters

Wenn man durch Beiträge im Vorbereitungsstadium Mittäter an der später von anderen 62
ausgeführten Tat werden kann, fragt sich, ob die Mittäterschaft auch dann bestehen bleibt, wenn sich **der fragliche Beteiligte vor Versuchsbeginn von der Tat „lossagt".**

Fall 3: Offengelegter vorzeitiger Tatausstieg

Der im Ausland lebende B hat zusammen mit seiner Schwester S den Plan entwickelt, ihren gemeinsamen Vater V zu töten, um vorzeitig an das Erbe heranzukommen. Damit der Verdacht nicht auf die beiden fällt, soll die Tat wie ein Überfall aussehen. V soll auf offener Straße erschossen werden und zwar während der Arbeitszeit der S, die in einem Waffengeschäft als Verkäuferin arbeitet. S beschafft B ein Jagdgewehr mit Zielvorrichtung und die dazugehörige Munition. Sie erklärt B auch, wo er V am besten auflauern könnte. Stunden vor der geplanten Tötung überkommt S Reue. Sie ruft ihren Bruder auf dem Handy an und erklärt, sie wolle mit der Tat nichts mehr zu tun haben. Als ihr klar wird, dass sie B nicht mehr umstimmen kann, ruft sie verzweifelt, dann könne er das blutige Geld aus dem Erbe ganz für sich haben; sie werde ihren Erbteil aus Gewissensgründen ausschlagen. Kurz darauf erschießt B den V.
Strafbarkeit von B und S durch die Tötung ihres Vaters nach dem StGB?

A. Strafbarkeit des B 63

I. B könnte sich durch das Erschießen seines Vaters wegen **Mordes** gemäß **§ 211** strafbar gemacht haben. Indem B den V erschossen hat, hat er diesen vorsätzlich getötet. Dabei hat er dessen Arg- und Wehrlosigkeit in feindseliger Willensrichtung ausgenutzt, also heimtückisch gehandelt, Gr. 2, Var. 1. B handelte außerdem aus Habgier, Gr. 1, Var. 3. Rechtswidrigkeit und Schuld liegen vor.

II. Die notwendigerweise mitverwirklichten Delikte des **Totschlags** gemäß **§ 212** und der **gefährlichen Körperverletzung** gemäß **§ 224 Abs. 1 Nr. 2, 3, 5** treten dahinter zurück.

Ergebnis: B ist strafbar wegen Mordes.

B. Strafbarkeit der S

I. S könnte sich durch ihre Mitwirkung bei der Vorbereitung als **Mittäterin des Mordes** gemäß **§§ 211, 25 Abs. 2** strafbar gemacht haben.

1. Die Tötungshandlung selbst hat B ausgeführt. Fraglich ist, ob sich S diese als gemeinschaftliche Tat wie eine eigene Handlung zurechnen lassen muss.

2. Zwischen B und S war die Tötungshandlung verabredet worden.

3. Die Verursachungsbeiträge der S zur Handlung des B bestanden in der gemeinsamen Planung, dem Beschaffen der Waffe und den Angaben zum Tatort.

64 **4.** Da sich ihre **Mitwirkung lediglich in der Vorbereitungsphase** abspielte, während sie bei der Schussabgabe nicht anwesend war, fragt sich, ob sie schon dadurch Mittäterin werden konnte. Diese Frage ist umstritten (s.o. Rn. 57). Für die **herrschende weite Tatherrschaftslehre** genügen auch Mitwirkungsakte im Vorbereitungsstadium, wenn sie so gewichtig sind, dass sie den Mangel der Anwesenheit bei der Tatausführung kompensieren. Das ist hier zu bejahen, weil S durch ihre detaillierte Planung und die Beschaffung der Ausrüstung unverzichtbare Beiträge geleistet hat. Die **subjektive Theorie** lässt jeden Verursachungsbeitrag zur Tat ausreichen, wenn er nur mit Täterwillen geleistet wurde, was hier durch die bejahte Tatherrschaft und das Interesse am Taterfolg durch Erlangen des Erbes indiziert wird.

5. Konnte S danach Mittäterin werden, so fragt sich, ob sie diese mittäterschaftliche Rolle dadurch beseitigen konnte, dass sie sich **von der Tat „lossagte"**.

65 **a)** Eine **starke Meinungsgruppe** verneint in solchen Fällen die Mittäterschaft an der später ausgeführten Tat. Durch den **offen kommunizierten Ausstieg entfalle der gemeinsame Tatplan** im Zeitpunkt des Versuchsbeginns und damit eine tragende Voraussetzung der Zurechnung nach § 25 Abs. 2. Nur der den übrigen Mittätern unbekannte Tatausstieg soll die Zurechnung nicht ausschließen.[61] Da S hier gegenüber ihrem Bruder zum Ausdruck gebracht hat, dass sie die Tat nicht mehr wollte, bleibt sie danach aber wegen **Beihilfe zum Mord** strafbar, hinter der die Verabredung zum Mord gemäß §§ 211, 30 Abs. 2 zurücktritt.

66 **b)** Nach der **vorzugswürdigen**, vor allem in der Rspr. vertretenen **Gegenansicht** kann ein **bloß verbal bekundeter Ausstieg** aus der Tat allein die einmal eingenommene

61 Kühl § 20 Rn. 105; Rengier § 44 Rn. 16.

Tatrolle nicht „neutralisieren“.[62] Vielmehr kommt es darauf an, ob eines der mittäterschaftlichen Elemente beseitigt wurde:

aa) Das kann zunächst dadurch geschehen, dass es dem „Aussteiger“ gelingt, seine **Verursachungsbeiträge rückgängig zu machen**:[63] 67

- Gelingt es ihm vor Beginn der Tatausführung, seinen Tatbeitrag so zurückzunehmen, dass dieser bei der weiteren Tatbegehung durch die anderen Beteiligten **überhaupt nicht mehr wirksam** ist, liegt nur „versuchte Beteiligung“ vor, die schon nach allgemeinen Grundsätzen straflos ist (zu beachten sind §§ 30, 31).[64]
- Bleibt der vor Versuchsbeginn zurückgenommene Tatbeitrag **für einen Versuch kausal,** so ist an sich auch die Strafbarkeit aus Beteiligung am Versuch ausgelöst.

  Ausnahmsweise wird in dieser Konstellation Straflosigkeit – in Parallele zum agent provocateur (dazu unten Rn. 239) – angenommen, wenn die Tat gerade deshalb nicht zur Vollendung führen konnte, weil der Beteiligte durch seinen „Ausstieg“ selbst dafür gesorgt hat.

  Wird die Tat ohne Zutun des für einen Versuch kausalen Beteiligten nicht vollendet, soll er analog § 24 Abs. 2 S. 2 Alt. 2 Straffreiheit erlangen, wenn er sich im Vorbereitungsstadium wenigstens ernsthaft und freiwillig bemüht hat, die Vollendung zu verhindern.[65] Eine direkte Anwendung der Vorschrift scheidet nach h.M. aus, weil diese den Rücktritt nach Versuchsbeginn voraussetzt.

bb) In den meisten Fällen gelingt es dem Beteiligten nicht, seine Tatbeiträge zu annullieren. Auch im vorliegenden Fall hat S die Waffe nicht zurückverlangt oder versucht, ihrem Bruder die Tat auszureden. Sie hat **nicht einmal versucht**, ihren Vater durch einen Anruf zu warnen oder vom geplanten Tatort wegzulocken und so **den Mordanschlag zu vereiteln**. 68

c) S hat damit die durch ihre früheren Mitwirkungsbeiträge begründete Mittäterschaft allein durch das Lossagen der Tat nicht beseitigt.

6. Der Ausstieg kann trotz alledem noch zum **Wegfall des Tatvorsatzes** in dem dafür maßgeblichen Zeitpunkt des Versuchsbeginns führen, wenn der Beteiligte davon ausging, dass es nicht mehr zu Versuch und Vollendung kommen werde. Damit entfallen zugleich das Tatherrschaftsbewusstsein und der Täterwille. Ein solcher Vorsatzausschluss kann begründet sein, wenn die übrigen Beteiligten aufgrund des Ausstiegs **versichert haben, die Tat ebenfalls nicht mehr ausführen zu wollen**. 69

Hinweis: *Allerdings verhilft das dem Aussteiger nicht zur völligen Straflosigkeit: Seine Mittäterschaft entfällt dann zwar mangels Vorsatzes im Tatzeitpunkt. War er aber zugleich der Anstifter oder der Gehilfe zu der später doch ausgeführten Tat, bleibt er zumindest* ***wegen Teilnahme strafbar****, weil es für den Vorsatz beim Teilnehmerdelikt nur auf den Zeitpunkt der Teilnahmehandlung ankommt, § 8; dass er im Zeitpunkt der Begehung der Haupttat keinen Vorsatz mehr hat, ist unerheblich. In der abredewidrigen Fortführung der ursprünglichen Tat oder in der Täuschung über die Tataufgabe liegt nach h.M. auch keine vorsatzausschließende Kausalabweichung oder ein Exzess.*[66]

Hier wusste S, dass ihr Bruder den Mordanschlag zu Ende führen würde. Es liegen auch keine Abweichungen zwischen der ausgeführten und geplanten Tat vor. Der Tataus-

62 Daraus folgt, dass das bloß „innere Lossagen“ eines Tatbeteiligten erst Recht nicht ausreicht, vgl. BGH RÜ 2022, 780.

63 Vgl. BGHSt 28, 346 ff.; BGH StV 1999, 594; Sch/Sch/Eser/Bosch § 24 Rn. 78; Stratenwerth/Kuhlen §12 Rn. 86.

64 Sch/Sch/Eser/Bosch § 24 Rn. 79.

65 MünchKomm/Hoffmann-Holland § 24 Rn. 182 ff.

66 BGHSt 28, 346, 348; Sch/Sch/Eser/Bosch § 24 Rn. 80, 81.

stieg der S hindert also weder objektiv noch subjektiv die Zurechnung der Tötung ihres Vaters als mittäterschaftlich.

7. Sie wusste auch, dass B den V heimtückisch töten würde. Die Kenntnis der Verwirklichung dieses tatbezogenen Mordmerkmals genügt für die Mordstrafbarkeit des Mittäters. Lediglich das persönliche Mordmerkmal der Habgier war bei ihr durch den Verzicht auf das Erbe im Tatzeitpunkt nicht mehr vorhanden.

8. Rechtswidrigkeit und Schuld liegen auch bei S vor.

II. Die Mittäterschaft am Totschlag (§§ 212, 25 Abs. 2) und an der gefährlichen Körperverletzung (§§ 223, 224, 25 Abs. 2) treten hinter den Mord zurück.

Gesamtergebnis: B und S sind wegen Mittäterschaft zum Mord strafbar.

G. Sukzessive Mittäterschaft

70 Die Tatherrschaft oder die Tatmitwirkung mit Täterwillen muss nicht schon bei Beginn der Ausführungshandlung eines anderen vorliegen. Möglich ist auch, dass sich jemand mit einem anderen, der **schon in der Ausführung der Straftat** begriffen ist, zwecks **gemeinschaftlicher Ausführung** verbindet und beide **mit wechselseitiger Zustimmung gemeinsam weiterhandeln**,[67] und zwar selbst dann, wenn das Geschehene in wesentlichen Punkten von dem ursprünglich gemeinsamen Tatplan abweicht.[68]

Die **sukzessive Mittäterschaft** hat für den zunächst allein Handelnden zur Folge, dass ihm die Beiträge des mit seiner Billigung Hinzutretenden ab diesem Moment wie eigene Handlungen zugerechnet werden. Für den Eintretenden ergibt sich eine Art „ex tunc-Zurechnung“: Ihm wird **rückwirkend** das bis zu seinem Eintritt mit seiner Kenntnis und Billigung Geschehene angelastet, und zwar einschließlich der bis zu seinem Eintritt verwirklichten Qualifikationen oder Regelbeispiele.[69]

I. Zeitliche Grenzen

71 Wegen der weitreichenden strafrechtlichen Wirkung des Eintritts hat der **Zeitpunkt**, bis zu dem sukzessive Mittäterschaft möglich ist, entscheidende Bedeutung.

1. Einigkeit besteht in Folgendem:

- Ist das Delikt erst **versucht** und tritt dann eine andere Person mit Zustimmung der übrigen hinzu, ist sukzessive Mittäterschaft stets möglich.
- Ist das Delikt zwar schon vor dem Eintritt der weiteren Person **formell vollendet**, kann aber der tatbestandliche **Erfolg derselben Tat noch vertieft** werden, ist ebenfalls sukzessive Mittäterschaft möglich.

  Beispiele: Hausfriedensbruch (§ 123 Abs. 1), Freiheitsberaubung (§ 239 Abs. 1)

---

67 BGH NStZ 1996, 227.

68 BGH NStZ 2008, 280.

69 Rengier § 44 Rn. 35 ff.

- Ist die Tat nicht nur vollendet, sondern **tatsächlich beendet**, ist sukzessive Mittäterschaft (auch sukzessive Beihilfe) ausgeschlossen.[70] Der nachträglich Hinzutretende kann nur noch Täter eines Anschlussdelikts (§§ 257–261) sein.

  Beispiel: Hat der Dieb die Beute in Sicherheit gebracht und hilft ihm jetzt ein anderer beim Absatz, ist das keine sukzessive Beteiligung mehr, sondern Absatzhilfe gemäß § 259 Abs. 1 Var. 3.

2. Umstritten ist die Beurteilung, wenn die Tat **formell vollendet** ist und die Mitwirkung nur noch auf die erfolgreiche **Beendigung** des Delikts abzielt. **72**

a) Die **Rspr.** sieht hier kein Problem: Danach ist entscheidend, dass das Tatgeschehen noch nicht seinen **tatsächlichen Abschluss** gefunden hat und noch weiter gefördert werden kann. Solange sei sukzessive Mittäterschaft auch zwischen Vollendung und Beendigung der Tat möglich.[71] **73**

Beispiel: A hat den Nachtwächter N mit einem Knüppel bewusstlos geschlagen und bereits die Beute aus dem Lager geschafft. Um den Abtransport zu ermöglichen, ruft er seinen in alles eingeweihten Freund B zu Hilfe. – B ist nach der Rspr. sukzessiver Mittäter eines besonders schweren Raubes, §§ 249, 250 Abs. 2 Nr. 1, 25 Abs. 2, weil die Wegnahme noch nicht beendet ist, obwohl die Gewalthandlung des A und der strafschärfende Einsatz des gefährlichen Werkzeugs bereits vorher verwirklicht wurden.

b) Das **überwiegende Schrifttum** hält dies für eine unzulässige Bestrafung des **dolus subsequens**. Nach der Verwirklichung der gesetzlich umschriebenen Tatbestandsmerkmale sei auch eine Mit-Tatherrschaft nicht mehr möglich.[72] Folglich sei sukzessive Mittäterschaft nach Vollendung ausgeschlossen. **74**

II. Sachliche Grenzen

Unabhängig vom Zeitpunkt des Eintritts reicht die Zurechnung bei sukzessivem Tateintritt aber nur so weit zurück, wie der Hinzutretende **tatsächlich noch die Ausführung der jeweiligen Tatbestandsverwirklichung mitgestalten kann**. Ist bei seinem Eintritt das zur Herbeiführung des konkreten Erfolgs Ursächliche bereits geschehen und bleibt sein Tun deshalb auf den weiteren Ablauf ohne Einfluss, kann dem Hinzutretenden der fragliche Erfolg auch als sukzessiver Mittäter nicht mehr zugerechnet werden.[73] **75**

Beispiel: A und B verschaffen sich Zutritt zu einem Haus, um dort zu stehlen. Sie glauben, dass niemand im Haus sei. Während B nach Beute sucht, bemerkt A die Tochter T des Eigentümers in einem Zimmer. Er hält die Tür zu. Als T gegen die Tür hämmert, öffnet A kurz die Tür und sprüht ihr Pfefferspray ins Gesicht. B kommt hinzu. Er billigt das Geschehene und veranlasst A, die Tür noch eine Zeit lang zu blockieren, um weiter nach Wertsachen zu suchen. Danach machen sich A und B mit der Beute davon.

A hat sich durch die Gewaltanwendung mit Pfefferspray zur Erleichterung der Wegnahme wegen besonders schweren Raubes gemäß §§ 249, 250 Abs. 2 Nr. 1 strafbar gemacht. Tateinheitlich dazu stehen die gefährliche Körperverletzung (§§ 223, 224 Abs. 1 Nr. 2) und der Hausfriedensbruch (§ 123 Abs. 1 Alt. 1). B war von Anfang an Mittäter des Hausfriedensbruchs, §§ 123 Abs. 1 Alt. 1, 25 Abs. 2. Durch seine Billigung und weiteres Ausnutzen der von A verübten Gewalt schon vor Tatvollendung wurde er nach allen Ansichten sukzessiver Mittäter zum besonders schweren Raub, §§ 249, 250 Abs. 2 Nr. 1. Die gefährliche Körperverletzung durch A war aber bereits vor dem Hinzutreten des B verwirklicht und konnte nachträglich nicht mehr beeinflusst werden. Insoweit scheidet eine sukzessive Mittäterschaft aus.[74]

---

70 BGH NStZ-RR 2011, 111.

71 Grundlegend BGHSt 2, 344 ff.; BGH JZ 1981, 596; vgl. auch BGH BeckRS 2017, 139756, Rn. 11.

72 Kindhäuser/Zimmermann § 40 Rn. 11; MünchKomm/Joecks/Scheinfeld § 25 Rn. 211 ff.; noch weiter Walter NStZ 2008, 548, der jede rückwirkende Zurechnung bei sukzessiver Mittäterschaft verneint.

73 BGH RÜ 2020, 303.

74 Vgl. BGH RÜ 2016, 369.

H. Mittäterschaft durch Gremien- oder Kollegialentscheidungen

76 Hängt die Verwirklichung eines vorsätzlichen Erfolgsdelikts von der vorherigen Abstimmung eines Entscheidungsgremiums ab, ist umstritten, inwieweit dadurch eine mittäterschaftliche Strafbarkeit für den Unrechtserfolg ausgelöst wird.

Beispiel: Die Geschäftsführer eines großen Konzerns entscheiden durch Mehrheitsbeschluss, ein Produkt auf den Markt zu bringen, obwohl sie wissen, dass dieses Gesundheitsschäden auslösen kann.

77 **I. Überwiegend** wird angenommen, dass jeder Mittäter ist, der bei der Stimmabgabe über die strafrechtlich relevanten Folgen **informiert ist** und **zustimmt**.[75] Das gilt auch dann, wenn auch ohne die Zustimmung der jeweiligen Person die erforderliche Mehrheit zustande gekommen wäre. Der BGH stellt dafür allein auf die Tatsache ab, dass durch die positive Zustimmung der Beschluss zur Unrechtsverwirklichung und damit die Mittäterschaft zustande gekommen ist.[76] Nach einem anderen Erklärungsversuch liegt ein Fall kumulativer Kausalität vor, weil jede zustimmende Einzelstimme zum Zustandekommen des Mehrheitsbeschlusses beigetragen habe.[77]

78 **II.** Derjenige, der **gegen den Beschluss stimmt**, kann nach allgemeiner Ansicht nicht Mittäter werden. Möglich ist hier allenfalls eine Strafbarkeit wegen des Unterlassens der Verhinderung des Beschlusses bei entsprechender Garantenstellung oder aus aktiver Umsetzung des Beschlusses.[78]

79 **III.** Umstritten ist die Behandlung der **Stimmenthaltungen**, wenn die Enthaltung nicht mitgezählt wird. Im Schrifttum wird befürwortet, sie wie Gegenstimmen zu behandeln.[79] Vorzugswürdig ist die Ansicht, die zwar Mittäterschaft ablehnt, aber durch die bewusste Ermöglichung der Mehrheitsentscheidung Beihilfe annimmt.[80]

I. Mittäterschaft durch Unterlassen

I. Gemeinschaftliche Verwirklichung eines echten/unechten Unterlassungsdelikts

80 Vereinbaren mehrere Garanten, einen strafrechtlichen Erfolg nicht abzuwenden, oder kommen allgemein Handlungspflichtige überein, ein strafrechtliches Gebot zu unterlassen, so sind alle Täter des jeweiligen Delikts.

Beispiel 1: Die Pfleger A und B lassen nach vorheriger Absprache einen ihrer Obhut unterstellten Patienten durch Vorenthalten der notwendigen Medikamente sterben. – A und B sind strafbar wegen Totschlags durch Unterlassen, §§ 212, 13.

Beispiel 2: Die Radfahrer A und B kommen an einem verunglückten Motorradfahrer vorbei und beschließen, keine Hilfe zu holen. – Beide sind strafbar aus § 323 c Abs. 1.

---

75 Sch/Sch/Heine/Weißer § 25 Rn. 80.

76 BGHSt 37, 106, 129 (Lederspray-Fall).

77 Roxin AT I § 11 Rn. 19 bis zur 4. Aufl; ausdrücklich aufgegeben von Roxin/Greco AT I § 11 Rn. 19, der das Ergebnis auf die von ihm vertretene „Lehre von der Mindestbedingung" stützt.

78 MünchKomm/Joecks/Scheinfeld § 25 Rn. 257; vgl. auch BGHSt 48, 77, 95 zur Verantwortlichkeit von Mitgliedern der früheren DDR-Führung wegen Nichtverhinderung des Schießbefehls an der innerdeutschen Grenze.

79 MünchKomm/Joecks/Scheinfeld § 25 Rn. 255.

80 Sch/Sch/Heine/Weißer § 25 Rn. 82.

In diesen Fällen ist die Mittäterschaft als gegenseitige Handlungszurechnung entbehrlich, weil **jeder in eigener Person die Tathandlung durch Unterlassen erfüllt** hat. Die Gemeinschaftlichkeit aufgrund des gemeinsamen Tatplans ist allenfalls für den prozessualen Zusammenhang nach § 3 StPO von Bedeutung. **81**

Nur wenn das strafrechtliche Unterlassen von einer zuvor gefassten Willensübereinstimmung abhängt, erlangt die Gemeinschaftlichkeit des Entschlusses im Rahmen des § 25 Abs. 2 eigenständige Bedeutung. Dies ist etwa der Fall, wenn die Unterlassenden nur gemeinsam in der Lage sind, die Pflicht zu erfüllen. Hier können auch die vorgenannten Ausführungen zu Gremienentscheidungen relevant werden.

Beispiel ist der berühmt gewordene „Lederspray-Fall": Die Geschäftsführer eines Unternehmens vereinbaren aus Angst vor Imageschäden, ein als gesundheitsschädlich bekanntes Produkt nicht zurückzurufen. – Mittäterschaftliche gefährliche Körperverletzung durch Unterlassen, §§ 224, 13, 25 Abs. 2.[81]

II. Mittäterschaft durch Unterlassen neben einem Aktivtäter

Ob und unter welchen Voraussetzungen jemand durch Untätigkeit neben einem Aktivtäter als gleichwertiger **Mittäter durch Unterlassen** angesehen werden kann, ist umstritten. **82**

Fall 4: Streit zur Abgrenzung der Täterschaft durch Unterlassen von der Beihilfe durch Unterlassen

Die 15- und 16-jährigen Schüler des Gauß-Gymnasiums waren auf Klassenfahrt. Beim Abendessen äußerten die Schüler S und T den Plan, den Theodoliten – ein Messinstrument für den Naturkundeunterricht – abends zu entwenden und in die nahe Gebirgsschlucht zu werfen. Mitschüler R, der als „Gerätewart" die Verantwortung für den Theodoliten trug, hörte das Gespräch mit an. Zunächst versuchte er, die beiden von dem Plan abzubringen. S und T konnten ihn jedoch gegen Versprechen einer Belohnung und mit dem Hinweis auf den Unterrichtsausfall dazu bringen, sie nicht zu verraten. Am folgenden Morgen fand ein Mitschüler die Trümmer des von S und T heimlich fortgeschafften Theodoliten verstreut am Abhang der Schlucht.
Strafbarkeit der Beteiligten? Verantwortungsreife nach § 3 JGG ist gegeben. Die erforderlichen Strafanträge sind gestellt.

A. Strafbarkeit von S und T als Täter **83**

I. Mittäterschaftlicher Diebstahl, §§ 242, 25 Abs. 2, scheidet aus. Die Schüler wollten den weggenommenen fremden Theodoliten sogleich zerstören und nicht ihrer Verfügungsgewalt einverleiben. Mithin fehlte ihnen die Zueignungsabsicht.[82]

II. Verwahrungsbruch in Mittäterschaft, §§ 133 Abs. 1, 25 Abs. 2, ist ebenfalls zu verneinen, da an dem Theodoliten der Schule kein besonderer fürsorglicher Gewahrsam im Sinne dienstlicher Verwahrung bestand; vielmehr befand sich das Gerät als Unterrichtsmittel nur im allgemeinen Amtsbesitz.[83]

III. Die beiden Schüler haben eine **gemeinschaftliche Sachbeschädigung** begangen, als sie den im Eigentum des Schulträgers stehenden Theodoliten in die Gebirgsschlucht

81 BGHSt 37, 106 ff.

82 Vgl. Sch/Sch/Eser/Bosch § 242 Rn. 55; AS-Skript Strafrecht BT 1 (2021), Rn. 113.

83 Vgl. MünchKomm/Hohmann § 133 Rn. 8.

warfen und dadurch vorsätzlich zerstörten, §§ 303 Abs. 1, 25 Abs. 2. Strafantrag gemäß § 303 c ist gestellt.

B. Strafbarkeit des R

I. Mittäterschaftliche Sachbeschädigung durch aktives Tun gemäß **§§ 303 Abs. 1, 25 Abs. 2** scheitert schon daran, dass R keinen aktiven Verursachungsbeitrag zur Tat erbracht hat.

II. R könnte sich aber als **Mittäter der Sachbeschädigung durch Unterlassen** strafbar gemacht haben, **§§ 303 Abs. 1,13, 25 Abs. 2**.

1. Das Vermessungsgerät war auch für R eine fremde Sache.

2. Die von den Schülern bewirkte Zerstörung müsste dem R als eigene, täterschaftlich begangene zuzurechnen sein.

a) Ein gemeinsamer Tatplan des Inhalts, dass S und T die Tat ausführten und R sie nicht daran hinderte, hat vorgelegen.

b) Die Untätigkeit steht einem aktiven Verursachungsbeitrag nur gleich, wenn die Voraussetzungen des **§ 13** vorliegen. R als Gerätewart traf aus tatsächlicher Gewährübernahme die Pflicht, Beschädigungen an dem Schulgerät zu verhindern. Die Zerstörung wäre mit an Sicherheit grenzender Wahrscheinlichkeit verhindert worden, wenn R den Theodoliten rechtzeitig unter Verschluss gebracht oder wenn er den Plan von S und T einem Lehrer mitgeteilt hätte. Das Unterlassen dieser Handlung war also (quasi-)kausal für den Sachbeschädigungserfolg.

84 **c)** Ob und unter welchen Voraussetzungen jemand **durch Untätigkeit neben einem Aktivtäter** als gleichwertiger Mittäter durch Unterlassen angesehen werden kann, ist umstritten:

85 **aa)** Die im **Schrifttum** dominierende **Tatherrschaftslehre** vertritt den Standpunkt, dass ein unterlassender Garant neben einem vorsätzlichen Begehungstäter grundsätzlich **nur Gehilfe** sein könne. Wer die Tat – auch bei Vorliegen einer Handlungspflicht – nur geschehen lasse, beherrsche sie nicht. Täterschaft ist hiernach erst dann anzunehmen, wenn der Handelnde den Tatablauf aus der Hand gegeben hat.[84] Danach scheidet im vorliegenden Fall Mittäterschaft zur Sachbeschädigung durch Unterlassen aus.

86 **bb) Einige** verzichten bei sog. **Pflichtdelikten** auf die Tatherrschaft. Pflichtdelikte sind danach solche Tatbestände, bei denen Täter nur sein kann, wer eine dem Tatbestand vorgelagerte **außerstrafrechtliche Sonderpflicht** verletzt.[85] Dazu sollen neben Amtsdelikten und speziellen Berufsdelikten auch die unechten Unterlassungsdelikte mit ihrer Garantenpflicht zählen. Bei diesem Deliktstypus komme es für die Täterschaft nur auf die **Pflichtverletzung** an. Danach ist **jeder untätige Garant neben einem Begehungstäter grundsätzlich Unterlassungstäter**, somit auch R im vorliegenden Fall.

87 **cc)** Die sog. **Garantentheorie**[86] grenzt Täterschaft und Teilnahme durch Unterlassen nach der jeweiligen Schutzrichtung **der Garantenpflicht** ab: Wer für den Bestand des

---

84 Jescheck/Weigend § 64 IV 2; Lackner/Kühl/Heger § 27 Rn. 5; MünchKomm/Joecks/Scheinfeld § 25 Rn. 285.

85 Frister Kap. 26 Rn. 31; Roxin AT II § 31 Rn. 140 ff.; Stratenwerth/Kuhlen § 14 Rn. 13.

86 Herzberg S. 82 ff.; Sch/Sch/Heine/Weißer Vorbem. §§ 25 ff. Rn. 95 ff.

Rechtsguts einstehen müsse – **„Beschützergarant"** –, sei bei Nichthindern deliktischer Angriffe Unterlassungstäter (z.B. der Vater, der die Vergiftung seiner Kinder durch einen Dritten nicht verhindert). Erstrecke sich die Pflicht darauf, Schäden durch eigenes pflichtwidriges Vorverhalten, weisungsgebundene Personen oder eigene gefährliche Sachen zu verhindern – **„Überwachungsgarant"** –, so liege bei pflichtwidriger Untätigkeit im Zusammenhang mit fremder Tat Beihilfe vor. Da sich die Garantenstellung des R als Gerätewart auf die Erhaltung des Theodoliten bezog, war er nach dieser Ansicht **als Beschützergarant ebenfalls Unterlassungstäter**.

dd) Die **Rspr.**[87] stellt auch bei Unterlassungstaten i.S.d. **subjektiven Theorie** darauf ab, ob der Unterlassende **Täter- oder Teilnehmerwillen** hatte. Es sei durch Wertung zu ermitteln, ob die innere Haltung des Unterlassenden – insbesondere wegen des Interesses am abzuwendenden Taterfolg – als Ausdruck eines sich die Tat des anderen zu eigen machenden Täterwillens aufzufassen sei oder ob seine innere Einstellung davon geprägt sei, dass er sich dem Handelnden unterordne und im Sinne bloßen Gehilfenwillens lediglich ablaufen lasse. Auch nach dieser Ansicht war R Unterlassungstäter der Sachbeschädigung. Er besaß selbst Täterwillen, da er mit der Belohnung und dem zu erwartenden Unterrichtsausfall **eigenes Interesse am Taterfolg** besaß. **88**

Damit bejahen – außer der Tatherrschaftslehre – die übrigen Bewertungsmodelle die Unterlassungsmittäterschaft des R an der Sachbeschädigung.

ee) Kritik: Die Lehre von den Pflichtdelikten beseitigt für den unterlassenden Garanten die Möglichkeit der Teilnahme. **Der Unterlassende steht damit schlechter als der Aktivbeteiligte,** weil für ihn die Strafmilderung des § 27 Abs. 2 S. 2 ausgeschlossen ist. Diesem Ansatz ist daher nicht zu folgen. Die Garantentheorie überzeugt nicht, weil auch ein Überwachungsgarant das betroffene Rechtsgut schützen muss. Die subjektive Theorie kann als Indiz für den Täterwillen nur auf das Interesse am Taterfolg abstellen. Dieser ist allein aber kein taugliches Abgrenzungskriterium, weil auch der Gehilfe und Anstifter ein Eigeninteresse am Erfolg haben kann. **Überzeugend ist damit nur die Tatherrschaftslehre**, die beim unterlassenden Garanten neben einem aktiv Handelnden regelmäßig die Täterschaft verneint. **89**

R ist nicht wegen Mittäterschaft zur Sachbeschädigung durch Unterlassen strafbar.

III. Gegeben ist **Beihilfe zur Sachbeschädigung** von S und T **durch Unterlassen** gemäß **§§ 303 Abs. 1, 27, 13**. Der erforderliche Strafantrag nach § 303 c ist gestellt.

C. Strafbarkeit von S und T als Teilnehmer

S und T haben den R gemeinschaftlich zu dessen Beihilfe durch Unterlassen angestiftet. Dies ist letztlich Beihilfe zur eigenen Haupttat (s.u. Rn. 248) und tritt dahinter zurück.

Gesamtergebnis: S und T sind strafbar wegen Mittäterschaft zur Sachbeschädigung durch aktives Tun, R wegen Beihilfe zur Sachbeschädigung durch Unterlassen.

---

87 BGHSt 13, 162, 166 f.; BGH NStZ 1992, 31; vgl. auch BGH RÜ 2009, 636, 640.

Klausurhinweis: *Die Streitfrage der Abgrenzung von Täterschaft und Teilnahme an fremder Aktivtat durch Unterlassen wird in Klausuren regelmäßig übersehen, weil man scheinbar problemlos die Täterschaft mit dem Schema des unechten Unterlassungsdelikts „durchdeklinieren" kann. Merken Sie sich daher bitte:* ***Immer wenn ein anderer den Erfolg herbeiführt, ist ein daran Beteiligter nur unter den Voraussetzungen der §§ 25–27 strafrechtlich dafür verantwortlich – egal ob er tätig oder untätig war!***

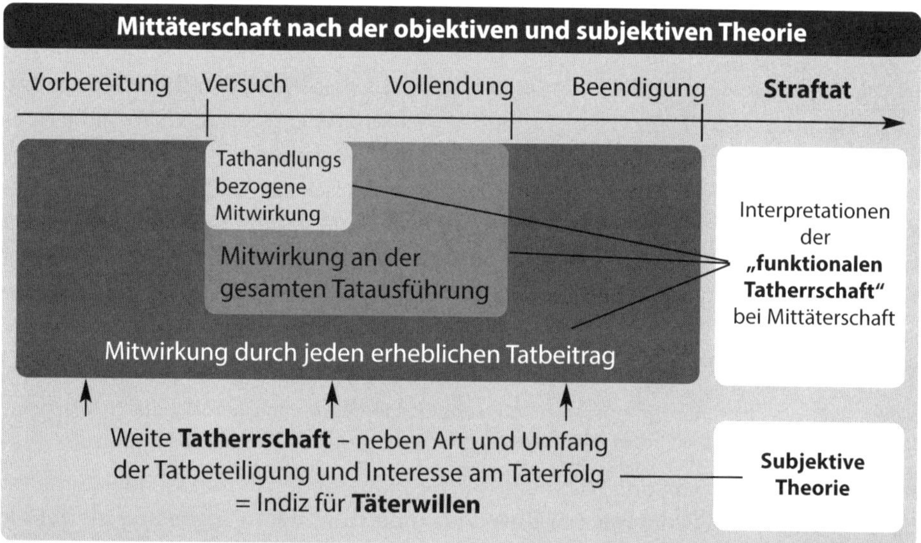

Erscheinungsformen der Mittäterschaft

- **Additive Mittäterschaft** bei der Tathandlung
- **Additive Mittäterschaft** nach h.M. auch durch Mitwirkung bei der Vorbereitung
- **Alternative Mittäterschaft** bei der Tathandlung
- **Sukzessive Mittäterschaft** durch Einstieg in die Tat nach Versuchsbeginn, nach h.M. sogar bis zur tatsächlichen Beendigung

4. Abschnitt: Mittelbare Täterschaft

90 Gemäß **§ 25 Abs. 1 Alt. 2** ist mittelbarer Täter, wer die Straftat „durch einen anderen begeht". Diesen anderen nennt man **Tatmittler** oder **Vordermann**. Dem mittelbaren Täter, auch **Hintermann** genannt, wird **wegen seiner Überlegenheit** das Handeln des Tatmittlers wie eigenes zugerechnet, d.h. er wird rechtlich so gestellt, als hätte er die vom Vordermann ausgeführten Handlungen selbst vorgenommen.[88]

A. Reichweite der mittelbaren Täterschaft

91 **I.** Da die Rechtsfigur der mittelbaren Täterschaft nur der Zurechnung der fremdhändigen Tathandlung dient, muss auch der mittelbare Täter die für das jeweilige Delikt erforderliche **Subjektqualität** besitzen (s.o. Rn. 31 ff.).

---

88 Rengier § 43 Rn. 1 ff.; Kindhäuser/Zimmermann § 39 Rn. 7 ff.

II. Ist unmittelbare Täterschaft oder Mittäterschaft gegeben, schließt das die mittelbare Täterschaft aus. 92

1. Wo keine Handlungen vorliegen, die zuzurechnen sind, braucht man auch keine mittelbare Täterschaft. Deshalb kommt keine mittelbare, sondern nur unmittelbare Täterschaft in Betracht, wenn sich der Handelnde eines **mechanischen Werkzeugs** oder eines **Tiers** bedient (z.B. einen Hund auf das Opfer hetzt) oder einen **Menschen wie einen leblosen Gegenstand** (z.B. durch Wegschleudern) benutzt.[89] 93

2. Ferner liegt unmittelbare Täterschaft vor, wenn die fragliche Person die Tathandlung **vollständig selbst verwirklicht** und sich dabei Tatbeiträge anderer nur zunutze macht. 94

Schwierigkeiten in Klausuren bereiten immer wieder die Fälle, in denen der Täter sein Handeln abgeschlossen hat und der Unrechtserfolg erst durch eine **äußerlich neutrale Handlung eines Dritten oder des Opfers** selbst eintritt.

Beispiel: A manipuliert einen Schalter, der bei Betätigen durch den Nachtwächter zu einem Brand **(Drittschädigung)** oder zu einem Stromschlag **(Selbstschädigung)** führt.

Auch hier könnte man die (im Übrigen unproblematische) Lösung über § 25 Abs. 1 Alt. 2 suchen, weil erst ein anderer Mensch den Taterfolg durch sein Handeln unmittelbar herbeigeführt hat. Die Rspr. sieht die „verwandte Struktur"[90] dieser Fälle mit mittelbarer Täterschaft, löst sie aber ohne die Zurechnungsregel des § 25 Abs. 1 Alt. 2 über die unmittelbare Täterschaft.

Für unmittelbare Täterschaft spricht Folgendes: Mit dem Stellen der Falle hat der Täter typischerweise bereits alle Faktoren des deliktischen Kausalprozesses vorgesteuert. Er hat auch **keinen direkten Einfluss auf Willensbildung oder -betätigung** des Handelnden oder des Opfers genommen, vielmehr nutzt er die Regelhaftigkeit von Handlungsabläufen aus. Die Mitwirkung des anderen Menschen ist keine über § 25 Abs. 1 Alt. 2 zurechnungsbedürftige Tathandlung, sondern bloßer Kausalfaktor.

3. Auch wenn jemand im bewussten und gewollten Zusammenwirken, also als **Mittäter** mit einem anderen agiert hat, kommt es auf zusätzlich vorliegende Umstände der Steuerung des Gesamtgeschehens nicht mehr an.[91] 95

B. Voraussetzungen der mittelbaren Täterschaft nach § 25 Abs. 1 Alt. 2

I. Die Tathandlung muss durch einen vom Täter verschiedenen **anderen Menschen, den sog. Tatmittler**, verwirklicht worden sein. 96

II. Der potenzielle mittelbare Täter muss einen **ursächlichen Beitrag** zu der Fremdhandlung erbracht haben. Dieser Beitrag des Hintermannes kann in der **Tatveranlassung** oder in einer **Förderungshandlung** liegen.[92] 97

III. Der mittelbare Täter muss „durch" einen anderen handeln, also die **Fremdhandlung** 98

89 NK/Schild/Kretschmer § 25 Rn. 62, 65.

90 BGHSt 43, 177, 180.

91 BGH NStZ 2008, 89.

92 Wessels/Beulke/Satzger Rn. 851 ff.

steuern. Da – rein äußerlich betrachtet – die Mitwirkungshandlungen eines mittelbaren Täters denen eines Anstifters oder eines Gehilfen ähneln, ist auch hier zu präzisieren, wann er „durch" einen anderen täterschaftlich handelt. Im Prinzip stehen sich auch hier die Tatherrschaftslehre und die subjektive Theorie gegenüber:

1. Die **Tatherrschaftslehre** verlangt für die Täterschaft allgemein die steuernde Gestaltung des Tatablaufs. Das Wesen der mittelbaren Täterschaft sieht diese Lehre in einer durch Wertung zu ermittelnden **Unterlegenheit des Tatmittlers** und einer korrespondierenden **Überlegenheit des Hintermannes**, durch welche die Fremdhandlung sein eigenes Werk wird. Entscheidend ist danach die **Willensherrschaft** des mittelbaren Täters.[93] Allerdings ist auch dieser Begriff noch ausfüllungsbedürftig und in seinen Grenzen umstritten (dazu unten Rn. 108 ff.).

2. Die **subjektive Theorie** (normative Kombinationstheorie) stellt begrifflich auch bei der mittelbaren Täterschaft auf den **Täterwillen** ab,[94] bestimmt diesen aber inzwischen bei der mittelbaren Täterschaft maßgeblich nach der **objektiven Tatherrschaft**.[95]

99 **IV.** Der Hintermann muss **Vorsatz** bezüglich aller Deliktsmerkmale haben, seinen Verursachungsbeitrag zur Tathandlung des anderen kennen und sich der Umstände bewusst sein, durch die er den Tatmittler instrumentalisiert **(Tatherrschaftsbewusstsein)**.

C. Aufbau

100 **I.** Auch bei der mittelbaren Täterschaft gilt das bereits im Zusammenhang mit der Mittäterschaft Gesagte (s.o. Rn. 39): Die speziellen Prüfungspunkte des § 25 Abs. 1 Alt. 2 sind **kein eigenständiges Schema**, sondern – da es ausschließlich um die Zurechnung fremden Handelns geht – im Zusammenhang mit der Tathandlung zu erörtern. Alle übrigen Deliktsmerkmale muss der mittelbare Täter in eigener Person erfüllen.

101 **II.** Sofern die Strafbarkeit des allein handelnden **„Tatnächsten"** zu untersuchen ist, sollte man stets mit diesem beginnen. Seine Strafbarkeit ist komplett nach den für den Alleintäter entwickelten Aufbauschemata abzuhandeln. Haben mehrere zusammengewirkt, ist eine gemeinschaftliche Prüfung nach dem für Mittäter entwickelten Schema voranzustellen. Auf diese Weise lässt sich ermitteln, welcher der Beteiligten einen Strafbarkeitsmangel aufweist. Wusste der nicht als Täter strafbare Vordermann, dass er eine Unrechtstat des Hintermannes ermöglichte **(sog. doloses Werkzeug)**, so ist er häufig als **Gehilfe zur mittelbar täterschaftlich begangenen Tat des Hintermannes** strafbar. Dies darf aber nach dem Grundsatz „Täter vor Teilnehmer" erst nach der Prüfung des Hintermannes und seiner Vorsatztat in mittelbarer Täterschaft geprüft werden![96]

Aufbau: *Selbstredend müssen Sie gleich mit dem Hintermann beginnen, wenn nach der Strafbarkeit des Vordermannes gar nicht gefragt oder dieser tot ist.*

Bei der Prüfung des **Hintermannes** gilt: Auf keinen Fall sollten Erörterungen über die

93 Der Terminus „Willensherrschaft" stammt von Roxin, Täterschaft und Tatherrschaft, S. 157 ff. Er umfasst auch die Wissensherrschaft und Organisationsherrschaft. Andere (z.B. MünchKomm/Joecks/Scheinfeld § 25 Rn. 62, 67, 145 ff.) stellen die drei Begriffe nebeneinander.

94 BGH NJW 1995, 204, 206: „vom Täterwillen getragene objektive Täterschaft".

95 BGH NStZ 1989, 176, 177; NJW 1994, 670, 671.

96 S. dazu den nachfolgenden Fall Rn. 108.

mittelbare Täterschaft außerhalb eines bestimmten Straftatbestandes „vor die Klammer" gezogen werden, weil sich die Beteiligungsform von einem zum anderen Delikt ändern kann. Zuerst sind die Delikte „abzuschichten", die der Betreffende mangels Sondereigenschaft oder eigenhändiger Mitwirkung nicht täterschaftlich erfüllen konnte.

Im Weiteren ist nach dem Schema des jeweiligen Delikts für Alleintäter vorzugehen. Dabei sind alle objektiven und subjektiven Merkmale auf die Person des potenziellen mittelbaren Täters zu beziehen und bei der Tathandlung die **Voraussetzungen der Handlungszurechnung mittelbarer Täterschaft** zu diskutieren. Oft ist wegen der Besonderheiten der mittelbaren Täterschaft ein „Vorziehen" von Deliktsmerkmalen unumgänglich.

Klausurhinweis: *Bei jeder Prüfung eines Beteiligten als mittelbarer Täter ist § 25 Abs. 1 Alt. 2 im jeweiligen Obersatz zusammen mit der BT-Strafnorm zu zitieren.*

Aufbauschema: Mittelbare Täterschaft

A. Strafbarkeit des oder der Tatnächsten

B. Strafbarkeit des Hintermannes als mittelbarer Täter

I. Tatbestandsmäßigkeit

1. Objektiver Tatbestand (nach der Prüfungsfolge des jeweiligen Delikts)
   - Deliktsspezifische äußere Merkmale *bezogen auf den Hintermann*
   - Bei der Tathandlung: *Zurechnung der fremden Handlung, § 25 Abs. 1 Alt. 2*
     - Feststellung, dass ein **anderer** die Tathandlung vorgenommen hat
     - **Veranlassung** oder **Förderung** der Fremdhandlung durch Hintermann
     - Mittelbar täterschaftliche **Steuerung** der Fremdhandlung
2. Subjektiver Tatbestand
   - Tatbestandsvorsatz einschließlich Tatherrschaftsbewusstsein aufgrund von **Wissens- oder Willensherrschaft** oder einer Fallgruppe des „Täters hinter dem Täter"
   - Deliktsspezifische subjektive Tatbestandsmerkmale (*soweit nicht schon zur Begründung mittelbarer Täterschaft vorgezogen*)

II. Rechtswidrigkeit

III. Schuld

D. Mittelbare Täterschaft nach dem Verantwortungsprinzip

Soweit der Ausführende für seine Tat strafrechtlich verantwortlich ist, ist er selbst Täter. **102**
Ist dagegen der Handelnde für seine Tat **strafrechtlich nicht verantwortlich** und **nutzt ein Veranlasser** oder Unterstützer genau **diesen strafrechtlichen „Defekt" aus**, um die Tat zu ermöglichen, ist dies ein Anhaltspunkt dafür, ihm die strafrechtliche Verantwortung für das Geschehen nach § 25 Abs. 1 Alt. 2 zuzurechnen. Mittelbare Täterschaft ergibt sich aber nicht automatisch aus dem Strafbarkeits-„Gefälle" zwischen Hinter-

mann und Vordermann, sondern erst aus der **Überlegenheit des Hintermannes** in Form seiner **Wissens- oder Willensherrschaft**.[97]

103 Die so begründete Tatherrschaft ist deliktsbezogen und daher **teilbar**, d.h. sie wird nicht dadurch ausgeschlossen, dass der Handelnde wegen anderer Delikte strafbar ist, solange er in Bezug auf den vom Hintermann gewollten Rechtsgutangriff ein Defizit aufwies.

Beispiel: Unter dem Vorwand, sich an C rächen zu wollen, bittet A den B, den C einzusperren. Tatsächlich will A den C durch das Einsperren davon abhalten, ein wichtiges Telefongespräch zu führen. – B ist Täter einer Freiheitsberaubung nach § 239 Abs. 1 Alt. 1. Dazu hat A ihn angestiftet. Bezüglich der durch die Freiheitsberaubung ermöglichten Nötigung gemäß § 240, nämlich die gewaltsame Erzwingung, das Telefonat zu unterlassen, hatte B keinen Vorsatz, § 16 Abs. 1 S. 1. Insoweit ist A mittelbarer Täter.

I. Die anerkannten Fälle mittelbarer Täterschaft nach dem Verantwortungsprinzip

1. Der Vordermann handelt ohne Tatvorsatz

104 Wer objektiv tatbestandsmäßig handelt, aber einem **Tatbestandsirrtum** unterliegt, ist gemäß **§ 16 Abs. 1 S. 1** nicht als Vorsatztäter strafbar. Veranlasst oder unterstützt jemand die objektive Tatbestandsverwirklichung und hat er diesbezüglich Vorsatz, handelt er schon aufgrund dieses **überlegenen Wissens „durch einen anderen" gemäß § 25 Abs. 1 Alt. 2**. Wenn auch die übrigen objektiven und subjektiven Deliktsvoraussetzungen in seiner Person erfüllt sind, ist er mittelbarer Täter. Ob der Tatmittler seinerseits aus Fahrlässigkeitstat strafbar ist, spielt wegen der Tatbestandsbezogenheit der mittelbaren Täterschaft auf die Vorsatztat keine Rolle.[98]

Beispiel: A hat heimlich den Theaterdolch, mit dem der Schauspieler B den C in der Schlussszene der geplanten Uraufführung „töten" soll, durch einen echten Dolch ausgetauscht. So tötet B den C in der irrigen Annahme, dass die Sterbeszene nur gespielt sei. – B ist wegen fehlenden Tötungsvorsatzes gemäß § 16 Abs. 1 S. 1 nicht wegen Totschlags gemäß § 212 Abs. 1 strafbar. Bei Erkennbarkeit des Austauschs der Waffe ist er möglicherweise wegen fahrlässiger Tötung strafbar, § 222 i.V.m. § 16 Abs. 1 S. 1. Wegen der heimtückischen Tatausführung ist A aber nicht nur mittelbarer Täter eines Totschlags, sondern sogar eines Mordes gemäß §§ 211, 25 Abs. 1 Alt. 2.

---

97 Grundwissen zur mittelbaren Täterschaft: Murmann JA 2008, 321; Grundfälle zur mittelbaren Tärtschaft: Koch JuS 2008, 399.

98 Kindhäuser/Zimmermann § 39 Rn. 13; Rengier § 43 Rn. 12 f.

2. Der Vordermann handelt gerechtfertigt

Veranlasst jemand einen Angriff i.S.v. § 32 durch einen seinerseits als Werkzeug gelenkten Angreifer oder erzeugt jemand eine Gefahrenlage gemäß § 34, aus der sich – wie der Urheber weiß und will – der Betroffene nur durch eine Notwehr- oder Notstandshandlung retten kann, **ist der Urheber mittelbarer Täter** der für den unmittelbar Handelnden gerechtfertigten Rechtsgutverletzung.[99] **105**

Auch Staatsorgane können durch Schaffen einer falschen, aber hoheitlichen Eingriff rechtfertigenden Verdachtslage als gerechtfertigte Tatmittler instrumentalisiert werden.

Klausurfall: X schafft eine Beweissituation, die den unschuldigen U vor der Polizei als Täter einer schweren Straftat hinstellt und zu dessen Festnahme führt. – Neben Falschverdächtigung gemäß § 164 Abs. 1 liegt auch Freiheitsberaubung in mittelbarer Täterschaft gemäß §§ 239 Abs. 1, 25 Abs. 1 Alt. 2 vor, da X über die nach §§ 127 Abs. 2, 112 StPO (dringender Tatverdacht!) gerechtfertigten Strafverfolgungsorgane die Wissensherrschaft besitzt.[100]

3. Der Vordermann handelt im Erlaubnistatbestandsirrtum

Wer sich bei der Tatbegehung irrtümlich Umstände vorstellt, bei deren Vorliegen die konkrete Tat gerechtfertigt wäre (Erlaubnistatbestandsirrtum), steht nach heute ganz h.M. einem im Tatbestandsirrtum handelnden Täter gleich und ist jedenfalls nicht aus Vorsatztat strafbar (ausführlich unten Rn. 615 ff.). Wer die wahren Umstände kennt und die **Tatbegehung durch den Irrenden veranlasst oder fördert, ist dann mittelbarer Täter**.[101] **106**

Beispiel: X spiegelt dem Y vor, Nachbar N habe eingewilligt, einen vor dem Haus stehenden Baum zu fällen. – Sachbeschädigung in mittelbarer Täterschaft für X, §§ 303 Abs. 1, 25 Abs. 1 Alt. 2.

4. Der Vordermann handelt ohne Schuld

Ist der unmittelbare Täter wegen Strafunmündigkeit (§ 19), mangelnder Verantwortungsreife (§ 3 JGG), wegen Schuldunfähigkeit (§ 20) oder wegen eines unvermeidbaren Verbots-/Erlaubnisirrtums (§ 17 S. 1) für seine Tat strafrechtlich nicht verantwortlich, so begründet dies nach allgemeiner Ansicht **mittelbare Täterschaft für denjenigen, der sich diesen Defekt zunutze macht**.[102] **107**

Beispiel: O bringt den pyromanisch veranlagten und deshalb schuldunfähigen P durch den gezielten Hinweis auf ein abgelegenes Holzlager dazu, eine Brandstiftung zu begehen.

Dasselbe gilt, wenn der Tatveranlasser den unmittelbar Handelnden in einen diesen nach § 35 entschuldigenden Nötigungsnotstand bringt.

Beispiel: H nötigt die Ärztin A unter Morddrohungen dazu, an seiner Freundin einen rechtswidrigen Schwangerschaftsabbruch vorzunehmen. – Fremdabtreibung, § 218 Abs. 1, in mittelbarer Täterschaft für H durch Herbeiführung einer der A aus § 35 Abs. 1 entschuldigenden Notstandslage.

In all diesen Fällen liegt zugleich eine Anstiftung zur Tat des entschuldigten Vordermannes vor, weil dafür nach § 26 nur eine rechtswidrige, nicht notwendigerweise schuldhaf-

---

99 Rengier § 43 Rn. 23.

100 Vgl. Rengier § 43 Rn. 24.

101 Sch/Sch/Heine/Weißer § 25 Rn. 18.

102 Rengier § 43 Rn. 27, 30.

te Tat Voraussetzung ist. Die Teilnahme wird aber von der unrechtsschwereren Täterschaft verdrängt (s. unten Rn. 245).

II. Die umstrittenen Fälle mittelbarer Täterschaft durch tatbestandslos Handelnde

1. Mittelbare Täterschaft durch Veranlassung einer Selbstschädigung

108 Verletzt der Rechtsgutinhaber eigene Güter, verwirklicht er keinen Tatbestand, weil unsere Rechtsordnung es der freien Entscheidung des Einzelnen überlässt, was er mit seinen Rechtsgütern anfängt. Das geht bis zur Straflosigkeit der Selbsttötung. Demgemäß ist der Veranlasser oder Gehilfe einer solchen **freiverantwortlichen Selbstschädigung** oder sogar Selbsttötung **kein Teilnehmer einer tatbestandsmäßigen Haupttat**.

Allein mit der **Tatbestandslosigkeit der Selbstschädigung** kann für den Veranlasser oder Gehilfen auch keine mittelbare Täterschaft begründet werden. Liegt aber gar keine freiverantwortliche Selbstschädigung oder Selbsttötung vor, ist der Mitwirkende **mittelbarer Täter einer Fremdschädigung** oder im Fall der Tötung mittelbarer Täter des Totschlags gemäß § 212 oder sogar eines Mordes, § 211. Die Frage ist nur, nach welchen Kriterien dieser – die mittelbare Täterschaft begründende – Mangel der Freiverantwortlichkeit begründet werden soll.

Fall 5: Streit zwischen Vorsatz-/Schuldlehre und Einwilligungstheorie

T will ihrem Vater das Rauchen abgewöhnen. Als sich V eine teure Havanna-Zigarre anstecken will, schaut T durch die Tür und erklärt wahrheitswidrig, sie habe die Zigarren mit einer speziellen Flüssigkeit aus einem Scherzartikelgeschäft präpariert. Diese bewirke, dass die Zigarren einen unangenehmen Güllegeruch verströmen würden, sobald die Glut heiß genug sei. Verärgert wirft V die Zigarren in den Mülleimer. Strafbarkeit der T? Ein etwa erforderlicher Strafantrag ist zu unterstellen.

109 **I. Sachbeschädigung** gemäß **§ 303 Abs. 1 Alt. 2** in unmittelbarer Täterschaft scheidet aus. T hatte die Zigarren tatsächlich nicht mit der speziellen Flüssigkeit präpariert und damit nicht beschädigt, und weggeworfen hat sie V.

II. Infrage kommt deshalb nur **Sachbeschädigung in mittelbarer Täterschaft, §§ 303 Abs. 1 Alt. 2, 25 Abs. 1 Alt. 2**.

1. Die Zigarren standen im Eigentum des V, waren also für T fremde Sachen.

2. T müsste die Zigarren „durch" V zerstört haben.

a) Das Wegwerfen bewirkte, dass entweder schon die Substanz vernichtet oder der bestimmungsgemäße Gebrauch unmöglich gemacht wurde. Eine Zerstörung lag damit vor.

b) Die Tathandlung hat V vollzogen. T hat diese dadurch verursacht, dass sie V glauben machte, jede der Zigarren könne möglicherweise mit dem Scherzartikel behandelt sein.

c) Fraglich ist, ob T dadurch die Handlung des V in mittelbar täterschaftlicher Weise gesteuert hat.

aa) Die **h.M.** geht vom **Verantwortungsprinzip** aus und zieht die Vorsatz- und Schuldregeln entsprechend heran:[103] Wäre die Selbstverletzung eine Fremdschädigung und befände sich der Handelnde in einer Lage, die seine strafrechtliche Verantwortlichkeit als Vorsatztäter ausschlösse, so sei der Tatveranlasser mittelbarer Täter. **110**

Solche Situationen bestehen, wenn der Vordermann über den selbstschädigenden Charakter seines Handelns getäuscht wird (§ 16 Abs. 1), wenn die Selbstverletzung durch Kinder, Jugendliche oder Geisteskranke erfolgt (§ 3 JGG, §§ 19, 20) oder wenn das Opfer in eine Notstandslage getrieben wird (§ 35).

V glaubte hier, die Zigarren seien bereits irreparabel beschädigt. Ihm blieb daher verborgen, dass er durch das Wegwerfen erst die eigentliche Sachbeschädigung beging. Wären die Zigarren nicht seine eigenen gewesen, hätte ihm der **Vorsatz für eine Sachbeschädigung gefehlt**. Nach dem Verantwortungsprinzip war er Tatmittler einer von T begangenen Fremdschädigung.

bb) Einen völlig anderen Denkansatz in den Selbstschädigungsfällen wählt die sog. **Einwilligungstheorie**. Es komme auf die Eigenverantwortlichkeit der in der Selbstschädigung liegenden Preisgabe der Interessen des Rechtsgutträgers an. Diese richte sich nach **denselben Kriterien wie eine rechtfertigende Einwilligung** in die – anstelle des Rechtsgutinhabers von einem (gedachten) anderen vorgenommene – Schädigung: Besitzt danach der sich selbst Schädigende nicht die erforderliche Einwilligungsfähigkeit oder **war seine Entscheidung nicht frei von Zwang oder wesentlichen Irrtümern**, so ist der Tatveranlasser mittelbarer Täter.[104] Diese Meinung ermöglicht also auch mittelbare Täterschaft, wenn sich das Opfer zwar nicht über die Selbstschädigung selbst, wohl aber über ihren konkreten Handlungssinn irrt. Diese Ansicht bejaht wegen der **Fehlvorstellung des V**, jede der von ihm weggeworfenen Zigarren sei bereits beschädigt, eine rechtsgutbezogene Fehlvorstellung und verneint eine freiverantwortliche Selbstschädigung. **111**

cc) Die **Rspr.** beurteilt die Tatherrschaft nach den **Gesamtumständen des jeweiligen Einzelfalles** unter Berücksichtigung von Art und Tragweite des Irrtums und danach, ob der Hintermann überlegenes Sachwissen besitzt. In den einschlägigen Fällen ging es um die Abgrenzung zwischen straflosem Suizid und Tötung in mittelbarer Täterschaft.[105] **112**

Beispiel 1: In dem berühmt gewordenen **„Sirius-Fall"**[106] wurde ein versuchter Mord in mittelbarer Täterschaft angenommen, als das Opfer durch Vorspiegelung, in einem neuen Körper weiterzuleben, dazu gebracht wurde, sich (vergeblich) durch einen Stromschlag von seinem alten Körper zu trennen.

Beispiel 2: In einem anderen Fall[107] hatte die Täterin ihrem Ehemann vorgetäuscht, gemeinsam mit ihm aus dem Leben zu scheiden. Hier stützt der BGH den Schuldspruch wegen Mordes auf die Täuschung und auf die Beherrschung des gesamten äußeren Tötungsgeschehens.

---

103 Vgl. Kühl § 20 Rn. 46 ff.

104 Kindhäuser/Zimmermann § 39 Rn. 49; Sch/Sch/Eser/Sternberg-Lieben Vorbem. §§ 211 ff. Rn. 36 f.

105 Ausführlich dazu AS-Skript Strafrecht BT 2 (2024), Rn. 163.

106 BGHSt 32, 38.

107 BGH GA 1986, 509.

Auch nach der Rspr. ist wegen des überlegenen Wissens der S, dass keine der Zigarren beschädigt war, mittelbare Täterschaft zu bejahen.

T hat die Handlung des V nach allen Ansichten gemäß § 25 Abs. 1 Alt. 2 in täterschaftlicher Weise gesteuert.

3. Sie handelte vorsätzlich, rechtswidrig und schuldhaft. Der nach § 303 c grundsätzlich erforderliche Strafantrag ist zu unterstellen.

Ergebnis: T ist mittelbare Täterin einer Sachbeschädigung.

---

2. Mittelbare Täterschaft durch tatbestandslos, aber „dolos" Handelnde

113 Viele Straftatbestände sind durch ihre Fassung so begrenzt, dass zwar das Rechtsgut faktisch durch jede Person beeinträchtigt werden kann, der Handelnde aber nur strafbar ist, wenn er entweder **bestimmte Eigenschaften oder Absichten besitzt** oder wenn die Tathandlung einen persönlichen Bezug aufweist.

Klausurhäufige Beispiele:

- **Untreue** gemäß **§ 266** kann als Sonderdelikt nur von einem Vermögensbetreuungspflichtigen verwirklicht werden. Eine reine Vermögensschädigung ohne diese Sondereigenschaft ist nicht strafbedroht.
- **Diebstahl** gemäß **§ 242** setzt im subjektiven Tatbestand außer Vorsatz Zueignungsabsicht voraus. Wer eine Sache wegnimmt, nur um den Eigentümer zu schädigen, ist kein Dieb.
- **Nötigung** gemäß **§ 240** durch eine Drohung begeht nur, wer einem anderen ein Übel ankündigt, auf dessen Eintritt er selbst Einfluss zu haben vorgibt. Wer nur vor der Übelszufügung durch einen Dritten warnt, begeht keine Nötigung.
- Eine **Falschverdächtigung** gemäß **§ 164** begeht nur, wer wider besseres Wissen einen anderen entweder einer Straftat/Ordnungswidrigkeit bezichtigt. Die Selbstbezichtigung ist nicht tatbestandsmäßig.

114 In solchen Fällen kann der unmittelbar Handelnde kein Täter sein, **weil ihm die besondere Täterqualität fehlt**. Er handelt tatbestandslos. Das gilt sogar dann, wenn er genau weiß, was er tut, also „dolos" ist (vom lat. dolus, frei übersetzt: „mit bösem Willen").

Der Veranlasser einer solchen Tat kann mangels tatbestandsmäßiger Haupttat nicht als Anstifter strafbar sein. Umstritten ist, ob mittelbare Täterschaft gegeben ist.

- Die **h.M.** bestraft den Hintermann aus mittelbarer Täterschaft zu dem verwirklichten Delikt und den Ausführenden aus Beihilfe dazu.[108]
- Die **Gegenmeinung** sieht hierin eine unzulässige Umgehungskonstruktion.

Die Entscheidung dieses Streits hängt davon ab, ob man auch bei einem „dolos" Handelnden die Tatherrschaft begründen kann.

---

108 Zu Untreue und Diebstahl s. den nachfolgenden Fall; zur Nötigung in mittelbarer Täterschaft vgl. OLG Karlsruhe BeckRS 2004, 08909; zur Falschverdächtigung in mittelbarer Täterschaft OLG Stuttgart RÜ 2015, 713; dagegen LG Heilbronn RÜ 2017, 504; OLG Stuttgart NJW 2017, 1971.

Klausurhinweis: *Wegen ihrer Komplexität sind dies außerordentlich beliebte Konstellationen in Fällen zum 1. und sogar zum 2. Examen!*

Fall 6: Streit zwischen psychologisierender und normativer Tatherrschaftslehre

G und X sind Geschäftsführerinnen der X-GmbH. Während ihres Urlaubs erfährt G von dem Vorhaben der GmbH-Gesellschafter, sie fristlos zu entlassen. Um sich für diesen Fall bei der Konkurrenz, der Firma Y, „einkaufen" zu können, beschließt G, einen gerade zur Patentanmeldung fertiggestellten Prototypen an sich zu bringen. Sie ruft ihren langjährigen Freund F in Deutschland an und erklärt ihm Motiv und Plan. F ist spontan bereit, G zu helfen. Er wollte die GmbH schon lange schädigen, weil er vor Jahren von der X-GmbH aus dem Markt gedrängt worden war; nur die Freundschaft zu G hatte ihn davon abgehalten. Entsprechend den Anweisungen der G über Aufbewahrungsort des Geräts und Sicherungseinrichtungen (Alarmanlage, Zahlenkombination des Tresors) betritt F nachts das Gebäude der GmbH, öffnet dort den Safe und entwendet das Gerät. Zur Übergabe an G kommt es jedoch nicht mehr, weil F sein Auto samt Prototyp gestohlen wird.

Strafbarkeit von F und G nach dem StGB? Etwa erforderliche Strafanträge sind gestellt.

A. Strafbarkeit des F als Täter 115

I. Infrage kommt zunächst **Hausfriedensbruch, § 123 Abs. 1 Alt. 1**. Indem sich F nachts Zutritt zu dem Verwaltungsgebäude der X-GmbH verschaffte, hat er fremde Geschäftsräume betreten. Zwar geschah dies mit dem Willen der Geschäftsführerin G, also eines Hausrechtsinhabers. Da aber die Anwesenheit einer Person zum Zweck der Schädigung der GmbH dem anderen Geschäftsführer nicht zumutbar ist, ist die Zutrittserlaubnis rechtsmissbräuchlich und daher unwirksam.[109] F ist in die Räume eingedrungen. Er handelte vorsätzlich, rechtswidrig und schuldhaft. Der für die Strafverfolgung gemäß § 123 Abs. 2 erforderliche Strafantrag ist gestellt.

II. F könnte sich durch die Entwendung des Prototyps wegen **Diebstahls** gemäß **§ 242** strafbar gemacht haben.

1. Der im Eigentum der GmbH stehende Prototyp war für F eine fremde bewegliche Sache.

2. Die Wegnahme, also den Gewahrsamsbruch, vollendete F spätestens in dem Zeitpunkt, als er das Firmengelände verließ, denn damit hob er den Gewahrsam der X-GmbH an dem Tatobjekt ohne deren Einverständnis auf und begründete neuen, eigenen Gewahrsam.

3. F handelte mit Wegnahmevorsatz.

4. Zweifelhaft ist, ob F mit **Zueignungsabsicht** handelte. Dann müsste er zielgerichteten Willen besessen haben, den Gegenstand oder dessen Gebrauchswert in sein oder das Vermögen der G gelangen zu lassen; ferner müsste er zumindest Eventualvorsatz bezüglich der Enteignung der X-GmbH, also zum dauerhaften Entzug ihrer Verfügungsmacht, besessen haben.

---

109 Vgl. Sch/Sch/Schittenhelm/Sternberg-Lieben § 123 Rn. 18.

a) Der Enteignungswille des F war gegeben, denn die X-GmbH sollte den Prototyp nicht zurückerlangen.

b) Fraglich ist aber die **Aneignungsabsicht**.

aa) Ein eigenes wirtschaftliches Interesse an dem Gerät besaß F nicht. Auch hätte in der Weitergabe an G keine Quasi-Verfügung über die Sache gelegen (wodurch der Täter sich regelmäßig wie ein Eigentümer geriert und sich deshalb die Substanz zueignet). Vielmehr wäre die Weitergabe lediglich ein Akt der Auftragserfüllung gewesen.

116 **bb)** Auch **„Dritt-Aneignungsabsicht"** ist zweifelhaft. Die Weitergabe einer Sache an andere ist nur dann eine Drittzueignung, wenn in der Person des Dritten eine Aneignung der Sache oder ihres funktionsspezifischen Gebrauchswerts stattfinden soll.

Ein Geschehen, das entweder keine Aneignung (z.B. Ansichnahme einer Sache als bloßes Druckmittel) oder keine Enteignung ist (z.B. Erlangung einer Sache zum Zweck ihrer Zerstörung), ist deshalb keine Zueignung, gleichgültig ob es in der Person des Täters der Wegnahme oder eines Dritten liegen sollte.[110]

Selbst wenn der **Dritte die Sache in seine Verfügungsgewalt überführen will und der Wegnehmende dies weiß**, begründet dies nicht zwingend die Absicht der Drittzueignung des Wegnehmenden. Denn dann kann der Wegnehmende selbst mit einem anderen Ziel gehandelt haben.[111]

So lag der Fall hier: F kam es nur auf die Schädigung der X-GmbH an; nur dies war mit dolus directus 1. Grades beabsichtigt. Er wusste wohl, dass G die Aneignung beabsichtigte, doch war ihre Aneignung nicht der Handlungsantrieb des F. Auch war die Weitergabe des Geräts an G zur Vermarktung durch diese kein Zwischenziel. F hätte sein Schädigungsziel auch erreicht, wenn er den Prototyp in den nächsten Mülleimer geworfen hätte.

F ist damit nicht wegen eines Diebstahls strafbar.

III. Infrage kommt aber **Unterschlagung, § 246 Abs. 1**. In der Entwendung des Geräts, also in der Erlangung von Gewahrsam zugunsten des F, liegt die Manifestation des Drittzueignungswillens und damit eine vollendete Zueignung. Diese war rechtswidrig, weil dem F kein Anspruch auf das Gerät zustand. Für den Unterschlagungsvorsatz genügt nach **h.M. dolus eventualis** hinsichtlich der An- und Enteignung.[112] F hatte sogar direkten Vorsatz bezüglich der Aneignung durch G und Enteignungsabsicht. Rechtswidrigkeit und Schuld sind ebenfalls gegeben.

Für eine nach **§ 266 Abs. 1 Alt. 2** strafbare **Treubruchs-Untreue** fehlt dem F die durch das Merkmal „Vermögensbetreuungspflicht" umschriebene Sonderdeliktseigenschaft.

Ergebnis: F ist wegen Hausfriedensbruch und Unterschlagung in Tateinheit strafbar.

B. Strafbarkeit der G

I. Diebstahl in mittelbarer Täterschaft, §§ 242, 25 Abs. 1 Alt. 2.

1. Der Prototyp war auch für G eine fremde bewegliche Sache.

---

110 Vgl. Sch/Sch/Eser/Bosch § 242 Rn. 58.

111 Vgl. Krämer Jura 2005, 833.

112 Sch/Sch/Eser/Bosch § 246 Rn. 24; AS-Skript Strafrecht BT 1 (2021), Rn. 269.

2. G müsste das Tatobjekt durch F weggenommen haben.

a) Den Gewahrsamsbruch hat F allein vollzogen.

b) G hat den Wegnahmeentschluss durch den Telefonanruf in ihrem Freund hervorgerufen. Sie war insoweit ursächlich für die Tathandlung.

c) G müsste dadurch die Handlung des F **in mittelbar täterschaftlicher Weise gesteuert** haben. Da für die Tatvollendung nicht erforderlich ist, dass der Täter eigenen Gewahrsam erlangt hat,[113] ist der Diebstahl kein eigenhändiges Delikt, also auch in mittelbarer Täterschaft begehbar. Für die Zurechnung nach § 25 Abs. 1 Alt. 2 müssen aber weitere Voraussetzungen erfüllt sein:

G muss objektiv die **Willensherrschaft** besessen haben. Die Willensherrschaft ergibt sich aus der **Unterlegenheit des Vordermannes** und entsprechender **Überlegenheit des Hintermannes in Wissen und Wollen.**[114] Mittelbare Täterschaft ist aber nicht schon bei jeder Art von geistiger Unterlegenheit oder Motivirrtum gegeben. Vielmehr muss eine gewisse Mindestschwelle erreicht werden. 117

aa) Die Willensherrschaft wird vielmehr in der Regel erst durch einen **Strafbarkeitsmangel des Vordermannes** indiziert. Hier handelte F in Bezug auf den Diebstahl subjektiv nicht tatbestandsmäßig. Er wusste zwar, dass er eine fremde Sache wegnahm; ihm fehlte aber die Zueignungsabsicht. Er war im rechtstechnischen Sinn **„dolos-absichtslos"**.[115] 118

bb) Grundsätzlich ergibt sich bei einem Strafbarkeitsmangel des Vordermannes die Willensherrschaft und damit auch der Täterwille des Hintermannes, wenn bei diesem **durch Mehrwissen oder überlegenen Willen das beim Vordermann fehlende Element erfüllt** ist. G hatte hier die für die Diebstahlstäterschaft erforderliche Absicht rechtswidriger Zueignung, weil sie die Beute an die Konkurrenz geben wollte, um dadurch einen wirtschaftlichen Vorteil zu erhalten. 119

Aufbau: *Zur Begründung der Tatherrschaft kann es also notwendig sein, ein im normalen Deliktsaufbau erst später zu prüfendes Merkmal (hier die Zueignungsabsicht) vorzuziehen.*

cc) Fraglich ist, ob dies für mittelbare Täterschaft genügt, denn F vollzog den Gewahrsamsbruch **in vollem Bewusstsein** über die deliktischen Zusammenhänge. Eine der wichtigsten Grundsatzfragen bei der mittelbaren Täterschaft ist, ob Tatherrschaft i.S.v. § 25 Abs. 1 Alt. 2 schon durch eine **formal-juristische „Unterlegenheit"** begründet werden kann und ohne ein psychisches Übergewicht des Hintermannes auskommt. 120

(1) Eine **psychologisierende Richtung** innerhalb der Tatherrschaftslehre verneint in solchen Fällen mittelbare Täterschaft. Zusätzlich zum Strafbarkeitsmangel des Vordermannes verlangt sie **entweder eine Beeinträchtigung der Entscheidungsmacht des Vordermannes** für sein Tun oder eine **reale Einflussmacht des Hintermannes auf die Psyche des Werkzeugs.** Erst diese Faktoren ermöglichten es, den Hintermann zum Tä- 121

113 Vgl. RGSt 48, 58.

114 MünchKomm/Joecks/Scheinfeld § 25 Rn. 63.

115 Vgl. Rengier § 43 Rn. 22.

ter hochzustufen. Wer einen autonom Handelnden zur Wegnahme anstiftet, wird nach dieser Meinung nicht dadurch selbst zum Wegnehmenden, dass nur er, nicht aber der Ausführende die Sache behalten will.[116] Demgemäß kann in der Veranlassung der Wegnahme und der Benennung aller Ausführungsdetails allenfalls Mittäterschaft zur Unterschlagung liegen, §§ 246 Abs. 1, 25 Abs. 2.

122 **(2)** Die **überwiegende Gegenansicht** geht von einem rein juristischen, also **normativen Tatherrschaftsverständnis** aus: Danach ergibt sich schon aus der fehlenden Deliktsstrafbarkeit die mangelnde Verantwortlichkeit des Vordermannes und aus der deliktsspezifischen Absicht der G sowie ihrer Tatveranlassung deren „rechtlich beherrschender Einfluss" bzw. deren „rechtliches Übergewicht".[117]

123 **(3) Kritik:** Die psychologisierende Tatherrschaftslehre ist abzulehnen. Derjenige, der vorsätzlich, aber ohne deliktsspezifische Absicht die Tat ausführt, **steht in einem tatbestandsbezogenen Nachrangverhältnis zum Veranlasser**. Er ordnet seinen Willen auch dem Tatplan des Hintermannes unter. Zuletzt zeigen die Fälle des „Täters hinter dem Täter" (s. dazu unten Rn. 128 ff.), dass die Kenntnis des deliktischen Tatgehalts die Werkzeugeigenschaft nicht ausschließt.

Nach der normativen Linie der Tatherrschaftslehre ist G mittelbare Täterin.

3. Sie handelte vorsätzlich, insbesondere in Kenntnis aller die mittelbare Täterschaft begründenden Umstände. Nach dem Vorgenannten besaß G auch Zueignungsabsicht. Sie handelte rechtswidrig und schuldhaft.

4. Ein besonders schwerer Diebstahl nach § 243 Abs. 1 S. 2 Nr. 2 ist dagegen für G zu verneinen. Zwar war der Safe ein verschlossenes Behältnis. Da G aber die Zahlenkombination kannte und diese Kenntnis nicht auf deliktische Weise erlangt hatte, entfällt der Charakter einer Wegnahmesicherung.[118]

G hat sich wegen Diebstahls in mittelbarer Täterschaft strafbar gemacht.

II. In Betracht kommt auch **(Treubruchs-)Untreue in mittelbarer Täterschaft, §§ 266 Abs. 1 Alt. 2, 25 Abs. 1 Alt. 2.**

1. Als Organ der GmbH (§ 35 Abs. 1 S. 1 GmbHG) stand Geschäftsführerin G in einem durch Fremdnützigkeit der Vermögensfürsorge und Selbstständigkeit geprägten Vertrauensverhältnis und war daher kraft Gesetzes gegenüber der GmbH **vermögensbetreuungspflichtig**.[119]

2. Tathandlung des Treubruchs ist die Verletzung einer spezifisch aus der Vermögensbetreuung erwachsenen Pflicht.[120] Nach § 43 Abs. 1 GmbHG hat ein Geschäftsführer die Sorgfalt eines ordentlichen Kaufmanns anzuwenden. Dazu gehört vor allem, die GmbH nicht in ihrer Wettbewerbsfähigkeit zu beeinträchtigen. Durch Entwendung des zum Patent vorgesehenen Geräts verlor die X-GmbH ihren Entwicklungsvorsprung gegenüber der Konkurrenz, erlitt also eine empfindliche Wettbewerbseinbuße. Hätte G die

116 Vgl. Kindhäuser/Zimmermann § 39 Rn. 22; Roxin AT II § 25 Rn. 156.

117 Jescheck/Weigend § 62 II 7; Lackner/Kühl/Heger § 25 Rn. 4. Ähnlich auch Sch/Sch/Heine/Weißer § 25 Rn. 21, die eine Zuschreibung unabhängig von der Tatherrschaft bejahen.

118 Vgl. Sch/Sch/Eser/Bosch § 243 Rn. 22; vgl. auch BGH RÜ 2010, 786.

119 NK/Kindhäuser/Hoven § 266 Rn. 58.

120 Vgl. Fischer § 266 Rn. 50 ff.; AS-Skript Strafrecht BT 1 (2021) Rn. 675 ff.

Entwendung eigenhändig ausgeführt, hätte sie damit eine **spezifische Treuepflicht verletzt**. Fraglich ist nur, ob G die von F begangene Entwendung zugerechnet wird.

a) Der dafür erforderliche Verursachungsbeitrag liegt in der Veranlassung der Tat durch den Telefonanruf.

b) Bedenken bestehen, die Tatveranlassung bereits als täterschaftsbegründendes Handeln „durch" den F anzusehen.

Nach der **Tatherrschaftslehre** müsste G Willensherrschaft gehabt haben.

aa) Diese wird dadurch indiziert, dass F tatbestandslos handelte, weil er die für die Untreue erforderliche Täterqualifikation der Vermögensbetreuungspflicht nicht besaß.

bb) G seinerseits war taugliche Täterin der Untreue.

cc) Fraglich ist, ob G schon durch diesen Strafbarkeitsmangel die Tat beherrschte, denn F handelte nach eigenem Willen und übersah die Situation völlig. Er handelte rechtstechnisch gesprochen nur ***„qualifikationslos-dolos"***. Wie bei der Fallgruppe des „dolos-absichtslosen Werkzeugs" ist auch die Zugehörigkeit der vorliegenden Konstellation zur mittelbaren Täterschaft innerhalb der Tatherrschaftslehre umstritten. 124

Diejenigen, die eine **psychische Steuerungsmacht** des Tatveranlassers verlangen, lehnen auch die Rechtsfigur des qualifikationslos-dolosen Werkzeugs ab.[121] 125

Vertreter dieser Gruppe kommen aber auf anderem Wege zur Täterschaft: § 266 ist danach ein sog. **Pflichtdelikt** (s.o. Rn. 87). Kennzeichen dieser Delikte sei es, dass jede Verletzung der den Täter treffenden Sonderpflicht strafbar sein soll, gleichgültig wie die **Pflichtverletzung** geschehe. Die Konsequenz lautet: **Für die Täterschaft genügt bei den Pflichtdelikten jeder Verursachungsbeitrag des Sonderpflichtigen; auf die Tatherrschaft kommt es nicht an.**[122] Nur von terminologischer Bedeutung ist die Frage, ob wegen der Pflichtverletzung unmittelbare oder wegen Zwischenschaltung eines handelnden Menschen mittelbare Täterschaft anzunehmen ist.

Diejenigen, welche die Tatherrschaft als **normatives** Phänomen begreifen, können schon **aus der Pflichtenbindung selbst** den rechtlich beherrschenden Einfluss der G, d.h. deren rechtliches Übergewicht herleiten, ohne überlegenes Wissen oder beherrschenden Willen des Veranlassers darlegen zu müssen.[123] 126

Da die psychologisierende Tatherrschaftslehre bereits oben abgelehnt worden ist, hat G die Untreuehandlung gemäß § 25 Abs. 1 Alt. 2 durch F als mittelbare Täterin begangen.

3. Durch die Entwendung des Prototyps ist der X-GmbH ein Vermögensnachteil zugefügt worden.

4. G handelte vorsätzlich, rechtswidrig und schuldhaft.

---

121 Stratenwerth/Kuhlen § 12 Rn. 88 ff.

122 Roxin AT II § 25 Rn. 267 f.; Kindhäuser/Zimmermann § 39 Rn. 19; Wessels/Beulke/Satzger Rn. 805.

123 Jescheck/Weigend § 62 II 7; Lackner/Kühl/Heger § 25 Rn. 4; Sch/Sch/Heine/Weißer § 25 Rn. 20.

III. Die mitverwirklichte **gemeinschaftliche** – für G über § 28 Abs. 2 sogar veruntreuende – **Unterschlagung** gemäß **§§ 246 Abs. 1, 2, 25 Abs. 2** tritt hinter dem Diebstahl als materiell subsidiär (wegen desselben Strafrahmens nicht formell subsidiär) zurück.

IV. Durch ihre Bitte ist G aber auch zur **Anstifterin** des von F später verwirklichten **Hausfriedensbruchs** geworden, **§§ 123, 26**. Dieses Delikt zum Schutz der Persönlichkeitssphäre muss aus Gründen der Klarstellung neben den übrigen Delikten in Tateinheit bestehen bleiben.

Ergebnis: G hat tateinheitlich einen Diebstahl und eine Untreue in mittelbarer Täterschaft, ferner eine Anstiftung zum Hausfriedensbruch begangen.

C. Strafbarkeit des F als Teilnehmer

I. Beihilfe zum Diebstahl in mittelbarer Täterschaft, §§ 242, 25 Abs. 1 Alt. 2, 27?

127 **1.** F hat den Diebstahl der G in mittelbarer Täterschaft objektiv ermöglicht. Er wusste auch, dass G das Gerät zum Zweck der Zueignung in ihren Besitz bringen wollte; eigene Zueignungsabsicht braucht der Gehilfe nicht zu besitzen. F hatte also **Gehilfenvorsatz**. Rechtswidrigkeit und Schuld sind gegeben.

2. Damit eröffnet sich ein **Konkurrenzproblem** zur Unterschlagung. Für Tateinheit spricht die unterschiedliche Beteiligungsform. Andererseits wäre jede Diebstahlsbeihilfe dann zugleich aus § 246 zu verurteilen. Dagegen spricht die formelle Subsidiaritätsklausel, die ohne Einschränkungen ein Zurücktreten des § 246 anordnet, wenn gleichzeitig ein Delikt mit höherer Strafdrohung verwirklicht ist. Der Diebstahl hat unter Berücksichtigung der Strafmilderung für Gehilfen gemäß §§ 27 Abs. 2 S. 2, 49 Abs. 1 Nr. 2 mit drei Jahren und neun Monaten immer noch einen höheren Strafrahmen als die einfache Unterschlagung. Letztere ist damit auch in dieser Konstellation subsidiär.

II. F hat **Beihilfe zur Untreue in mittelbarer Täterschaft, §§ 266, 25 Abs. 1 Alt. 2, 27**, der G geleistet.

Seine Strafe ist aber wegen des Fehlens der Vermögensbetreuungspflicht als strafbegründendes persönliches Merkmal nach § 28 Abs. 1 zu mildern.[124]

Ergebnis: F ist strafbar wegen Hausfriedensbruchs, Beihilfe zum Diebstahl sowie Beihilfe zur Untreue in Tateinheit.

E. Mittelbare Täterschaft des „Täters hinter dem Täter"

128 Es gibt Fallgruppen, in denen der Vordermann zwar für den fraglichen Rechtsgutangriff als Täter einer Vorsatztat strafbar ist, der Hintermann aber ein **faktisches oder psychologisches Übergewicht** besitzt. Fraglich ist, ob dann trotz der Verantwortung des Vordermanns der Hintermann mittelbarer Täter sein kann.

Wer, wie einige Rechtslehrer, die Tatherrschaft allein aus der mangelnden deliktsspezifischen Verantwortlichkeit des Vordermannes ableitet, muss generell mittelbare Täterschaft ausschließen, wenn der Handelnde selbst für das fragliche Delikt strafbar ist.[125]

---

124 Vgl. BGH NStZ 2012, 630; Lackner/Kühl/Heger § 266 Rn. 2 m.w.N.; dagegen Sch/Sch/Perron § 266 Rn. 52.

125 Jescheck/Weigend § 62 I 2; Krey/Esser Rn. 876 ff.

Die **h.M.** hält auch bei einem **volldeliktisch handelnden Vordermann** mittelbare Täterschaft prinzipiell für möglich, wenn der steuernde Einfluss des Hintermannes stark genug ist. Man spricht vom **„Täter hinter dem Täter"**. Allerdings ist innerhalb der h.M. heftig umstritten, welche Fallgruppen der mittelbaren Täterschaft zuzuordnen sind.

I. „Schreibtischtäter"

Der Schreibtischtäter macht sich selbst nicht „die Hände schmutzig". Er **beherrscht einen Machtapparat**, der sicherstellt, dass seine Anordnung zu einer Straftat ausgeführt wird, und zwar durch einen **austauschbaren Befehlsempfänger**, den er in der Regel nicht einmal kennt. **129**

Aufbauend auf Roxin nimmt das **überwiegende Schrifttum** mittelbare Täterschaft an, weil bei einem solchen Machtapparat die **Organisationsherrschaft** die Tatherrschaft begründe. Neben der **Austauschbarkeit (= „Fungibilität")** des unmittelbar Handelnden wird aber zusätzlich verlangt, dass die Organisation außerhalb des Rechts stehen muss **(= „Rechtsgelöstheit")**.[126] **130**

Beispiel: Nach dieser Auffassung sind staatlich organisierte Verbrechen (wie die systematische Judenvernichtung während der NS-Zeit), aber auch Straftaten durch kriminelle Vereinigungen (vgl. § 129) oder terroristische Vereinigungen (§ 129 a) von den Drahtziehern in mittelbarer Täterschaft begangen.

Die **Rspr.** erkennt die Organisationsherrschaft als Fallgruppe der mittelbaren Täterschaft seit Längerem an.[127] Danach kann trotz eines strafrechtlich uneingeschränkt verantwortlichen Täters mittelbare Täterschaft vorliegen, wenn der räumliche, zeitliche und hierarchische Abstand zwischen der die Befehle verantwortenden Organisationsspitze und den unmittelbar Handelnden gegen arbeitsteilige Mittäterschaft spricht, aber der Hintermann durch Organisationsstrukturen bestimmte Rahmenbedingungen ausnutzt, innerhalb derer sein Tatbeitrag regelhafte Abläufe auslöst, die „nahezu automatisch zu der erstrebten Tatbestandsverwirklichung führen".[128] Inzwischen verwendet der BGH die so umschriebene Organisationsherrschaft als Schlüssel zur Täterschaft **auch innerhalb rechtskonformer Organisationen**. **131**

Beispiel: bei Weisungshierarchien im Krankenhaus,[129] in Wirtschaftsunternehmen,[130] in freiberuflichen Praxen[131] oder in öffentlich-rechtlichen Institutionen.[132]

Kritik: Diese Rspr. birgt die Gefahr, dass Entscheidungsträger in jedem Über-Unterordnungsverhältnis nur wegen ihrer exponierten Stellung zu Straftätern für alles gemacht werden, was sich in ihrer Herrschaftssphäre abspielt. Damit werden die sonst engen Voraussetzungen täterschaftlicher Verantwortung durch eine **Überdehnung der Organisationsherrschaft** aufgelöst. **132**

---

126 Grundlegend Roxin GA 1963, 193; zustimmend Kühl § 20 Rn. 73 d; Münch Komm/Joecks § 25 Rn. 152; Rengier § 43 Rn. 62; Sch/Sch/Heine/Weißer § 25 Rn. 27.

127 BGHSt 40, 218.

128 BGH NJW 1994, 2703, 2706: Mittelbare Täterschaft der Mitglieder des „Nationalen Verteidigungsrates der DDR" für vorsätzliche Tötungen von Flüchtlingen durch Grenzsoldaten der DDR; einschränkend im Verhältnis zu Mittäterschaft aber BGH NStZ 2008, 89, 90.

129 BGH NJW 1995, 204.

130 BGH NStZ 1998, 568, 569.

131 BGH NStZ 2004, 457, 458.

132 BGH RÜ 2009, 504 (zusätzlich unter Berücksichtigung der Unvorsätzlichkeit der Handelnden).

II. Hervorrufen eines Irrtums über den konkreten Handlungssinn

133 Beim Hervorrufen eines Irrtums über den konkreten Handlungssinn besteht das Abgrenzungsproblem, wann ein noch irrelevanter Motivirrtum oder eine täterschaftsbegründende Fehlvorstellung vorliegt.

1. Irrtum über gesetzliche Qualifikationsmerkmale

134 In dieser Fallkonstellation unterliegt der Vordermann einem Irrtum über gesetzliche Qualifikationsmerkmale, der vom Hintermann herbeigeführt oder ausgenutzt wurde.

Beispiel: A stiftet den B an, ein fremdes Hausboot in Brand zu setzen, wobei er B vorspiegelt, das Schiff sei nicht mehr bewohnt. B ist strafbar aus § 306 Abs. 1 Nr. 4. Ist A mittelbarer Täter einer schweren Brandstiftung, § 306 a Abs. 1 Nr. 1, weil er wusste, dass das Schiff tatsächlich als Wohnung von Menschen diente?

135 Viele Stimmen im **Schrifttum** bejahen hier mittelbare Täterschaft. Zwischen dem Hintermann und dem unmittelbar Ausführenden bestehe ein **erhebliches Unwertgefälle**, das sich in verschiedenen Tatbeständen mit unterschiedlichen Strafrahmen niederschlage und das die Tat als Werk des überschauenden und lenkenden Hintermannes darstelle.[133]

136 **Dagegen** wird eingewandt, der Vordermann, der das **tatbestandliche Unrecht kenne**, werde allein durch die Unkenntnis qualifizierender Umstände kein unfreies Werkzeug. Aus den §§ 28, 29, die eine Akzessorietätslockerung der Strafbarkeit des Teilnehmers zur Haupttat vorsähen, ergebe sich die Möglichkeit einer schuldangemessenen Strafe des Teilnehmers, ohne diesen zum Täter aufzuwerten.[134]

137 **Kritik:** Geht es um tatbezogene qualifizierende Merkmale, deren Verwirklichung der Tatmittler nicht kennt (wie im Beispiel die Wohnungseigenschaft gemäß § 306 a Abs. 1 Nr. 1), folgt schon aus der Tatbestandsbezogenheit der mittelbaren Täterschaft und dem Verantwortungsprinzip die rechtliche Zulässigkeit der Handlungszurechnung gemäß § 25 Abs. 1 Alt. 2. In solchen Fällen versagt die Teilnahmelösung, weil eine Durchbrechung der Akzessorietät zum Grunddelikt gar nicht möglich ist. Anders ist dies bei persönlichen strafschärfenden Merkmalen, z.B. Anvertrauen in § 246 Abs. 2. Hier ist über § 28 Abs. 2 eine Durchbrechung der akzessorischen Haupttat möglich und damit ein gegenüber der mittelbaren Täterschaft speziellerer gesetzlicher Weg zur schuldadäquaten Bestrafung (ausführlich dazu unten Rn. 274 ff.).

2. Manipulierter error in persona vel objecto

138 Der Hintermann verursacht in dieser Fallkonstellation beim unmittelbar Ausführenden einen für diesen unbeachtlichen error in persona vel objecto.

Beispiel hierfür ist der in Klausuren immer wieder variierte **„Dohna-Fall"**:[135] Fuchs erfährt, dass Schütz ihm an einer einsamen Stelle seines Spazierweges auflauern wird, um ihn zu erschießen. Daraufhin lockt er durch ein fingiertes Telegramm seinen Feind Luchs an den Tatort, wo dieser erwartungsgemäß

133 Frister Kap. 27 Rn. 8; Roxin AT II § 25 Rn. 96 ff.; Sch/Sch/Heine/Weißer § 25 Rn. 25.

134 Vgl. Herzberg S. 25 f.; Kindhäuser/Zimmermann § 39 Rn. 26.

135 Begründet von Graf zu Dohna in seinem Lehrbuch „Übungen im Strafrecht und Strafprozessrecht", 3. Aufl. 1929, Fall 36, S. 93 f.

von Schütz mit Fuchs verwechselt und getötet wird. – Schütz ist wegen vollendeten Mordes strafbar. Sein Identitätsirrtum ist als Motivirrtum unbeachtlich. Aber wie ist Fuchs strafbar?

Zum Teil wird **unmittelbare (Neben-)Täterschaft** angenommen, weil der Hintermann den fremden Verbrechensplan für eigene Zwecke ausgenutzt und durch seine Manipulationen selbst ein rechtlich missbilligtes Risiko geschaffen habe.[136] **139**

Nach **anderer Ansicht** soll hier **mittelbare Täterschaft** anzunehmen sein, weil die Tat an dem konkreten Opfer dem Hintermann durch das Hervorrufen eines error in persona des Ausführenden zur Last falle. Dass der Irrtum den Vordermann selbst nicht entlaste, spiele keine Rolle.[137] **140**

Andere kommen zur **Teilnahme**, weil der Hintermann durch seine Manipulation entweder die konkrete Tat gefördert oder wie ein Anstifter auf den Willen des Tatentschlossenen eingewirkt habe.[138] **141**

Kritik: Die Lösung über die unmittelbare Täterschaft überzeugt nicht. Hat ein anderer die Tathandlung allein vorgenommen, kann diese einem Tatbeteiligten nur unter den Voraussetzungen von § 25 Abs. 2 oder § 25 Abs. 1 Alt. 2 zugerechnet werden. Diese klare Vorgabe des Gesetzes darf nicht unterlaufen werden. Mittelbare Täterschaft liegt in den Fällen eines manipulierten error in persona ebenso wenig vor. Auch die Schaffung anderer Motivirrtümer als den einer Identitätstäuschung bezüglich des Opfers begründet **keine Wissens- oder Willensherrschaft.** Damit bleibt nur die Möglichkeit einer Bestrafung aus Teilnahme, und zwar im obengenannten Dohna-Beispiel mangels psychischen Kontakts zum Haupttäter in Form der **Beihilfe**. **142**

3. Vermeidbarer Verbotsirrtum des Handelnden

In dieser Konstellation unterliegt der Vordermann einem vermeidbaren Verbotsirrtum, der vom Hintermann veranlasst wird. **143**

Skurriles **Beispiel** hierfür ist der **„Katzenkönig-Fall“:**[139] Der Polizeibeamte R lebte mit Frau H zusammen. Wegen seiner unerfüllten Liebe zu ihr war er leicht beeinflussbar. Durch schauspielerische Tricks und mystische Rituale brachte H den R dazu, an die Existenz eines „Katzenkönigs“ zu glauben, der das Böse in der Welt verkörpere. Unter Ausnutzung ihres „neurotischen Beziehungsgeflechts“ zu R spiegelte sie diesem vor, der Katzenkönig verlange ein Menschenopfer in Gestalt der Frau N (deren Tod die H aus Hass und Eifersucht wollte). Ansonsten würde die Menschheit vom „Katzenkönig“ vernichtet. Es sei sein göttlicher Auftrag, die Menschheit zu retten. Unter diesem Eindruck versuchte R später eine heimtückische Tötung an Frau N. Von der heimtückischen Begehung hatte H keine Kenntnis. – Der BGH bestätigte die Verurteilung sowohl des R als auch der H wegen täterschaftlichen versuchten Mordes:

Für R schied eine Rechtfertigung aus, weil ein nothilfefähiger Angriff nicht bevorstand und eine notstandsbegründende Gefahr nicht real war. Entschuldigender Notstand nach § 35 entfiel, weil keinem der dort genannten Personen Lebensgefahr drohte, und übergesetzlicher entschuldigender Notstand scheiterte daran, dass R der von der Rspr. postulierten Prüfungspflicht nicht nachgekommen war. Der BGH wertete die Vorstellung des R, die Opferung eines Menschen zur Rettung vieler anderer sei gerechtfertigt, als Irrtum über die rechtlichen Grenzen des Notstandes, also als **(vermeidbarer) Verbotsirrtum, § 17 S. 2.**[140]

---

136 Wessels/Beulke/Satzger Rn. 858.

137 Lackner/Kühl/Heger § 25 Rn. 7; Roxin in Festschrift Lange, 1976, S. 173, 190; Sch/Sch/Heine/Weißer § 25 Rn. 24.

138 Vgl. Herzberg S. 24; Stratenwerth/Kuhlen § 12 Rn. 63.

139 BGHSt 35, 347.

140 BGHSt 35, 347, 349 ff.; ablehnend Schumann NStZ 1990, 32, 34 f. und Herzberg Jura 1990, 16, die die wahnhafte Fehlvorstellung über die Notstandsgefahr nicht als strafrechtlich relevanten Irrtum ansehen.

Frau H – die wegen fehlenden Heimtückevorsatzes und Unanwendbarkeit des § 28 Abs. 2 beim Mord (nach der Rspr.) nicht als Anstifterin zu § 211 bestraft werden konnte – musste sich die Tötungshandlung des R wie eine eigene nach **§ 25 Abs. 1 Alt. 2** zurechnen lassen und war deshalb wegen ihrer eigenen niedrigen Beweggründe **mittelbare Täterin eines Mordes**. Die mittelbare Täterschaft endet nach Ansicht des BGH nicht bei der strafrechtlichen Verantwortlichkeit des Handelnden, sondern ist ein „offenes Wertungsproblem". Das zeige vor allem der Vergleich zwischen vermeidbarem und unvermeidbarem Verbotsirrtum, denn in beiden Fällen fehle die aktuelle Unrechtseinsicht.

Mittelbarer Täter ist danach jedenfalls derjenige, der mithilfe des von ihm bewusst hervorgerufenen Irrtums das Geschehen gewollt auslöst, sodass der Irrende bei wertender Betrachtung als ein – wenn auch schuldhaft handelndes – Werkzeug anzusehen ist.[141]

Weiteres Beispiel: A und B sehen einen entlaufenen Häftling. A fragt den Jurastudenten B, ob man den Flüchtenden festnehmen dürfe. B bejaht das vehement, obwohl er genau weiß, dass eine für § 127 Abs. 1 S. 1 StPO erforderliche frische Tat nicht vorliegt: Die Selbstbefreiung unterfällt nicht dem Tatbestand des § 120 und die Taten, wegen derer der Häftling eingesessen hat, sind lange vorbei. A glaubt dem B, auch wenn er wegen verschiedentlicher Falschauskünfte des B Grund genug hätte, an dessen Fachkompetenz zu zweifeln. Er hält den Häftling fest. – Vollendete und wegen des vermeidbaren Verbotsirrtums auch schuldhafte Freiheitsberaubung gemäß § 239 Abs. 1 Alt. 2. B ist nach der Rspr. mittelbarer Täter durch Erzeugung des – wenn auch vermeidbaren – Verbotsirrtums.

4. Irrtum über die Höhe des angerichteten Schadens, sog. gradueller Tatbestandsirrtum

144 Der unmittelbar Handelnde unterliegt in diesem Fall einem Irrtum über die Höhe bzw. das Ausmaß des angerichteten Schadens (sog. **„gradueller Tatbestandsirrtum"**).

Beispiel: A veranlasst B zur Zerstörung eines wertvollen Kunstwerks, indem er B bewusst wahrheitswidrig vorspiegelt, es handele sich dabei lediglich um „dilettantisches Geschmiere".

145 Ein **Teil des Schrifttums** bejaht hier die **mittelbare Täterschaft** des Hintermannes. Dieser besitze die Tatherrschaft, weil er allein den „konkreten Handlungssinn" übersehe und gegenüber dem – einem sog. „graduellen" Tatbestandsirrtum unterliegenden – Täter die eigentliche Schadensherbeiführung dirigiere. Allerdings müsse der ihm bekannte Schaden den vom Vordermann vorsätzlich herbeigeführten wesentlich überwiegen; sonst komme nur Anstiftung oder Beihilfe infrage.[142]

146 Eine **vermittelnde Lösung** schlägt Herzberg vor: Der Hintermann ist danach Teilnehmer, soweit der Ausführende das **Unrecht seiner Tat erkennt**, und Täter, soweit der Getäuschte aufgrund seines graduellen Tatbestandsirrtums „blind" handelt.[143]

147 Die **Gegenansicht** lehnt mittelbare Täterschaft durch Erregung eines Irrtums über das Ausmaß des angerichteten Schadens ab, weil eine klare Abgrenzung zu unbeachtlichen Motivirrtümern nicht möglich sei.[144]

148 Für die **subjektive Theorie** ist mittelbare Täterschaft ebenfalls nicht durch einen volldeliktisch handelnden Vordermann ausgeschlossen. Vielmehr ergibt sich hiernach der

---

141 BGHSt 35, 347, 352 ff.; zust. Kindhäuser/Zimmermann § 39 Rn. 35; vgl. auch BGH NStZ 1995, 80, 82.

142 Sch/Sch/Heine/Weißer § 25 Rn. 23.

143 Herzberg S. 28; ähnlich Kühl § 20 Rn. 75.

144 Kindhäuser/Zimmermann § 39 Rn. 16; Stratenwerth/Kuhlen § 12 Rn. 61.

Täterwille aus einer **Wertung von Art und Tragweite** eines etwaigen Irrtums und der **Intensität der Einwirkung des Hintermannes.**[145]

Kritik: Die Ausweitung der mittelbaren Täterschaft auf Fälle des Irrtums über die Schadenshöhe ist abzulehnen. Hierfür gibt es **keine präzisen Wertungskriterien** und es besteht auch kein Bedürfnis, weil eine angemessene Lösung über § 26 möglich ist. Danach wird der Anstifter wie der Täter bestraft. Die Schwere des angerichteten Schadens kann bei seiner Strafzumessung als verschuldete Auswirkung der Tat gemäß § 46 Abs. 2 besonders berücksichtigt werden. **149**

F. Mittelbare Täterschaft und Unterlassen

Fraglich ist, inwieweit das unechte Unterlassungsdelikt mit der mittelbaren Täterschaft kombinierbar ist. Hier kommen folgende Konstellationen in Betracht: **150**

I. Aktive Veranlassung eines anderen zu dessen Untätigkeit

1. Erlangt eine Person mit Mitteln der mittelbaren Täterschaft **die Wissens- oder Willensherrschaft über einen Rettungswilligen und veranlasst diesen, untätig zu bleiben**, so verwandelt die aktive Einwirkung das Gesamtgeschehen für den Hintermann in **unmittelbares aktives Tun.**[146] Hierbei spielt es keine Rolle, ob der Veranlasser selbst erfolgsabwendungspflichtiger Garant oder ein beliebiger Dritter ist. **151**

Häufiger Klausurfall: Beifahrer B täuscht den rettungswilligen Unfallfahrer F darüber, dass das Unfallopfer bereits tot sei und nicht mehr gerettet werden könne. – Nach allgemeiner Ansicht Totschlag in unmittelbarer Begehungstäterschaft.[147]

2. Wenn der Hintermann mit Mitteln der Anstiftung einen anderen zu dessen Untätigkeit veranlasst, liegt im Regelfall nur eine Teilnahme an der fremden Unterlassungstat vor. Ist der Veranlasser selbst Garant, wird die Teilnahme durch seine eigene unmittelbare Unterlassungstäterschaft auf Konkurrenzebene verdrängt. **152**

Ist der Tatveranlasser nicht nur Garant, sondern **besitzt schon vor seiner Einwirkung die Steuerungsherrschaft über den Veranlassten** nach den Kriterien der mittelbaren Täterschaft, liegt nach **Ansicht des BGH** ein **unechtes Unterlassungsdelikt in mittelbarer Täterschaft** vor.[148] Ein Fall unmittelbarer Begehungstäterschaft[149] liegt hierin nicht, denn derjenige, der die Tatherrschaft bereits vor der Veranlassung zur Untätigkeit besessen hat, setzt seine Einflussmacht nur nicht erfolgsabwendend ein. **153**

Fallkonstellation des BGH: Chefarzt C (Organisationsherrschaft!) weist die ihm unterstellten Pfleger an, den Patienten P nicht mehr mit Magensondennahrung zu versorgen, bis der Tod eingetreten ist. – C ist strafbar wegen Totschlags durch Unterlassen in mittelbarer Täterschaft.

145 BGHSt 35, 347, 354 zum Katzenkönig-Fall; BGHSt 40, 218.

146 MünchKomm/Joecks/Scheinfeld § 25 Rn. 287.

147 Ausführlich AS-Skript Strafrecht AT 1 (2021), Fall 24 Rn. 513 ff.

148 BGHSt 40, 257.

149 Wie oben Rn. 151.

II. Nichthinderung der Aktivtat durch einen Garanten

154 Hindert ein Garant einen anderen, der ihm nach den Kriterien der mittelbaren Täterschaft „unterlegen" ist, nicht an dessen Aktivtat, so ist die Beurteilung umstritten:

155 Die mittlerweile **h.M.** begrenzt die mittelbare Täterschaft nicht auf einen aktiven Anstoß des Hintermannes. Danach folgt aus der Überlegenheit i.S.v. § 25 Abs. 1 Alt. 2 die täterschaftliche Verantwortung des Hintermannes für den Deliktserfolg. Mangels aktiver Verursachung könne diese nur in einem **unechten Unterlassungsdelikt in mittelbarer Täterschaft** zum Ausdruck gebracht werden.[150] Dieser Ansicht hat sich ausdrücklich der 5. Strafsenat des BGH angeschlossen.[151]

156 Die **Gegenmeinung** hält mittelbare Täterschaft nur bei einem Aktivdelikt durch einen Anstoß des Hintermannes für möglich. Bei einem Unterlassungsdelikt liege der Unrechtsvorwurf darin, dass der Garant den Eintritt des Erfolges pflichtwidrig nicht verhindert habe. Ob der Kausalverlauf, in den nicht eingegriffen worden sei, auf menschlichem Verhalten oder auf einem Naturereignis beruhe, sei gleichgültig. Die strafrechtliche „Unterlegenheit" des Handelnden bewirke aber, dass der Untätige nicht nur Gehilfe, sondern stets **unmittelbarer Täter des Unterlassungsdelikts** sei.[152]

Beispiel: Der Vater sieht, wie sein 10-jähriger Sprössling Flüssigseife in den Goldfischteich des Nachbarn schüttet. Weil er sich über den Streich freut, schreitet er nicht ein. – Nach der erstgenannten Auffassung Sachbeschädigung durch Unterlassen in mittelbarer Täterschaft; nach der Gegenmeinung Sachbeschädigung in unmittelbarer Unterlassungstäterschaft.

150 Frister Kap. 27 Rn. 48; Kindhäuser/Zimmermann § 39 Rn. 41 ff.

151 BGHSt 48, 77, 89.

152 Sch/Sch/Heine/Weißer § 25 Rn. 57.

Mittelbare Täterschaft nach der objektiven und subjektiven Theorie

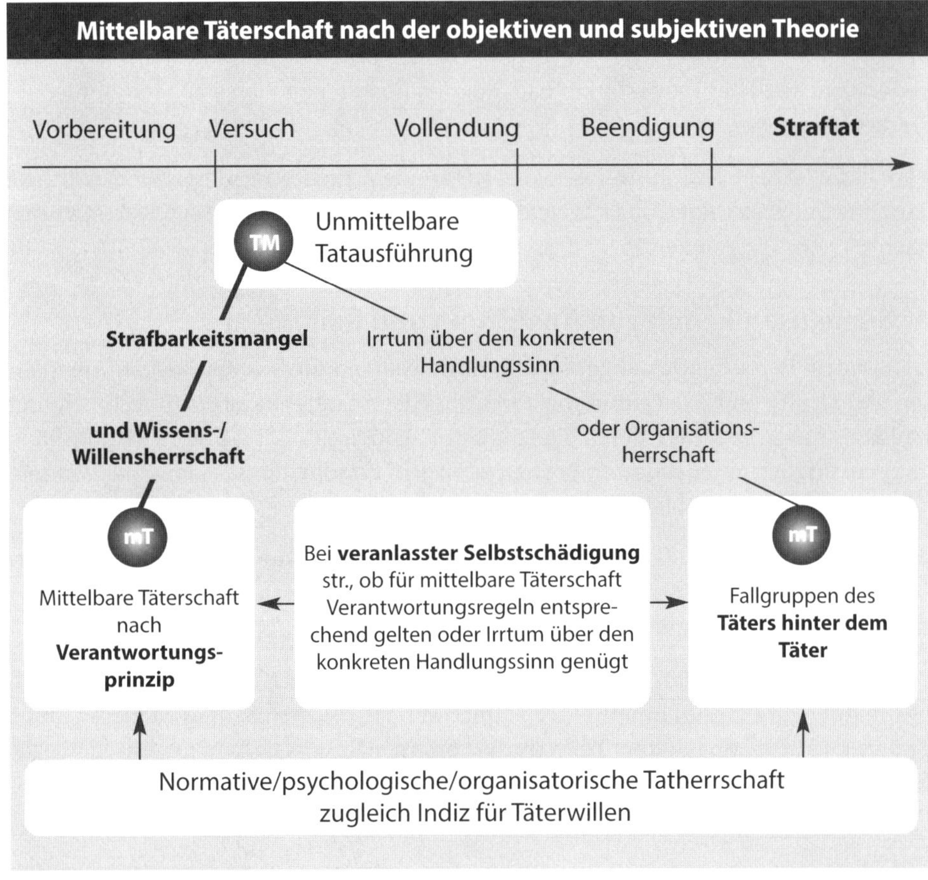

Erscheinungsformen der mittelbaren Täterschaft

- **Mittelbare Täterschaft nach Verantwortungsprinzip**
  - Unvorsätzliches, gerechtfertigtes, entschuldigtes Werkzeug
  - Sonderfälle: tatbestandslos handelnder Vordermann
    - Qualifikationslos doloser Werkzeug-Gehilfe
    - Absichtslos-doloser Werkzeug-Gehilfe
- **Fallgruppen des Täters hinter dem Täter**
  - Ausnutzung eines vermeidbaren Verbotsirrtums (Katzenkönig-Fall)
  - Ausnutzung von Organisationsherrschaft (Schreibtischtäter-Fall)
  - Str. bei Erzeugung eines Irrtums über qualifizierende Umstände und bei Erzeugung eines „graduellen Tatbestandsirrtums“
  - Str. bei manipuliertem error in persona (Dohna-Fall)

5. Abschnitt: Teilnahme

157 Gemäß **§ 26** ist **Anstifter**, „wer vorsätzlich einen anderen zu dessen vorsätzlich begangener rechtswidriger Tat bestimmt hat". Für den Anstifter gilt derselbe Strafrahmen wie für den Haupttäter.

158 Gemäß **§ 27 Abs. 1** ist **Gehilfe**, „wer vorsätzlich einem anderen zu dessen vorsätzlich begangener rechtswidriger Tat Hilfe geleistet hat". Die Strafe des Gehilfen wird stets dem nach § 49 Abs. 1 gemilderten Strafrahmen der Haupttat entnommen, § 27 Abs. 2 S. 2.

A. Gemeinsamkeiten von Anstiftung und Beihilfe

159 **I.** Die heute herrschende **„akzessorietätsorientierte Förderungstheorie"** sieht Wesen und **Strafgrund der Teilnahme** darin, dass der Anstifter durch Wecken des Tatentschlusses bzw. der Gehilfe durch eine psychische oder physische Unterstützungshandlung **vorsätzlich einen eigenen Rechtsgutangriff begeht,** der aber in seiner Wirksamkeit von der Haupttat abhängig ist.[153]

160 **II.** Anstiftung und Beihilfe setzen die **vorsätzliche rechtswidrige Tat eines anderen** voraus. Die Tat muss **nicht schuldhaft** begangen werden (sog. **limitierte Akzessorietät**). Der Teilnehmer muss einen **objektiven Beitrag** zur Haupttat erbracht haben. [154]

161 Der Vorsatz des Teilnehmers muss sich sowohl auf die tatbestandliche Vollendung einer bestimmten Straftat des Haupttäters als auch auf den eigenen Beitrag zu dieser Tat beziehen (verkürzt: **„doppelter" Teilnehmervorsatz**). Als Vorsatzform genügt für die Anstiftung und Beihilfe **dolus eventualis**. [155]

B. Aufbau

162 **I.** Ist nach der Strafbarkeit des Haupttäters gefragt, so ist dieser auch stets zuerst zu prüfen. Sind mehrere Personen in wechselnden Rollen beteiligt, so sind Handlungskomplexe zu bilden, die es ermöglichen, jeweils den **Täter vor dem Teilnehmer zu prüfen**.

Klausurhinweis: *Nur wenn nach der Strafbarkeit des Tatnächsten nicht gefragt ist oder wenn er tot ist, ist eine Inzidentprüfung seines tatbestandsmäßigen und rechtswidrigen Verhaltens geboten.*

163 **II.** Anders als bei der Mittäterschaft oder der mittelbaren Täterschaft wird dem Teilnehmer keine fremde Handlung als eigene zugerechnet, sondern er wird für eine fremde vorsätzliche Unrechtstat zur Verantwortung gezogen. Die Teilnahme ist **akzessorisch** zur Haupttat. Daher ist das Prüfungsschema des Teilnehmerdelikts ein **eigenständiges Deliktsschema** und durch einen **zweistufigen Tatbestand** gekennzeichnet.

Im objektiven Tatbestand ist auf der ersten Stufe die tatbestandsmäßige, vorsätzliche und rechtswidrige Haupttat des anderen zu prüfen. Auf der zweiten Stufe wird die jeweilige Beteiligungsform (Bestimmen oder Hilfeleisten) ermittelt. Spiegelbildlich dazu

---

153 Vgl. Jescheck/Weigend § 64 I 2; Lackner/Kühl/Heger Vor § 25 Rn. 8; Wessels/Beulke/Satzger Rn. 872.

154 Rengier § 45 Rn. 1, 13.

155 Rengier § 45 Rn. 44, 123.

gestaltet sich die Vorsatzprüfung mit dem doppelten Teilnehmervorsatz, der sich sowohl auf die vorsätzliche, rechtswidrige Haupttat als auch auf die Beteiligung daran beziehen muss.

Aufbau: *Prüfen Sie bei Tatbeteiligung immer* ***von der schwereren zur leichteren Beteiligungsform*** *hin, d.h. schichten Sie zunächst die Mittäterschaft und mittelbare Täterschaft ab, untersuchen Sie dann Anstiftung und nach deren Verneinung die Beihilfe!*

Klausurhinweis: *Zitieren Sie zur Kennzeichnung des Teilnehmerdelikts im Obersatz immer die einschlägige Teilnahmevorschrift nach Benennung des Haupttat-Tatbestandes.*

Aufbauschema: Anstiftung/Beihilfe

A. Strafbarkeit des Haupttäters

B. Strafbarkeit des Beteiligten als Anstifter/Gehilfe

- **I. Tatbestandsmäßigkeit** des Teilnahmedelikts
  - **1.** Objektiver Tatbestand
    - **a)** Tatbestandsmäßige sowie rechtswidrige fremde Vorsatztat
    - **b)** Teilnehmerbeitrag
      - Anstiftung: **„bestimmen"**, d.h. Hervorrufen des Tatentschlusses
      - Beihilfe: **„fördern"**, d.h. Ermöglichen oder Erleichtern der Haupttat
  - **2.** Subjektiver Tatbestand
    - **a)** Vorsatz des Teilnehmers in Bezug auf die Vollendung der fremden, tatbestandsmäßigen sowie rechtswidrigen Vorsatztat
    - **b)** Vorsatz in Bezug auf den eigenen Anstiftungs-/Gehilfenbeitrag
  - **3.** Keine Tatbestandsverschiebung gemäß § 28 Abs. 2 bei Vorliegen oder Fehlen strafändernder persönlicher Merkmale (bei Divergenz: Neuer Prüfungsansatz mit der über § 28 Abs. 2 geänderten Haupttat)
- **II. Rechtswidrigkeit** des Teilnehmerbeitrags
- **III. Schuld** des Anstifters/Gehilfen
- **IV. Strafausschließungs- o. Strafaufhebungsgründe** beim Anstifter/Gehilfen
- **V. Benannte Strafzumessungsgesichtspunkte**, insbesondere § 28 Abs. 1

C. Die limitiert-akzessorische Haupttat

I. Die gesetzlichen Erfordernisse nach den §§ 26, 27

1. „Tat" bedeutet, dass der Haupttäter die Merkmale eines Strafgesetzes verwirklicht haben muss (vgl. § 11 Abs. 1 Nr. 5). **164**

2. Es genügt, wenn die Haupttat nur **versucht** wurde und der Versuch unter Strafe gestellt ist. Ist es noch nicht einmal zu einem solchen Versuch gekommen, scheiden Anstiftung und Beihilfe aus. Als Vorstufe der Tatbeteiligung ist nur die **versuchte Anstiftung** **165**

– und diese praktisch nur bei Verbrechen (Ausnahme: § 159) – gemäß § 30 Abs. 1 S. 1 Alt. 1 strafbar (s. dazu unten Rn. 249 ff.). **Die versuchte Beihilfe ist generell straflos.**

166 **3.** Die Haupttat muss nicht notwendigerweise ein Begehungsdelikt sein. Anstiftung und Beihilfe sind auch bei **Unterlassungsdelikten** möglich.

Beispiele: X rät T, den ertrinkenden O nicht zu retten. Der Unterlassende T wird bis zum Erfolgseintritt durch Zureden von X unterstützt, dass seine Entscheidung „richtig" gewesen sei.

167 Geht es um ein unechtes Unterlassungsdelikt und hat der Veranlasser oder Unterstützer selbst eine Garantenstellung inne, so liegt eigene Unterlassungstäterschaft vor, welche die Teilnahme im Wege der Gesetzeskonkurrenz zurückdrängt. Fehlt dem Tatveranlasser die Garantenstellung, so ist § 28 Abs. 1 zu diskutieren (dazu Rn. 278 ff.).

168 **4.** Da die Tat „**vorsätzlich** begangen" sein muss, scheidet Teilnahme aus, wenn der Täter unvorsätzlich handelt. Hier entstehen Strafbarkeitslücken, wenn zwar der Tatveranlasser die Deliktszusammenhänge kennt, aber nicht mittelbarer Täter sein kann, weil die Haupttat ein Sonderdelikt oder eigenhändiges Delikt ist (Fälle der sog. **Urheberschaft**).

Beispiel: Bürovorsteher B erstellt zugunsten der Rechtsanwältin R, bei der er angestellt ist, eine bewusst überhöhte Kostenberechnung, die er von der gutgläubigen R einziehen lässt. – Keine Strafbarkeit aus § 352 (Gebührenüberhebung). R hatte keinen Tatvorsatz. B war kein tauglicher Täter dieses Amtsdelikts, sodass mittelbare Täterschaft ausscheidet. Anstiftung zur Gebührenüberhebung, §§ 352, 26, kommt mangels vorsätzlicher Haupttat nicht infrage.

169 **5.** Aus dem Erfordernis einer **„rechtswidrigen"** Tat folgt, dass an einer für den Haupttäter gerechtfertigten Tat eine Teilnahme nicht möglich ist.

170 **6.** Die Haupttat braucht **nicht schuldhaft** begangen zu sein. Gemäß § 29 wird jeder Beteiligte nach seiner Schuld und ohne Rücksicht auf die Schuld der übrigen Teilnehmer bestraft (sog. **„limitierte" Akzessorietät**). Kennt der Beteiligte die fehlende Schuld des Handelnden und besitzt er bei Sonderdelikten die geforderte Tätereigenschaft, so ist bei Ausnutzung des Defekts regelmäßig mittelbare Täterschaft gegeben (s.o. Rn. 113), hinter der die Teilnahme zurücktritt.

171 **7.** Schon nach dem Gesetzeswortlaut der §§ 26, 27 ist eine Teilnahme an einem **Fahrlässigkeitsdelikt** nicht möglich. Der Veranlasser oder Unterstützer einer Fahrlässigkeitstat ist bei eigenem Sorgfaltsverstoß und Pflichtwidrigkeits- bzw. Zurechnungszusammenhang zum Erfolg selbst Fahrlässigkeitstäter (s.o. Rn. 5).

172 **8.** Damit ist aber noch nicht die Frage beantwortet, ob eine **Teilnahme an Vorsatz-Fahrlässigkeits-Tatbeständen, speziell an Erfolgsqualifikationen** möglich ist.

Fall 7: Teilnahme am erfolgsqualifizierten Delikt

Handwerksmeister H bittet Gesellen G, den 15-jährigen Lehrling L aus der Nachbarschaft, einen Tag lang in einen fensterlosen Keller einzusperren, weil er ihn beim Diebstahl von Werkzeug erwischt hat. G kommt dem nach. Im Gegensatz zu G ist H bekannt, dass der leicht erregbare L an hochgradiger Platzangst leidet und manchmal zu Kurzschlussreaktionen neigt. H glaubt aber nicht, dass irgendetwas passiert. Als G den L am Abend befreien will, stellt er mit Bestürzung fest, dass L sich in seiner pathologischen Angst erhängt hat. Wie haben sich G und H strafbar gemacht?

A. Strafbarkeit des G 173

I. Durch das Einsperren hat G vorsätzlich den Tatbestand des **§ 239 Abs. 1 Alt. 1** verwirklicht. Der vorangegangene Diebstahl des L kann die „Selbstjustiz" weder rechtfertigen noch entschuldigen.

II. Die Tat könnte wegen des Todes des L gemäß § 239 Abs. 4 erfolgsqualifiziert sein. Durch das Einsperren ist L zum Selbstmord getrieben worden. Da die Selbsttötung auf der pathologischen Platzangst beruhte und ein Jugendlicher mit 15 Jahren für die Entscheidung über Leben und Tod nicht die erforderliche Verstandesreife besitzt, lag **keine eigenverantwortliche Selbsttötung** vor. Der Tod des Jugendlichen ist auch **spezifische Folge** des durch die Freiheitsberaubung ausgelösten Gefühls des Beengtseins.[156] Es war wegen der Gefahr von Kurzschlussreaktionen objektiv fahrlässig, den psychisch labilen L einen ganzen Tag über in den fensterlosen Keller einzuschließen. G handelte rechtswidrig. Da er aber mangels Kenntnis von der psychischen Krankheit des L subjektiv einen Angst-Suizid **nicht vorhersehen** konnte, **fehlte die Fahrlässigkeitsschuld** bezüglich der schweren Folge.

III. Aus demselben Grund entfällt eine **fahrlässige Tötung** gemäß **§ 222**.

B. Strafbarkeit des H

I. Totschlag in mittelbarer Täterschaft durch G gemäß **§§ 212, 25 Abs. 1 Alt. 2**, scheitert am fehlenden Tötungsvorsatz des H.

II. In Betracht kommt **Anstiftung zur Freiheitsberaubung mit Todesfolge, §§ 239 Abs. 1, 26, 239 Abs. 4, 18**.

1. Dass die Erfolgsqualifikation keine reine Vorsatztat ist, steht ihrer **Teilnahmefähigkeit** nicht entgegen. Dies stellt **§ 11 Abs. 2** ausdrücklich klar. Danach gelten alle Vorsatz-Fahrlässigkeits-Kombinationen als vorsätzlich i.S.d. §§ 26, 27. Zudem trifft gemäß § 18 jeden Beteiligten die schwere Strafe immer dann, wenn er persönlich hinsichtlich der schweren Folge fahrlässig gehandelt hat. Insoweit **begrenzt § 18 für Erfolgsqualifikationen den Grundsatz der Akzessorietät**. Als akzessorische Haupttat kommt es für die Teilnahme an einer Erfolgsqualifikation nur auf ein vorsätzliches Grunddelikt in der Person des Haupttäters an. 174

- Daher ist eine Teilnahme an der Erfolgsqualifikation möglich, wenn der **Haupttäter** hinsichtlich der schweren Folge **vorsätzlich** gehandelt hat, der **Teilnehmer** aber **nur fahrlässig**. 175

Typische Fallkonstellation: Der Anstifter A veranlasst den als besonders gewalttätig bekannten B, den X schwer zu misshandeln, aber nicht zu töten. B fasst während der Tat Tötungsentschluss und bringt X durch die Schläge um. – B ist strafbar wegen Totschlags gemäß § 212 oder Mordes, § 211. Dahinter tritt seine Körperverletzung mit Todesfolge gemäß § 227 zurück. Für A war die vorsätzliche Tötung ein von seinem Vorsatz nicht umfasster Exzess des B. Da A aber die Aggressivität des B vorhersehen konnte, ist er strafbar wegen Anstiftung zur Körperverletzung mit Todesfolge, §§ 227, 26, 18.[157]

156 Vgl. zum Suizid des Eingesperrten Sch/Sch/Eser/Eisele § 239 Rn. 12; Fischer § 239 Rn. 16.

157 BGH RÜ 2016, 230.

176 ■ Eine Teilnahme an der Erfolgsqualifikation ist sogar dann möglich, wenn der **Haupttäter** zwar bzgl. des Grunddelikts vorsätzlich gehandelt hat, aber hinsichtlich der schweren Folge **weder vorsätzlich noch fahrlässig**.

Das ist die vorliegende Konstellation: G selbst hat den L vorsätzlich eingesperrt. Bezüglich der Todesfolge handelte er jedoch nicht fahrlässig.

2. H hat den G zu dieser Tat objektiv bestimmt.

3. Fraglich ist, wie weit der **Vorsatz des Teilnehmers** einer Erfolgsqualifikation reichen muss.

177 **a)** In Bezug auf den Vorsatzteil gelten die allgemeinen Grundsätze. Der Teilnehmer muss also immer die Tatumstände des Grunddelikts und seines eigenen Teilnehmerbeitrages gekannt haben.

178 **b)** Darüber hinaus muss der Teilnehmer die Handlungen gekannt haben, durch die gerade die schwere Folge verursacht wurde. Dabei spielen **unwesentliche Abweichungen keine Rolle**, insbesondere wenn der Haupttäter statt der geplanten eine in Schwere und Gefährlichkeit gleichwertige Ausführung wählt.[158]

Beispiel: Keine Bestrafung des Raubbeteiligten aus § 251, wenn dieser nur mit dem Einsatz von Fäusten einverstanden war, das Opfer aber von einem anderen Beteiligten stranguliert wurde.

179 **c)** Vorsatz bezüglich der schweren Folge braucht auch der Teilnehmer nicht zu besitzen. Ausreichend, aber auch notwendig ist gemäß **§ 18**, dass den Teilnehmer hinsichtlich der schweren Folge **ein eigener Sorgfaltsvorwurf** trifft. Hier wusste und wollte H, dass L einen Tag lang in den fensterlosen Raum eingesperrt wurde. Er kannte also die Umstände der Freiheitsberaubung und damit zugleich den Auslöser für den späteren Tod des L. H hatte auch Vorsatz bezüglich seiner eigenen Anstiftungshandlung.

4. Der Tod des L war objektiv sorgfaltswidrige und tatbestandsspezifische Folge des Einsperrens.

5. H handelte rechtswidrig.

6. Da ihm die labile Psyche des L bekannt war, handelte er hinsichtlich der Todesfolge subjektiv vorwerfbar, also fahrlässig i.S.v. § 18.

III. Die mitverwirklichte **fahrlässige Tötung** gemäß **§ 222** tritt hinter der spezielleren Erfolgsqualifikation im Wege der Gesetzeskonkurrenz zurück.

Ergebnis: H ist strafbar wegen Anstiftung zur Freiheitsberaubung mit Todesfolge.

---

158 BGH RÜ 2016, 230.

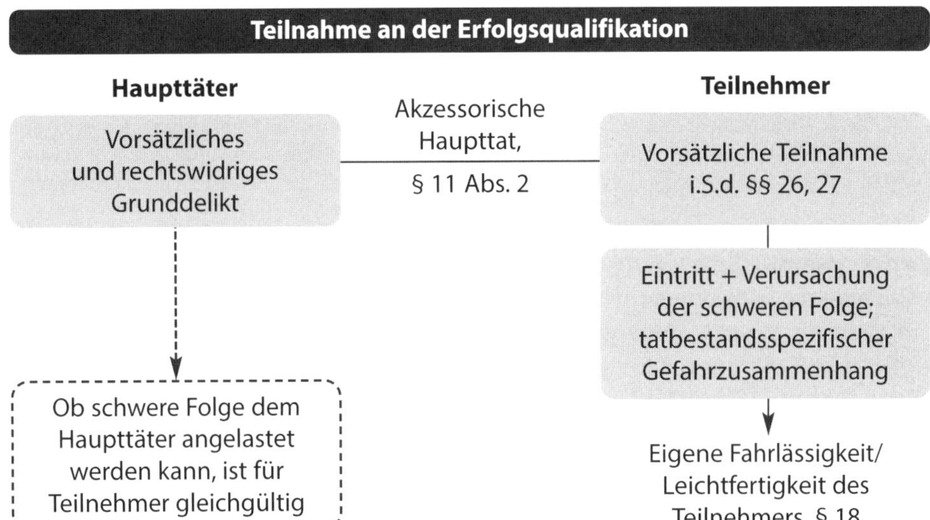

Dass **strafbegründende Vorsatz-Fahrlässigkeits-Kombinationen** (z.B. § 315 c Abs. 1 Nr. 1 a i.V.m. Abs. 3 Nr. 1) teilnahmefähige Vorsatztaten sind, folgt ebenfalls aus § 11 Abs. 2. Allerdings ist damit noch nicht geklärt, welche Anforderungen an den Teilnehmer bezüglich der Vorwerfbarkeit der weiteren Folge zu stellen sind. Die **h.M.** lässt – wie bei Erfolgsqualifikationen – ausreichen, dass der Teilnehmer, der hinsichtlich der Tathandlung Vorsatz besaß, in Bezug auf die schwere Folge wenigstens fahrlässig gehandelt hat. Allerdings kann dieses Ergebnis nicht unmittelbar aus § 18 abgeleitet werden, weil diese Vorschrift nur für echte Erfolgsqualifikationen gilt. Überwiegend wird das Fahrlässigkeitserfordernis **aus § 29 hergeleitet**.[159] **180**

II. Teleologische Grenzen der Teilnahmefähigkeit

1. Aus dem Strafgrund der Teilnahme, der darin besteht, dass der Teilnehmer einen zwar von der Haupttat abhängigen, aber eigenen Rechtsgutangriff begeht (s.o. Rn. 159), folgt als wichtigste Konsequenz für die Haupttat: Selbst wenn alle Merkmale der Teilnahme erfüllt zu sein scheinen, sind Anstiftung und Beihilfe zu **verneinen**, wenn die Haupttat **ein Rechtsgut betrifft, das vor dem Teilnehmer nicht geschützt ist.** **181**

Das ist insbesondere bei allen **höchstpersönlichen Rechtsgütern** (Freiheit, Ehre, körperliche Unversehrtheit, sogar Leben) in Bezug auf den Rechtsgutträger selbst der Fall. **182**

Beispiel: Der gelähmte G bestimmt den V dazu, ihn zu töten. V entspricht dem Wunsch. G überlebt jedoch den Tötungsversuch. – V ist strafbar wegen versuchter Tötung auf Verlangen, §§ 216 Abs. 1, 2, 22. G hat zwar an sich den V zu dessen Haupttat angestiftet. Da aber die Selbsttötung nicht strafbar ist, ist das Rechtsgut „Leben" vor Angriffen des Rechtsgutträgers selbst nicht geschützt. Nach dem Strafgrund der Teilnahme ist § 216 deshalb für das Opfer selbst keine teilnahmefähige Haupttat. G ist straflos.

Aber auch bei Straftatbeständen zum Schutz von **Rechtsgütern der Allgemeinheit** ist eine solche Einschränkung der Haupttat möglich. **183**

159 MünchKomm/Radtke § 11 Rn. 162; a.A. Noak JuS 2005, 312, wonach nur Vorsatz hinsichtlich der weiteren Folge ausreichen soll.

Beispiel: Der Strafgefangene S stiftet seinen Freund F an, ihn aus der JVA zu befreien. – F ist strafbar wegen Gefangenenbefreiung in Tateinheit mit Strafvollstreckungsvereitelung, §§ 120 Abs. 1 Mod. 1, 258 Abs. 2 – S ist straflos: Da der Gesetzgeber die Selbstbefreiung nicht unter Strafe gestellt hat, ist das Rechtsgut des staatlichen Gewahrsams vor Angriffen des Gefangenen selbst nicht geschützt; eine teilnahmefähige Haupttat liegt also nicht vor.[160] Für die Strafverfolgungs- und Strafvollstreckungsvereitelung hat der Gesetzgeber eine Spezialregelung in § 258 Abs. 5 getroffen, die für jede Mitwirkung des Vortäters an der Strafvereitelung zu eigenen Gunsten einen persönlichen Strafausschluss eröffnet.[161]

184 **2.** Eine weitere Einschränkung der Teilnehmerstrafbarkeit kann sich bei sog. **notwendiger Teilnahme** ergeben. Notwendige Teilnahme liegt vor, wenn eine Straftat begriffsnotwendig die Mitwirkung mehrerer Personen voraussetzt. Wichtig sind in diesem Zusammenhang die sog. **Begegnungsdelikte**, bei denen sich die Beteiligten von verschiedenen Richtungen mit verschiedenen Tätigkeitsakten in der tatbestandlich umschriebenen Weise „begegnen". Hierbei ist häufig nur das Handeln des einen Teils unter Strafe gestellt (z.B. § 291: strafbar ist nur der Wucherer). Die Mitwirkung des anderen Teils ist straflos, wenn sie sich auf das tatbestandlich umschriebene Maß der notwendigen Teilnahme beschränkt.

Beispiel: Das Opfer einer Erpressung nach § 253 begeht begrifflich eine Beihilfe zur Tat, wenn es die vermögensschädigende Handlung ausführt (§ 35 würde bei einfacher Drohung nicht eingreifen). Als notwendige Teilnahme scheidet jedoch eine Strafbarkeit nach §§ 253, 27 aus.[162]

D. Anstiftung

185 Die Anstiftung in § 26 setzt voraus, dass der Täter vorsätzlich einen anderen zu dessen vorsätzlich begangener rechtswidriger Tat bestimmt. **„Bestimmen"** bedeutet das **Hervorrufen des Tatentschlusses**.

I. Verursachung des Tatentschlusses

186 Als Minimalvoraussetzung muss die Anstiftungshandlung die Haupttat **verursacht** haben. Zwischen der tatsächlich verübten Tat und der Anstiftungshandlung muss also ein Kausalzusammenhang bestehen. Angestiftet werden kann auch der nur allgemein zur Tat Bereite, dessen Tatneigung erst durch die Mitwirkung des Anstifters zum Entschluss verdichtet wird. Wer aber schon zur Tat fest entschlossen ist (= sog. **„omnimodo facturus"**), kann nicht mehr angestiftet werden. Mangels Kausalität für den Tatentschluss kommt dann nur (psychische) Beihilfe durch Verstärken des Tatentschlusses oder bei Verbrechen strafbare versuchte Anstiftung gemäß § 30 Abs. 1 infrage.[163]

187 Auch wenn der Täter zu einer bestimmten Tat fest entschlossen war, kann er zu einer **Tatänderung** veranlasst werden. Als Anstiftung ist dies aber nur dann strafbar, wenn die neue Tat wertungsmäßig gegenüber der ursprünglich geplanten **andersartiges Unrecht oder eine Unrechtssteigerung** darstellt:

188 ■ **1. Umstiftung:** Eine solche Andersartigkeit ist ohne Weiteres zu bejahen, wenn sich die geplante und die veranlasste Tat hinsichtlich Rechtsgut oder Ausführungshand-

160 Vgl. Fischer § 120 Rn. 11.

161 Vgl. MünchKomm/Cramer § 258 Rn. 54; NK/Altenhain § 258 Rn. 72.

162 NK/Kindhäuser/Hoven § 253 Rn. 47.

163 Wessels/Beulke/Satzger Rn. 887.

lung schon **tatbestandlich unterscheiden**, z.B. wenn der Haupttäter überzeugt wird, statt des geplanten Diebstahls (§ 242) eine Körperverletzung (§ 223) zu begehen.

Eine **„andere" Tat** liegt aber auch vor, wenn zwar der zu verwirklichende Deliktstatbestand derselbe bleibt, aber die **Tatumstände wesentlich verändert** werden, z.B. der Körperverletzungsplan auf ein anderes Opfer gelenkt wird. Bezüglich der neuen Tat liegt dann Anstiftung vor. Bloß marginale Veränderungen der Tatzeit, des Tatorts oder der Tatmittel genügen nicht, um eine Anstiftung zu bejahen. In diesen Fällen liegt nur psychische Beihilfe vor.[164] **189**

- **2. Aufstiftung:** Ist der Täter zur Begehung des Grunddelikts entschlossen und wird er zur Verwirklichung einer qualifizierten Tat veranlasst, ist die Behandlung umstritten. **190**

Beispiel: A, der einen Raub gemäß § 249 begehen wollte, wird von B dazu bestimmt, das Opfer vorher mit einem Stuhlbein bewusstlos zu schlagen, § 250 Abs. 2 Nr. 1, 3 a.

Wegen der wesentlichen Erhöhung des Unwertgehalts bejaht die **h.M.** hier **Anstiftung zum qualifizierten Delikt.**[165] Nach **a.A.** wird in Bezug auf die Qualifikation durch die Einflussnahme kein neuer Tatentschluss hervorgerufen, vielmehr der vorhandene nur erweitert. Danach liegt im vorgenannten Beispiel nur Beihilfe zum besonders schweren Raub vor, allerdings wegen des vorher nicht vorhandenen Tatentschlusses zur Körperverletzung in Tateinheit mit Anstiftung zu § 224 Abs. 1 Nr. 2 Alt. 2.[166] **191**

- **3. Abstiftung:** Anstiftung liegt nicht mehr vor, wenn der Täter zur Begehung eines qualifizierten Delikts entschlossen ist und zu einer **weniger schweren Tat** veranlasst wird, z.B. anstelle einer gefährlichen zu einer einfachen Körperverletzung. Der Grund für die Verneinung der Anstiftung ist, dass das „Minus" des Grunddelikts bereits vorher im Tätervorsatz vorhanden, er also insoweit schon omnimodo facturus war. Möglich ist psychische Beihilfe, sofern die Abstiftung dadurch geschah, dass der Entschluss des Haupttäters gestärkt wurde.[167] Aber auch diese Beihilfe soll nach **h.M. im Schrifttum** als **Risikoverringerung** kein rechtlich missbilligtes Risiko darstellen.[168] Vorzugswürdig ist die Ansicht, die den Abwiegelnden nur unter den Voraussetzungen des **§ 34 für gerechtfertigt** hält.[169] **192**

II. Mittel der Verursachung

Auf welche Art und Weise der Tatentschluss hervorgerufen werden kann, ist umstritten. **193**

Einige sehen **jede Verursachung**, insbesondere das Schaffen tatanreizender Umstände, als ausreichendes Anstiftungsmittel an **(Verursachungstheorie)**. Es sei kriminalpolitisch verfehlt, solche Methoden, die oft viel aussichtsreicher und raffinierter seien als das bloße Auffordern, zur Beihilfe zu verringern oder straflos zu stellen.[170] **194**

---

164 BGH StV 1996, 2.

165 BGHSt 19, 339, 341; Frister Kap. 28 Rn. 18 f.; Lackner/Kühl/Heger § 26 Rn. 2 a.

166 Sch/Sch/Heine/Weißer § 26 Rn. 9.

167 Sch/Sch/Heine/Weißer § 26 Rn. 10.

168 Vgl. dazu OLG Stuttgart NJW 1979, 2573; Kudlich JuS 2005, 592; Sch/Sch/Heine/Weißer § 26 Rn. 10; zur Problematik der Fallgruppe der Risikoverringerung AS-Skript Strafrecht AT 1 (2021), Rn. 124.

169 Vgl. Rengier § 13 Rn. 58.

170 Baumann/Weber/Mitsch/Eisele § 26 Rn. 25; Lackner/Kühl/Heger § 26 Rn. 2.

Beispiel: Zum Zweck der Schadensmeldung bei einer Versicherung parkt A sein Auto unabgeschlossen und mit Zündschlüssel auf dem Beifahrersitz an einer verrufenen Stelle, wo es alsbald entwendet wird.

195 Die **h.M.** verlangt für die Anstiftung mehr als nur die Verursachung des Tatentschlusses. Die tätergleiche Bestrafung des Anstifters trotz fehlender Tatnähe lasse sich nur dadurch erklären, dass er kollusiv mit dem Haupttäter die Tat auslöse. Dafür sei ein **geistiger Kontakt** zwischen dem Anstifter und dem Anzustiftenden erforderlich, aber auch ausreichend **(Kommunikationstheorie)**.[171]

Innerhalb dieser Meinungsgruppe werden noch weitere Abstufungen vertreten: So lassen einige schon allgemeine Äußerungen oder konkludente Handlungen ausreichen, wenn sie nur auf die Fassung eines konkreten Tatentschlusses abzielen. Auch die Erzeugung eines Motivirrtums und Drohungen unterhalb der Schwelle zur mittelbaren Täterschaft sollen genügen.[172] Die engere Auffassung verlangt eine Aufforderung zur Tat.[173]

196 Eine noch engere Meinung verlangt sogar einen gemeinsamen Tatplan mit einer Verpflichtung des Haupttäters **(Unrechtspakttheorie)**.[174]

197 **Kritik:** Die Verursachungstheorie verwischt die Grenzen der Anstiftung gegenüber der schwächeren (§ 27 Abs. 2 S. 2) Beteiligungsform der psychischen Beihilfe. Die Unrechtspakttheorie erhöht demgegenüber die Anforderungen an die Anstiftung so stark, dass ein Unterschied zur Mittäterschaft kaum noch erkennbar ist. Damit ist die Kommunikationstheorie vorzugswürdig.

III. Anstiftung durch Unterlassen

198 Der Auslegungsstreit über das Wesen der Anstiftung zeigt sich auch bei der Frage, ob es eine Anstiftung durch Unterlassen gibt.

Beispiel: Der Vater verhindert es nicht, dass sein Sohn einen Dritten zum Diebstahl anstiftet.

199 Die Vertreter der Verursachungstheorie, derzufolge jedes Mittel zur Hervorrufung des Tatentschlusses genügt, halten eine Anstiftung durch garantenpflichtwidrige Nichthinderung der Entschlussfassung zu einer Straftat für möglich.[175]

200 Die **h.M.** – Kommunikationstheorie, erst recht die Unrechtspakttheorie – **lehnt eine Anstiftung durch Unterlassen ab**, weil der Entschluss des Angestifteten durch reines Nichthandeln nicht hervorgerufen, sondern allenfalls in seiner Entstehung nicht gehindert werde.[176]

IV. Anstiftung eines schuldunfähigen Kindes

201 Einen Sonderfall stellt die **Veranlassung eines schuldunfähigen Kindes (§ 19) zu einer Straftat** dar. In dieser Konstellation ist **umstritten**, ob auch die Anstiftung eines minderjährigen, schuldunfähigen Kindes möglich ist oder ob zwingend immer eine mittelbare Täterschaft vorliegt.

---

171 Jescheck/Weigend § 64 II I; Krey/Esser Rn. 1036 f.; Sch/Sch/Heine/Weißer § 26 Rn. 3.

172 Fischer § 26 Rn. 6.

173 Frister Kap. 28 Rn. 22; Wessels/Beulke/Satzger Rn. 885.

174 Puppe GA 1984, 101, 122 f.

175 Lackner/Kühl/Heger § 26 Rn. 3.

176 Jescheck/Weigend § 64 II 6; Sch/Sch/Heine/Weißer § 26 Rn. 4.

In der **Literatur** vertrat man bislang vermehrt – mit unterschiedlicher Begründung – die Auffassung, dass der die Tat eines Strafunmündigen veranlassende Hintermann **stets mittelbarer Täter** sei. Der **BGH** prüfte diese äußerst examensrelevante Konstellation erstmals im September 2023 und entschied sich dafür, dass auch ein schuldunfähiges Kind grundsätzlich angestiftet (§ 26) werden könne. Eine mittelbare Täterschaft (§ 25 Abs. 1 Alt. 2) sei nur dann anzunehmen, wenn das Kind tatsächlich ohne Einsichts- oder Steuerungsfähigkeit handele. Ansonsten sei eine **Anstiftung zur Tat** gegeben. 202

Fall 8: Anstiftung eines schuldunfähigen Kindes

Frau F trennte sich von ihrem Partner P wegen dessen wiederholter Gewalttätigkeit und zog gemeinsam mit ihrem 11-jährigen Sohn S in ein Frauenhaus. Um sich an F zu rächen, versuchte P den schuldunfähigen S dazu zu bewegen, seine Mutter umzubringen. Dazu traf sich P mit S und schilderte ihm seinen Plan. S solle abends warten bis die Mutter ins Bett gegangen sei und diese dann mit einem Messer aus der Küche erstechen. Zur Veranschaulichung zeigte P dem S ein Video, auf dem eine Person erstochen wird. Weitere Vorgaben zur Tat machte P nicht. S solle die Tat insbesondere eigenmächtig zu einer von ihm selbst bestimmten Zeit begehen. Als Belohnung versprach P dem S unter anderem ein Motorrad. S ging nur zum Schein auf die Tat ein und offenbarte den Plan seiner Mutter, die P anzeigte.

Strafbarkeit des P nach dem StGB? Körperverletzungsdelikte sind nicht zu prüfen (Fall und Lösung nach BGH RÜ 2024, 203).

A. In Betracht kommt **versuchter Mord in mittelbarer Täterschaft, §§ 212, 211, 22, 23, 25 Abs. 1 Alt 2.** 203

I. F überlebte, die Tat wurde also **nicht vollendet**. Der **versuchte Mord** ist als Verbrechen strafbar nach **§§ 212, 211, 23 Abs. 1, 12 Abs. 1**.

II. P müsste **Tatentschluss** bezüglich der **Tötung eines anderen Menschen** gehabt haben. Der Tatentschluss umfasst den Vorsatz bezüglich aller Tatbestandsmerkmale sowie das Aufweisen weiterer, falls vorhanden, deliktsspezifischer subjektiver Tatbestandsmerkmale. P wollte, dass F stirbt, er handelte mit Wissen und Wollen zur Tatbestandsverwirklichung und damit wenigstens mit dolus eventualis.

III. P müsste außerdem **Tatentschluss bezüglich eines Mordmerkmals** gehabt haben. Hier kommt **Heimtücke (§ 211 Abs. 2 Gr. 2 Var. 1)** in Betracht. Darunter versteht man das bewusste Ausnutzen der Arg- und Wehrlosigkeit in feindlicher Willensrichtung. Arglos ist, wer sich bei Beginn des ersten mit Tötungsvorsatz geführten Angriffs keines erheblichen tätlichen Angriffs auf sein Leben oder seine körperliche Unversehrtheit versieht. Vorliegend ging P davon aus, dass F **ihre Arglosigkeit „mit in den Schlaf nehme"**, weil sie im Frauenhaus nicht mit einem Angriff rechnete. Aufgrund dieser Arglosigkeit war F nach der Vorstellung des P auch wehrlos. P besaß somit wenigstens dolus eventualis bezüglich der heimtückischen Begehungsweise.

IV. Fraglich ist, ob P die **Handlung des schuldunfähigen S in mittelbar täterschaftlicher Weise gesteuert hat.** Ob das Veranlassen einer vorsätzlich begangenen rechtswidrigen Tat eines Strafunmündigen als mittelbare Täterschaft anzusehen ist oder auch als bloße Anstiftung zu bewerten sein kann, ist **umstritten**.

204 **1.** In der **Literatur** wird verbreitet vertreten, dass der die Tat eines Strafunmündigen veranlassende Hintermann **stets und ausschließlich als mittelbarer Täter** anzusehen sei.

205 **a)** Dieses Ergebnis wird teilweise aus einer **rein normativen Abgrenzung** zwischen mittelbarer Täterschaft und Anstiftung hergeleitet und etwa **Tatherrschaft aufgrund rechtlicher Überlegenheit oder aufgrund von „Verantwortlichkeitsherrschaft"** angenommen. Vertreter dieser Ansichten sehen damit jeden, der ohne deliktisch verantwortliches Dazwischentreten eines anderen einen Taterfolg herbeiführt, als Täter an, sodass auch die gesetzlich angeordnete **Straflosigkeit nach § 19 notwendig zur mittelbaren Täterschaft des Hintermanns führt**. Zur Begründung wird angeführt, dass bei tatsächlicher Betrachtung die Übergänge zwischen dem voll verantwortlich handelnden Täter und dem unverantwortlichen Werkzeug fließend seien. Im Interesse einer **trennscharfen Abgrenzung** müsse die Unterscheidung daher an normativen Kriterien ausgerichtet werden.[177]

206 **b) Andere Autoren** begründen dieses Ergebnis insbesondere für Kinder mit einer **dem § 19 entnommenen Wertung des Gesetzgebers**. Als Folge der gesetzlich angeordneten Strafunmündigkeit **treffe die Verantwortung für das Tun von Kindern stets den tatveranlassenden Hintermann**. Zwar enthalte § 19 lediglich einen generalisierenden Maßstab, der alle Kinder unabhängig von ihrer individuellen Konstitution und den Tatumständen für schlechthin schuldunfähig erklärt. Eine solche **pauschale Grenzziehung sei aber unerlässlich**, um sichere Ergebnisse zu ermöglichen. Es sei der Strafjustiz nach der Wertung des § 19 untersagt, danach zu fragen, ob der kindliche Täter im konkreten Fall in der Lage war, das Unrecht der Tat einzusehen und nach dieser Einsicht zu handeln.[178]

207 **2.** Die **Gegenansicht** nimmt eine **mittelbare Täterschaft** nur dann an, wenn das Kind **im Einzelfall tatsächlich ohne Einsichts- oder Steuerungsfähigkeit handelte** und sieht andernfalls lediglich eine Teilnahmestrafbarkeit des Hintermanns.[179] Dieser Ansicht **schloss sich jetzt auch der BGH an**. In seiner Entscheidung von September 2023 lehnte der BGH im vorliegenden Fall eine mittelbare Täterschaft ab und bejahte eine Anstiftung zum versuchten Mord.[180]

208 Nach **Auffassung des Senats** ist das Veranlassen der Tat eines Kindes nur dann als mittelbare Täterschaft anzusehen, **wenn dem Veranlassenden die vom Täterwillen getragene objektive Tatherrschaft zukommt, er das Geschehen also in tatsächlicher Hinsicht steuernd in den Händen hält**. Ob dies der Fall ist, richtet sich nicht nach starren Regeln, sondern ist **im Einzelfall durch wertende Betrachtung des Gesamtgeschehens** zu ermitteln. Von besonderer Bedeutung ist dabei, inwieweit der Strafunmündige **nach seiner sittlichen und geistigen Entwicklung reif genug ist, das Un-**

---

177 MünchKomm/Joecks/Scheinfeld § 25 Rn. 108; Puppe GA 2013, 514, 527 f.

178 BeckOK StGB/Kudlich, 58. Aufl. 2023, § 25 Rn. 27.1; MünchKomm/Joecks/Scheinfeld § 25 Rn. 109.

179 Matt/Renzikowski, StGB, 2. Aufl. 2020, § 25 Rn. 34; Bockelmann/Volk, Strafrecht AT, 4. Aufl. 1987, S. 194 f.; Welzel, Das Deutsche Strafrecht, 11. Aufl. 1969 (Neudruck 2010), S. 103.

180 BGH, Beschl. v. 13.09.2023 – 5 StR 200/23, BeckRS 2023, 36742.

recht der ihm angetragenen Tat einzusehen und nach dieser Einsicht zu handeln. Ein dahin gehendes Defizit begründet regelmäßig Steuerungsmacht und damit Tatherrschaft des Bestimmenden. Das Bestehen eines solchen Defizits mag zwar durch das kindliche Alter indiziert sein. Im Einzelfall ist allerdings, etwa aufgrund der **Reife des Kindes, der Modalitäten seiner Beeinflussung oder der Offenkundigkeit des Tatunrechts**, eine andere Bewertung möglich.

a) Zur Begründung führt der BGH eine an **Wortlaut, Systematik und Entstehungsgeschichte** orientierte Gesetzesauslegung an. Beide **Beteiligungsformen seien grundsätzlich nebeneinander anzuwenden**. Dies stünde einer streng normativen Abgrenzung entgegen.

b) Für die Beteiligung an der Tat eines strafunmündigen Kindes gelten insoweit **keine Besonderheiten**. Denn eine **entgegenstehende gesetzgeberische Wertung des § 19 finde weder im Gesetz noch in den Gesetzesmaterialien eine Stütze**. Zwar begründe § 19 eine unwiderlegbare Vermutung der Schuldunfähigkeit, indem das Gesetz aber ausdrücklich an die Deliktsstufe der Schuld anknüpfe, lasse es **angesichts der limitierten Akzessorietät eine strafbare Anstiftung grundsätzlich zu**. Aus den Gesetzesmaterialien ergäben sich keine Anhaltspunkte dafür, dass der Gesetzgeber bei der Regelung der Strafmündigkeit mögliche Auswirkungen auf die Strafbarkeit von Beteiligten überhaupt in den Blick genommen habe. Weil für die Frage der Steuerungsmacht des Tatveranlassers aber **ausschließlich die tatsächlichen Verhältnisse Relevanz haben, komme § 19 insoweit kein Bedeutungsgehalt zu**.

3. Wendet man die Ansicht des BGH auf den vorliegenden Fall an, kommt man zu dem Ergebnis, dass **P keine Tatherrschaft innehatte**. Bei S handelte es sich um **kein Kleinkind, sondern um einen Elfjährigen**. Für P gab es keine Anhaltspunkte, an der **Reife des elfjährigen S zur Einsicht in das augenfällige Unrecht der Tat** – die Tötung der eigenen Mutter – zu zweifeln. Insbesondere versuchte P **nicht, dem S das Unrecht der Tat zu verschleiern** oder sich sonst ein **altersbedingtes Reifedefizit zunutze zu machen**. Auch sonst begründete der **kurze Kontakt mit S keinen steuernden Einfluss** des P auf das weitere Geschehen. Er gab die **Wahl des in ungewisser Zukunft liegenden Tatzeitpunkts und die Einzelheiten der Tatausführung aus der Hand** und überantwortete beides gänzlich S. Die Tat sollte nach seiner Vorstellung zudem im Frauenhaus begangen werden, also an einem ihm **unbekannten Ort, auf den er – wie er wusste – keinerlei Einfluss hatte**. Nach alldem kam P nach seiner Vorstellung kein bestimmender Einfluss auf die Tatbegehung zu, sodass eine mittelbare Täterschaft zu verneinen ist.

Bearbeitungshinweis: *In der Klausur ist die Prüfung bzgl. der mittelbaren Täterschaft hier zu Ende. In seiner Entscheidung legte der BGH zusätzlich dar, wieso es auch an einem unmittelbaren Ansetzen zur Tat scheitert. Denn die Einwirkung auf den Tatmittler sei bloße Vorbereitungshandlung, wenn sie erst nach längerer Zeit zur Tatbegehung führen solle oder wenn ungewiss bleibe, ob und wann sie Wirkung entfalte. Ein unmittelbares Ansetzen sei erst gegeben, wenn der Tatmittler (hier also S) seinerseits unmittelbar zur Erfüllung des Tatbestands ansetze, was aber ausblieb.*

B. P könnte sich aber wegen **versuchter Anstiftung zum Mord** strafbar gemacht haben, **§ 30 Abs. 1 S. 1 Var. 1**.

I. Eine vollendete Anstiftung zum Mord liegt nicht vor, da S – indem er nur zum Schein auf den Plan des P einging und diesen seiner Mutter offenlegte – gerade keinen versuchten oder vollendeten Mord begangen hat. Die **versuchte Anstiftung** zum Mord ist mit Strafe bedroht, weil es sich beim Mord um ein **Verbrechen** handelt, **§§ 30 Abs. 1, 12 Abs. 1**.

II. P hatte Vorsatz, dass S die F heimtückisch tötet. Er hatte somit **Vorsatz bezüglich der vorsätzlichen, rechtswidrigen Haupttat**.

III. P hatte zudem **Vorsatz**, den S zur Begehung des Heimtückemordes **zu bestimmen**, also bei diesem den Tatentschluss hervorzurufen.

209 **IV.** P müsste außerdem **unmittelbar zur Tatbestandsverwirklichung angesetzt** haben. Die Schwelle zum Versuchsbeginn ist bei der **versuchten Anstiftung bereits überschritten, wenn sich die Bestimmungshandlung auf eine ausreichend bestimmte Tat konkretisiert und der Angestiftete die Tat begehen könnte, wenn dieser es wollte.**[181] Denn die von § 30 Abs. 1 S. 1 vorausgesetzte Rechtsgutsgefährdung entsteht, wenn der Initiator das von ihm angestoßene kriminelle Unrecht **derart aus der Hand gibt**, dass es sich ohne sein weiteres Zutun gegebenenfalls bis zur Vollendung der Straftat fortentwickeln kann.

Im Plan, die F im Schlaf mit einem Messer zu erstechen, ist eine ausreichend bestimmte Tat zu sehen. S könnte diese Tat auch **jederzeit begehen, wenn er das denn wollte**. Ein unmittelbares Ansetzen liegt vor.

V. P handelte **rechtswidrig und schuldhaft**.

VI. P ist **nicht gemäß § 31 vom Anstiftungsversuch zurückgetreten**.

Ergebnis: P ist strafbar wegen versuchter Anstiftung zum Mord, § 30 Abs. 1 S. 1 Var. 1.

Hinweis: *Dieser Streit ist nicht rein dogmatisch, sondern auch äußerst praxisrelevant. Denn bei der versuchten Anstiftung sieht das Gesetz in § 30 Abs. 1 S. 2 zwingend eine Strafmilderung vor. Bei der Versuchsstrafbarkeit in mittelbarer Täterschaft „kann" die Strafe nur unter bestimmen Umständen gemildert werden (§ 23 Abs. 2).*

E. Beihilfe

210 Die Beihilfe in **§ 27 Abs. 1** setzt voraus, dass der Täter vorsätzlich einem anderen zu dessen vorsätzlich begangener rechtswidriger Tat Hilfe leistet. **„Hilfeleisten"** ist **jede Förderung der Haupttat**.

I. Förderung

211 **1.** Was unter **Förderung** zu verstehen ist, wird in Rspr. und Lit. unterschiedlich gesehen. Die Frage wird bedeutsam, wenn es um Beiträge geht, die der Tatteilnehmer zwar er-

181 Vgl. BGH NStZ 2019, 595, 596.

bracht hat, ohne die aber die Tat auch ausgeführt worden wäre.

Beispiel: X drängt sich dem Täter eines Wohnungseinbruchsdiebstahls als Gehilfe auf und bittet, wenigstens die Leiter halten zu dürfen.

Nach der **Rspr.** ist es nicht erforderlich, dass der Erfolg der Haupttat durch die Gehilfentätigkeit ursächlich mitbewirkt worden ist. Eine dem Haupttäter gewährte Unterstützung sei auch dann tatbestandsmäßige Beihilfe, wenn sie für den Erfolg **nicht kausal** geworden sei. Die bloße Unterstützungsabsicht des Gehilfen genüge zwar nicht; ausreichend sei aber, dass die Gehilfentätigkeit die Herbeiführung des Taterfolges, also letztlich die Handlung des Täters **tatsächlich gefördert** habe.[182] **212**

Nach **h.L.** muss die Beihilfe **für den Erfolg** in der Weise **wirksam** sein, dass der Beitrag des Gehilfen die Tatbestandsverwirklichung **ermöglicht, erleichtert, intensiviert oder absichert.**[183] Der Verzicht der Rspr. auf die Erfolgskausalität stehe im Widerspruch zum Strafgrund der Teilnahme: Von einem gelungenen mittelbaren Rechtsgutangriff des Gehilfen (auf der Grundlage der Förderungstheorie) könne nicht gesprochen werden, wenn sich der Gehilfenbeitrag auf die Tatbestandsverwirklichung gar nicht auswirkt. **213**

Der Streit zwischen Lit. und Rspr. hat kaum Auswirkungen im konkreten Fall, denn Einigkeit besteht weitgehend in Folgendem: **214**

- Der Gehilfenbeitrag braucht **nicht conditio sine qua non für den Erfolg** zu sein.

  Beispiel: Jemand gibt dem Einbrecher „zur Sicherheit" eine Selbstklebefolie mit, damit er die Fensterscheibe geräuschlos eindrücken kann. Später verzichtet der Einbrecher auf ihren Gebrauch, weil Hausbewohner und Nachbarn abwesend sind. Hier liegt eine die Begehungsart beeinflussende und damit ausreichende Beihilfe vor.

- Der Gehilfenbeitrag muss zumindest die **Chancen des Taterfolges erhöht** haben.

  Beispiel: Frau E tauscht ein Einbruchswerkzeug ihres Mannes gegen ein schlechteres, aber ebenfalls taugliches aus, mit dessen Hilfe ihr Mann den Einbruch ausführt. – Zum Teil wird hier die objektive Beihilfehandlung abgelehnt. Nach a.A. ist dem Teilnehmer der vom Haupttäter bewirkte Erfolg als Risikoverringerung objektiv nicht zurechenbar.[184] Im Ergebnis jedenfalls keine Strafbarkeit wegen Beihilfe.

- Der Gehilfenbeitrag muss **bis zum Taterfolg chancenerhöhend** wirken.

  - Verliert der Beitrag schon vor Versuchsbeginn seine Wirksamkeit, liegt nur ein strafloser Beihilfeversuch vor.

    Beispiel: Am Abend vor dem geplanten Überfall kommt es zwischen dem Täter und seinem Gehilfen zum Streit, und der Täter entschließt sich, die Tat ohne Hilfe auszuführen.

  - Verliert der Teilnehmerbeitrag nach Versuchsbeginn seine chancensteigernde Wirkung, liegt nur Beihilfe zum Versuch vor.

    Beispiel: Der dem Urkundenfälscher U von G geliehene Spezialfüller trocknet vor Fertigstellung des Falsifikats aus. U beendet die Fälschung mit einem eigenen Tuschefüller. – Beihilfe zur versuchten Urkundenfälschung.[185]

---

182 Vgl. BGH NStZ 1985, 318; vgl. auch BGH RÜ 2017, 97 zur Beihilfe zum Massenmord durch Dienst im Konzentrationslager Auschwitz.

183 Roxin AT II § 26 Rn. 184 m.w.N.

184 Sch/Sch/Heine/Weißer § 27 Rn. 8.

185 So im Ergebnis Jescheck/Weigend § 64 III 2 c; Lackner/Kühl/Heger § 27 Rn. 2; Sch/Sch/Heine/Weißer § 27 Rn. 7.

215 **2. Physische Beihilfe** kann **durch jede Aktivität** geleistet werden, die nicht Täterschaft ist. Ein Kontakt zum Haupttäter ist nicht erforderlich. Der Haupttäter muss nicht einmal wissen, dass ihm jemand geholfen hat.

Beispiel: A will in ein bewachtes Gebäude einbrechen. B, der davon gehört hat, will seinem Freund helfen. Er lenkt durch einen Telefonanruf den Wachmann ab. Nach gelungener Tat brüstet sich A gegenüber B damit, wie leicht er in das Gebäude hineingekommen sei. Erst jetzt klärt ihn B über seine Hilfe auf.

216 **3.** Für **psychische Beihilfe** kann schon das **Bestärken des bereits vorhandenen Tatentschlusses** reichen; auch die Zusage späterer Unterstützung oder das Mitkommen oder Begleiten zur Tatausführung können genügen, allerdings nur, wenn dadurch nachweislich der Tatentschluss des Täters gefestigt oder ihm das Gefühl erhöhter Sicherheit vermittelt wird (und sich der Gehilfe dessen bewusst ist).[186] Nur die Anwesenheit am Tatort genügt für Beihilfe durch aktives Tun nicht, sondern kann allenfalls Beihilfe durch Unterlassen begründen (s. unten Rn. 230).[187]

II. Restriktionen der Beihilfe bei neutralen Handlungen

217 Umstritten ist, unter welchen Voraussetzungen **„berufstypische Handlungen"** (z.B. von Ärztinnen oder Waffenhändlern) bereits strafbare Beihilfehandlungen sein können.

Fall 9: Kriterien für „berufstypische" und straflose Beihilfehandlungen

T ist Taxifahrer. Eines Tages steigt der Fahrgast F in seinen Wagen und bittet, an eine bestimmte Adresse gefahren zu werden. Während der Fahrt führt der sichtlich wütende F Selbstgespräche. T reimt sich aus den Wortfetzen zusammen, dass F wohl auf dem Weg zu einem Nebenbuhler ist, um dort seinen untreuen Partner zur Rede zu stellen, möglicherweise sogar zu misshandeln. Gleichgültig denkt sich T, er wolle sich lieber nicht in fremde Angelegenheiten einmischen. Er bringt F an die angegebene Adresse, kassiert den Fahrpreis und fährt weiter. Am nächsten Morgen liest T im Lokalteil der Tageszeitung von einem Eifersuchtsdrama und erfährt, dass F an der Stelle, wo er von T abgesetzt worden war, seinem Lebensgefährten aufgelauert und diesen auf offener Straße krankenhausreif geschlagen und lebensgefährlich verletzt hat.

Strafbarkeit der Beteiligten?

218 **A. Strafbarkeit des F**

I. Indem F seinen Partner krankenhausreif geschlagen hat, hat er ihn vorsätzlich, rechtswidrig und schuldhaft körperlich misshandelt sowie an der Gesundheit geschädigt und damit eine **Körperverletzung** gemäß **§ 223 Abs. 1** begangen.

II. Die Tat ist wegen des Auflauerns als hinterlistiger Überfall und wegen der Intensität der zugefügten Verletzungen auch als lebensgefährliche Behandlung gemäß **§ 224 Abs. 1 Nr. 3 und Nr. 5** qualifiziert.

B. Strafbarkeit des T

T könnte sich dadurch, dass er den F zum späteren Tatort brachte, wegen **Beihilfe zur Körperverletzung** strafbar gemacht haben, **§§ 223, 27.**

---

186 BGH NStZ 1999, 610; BGH NStZ-RR 2011, 111, 112.

187 BGH RÜ 2019, 231, 232 f.

I. Eine entsprechende **vorsätzliche rechtswidrige Haupttat** des F liegt vor. T hat die Tat auch **aktiv gefördert**, denn der Transport des Täters zum Tatort hat die Ausführung erleichtert. T wusste zwar nicht, dass es zu der körperlichen Misshandlung kam, aber er hielt dies für möglich und hat sich damit abgefunden. Er hatte konkrete Vorstellungen von Ort, Zeit, Täter und Opfer und ihm war klar, dass er die Tat durch die Taxifahrt erst durchführbar machte. T hatte damit nach allgemeinen Grundsätzen **Gehilfenvorsatz** in der Form des dolus eventualis.

II. Bedenken, das Hinfahren als Förderungshandlung anzusehen, ergeben sich daraus, 219
dass es sich dabei um **berufstypisches Verhalten** des T als Taxifahrer handelt und dass das Fahren für sich gesehen alltäglich und auf den ersten Blick „neutral" ist. In Theorie und Praxis wird das Problem unterschiedlich gesehen.

1. Vereinzelt werden **Strafbarkeitsbeschränkungen für berufstypische Handlun-** 220
gen schlechthin **abgelehnt**. Wer durch eine Handlung vorsätzlich die Straftat eines anderen fördere, sei unabhängig von der Berufsbedingtheit strafbar.[188] Danach ist T strafbar wegen Beihilfe zur Körperverletzung.

Kritik: Die uneingeschränkte Strafbarkeit wegen Beihilfe würde in vielen Dienstleis- 221
tungsbereichen die berufliche Tätigkeit erschweren. Um sich nicht strafbar zu machen, müssten Apotheker, Waffenhändlerinnen, Kurierdienste, Banken und Anwältinnen ihre Leistung schon dann verweigern, wenn nur der Verdacht bestünde, dass ihre Tätigkeit eventuell einer Straftat dienen könnte.

2. Eine Meinungsgruppe in der Lit. grenzt deshalb berufstypische Handlungen schon 222
beim objektiven Beihilfetatbestand aus der Strafbarkeit aus, sog. **objektiv-restriktive Theorien**. Der gemeinsame Anknüpfungspunkt liegt darin, dass im Falle **sozialadäquaten Verhaltens** schon **kein rechtlich relevantes Risiko** gesetzt wird und damit die objektive Zurechnung des (Beihilfe-) Erfolges ausgeschlossen ist.[189] Allerdings besteht innerhalb dieser Meinungsgruppe Streit über die Reichweite des Zurechnungsausschlusses.

Einige halten berufstypische Handlungen für straflos, solange der Täter damit keine Tat fördert, die im Katalog des **§ 138** genannt ist oder bei der eine Hilfeleistungspflicht nach **§ 323 c Abs. 1** ausgelöst ist.[190]

Roxin[191] argumentiert mit dem aus der Zurechnungslehre bekannten **Vertrauensgrundsatz**. Solange jemand nur mit der Möglichkeit der deliktischen Nutzung seines Beitrages rechne, genüge dies nicht für die Strafbarkeit, weil man im Regelfall darauf vertrauen dürfe, dass andere keine vorsätzlichen Straftaten begingen.

Nach diesen Vorschlägen ergibt sich im Fall Folgendes: Es gehört zum Beruf des T, Fahrgäste an eine von ihnen angegebene Adresse zu fahren, **sein Verhalten ist also sozialadäquat**. Sein Verdacht bezog sich auch nicht auf eine Katalogtat i.S.d. § 138 oder auf einen bereits vorliegenden Unglücksfall. Zuletzt konnte T darauf vertrauen, dass die mitangehörten Selbstgespräche dem F nur dazu dienten, seiner Wut Luft zu machen. T ist also nach allen objektiv-restriktiven Theorien straffrei.

---

188 Beckemper Jura 2001, 163.

189 Dazu allgemein AS-Skript Strafrecht AT 1 (2021), Rn. 123.

190 Hefendehl Jura 1992, 374, 377.

191 AT II § 26 Rn. 241.

223 **3.** Die **Rspr.** nimmt Einschränkungen im **subjektiven Tatbestand** vor, aber **nur bei dolus eventualis des Teilnehmers.** Die Formel des BGH lautet:

224 ■ „Zielt das Handeln des Haupttäters ausschließlich darauf ab, eine strafbare Handlung zu begehen, und weiß dies der Hilfeleistende, so ist sein Tatbeitrag als Beihilfe zu werten. In diesem Fall verliert sein Tun stets den ‚Alltagscharakter'."

225 ■ **Hält der Hilfeleistende „es lediglich für möglich,** dass sein Tun zur Begehung einer Straftat genutzt wird, so ist **sein Handeln regelmäßig noch nicht als strafbare Beihilfehandlung zu beurteilen,** es sei denn, das von ihm erkannte Risiko strafbaren Verhaltens des von ihm Unterstützten war derart hoch, dass er sich mit seiner Hilfeleistung die Förderung eines **erkennbar tatgeneigten Täters** angelegen sein ließ."[192]

Zu demselben Ergebnis kommen Teile der Lit., die bei Eventualvorsatz des Teilnehmers solche für sich gesehen neutralen Handlungen ausgrenzen, denen der **„deliktische Sinnbezug"** fehlt, weil sie auch für andere Zwecke als nur der Begehung einer Straftat dienen können.[193]

Hier hat T nur mit der Möglichkeit einer Straftat gerechnet. Dass F tatgeneigt war, ergab sich nur aus seinen Äußerungen und nicht aus weiteren Umständen, wie etwa dem Zeigen einer Waffe. Es drängte sich also nicht auf, sondern war **nur eine von mehreren möglichen Schlussfolgerungen** der Verärgerung des F. Zudem konnte der bloße Personentransport auch anderen Zwecken als der Begehung einer Straftat dienen, hatte also keinen eindeutig deliktischen Sinnbezug.

Ergebnis: Die Taxifahrt war damit als berufstypische Handlung keine strafbare Beihilfe. T ist straflos.

III. Zeitpunkt der Beihilfe, insbesondere sukzessive Beihilfe

226 **1.** Beihilfe kann nicht nur **während der Ausführung**, sondern **schon im Vorbereitungsstadium** der geplanten Tat geleistet werden, sofern die Haupttat später wenigstens in das Versuchsstadium gelangt und der Gehilfenbeitrag sich hierauf noch auswirkt.

227 **2.** Beihilfe zu einem **bereits abgeschlossenen Geschehen** ist nicht möglich,[194] es sei denn, die nachfolgende Hilfe wurde bereits vorher versprochen und stärkte so schon den Tatentschluss für die spätere Tat.

Beispiel: Psychische Beihilfe zur Brandstiftung, wenn ein Freund dem Täter schon vorher verspricht, ihm für den Fall, dass er in Verdacht gerate, ein Alibi zu verschaffen.

228 **3.** Ob eine zwischen formeller Vollendung und materieller Beendigung der Haupttat erbrachte, also **sukzessive Beihilfe** strafbar ist, ist ebenso **umstritten** wie bei der sukzessiven Mittäterschaft (s.o. Rn. 70 f.):

Eine **Mindermeinung in der Lit.** verneint dies. Die Ausdehnung der Beihilfe über die tatbestandlich umschriebene Rechtsverletzung hinaus verstoße gegen den Grundsatz „nullum crimen sine lege" in Art. 103 Abs. 2 GG, § 1. Die Unterscheidung zwischen Vollendung und Beendigung führe ferner zu einer

192 BGH JZ 2000, 1175; BGH NZWiSt 2014, 139.

193 Rengier § 45 Rn. 112.

194 Vgl. BGH RÜ 2017, 506.

erheblichen Rechtsunsicherheit, da keine Kriterien dafür existierten, wann im konkreten Fall eine Beendigung anzunehmen sei. Schließlich ergebe sich aus der Möglichkeit sukzessiver Beihilfe eine nicht mehr trennbare Überschneidung mit der Begünstigung, § 257.[195]

Rspr.[196] **und h.M. im Schrifttum**[197] erkennen ebenso wie die sukzessive Mittäterschaft auch die **sukzessive Beihilfe** an. Bis zur tatsächlichen Beendigung ist danach ein einheitlicher, auf eine Rechtsgutverletzung bezogener Deliktsvorgang gegeben, den auch der nachträglich hinzukommende Gehilfe noch fördern kann. 229

IV. Beihilfe durch Unterlassen

Diese Form der Beteiligung ist möglich, wenn der **Nichthandelnde Garant** für das Rechtsgut ist, das der Haupttäter durch seine Vorsatztat angreift, und wenn es ihm möglich war einzuschreiten (z.B. als Amtsträger). Hier ist aber regelmäßig vorab zu erörtern, ob der unterlassende Garant nicht möglicherweise Mit- oder Nebentäter durch Unterlassen war (s.o. Fall 4, Rn. 84).[198] 230

Ist täterschaftliche Beteiligung durch Unterlassen zu verneinen, muss das (hinzugedachte) Einschreiten die Tat nicht mit Sicherheit verhindert haben;[199] für Beihilfe durch Unterlassen genügt spiegelbildlich zur aktiven Förderung, dass die Tat durch das Einschreiten **erschwert** worden wäre.[200] Auch braucht zwischen dem Haupttäter und dem Gehilfen **keinerlei psychischer Kontakt** zu bestehen.

F. Teilnehmervorsatz

I. Vorsatz bzgl. der vorsätzlich-rechtswidrigen Haupttat

1. Erforderlich ist, dass der Teilnehmer alle **Umstände** in seinen Vorsatz aufgenommen hat, die den **objektiven und subjektiven Tatbestand** der begangenen Haupttat sowie deren **Rechtswidrigkeit** begründen. Etwaige deliktsspezifische Absichten (z.B. Zueignungs- oder Bereicherungsabsicht) muss der Teilnehmer selbst nicht besitzen. Er muss aber zumindest Eventualvorsatz bzgl. des Vorliegens solcher Absichten beim Haupttäter haben. 231

2. Darüber hinaus verlangen Rspr. und h.M. ein **Mindestmaß an Vorstellungen** zur tatsächlichen **Konkretisierung der Haupttat**. Wegen der unterschiedlichen Schwere der beiden Teilnahmeformen sind dafür die Anforderungen auch unterschiedlich hoch: 232

a) Der **Anstifter** hat eine bestimmte Tat, insbesondere einen bestimmten Taterfolg vor Augen, und er wird wie der Täter bestraft. Das rechtfertigt es, bei ihm nur dann hinreichend konkretisierten Haupttat-Vorsatz anzunehmen, wenn er sich diese **als wenigstens umrisshaft individualisiertes Geschehen** vorstellt. Zwar brauchen dem Anstifter nicht alle Einzelheiten der Tatausführung bekannt zu sein; ein Tatbild ganz ohne indivi- 233

195 Kühl § 20 Rn. 234.

196 BGH NStZ 2013, 463, 464; NStZ-RR 2015, 13, 140; LG Karlsruhe RÜ 2017, 718.

197 Frister Kap. 28 Rn 50; Krey/Esser Rn. 1088.

198 Vgl. auch die Falllösung RÜ 2019, 231, 233.

199 So aber Sch/Sch/Heine/Weißer § 27 Rn. 19.

200 BGHSt 48, 301, 302; MünchKomm/Joecks/Scheinfeld § 27 Rn. 116.

dualisierende Merkmale nach Objekt, Ort, Zeit und sonstigen Umständen der Tatausführung genügt aber nicht.[201]

Beispiel: Der BGH hat deshalb in der Empfehlung, „eine Tankstelle zu machen", mangels ausreichender Bestimmtheit des Teilnehmervorsatzes keine Anstiftung zur später verübten schweren räuberischen Erpressung gesehen.[202]

234 **b)** Der **Gehilfe** erbringt einen von der Haupttat losgelösten Beitrag. Er strebt diese nicht notwendigerweise an, weiß aber und nimmt jedenfalls billigend in Kauf, dass sein weiteres Handeln auch ohne sein Zutun unterstützender Bestandteil der Straftat werden kann. Für die Bestimmtheit des Beihilfevorsatzes genügt es, wenn der Gehilfe dem Täter ein entscheidendes Tatmittel willentlich an die Hand gibt und zumindest billigend in Kauf nimmt, dass sich die Haupttat in einem **bestimmten Spektrum möglicher Tatbestandsverwirklichungen** bewegt und durch den Einsatz gerade dieses Mittels das Risiko der Begehung der Haupttat erhöht wird. Weitere Konkretisierungen der Haupttat werden für den Gehilfenvorsatz nicht verlangt.[203]

Beispiel: Der BGH hat die Strafbarkeit eines Sachverständigen wegen Beihilfe zu einem zulasten eines Kreditinstituts begangenen Betrug bejaht, weil er seinem Auftraggeber ein bewusst wahrheitswidriges, überhöhtes Wertgutachten erteilt hatte. Dies obwohl der Sachverständige nur wusste, dass das Gutachten zu Täuschungszwecken benutzt werden sollte, ohne zu wissen, wer und wann betrogen wird.

235 **3.** Den Haupttäter braucht der Teilnehmer nicht zu kennen. Es genügt – in Abgrenzung zu § 111 –, dass der Personenkreis hinreichend bestimmt ist, aus dem der Haupttäter kommen soll.[204]

236 **4.** Weicht die vom Vorsatz des Teilnehmers umfasste Haupttat von der tatsächlich verwirklichten so stark ab, dass sie sich als **aliud** darstellt, so ist Vorsatz ausgeschlossen.[205]

237 **5.** Geht die Haupttat objektiv über das hinaus, was sich der Teilnehmer vorgestellt hat **(Exzess des Haupttäters)**, so haftet der Teilnehmer nur, soweit sein Vorsatz reicht.

II. Vorsatz bezüglich des eigenen Teilnehmerbeitrages

238 Anstifter und Gehilfe müssen auch **Vorsatz bezüglich des eigenen Teilnehmerbeitrages** (Bestimmen oder Hilfeleisten) haben. Bei nur fahrlässiger Tatveranlassung oder Hilfeleistung kommt unter Umständen ein täterschaftlich begangenes Fahrlässigkeitsdelikt oder – wenn der Teilnehmer vor der Tatausführung erkennt, dass strafbares Unrecht verwirklicht werden soll – Beihilfe durch Unterlassen infrage.

III. Erfolgswille

239 Der Teilnehmer muss auch den Erfolg der Haupttat wollen. Weiß er, dass der Haupttäter das Delikt nicht vollenden kann, oder will er nicht, dass es zur Verletzung des tatbestandlich geschützten Rechtsguts kommt, so fehlt ihm als **agent provocateur** der erforderliche Teilnehmervorsatz.

---

201 BGHSt 34, 63, 64 ff.; BGH RÜ 2017, 304, 306; Lackner/Kühl/Heger § 26 Rn. 5.
202 BGHSt 34, 63.
203 BGH JZ 1997, 209; BGH RÜ 2017, 304, 306; BGH RÜ 2023, 237.
204 MünchKomm/Joecks/Scheinfeld § 26 Rn. 67 ff.
205 MünchKomm/Joecks/Scheinfeld § 26 Rn. 72.

Fall 10: Tatveranlassung durch agent provocateur (Teilnehmer ohne Erfolgswillen)

Bei der V-AG, einem großen Online-Versandhändler, häuften sich in einem Verteilungszentrum die Verluste von zurückgesendeter Waren. Privatdetektiv A wurde von der Geschäftsleitung beauftragt, im Betrieb verdeckt den oder die Täter ausfindig zu machen. Sein Verdacht fiel auf die Packerin D. In Absprache mit der Betriebsführerin B, aber ohne Wissen der Geschäftsleitung, beschloss A, der D eine Falle zu stellen. Er gab ihr den Hinweis, dass er Handys gut verkaufen könne, wenn D sie ihm beschaffe. Außerdem käme heute eine Palette mit beschädigten Paketen herein. Da fiele es niemandem auf, wenn Ware fehlte. D, die sich bisher nichts hatte zuschulden kommen lassen, lehnte zunächst ab. Als A ihr aber für jedes Smartphone 100 € versprach, willigte sie ein. Tatsächlich lag bald darauf ein zum Zweck der Überführung der D von B präpariertes Paket auf ihrem Packtisch, in dem sich zwei Luxushandys befanden. Als sie die Mobiltelefone in ihrer Kitteltasche versteckte, wurde sie von B angesprochen und der Polizei überstellt. Strafbarkeit von D, A und B?

A. Strafbarkeit der D **240**

I. Durch das Einstecken der Handys könnte sich D wegen **Diebstahls** gemäß **§ 242** strafbar gemacht haben.

1. Die beiden Mobiltelefone standen im Eigentum der V-AG und waren für D fremde bewegliche Sachen.

2. D müsste sie weggenommen haben. Dies setzt Bruch fremden und Begründung neuen Gewahrsams voraus. Die im Betrieb bearbeiteten Pakete standen samt Inhalt im Alleingewahrsam der für die V tätige Betriebsführerin B. Mit dem Einstecken in die Kitteltasche als eigene **Gewahrsamsenklave** hat D nach der Verkehrsanschauung neuen Gewahrsam begründet. Dies geschah jedoch **nicht gegen den Willen** des Gewahrsamsinhabers. Vielmehr wollte B, dass D die Sachen einsteckte, damit sie auf frischer Tat ertappt werden konnte. Dieses Einverständnis schließt den Tatbestand aus, auch wenn D es nicht kannte.[206]

Vollendeter Diebstahl ist zu verneinen.

II. Infrage kommt aber ein nach **§ 242 Abs. 1, 2, 22** strafbarer (untauglicher) **Diebstahlsversuch.**

1. D hatte **Tatentschluss** zum Gewahrsamsbruch und damit zur Wegnahme der fremden Smartphones, weil sie von dem Einverständnis nichts wusste. Sie beabsichtigte auch die rechtswidrige Zueignung zu eigenen Gunsten, weil sie die Geräte an A verkaufen wollte. Durch Einstecken in die Kitteltasche hat D nach ihrer Vorstellung zum Gewahrsamsbruch **unmittelbar angesetzt**, § 22. Dass die Tat wegen des Einverständnisses gar nicht vollendet werden konnte, spielt keine Rolle. Da es nach dem Gesetz für den Versuchsbeginn nur auf das Vorstellungsbild des Täters ankommt, ist auch der untaugliche Versuch strafbar. Rechtswidrigkeit und Schuld liegen vor.

---

206 Vgl. BGH RÜ 2017, 236, 237 f.

241 **2.** Fraglich ist, ob es sich auf die Strafbarkeit auswirkt, dass D erst durch A zur Tat provoziert wurde. Die **Rspr.** bejaht ein **Verfahrenshindernis** aus **Art. 6 EMRK** nur, wenn Angehörige von **Strafverfolgungsbehörden** oder von ihnen gelenkte Dritte eine bis dahin unverdächtige Person zu einer Straftat verleiten und damit eine **rechtsstaatswidrige Tatprovokation** vorliegt.[207] A war aber Privatperson und handelte auch nicht auf Veranlassung der Polizei.

III. Zu denken wäre noch an **Unterschlagung** gemäß **§ 246 Abs. 1**. Die **Zueignung** als Tathandlung ist schon dann vollendet, wenn der Täter in eindeutiger Weise seinen Zueignungswillen an einer für ihn fremden Sache manifestiert. Auf den Erfolg der Zueignung kommt es nicht an. Wer – wie D – eine Sache wegnimmt, macht nach außen deutlich, dass er die Verfügungsmacht des Berechtigten aufheben und sich an dessen Stelle setzen will. D hat also schon durch die Entwendung die Zueignung begangen.[208] Diese war auch rechtswidrig, da eine Zustimmung des Eigentümers der Waren – der Geschäftsleitung – nicht vorlag. D handelte vorsätzlich, rechtswidrig und schuldhaft. Wegen der höheren Strafdrohung des – auch nur versuchten – Diebstahls, ist die Unterschlagung aber gemäß § 246 Abs. 1 a.E. formell subsidiär.

Ergebnis: D ist strafbar wegen versuchten Diebstahls.

B. Strafbarkeit des A

I. Anstiftung zum versuchten Diebstahl, §§ 242 Abs. 1, 2, 22, 23, 26?

1. Teilnahmefähige Haupttaten können auch Versuchstaten sein, sofern diese – wie hier – unter Strafe gestellt sind. Durch seinen Hinweis auf das eintreffende beschädigte Paket und das Angebot, die Mobiltelefone anzukaufen, hat A den Tatentschluss zum Diebstahl in D geweckt.

2. Zweifel bestehen am **Anstiftervorsatz**: A wusste, dass ein Gewahrsamsbruch durch D wegen des Einverständnisses der Gewahrsamsinhaberin B gar nicht möglich war. A fehlte damit der Vorsatz zur Vollendung der Haupttat.

242 Nach heute **allgemeiner Ansicht** folgt aus dem Strafgrund der Teilnahme (indirekter Rechtsgutangriff des Teilnehmers), dass der Veranlasser, der das tatbestandlich geschützte Rechtsgut gar nicht verletzen, sondern es **nur zu einem Versuch der Haupttat** kommen lassen will, als sog. **agent provocateur mangels Anstiftervorsatzes straflos ist.**[209]

Damit scheidet Anstiftung zum versuchten Diebstahl aus.

II. In Betracht kommt **Anstiftung zur Unterschlagung, §§ 246 Abs. 1, 26.**

1. Insoweit lag sogar eine vollendete Haupttat vor, zu deren Ausführung A die D bestimmt hat.

2. A wusste und wollte, dass D ihren Zueignungswillen an den Mobiltelefonen durch Einstecken manifestierte. Ihm war auch klar, dass eine Zustimmung des Eigentümers nicht vorlag, die Zueignung also rechtswidrig war. Formal betrachtet hatte A damit Voll-

---

207 BGH RÜ 2016, 24.

208 Vgl. OLG Celle JR 1987, 253 f.

209 BGH GA 1975, 333; RÜ 2007, 137, 138; Lackner/Kühl/Heger § 26 Rn. 4; Wessels/Beulke/Satzger Rn. 896 f.

endungswillen. Das schließt nach modernem Verständnis der Teilnahmelehre die Straflosigkeit als agent provocateur aber nicht aus.

Maßgeblich für die **Strafbarkeit des Lockspitzels** ist nach **h.M. nicht die** je nach Tatbestandsfassung früher oder später festgelegte **Vollendung der Haupttat, sondern die materielle Werteinbuße oder der Eintritt eines irreparablen Schadens.**[210] **243**

Bedeutsam wird dies vor allem bei eigenständigen Vorbereitungsdelikten (z.B. § 149), abstrakten Gefährdungsdelikten (z.B. § 316), bei unechten Unternehmensdelikten (z.B. § 29 Abs. 1 S. 1 Nr. 1 BtMG)[211] und Tatbeständen, bei denen die eigentliche Rechtsbeeinträchtigung für die Vollendung nicht eingetreten zu sein braucht, sondern bei der Tathandlung nur als **überschießende Innentendenz** vorhanden gewesen sein muss (z.B. § 267).

Erst wenn der Lockspitzel mit der Tatvollendung eine materielle Rechtsbeeinträchtigung billigt, ist der Tatbestand des Teilnahmedelikts erfüllt.

Möglich ist dann noch eine Rechtfertigung aus Einwilligung, mutmaßlicher Einwilligung oder schließlich aus Notstand.[212]

A wollte zwar eine vollendete Unterschlagung provozieren. Eine Beeinträchtigung des geschützten Rechtsguts – nämlich des Eigentums – wollte er aber nicht. Gerade umgekehrt ging es ihm um den Schutz dieses Rechtsguts, indem er D als Verdächtige solcher Straftaten überführte.

Auch insoweit ist A wegen fehlenden Erfolgswillens nicht als Anstifter strafbar.

Ergebnis: A ist straflos.

C. Strafbarkeit der B

Objektiv hat B durch ihre Mitwirkung bei der Diebesfalle sowohl zum Diebstahlsversuch als auch zur vollendeten Unterschlagung Beihilfe geleistet, **§§ 242 Abs. 1, 2, 22, 23; 246, 27**. Sie handelte jedoch aus derselben Motivation wie A, nämlich um die D als Diebin zu überführen.

Die vorgenannten, für den Anstifter entwickelten Grundsätze gelten im Wege eines **Erst-Recht-Schlusses auch für die minder schwere Form der Beihilfe**. Daher ist auch ein bloßer Tatgehilfe als agent provocateur bei fehlendem Erfolgswillen bzw. fehlendem Willen zur Unrechtsverwirklichung nicht strafbar. **244**

Ergebnis: B ist straflos.

---

210 Kühl § 20 Rn. 205; Wessels/Beulke/Satzger Rn. 897 m.w.N.

211 Vgl. BGH RÜ 2007, 137.

212 Vgl. zur Rechtfertigung solcher „einsatz- und milieubedingter" Straftaten Schwarzburg NStZ 1995, 469.

Das Teilnahmedelikt

Anstiftung, § 26	Beihilfe, § 27
Objektiver Tatbestand	**Objektiver Tatbestand**

Limitiert akzessorische Haupttat eines anderen

- Objektiver und subjektiver Tatbestand einer Vorsatztat oder Vorsatz-Fahrlässigkeits-Kombination (auch strafbarer Versuch genügt); ferner Rechtswidrigkeit der Haupttat
- Das durch die Haupttat betroffene Rechtsgut muss vor Angriffen durch die Person des Teilnehmers geschützt sein

Anstifterbeitrag	Gehilfenbeitrag
„Bestimmen" ist Hervorrufen des Tatentschlusses nur durch aktive Handlung mit geistigem Kontakt (h.M.). Ein zur Tat fest entschlossener Täter (omnimodo facturus) kann nicht mehr angestiftet werden. Möglich sind aber Anstiftung zu einer anderen und Anstiftung zu einer schwereren Tat.	„Hilfeleisten" ist jede psychische oder physische Förderung der Haupttat durch risikoerhöhende Tatbeiträge, die auch noch bis zur Beendigung der Haupttat geleistet werden können. Auch Beihilfe durch pflichtwidriges Unterlassen ist möglich.

bei Verneinung stets weiterprüfen

Subjektiver Tatbestand	Subjektiver Tatbestand

- Mindestens dolus eventualis bzgl. der **objektiven** Tatbestandsmerkmale der begangenen Haupttat, ferner bzgl. des gesamten subj. Tatbestandes in der Person des Haupttäters, ferner bzgl. der Rechtswidrigkeit der Haupttat.
- Abweichungen der begangenen von der vorgestellten Tat sind subjektiv zurechenbar, sofern es sich nicht um wesentliche Tatänderungen oder um einen Exzess des Haupttäters handelt.
- In der Vorstellung des Teilnehmers muss die Haupttat wenigstens zu einem **umrisshaften individualisierten Geschehen** verdichtet sein.
- Der Teilnehmer muss nach h.M. eine tatsächliche **Verletzung des geschützten Rechtsguts** wollen; will er es nur zum Versuch oder nur zur formellen Vollendung kommen lassen, ist er strafloser agent provocateur.

Bzgl. des eigenen Teilnehmerbeitrages mindestens dolus eventualis

- Bei berufstypischen Handlungen mit Förderungscharakter dolus eventualis nur ausnahmsweise ausreichend, wenn erkennbar hohes Risiko bestand, einem Tatgeneigten zu helfen.

G. Mehrfache Beteiligung

I. Mehrfache Beteiligung derselben Person auf derselben Beteiligungsstufe

Dieselbe Person kann gleichzeitig Alleintäter, Mittäter und mittelbarer Täter sein. Dieselbe Person kann bezüglich derselben Tat mehrfach Anstifter gewesen sein oder mehrmals Hilfe geleistet haben. 245

Beispiele:

- Die Geschäftsführer A, B und C beschließen, ein Medikament mit lebensgefährlichen Nebenwirkungen auf den Markt zu bringen (s.o. Rn. 76). – Hier sind die drei Mittäter der Gremienentscheidung und haben später als mittelbare Täter durch Ausnutzen ihrer Organisationsherrschaft über den Vertrieb den Tatbestand der gefährlichen Körperverletzung verwirklicht, §§ 224 Abs. 1 Nr. 1, 5, 25 Abs. 2, 25 Abs. 1 Alt. 2.
- A und B schlagen gemeinsam auf X ein. B will sich nur rächen; A entwendet unter den Augen des B während der Schlägerei das Handy des X. B selbst interessiert sich nicht für das Handy. – Hinsichtlich der Körperverletzung sind A und B Mittäter nach §§ 223, 224 Abs. 1 Nr. 3, 25 Abs. 2. Am Raub gemäß § 249 ist A bezüglich der Gewalt Mittäter und bezüglich der Wegnahme Alleintäter. B, der selbst keine Eigen- oder Drittzueignung beabsichtigt hat, ist Gehilfe zu dieser Tat.
- A „rekrutiert" für X nacheinander mehrere Mittäter für dessen Raubüberfall. – Er ist dadurch mehrfach Anstifter zum Raub geworden.

Hier gilt: Soweit sich die mehrfachen Beteiligungen auf derselben Beteiligungsstufe abspielen, verschmelzen sie zur **tatbestandlichen Bewertungseinheit** (siehe Rn. 734 ff.). Es liegt daher nur ein täterschaftlich begangenes Delikt oder nur eine Teilnahme vor.

II. Mehrfache Beteiligung derselben Person auf verschiedenen Stufen

Ob dieselbe Person an demselben Delikt zugleich Täter und Teilnehmer sein kann, ist umstritten.[213] Möglich ist aber, dass der Beteiligte sowohl Anstifter als auch Gehilfe derselben Haupttat ist. Die schwächeren Beteiligungsformen treten dann auf Konkurrenzebene zurück.[214] Es gilt die Rangfolge: **Täterschaft vor Anstiftung, Anstiftung vor Beihilfe.**[215] 246

Beispiel: A bringt B dazu, gemeinsam mit ihm C zu überfallen und zu fesseln. B soll C ferner eine von A übergebene Spritze setzen, angeblich, um ihn ruhig zu stellen. Nur A weiß, dass die Spritze tödlich wirkt. C kommt – wie von A geplant – zu Tode. – B ist strafbar wegen Nötigung, § 240, und Körperverletzung mit Todesfolge, § 227. A ist Mittäter der Nötigung durch die Fesselung. Seine Anstiftung des B zur Mittäterschaft daran tritt hinter der eigenen Täterschaft zurück. Ferner ist A mittelbarer Täter eines Totschlags (durch den insoweit unvorsätzlichen Tatmittler B). Seine Mittäterschaft, Anstiftung und Beihilfe zur Körperverletzung mittels Injektion tritt als Durchgangsdelikt hinter dem täterschaftlichen Tötungsdelikt zurück.

Klausurhinweis: *Ist Täterschaft an einem Delikt im Gutachten festgestellt, braucht in der Regel die Teilnahme an demselben Delikt nicht mehr erwähnt zu werden.*

---

213 Vgl. Sch/Sch/Sternberg-Lieben/Bosch § 52 Rn. 20; Zweifel bei BGH RÜ 2017, 509, 511, weil die eigene (täterschaftliche) Tat nicht zugleich teilnahmefähige Tat eines „anderen" i.S.d. §§ 26, 27 sein könne; ablehnend auch Baumann/Weber/Mitsch/Eisele § 26 Rn. 204.

214 Sch/Sch/Heine/Weißer Vor §§ 25 ff. Rn. 47.

215 Fischer § 26 Rn. 19.

III. Gleichzeitige Teilnahme mehrerer Personen

247 Anstiftung und Beihilfe können nach den Regeln der Täterschaft als **Mitteilnahme, mittelbare Teilnahme und Nebenteilnahme** begangen werden.[216] Hier dienen die Täterschaftsmodelle des § 25 dazu, die Mitwirkungsbeiträge des einen Teilnehmers dem anderen wie eigene zuzurechnen.

Beispiele:

- A und B stehen aufgrund eines gemeinsamen Plans an verschiedenen Stellen Wache, um C Farbbeschmierungen an einer Hausfassade zu ermöglichen. – (Mit-)Beihilfe zur Sachbeschädigung.
- X veranlasst B unter Morddrohungen, A zu überreden, den Pass des Z zu verfälschen. – (Mittelbare) Anstiftung zur Urkundenfälschung bei X.
- M und H schütten ohne Wissen voneinander Benzin in das bereits von Y in Brand gesetzte Lagerhaus. – Nach h.M. (Neben-)Beihilfe zur Brandstiftung.

IV. Zeitlich aufeinanderfolgende Teilnahme mehrerer Personen

248 Liegen mehrere zeitlich nacheinander begangene Teilnahmehandlungen verschiedener Personen vor, so spricht man von **Kettenteilnahme**. Hierfür gelten folgende Regeln:

- **Haupttat** bleibt auch bei mehreren hintereinandergeschalteten Mitwirkungsakten die vorsätzliche und rechtswidrige Tat des Haupttäters und nicht etwa das Teilnahmedelikt des jeweils unmittelbaren Vordermannes.
- Als **Anstifter zur Haupttat** ist strafbar, wer einen anderen dazu bestimmt, seinerseits einen Dritten zur Begehung einer Straftat anzustiften **(Anstiftung zur Anstiftung)**. Die Kette der Bestimmenden kann auch mehr als zwei Glieder zählen. Zum Vorsatz des entfernteren Anstifters gehört es dabei nicht, dass er die Zahl der Bestimmenden zwischen dem von ihm Angestifteten und dem Haupttäter kennt; er braucht auch den Haupttäter selbst namentlich nicht zu kennen.[217]
- Als **Gehilfe der Haupttat** wird bestraft, wer einen anderen bei der Förderung der Straftat unterstützt **(Beihilfe zur Beihilfe)**.[218] Da auch hier die Haupttat selbst gefördert wird, ist eine doppelte Strafmilderung nach § 27 Abs. 2 S. 2 unzulässig.[219]
- Treffen verschiedene Teilnahmeformen in einer Kette von Beteiligten zusammen, so richtet sich die Bestrafung des jeweiligen Teilnehmers nach dem **schwächsten Glied der Kette**. Nur Gehilfe der Haupttat ist deshalb, wer einen anderen zur Beihilfe bestimmt **(Anstiftung zur Beihilfe)** oder wer umgekehrt einem anderen die Anstiftung des Haupttäters erleichtert **(Beihilfe zur Anstiftung)**.[220]

H. Vorstufen der Verbrechensbeteiligung, §§ 30, 31

249 § 30 stellt abschließend bestimmte Vorstufen der **Anstiftung**, der **Einzel-** und **Mittäterschaft zu Verbrechen** unter Strafe. Strafgrund ist zum einen die Gefahr, dass der An-

---

216 Vgl. Kühl § 20 Rn. 194.

217 BGHSt 6, 359; 8, 157; BGH NStZ 1994, 29, 30; Krell Jura 2011, 499.

218 BGH NJW 2001, 2409, 2410.

219 Vgl. RGSt 23, 300, 306; Sch/Sch/Heine/Weißer § 27 Rn. 25.

220 BGH NStZ 1996, 562, 563; NStZ 2009, 392, 393; Lackner/Kühl/Heger Vor § 25 Rn. 13.

stoß zu einer Straftat möglicherweise eine selbstständig weiterwirkende und unbeherrschbar werdende Kausalkette in Gang setzt. Strafgrund ist ferner die im Vergleich zum Alleintäter gesteigerte Rechtsgutbedrohung durch konspirative Bindung mehrerer Beteiligter.[221]

Klausurhinweis: *Zitieren Sie im Obersatz Ihrer Prüfung die jeweilige Beteiligungsvorstufe immer zusammen mit der Bezugstat. Beispiel: „A könnte sich wegen versuchter Anstiftung zum Mord gemäß §§ 211, 30 Abs. 1 S. 1 Alt. 1 strafbar gemacht haben, als er ..."*

I. Bezugstat: Konkretisiertes Verbrechen

1. Die Tathandlungen des **§ 30** müssen auf **Verbrechen** gerichtet sein. Da die Bezugstat nicht einmal ins Versuchsstadium gelangt sein darf, um eine selbstständige Strafbarkeit nach § 30 auszulösen, kommt es darauf an, ob das zu verwirklichende Delikt nach den Umständen, die vom Vorstellungsbild der Beteiligten umfasst sind, ein Verbrechen i.S.d. **§ 12 Abs. 1** darstellen würde. Handelt es sich nur um ein Vergehen, so gilt § 30 – von Ausnahmen (z.B. in § 159) abgesehen – nicht. **250**

Sind **mehrere Verbrechen** geplant, so ist § 30 mehrfach tateinheitlich verwirklicht.[222]

Das geplante Verbrechen muss zwar noch nicht in allen Einzelheiten feststehen, aber **in tatsächlicher Hinsicht nach Ort, Zeit und Opferkreis so weit konkretisiert** sein, dass der oder die Täter sie begehen könnten, wenn er oder sie es wollten.[223]

2. Umstritten ist, ob in den Vorstufen der Anstiftung die **Tatbestandsverschiebung des § 28 Abs. 2** (näher dazu unten Rn. 289 ff.) schon bei der Bestimmung des Verbrechenscharakters der geplanten Haupttat zu berücksichtigen ist. Diese Frage wird akut, wenn das zu begehende Delikt beim Haupttäter ein Verbrechen wäre, bei dem Beteiligten aber wegen Fehlens strafschärfender persönlicher Merkmale gemäß § 28 Abs. 2 nur ein Vergehen darstellen würde. **251**

Beispiel: V, der Vater des Opfers eines Sexualdelikts, redet erfolglos auf den Kriminalbeamten K ein, dieser solle den Beschuldigten mit Gewalt zum Geständnis bringen. Ist V wegen versuchter Anstiftung zur Aussageerpressung strafbar, §§ 343 Abs. 1 Nr. 1, 30 Abs. 1? – Wäre die angesonnene Tat verwirklicht worden, hätte sich K wegen des Verbrechens der Aussageerpressung strafbar gemacht, während für V über § 28 Abs. 2 – V war kein Amtsträger – nur Anstiftung zum Vergehen der Nötigung vorgelegen hätte, §§ 240, 26.[224]

Die **Rspr.**[225] und ein **Teil der Lit.**[226] **wenden § 28 Abs. 2 für die Bestimmung der Deliktsnatur der Bezugstat in § 30 nicht an.** § 30 wolle nicht den gefährlichen Täter, sondern die Vorbereitung besonders gefährlicher Straftaten erfassen. Danach kommt es darauf an, ob die geplante Tat, wenn sie verwirklicht worden wäre, in der **Person des Haupttäters** ein Verbrechen gewesen wäre. Nur der Strafrahmen für den nach § 30 Beteiligten wird dem Delikt entnommen, das für ihn über § 28 Abs. 2 gelten würde. **252**

---

221 BGH NJW 1998, 2684.

222 BGH RÜ 2017, 95, 96.

223 Vgl. Fischer § 30 Rn. 10; BGH RÜ 2019, 713, 714.

224 Zur Einordnung des § 343 als unechtes Amtsdelikt Sch/Sch/Hecker § 343 Rn. 1, 19.

225 BGHSt 6, 308 ff.; BGH RÜ 2009, 304.

226 Vgl. Frister Kap. 29 Rn. 33; Rengier § 47 Rn. 15.

In dem genannten Beispiel wäre V also nach dieser Ansicht wegen versuchter Anstiftung zur Aussageerpressung schuldig zu sprechen und aus dem Strafrahmen der Nötigung zu bestrafen.[227]

253 Die **h.L.**[228] stellt demgegenüber auf die **Person des nach § 30 Handelnden** ab und fragt, ob die zukünftige Tat unter Berücksichtigung des § 28 Abs. 2 für ihn ein Verbrechen wäre. Der Gegenstandpunkt führe zu dem schwer erträglichen Ergebnis, dass die Tatbestandsverschiebung des § 28 Abs. 2 nur für die erfolgreiche, nicht aber für die nur versuchte Teilnahme durchgeführt werde.

254 Eine **neuere Meinung** verlangt sogar, dass **sowohl in der Person des nach § 30 Handelnden als auch in der Person des Haupttäters** die qualifizierenden persönlichen Merkmale vorliegen müssen.[229]

Im obigen Beispiel könnte V nach den beiden letztgenannten Auffassungen nicht aus § 30 Abs. 1 bestraft werden, denn bei Durchführung der angesonnenen Tat des K hätte bei ihm nur eine Anstiftung zum Vergehen des § 240 vorgelegen. V wäre straflos.

255 **3.** Die in der Zukunft liegende Tat muss **in tatsächlicher Hinsicht konkretisiert** sein. Dazu ist nicht erforderlich, dass die Art der Ausführung in allen Einzelheiten feststeht, doch muss sie soweit bestimmt sein, dass der andere sie begehen könnte, wenn er nur wollte.[230]

II. Die in § 30 erfassten Vorstufen der Verbrechensbeteiligung

1. Versuchte Anstiftung und versuchte Kettenanstiftung zum Verbrechen, § 30 Abs. 1 S. 1

256 **a)** Hat man nach dem Vorgenannten festgestellt, dass die Bezugs-Haupttat ein Verbrechen gewesen wäre, erfasst § 30 Abs. 1 S. 1 jede Form einer im Ergebnis **erfolglosen Anstiftung** dazu sowie einer erfolglosen Anstiftung zur Anstiftung zur Haupttat **(Kettenanstiftung)**.

- Die Erfolglosigkeit kann darin bestehen, dass die **Tataufforderung selbst erfolglos** war, weil der Adressat zur Tat längst entschlossen war (omnimodo facturus) oder weil er das Ansinnen abgelehnt hat.
- Erfolglos ist eine (Ketten-) Anstiftung aber auch dann, wenn zwar die Aufforderung den Tatentschluss zur Haupttat oder zur Anstiftung dazu geweckt hat, es aber – aus welchen Gründen auch immer – **nicht einmal zum Versuch der angesonnenen Haupttat** gekommen ist.[231]

257 **b)** Der Struktur nach ist auch die versuchte (Ketten-) Anstiftung ein Versuch, verlangt also wie ein solcher **Tatentschluss** und als Versuchsbeginn **unmittelbares Ansetzen** zur Tatbestandsverwirklichung (vgl. unten Rn. 310).

227 Vgl. im Ergebnis auch Roxin AT II § 28 Rn. 27.
228 Kühl § 20 Rn. 247; Sch/Sch/Heine/Weißer § 30 Rn. 13; Wessels/Beulke/Satzger Rn. 920.
229 Baumann/Weber/Mitsch/Eisele §26 Rn. 183; NK/Engländer § 30 Rn. 10.
230 Fischer § 30 Rn. 10.
231 NK/Engländer § 30 Rn. 15.

Im Unterschied zum täterschaftlichen Versuch, muss der Tatentschluss bei versuchter Anstiftung darauf gerichtet sein, einen anderen zu dessen Begehung eines im Tatsächlichen konkretisierten und zu vollendenden vorsätzlichen sowie rechtswidrigen Verbrechens als Haupttat (oder zur Anstiftung dazu) zu bestimmen. Daran fehlt es, wenn der Tatveranlasser weiß, dass die Tat nicht zum Erfolg kommen kann, oder wenn er den Taterfolg verhindern will (agent provocateur; s.o. Rn. 239).

Für den **Versuchsbeginn** gemäß **§ 30 Abs. 1 S. 1** kommt es darauf an, dass der Anstifter nach seiner Vorstellung von der Tat **unmittelbar zur Anstiftungshandlung angesetzt** hat.[232] Dafür genügt aber nicht schon jeder psychische Kontakt. Die Strafbarkeitsschwelle von § 30 ist erst überschritten, wenn der Auffordernde das von ihm angestoßene kriminelle Unrecht **derart aus der Hand gibt, dass es sich ohne sein weiteres Zutun durch den Angestifteten bis zur Vollendung fortentwickeln** kann. Entscheidend ist also eine Bestimmungshandlung, mit welcher der Anstifter dem Täter die weiteren Schritte zur Tatbegehung überlässt.[233] 258

Aufbauschema: Versuchte (Ketten-)Anstiftung zum Verbrechen, §§ 30 Abs. 1, 31

Vorerörterung:
Keine Strafbarkeit aus Anstiftung zum vollendeten/versuchten Verbrechen (in der Regel in einem gesonderten Prüfungspunkt).

I. Tatbestandsmäßigkeit

1. Tatentschluss zur Anstiftung oder Kettenanstiftung
   - **a)** Vorsatz in Bezug auf die Verwirklichung eines objektiv und subjektiv tatbestandsmäßigen, rechtswidrigen und in der Vorstellung des Anstifters hinreichend bestimmten Verbrechens (§ 12 Abs. 1) eines anderen
   - **b)** Vorsatz in Bezug auf die eigene Anstiftungshandlung
2. Unmittelbares Ansetzen zum Bestimmen des Täters

II. Rechtswidrigkeit der Anstiftung

III. Schuld des Anstifters

IV. Rücktritt gemäß § 31 Abs. 1 Nr. 1 oder Abs. 2

2. Annahme des Erbietens eines anderen, ein Verbrechen zu begehen oder dazu anzustiften, § 30 Abs. 2 Var. 2

Auch hierbei handelt es sich um einen **Fall der versuchten Anstiftung**. Der Unterschied zum Normalfall der Anstiftung besteht nur darin, dass hier die Initiative nicht vom Anstifter ausgeht, sondern von dem späteren Täter der Haupttat (oder dem Anstifter hierzu). Dieser hat sich zu der Tat i.S.v. § 30 Abs. 2 Var. 1 bereit erklärt, indem er sich als Tatgeneigter, aber noch nicht fest Entschlossener zu ihrer Ausführung **„erboten"** hat und es von der Entscheidung des anderen abhängig macht, ob es zur Tat kommen soll (s. nachfolgend Rn. 261 f.). 259

232 Vgl. LG Zweibrücken NStZ-RR 2002, 136.

233 BGH RÜ 2019, 713, 714.

Dahinter steckt der Fall, der 1876 zur Einführung dieser Norm geführt hat: Der belgische Kesselschmied Duchesne-Poncelet bot dem Erzbischof von Paris an, den Reichskanzler von Bismarck gegen Zahlung von 60.000 Franken zu ermorden, weil dieser den Einfluss der katholischen Kirche aus politischen und staatlichen Entscheidungsprozessen durch zahlreiche Gesetze zurückdrängte („Kulturkampf"). Der Erzbischof lehnte das Angebot übrigens ab.

260 Die **Annahme** muss zumindest schlüssig erfolgt und dem anderen tatsächlich zugegangen sein.[234] In subjektiver Hinsicht muss der Täter **Vorsatz** zur Vollendung der Haupttat besitzen und er muss die Tatentschluss verursachende Wirkung seiner Annahme kennen.

3. Sichbereiterklären, ein Verbrechen zu begehen oder dazu anzustiften, § 30 Abs. 2 Var. 1

261 Abweichend vom umgangssprachlichen Verständnis genügt für das **Sichbereiterklären** nicht schon, dass der Täter seinen Plan irgendwie kundtut. Da § 30 die Gefährlichkeit einer Selbstbindung und Verpflichtung anderen gegenüber erfassen will, muss das Sichbereiterklären **gegenüber einer Person** geschehen, **die den Täter zur Begehung bestimmt hat oder die dem Deliktsplan erst noch zustimmen soll**. Das Sichbereiterklären erfasst damit zwei Begehungsweisen:[235]

- Zunächst die **Annahme der Aufforderung** zur Tat, also die Reaktion auf die versuchte Anstiftung nach § 30 Abs. 1 (s.o. Rn. 256).
- Tatbestandlich ist aber auch das **Sicherbieten zur Tat**, also die Initiative des späteren Täters (oder Anstifters), der erkennbar macht, tatgeneigt zu sein und die Fassung des endgültigen Tatentschlusses von der Annahme des anderen abhängig macht (s.o. Rn. 259).

Der Erklärungsempfänger kann im Fall einer nicht von § 216 erfassten Tötung gemäß §§ 212, 211 sogar das Tatopfer selbst sein.[236]

4. Verabredung mit einem anderen, ein Verbrechen zu begehen oder dazu anzustiften, § 30 Abs. 2 Var. 3

262 **Verabredung** ist die **Übereinkunft von mindestens zwei Personen zur Mittäterschaft,** also die Einigung mehrerer zur Verbrechensbegehung (oder Anstiftung dazu) fest Entschlossener, die Mitwirkungsbeiträge erbringen wollen, welche nach objektiver oder subjektiver Täterlehre (s.o. Rn. 46 ff.) als **mittäterschaftlich** anzusehen sind.

Die Verabredenden brauchen sich gegenseitig gar nicht oder nur mit Tarnnamen aus dem Internet zu kennen. Da der Strafgrund in der quasi-vertraglichen Willensbindung der Beteiligten liegt, muss aber jeder Beteiligte auch in solchen Fällen in der Lage sein, von dem jeweils anderen dessen zugesagte verbrecherische Handlung einfordern zu können.[237] Die **notwendige Konkretisierung** richtet sich nach den Grundsätzen des

234 NK/Engländer § 30 Rn. 30.

235 Rengier § 47 Rn. 30.

236 BGH RÜ 2019, 165; abl. Schiemann NStZ 2019, 186.

237 BGH RÜ 2011, 369.

Anstiftervorsatzes. Tatzeit, Tatobjekt, Tatbeteiligte usw. dürfen also nicht völlig im Vagen bleiben.[238] Dass der **Haupttäter noch nicht endgültig bestimmt** ist, steht laut einer neueren Entscheidung des BGH einer Verurteilung aber nicht entgegen.[239]

Beispiel nach BGH: X und Y verabredeten, einen Dritten dazu anzustiften, den verhassten Nachbarn des X zu töten. Man machte sich auf die Suche, fand aber zunächst keinen geeigneten Kandidaten. Der BGH bejahte trotzdem eine Strafbarkeit aus § 30 Abs. 2 Var. 3 Alt. 2. Dass der Haupttäter noch nicht gefunden und damit nicht weiter konkretisiert sei, stünde einer Verurteilung nicht entgegen.

Zur Strafbarkeit einer Verbrechensverabredung zum Schein unten Fall 10 (Rn. 268).

Aufbauschema: Sonstige Vorstufen der Tatbeteiligung in §§ 30 Abs. 2, 31

I. Tatbestandsmäßigkeit

1. Endgültig und konkret geplantes Verbrechen als Bezugstat
2. Vorbereitungshandlungen: **Sichbereiterklären/Annehmen des Sicherbietens/Verabredung**, ein Verbrechen täterschaftlich zu begehen oder dazu anzustiften
3. Erfolgswille bezüglich der Bezugstat und Beteiligungswille i.S.v. § 30 Abs. 2

II. Rechtswidrigkeit der Vorbereitungshandlung

III. Schuld

IV. Rücktritt gemäß § 31 Abs. 1 Nr. 2/3 oder Abs. 2

III. Straflose Vorstufen der Tatbeteiligung

1. Die versuchte Beihilfe zu fremder Haupttat ist nicht strafbar.[240] Daraus folgt, dass auch die **Verabredung einer Beihilfe zum Verbrechen** von § 30 nicht erfasst wird.[241] Ebenso wenig ist die Beihilfe zu einer der Tatmodalitäten des § 30 strafbar.[242] **263**

2. Auch die **versuchte mittelbare Täterschaft** wird nach **h.M.** von § 30 nicht erfasst.[243] In der misslungenen mittelbaren Täterschaft zu einem Verbrechen den nach § 30 Abs. 1 strafbaren Versuch einer Anstiftung zu sehen, weil der Anstifterwille als Minus im Willen zur mittelbaren Täterschaft enthalten sei, lehnt die h.M. ab.[244] **264**

Allerdings kann ein **(untauglicher) Versuch des Delikts in mittelbarer Täterschaft** vorliegen, wenn der Hintermann das Geschehen aus der Hand gegeben hat und nur irrig annimmt, dass der vermeintliche Tatmittler die Tat ausführen will (dazu unten beim Versuch Rn. 414 ff.).[245]

238 BGH, Beschl. v. 21.11.2018 – 1 StR 506/18, BeckRS 2018, 30630, Rn. 5.
239 BGH, Urt. v. 29.11.2023 – 6 StR 179/23, BeckRS 2023, 37812.
240 Vgl. BGH NStZ 1982, 244; Roxin JA 1979, 169, 174.
241 BGH StV 2002, 421.
242 BGH NStZ 1982, 244.
243 Sch/Sch/Heine/Weißer § 30 Rn. 32, m.w.N.
244 MünchKomm/Joecks/Scheinfeld § 30 Rn. 13.
245 Vgl. BGHSt 30, 363, 366.

IV. Rücktritt vom Versuch der Beteiligung, § 31

265 Für alle Vorstufen der Tatbeteiligung gemäß § 30, trifft **§ 31 eine eigene Rücktrittsregelung**. Dabei entspricht den Beteiligungsformen des § 30 jeweils eine Rücktrittsform. Das Grundprinzip des § 31 Abs. 1 Nr. 1–3 ist, dass der nach § 30 Beteiligte **freiwillig** die durch den Tatplan konkretisierte Tat **verhindert**[246] oder – falls die Haupttat ohnedies nicht geschehen wäre oder unabhängig von seinem früheren Verhalten begangen wurde – sich **freiwillig und ernsthaft bemüht**, sie zu verhindern, § 31 Abs. 2.[247]

V. Subsidiarität

266 § 30 ist **subsidiär**, tritt also auf Konkurrenzebene zurück, soweit es zur Ausführung (Versuch oder Vollendung) des geplanten Verbrechens kommt.[248] Das gilt auch für denjenigen, der zunächst vergeblich versucht hat, einen anderen zu einem Verbrechen anzustiften und dann als Täter oder Mittäter die Tat selbst begangen hat.[249]

Gegenüber Strafvorschriften, die **nicht das geplante Verbrechen betreffen**, tritt § 30 aber nicht zurück.

Klausurbeispiel: A und B verabreden sich, einen schweren Wohnungseinbruchdiebstahl zu begehen und notfalls den anwesenden Bewohner zu betäuben. Vor Beginn des Versuchs stellen sie fest, dass niemand im Haus ist. Die Tat wird deshalb ohne Gewaltanwendung verwirklicht. – Gegeben ist Verabredung zum Raub (§§ 249, 30 Abs. 2) in Tatmehrheit zum gemeinschaftlichen schweren Wohnungseinbruchdiebstahl (§§ 244 Abs. 1 Nr. 3, Abs. 4, 25 Abs. 2).

Aufbauhinweis: *Ist die Tat plangemäß abgelaufen, sollte „konkurrenzdominant" mit der später verwirklichten Tat begonnen werden. Danach kann kurz noch § 30 als subsidiär erwähnt werden.[250] Ist die Tat dagegen nicht plangemäß abgelaufen oder offensichtlich nicht ins Versuchsstadium gelangt, sollte man in der historischen Reihenfolge vorgehen und mit § 30 beginnen.*

Fall 11: Verbrechensverabredung zum Schein

T war in der JVA in einem Raum mit H inhaftiert. Er schmiedete einen Ausbruchsplan: Am folgenden Abend wollte er bei der Essensausgabe einen Vollzugsbeamten überraschend von hinten angreifen und totschlagen. Allein wollte er die Tat jedoch nicht begehen. Er weihte H in den Plan ein und forderte ihn auf, mit auf den Vollzugsbeamten einzuschlagen und dann zu fliehen. H war klar, dass T die Tat auch ohne ihn ausführen konnte; er wollte auch gar nicht mitmachen. Trotzdem erklärte er sich zum Schein dazu bereit. Dabei erkannte er, dass T die Zustimmung des H ernst nahm und sich erst dadurch endgültig entschloss, die Tat zu realisieren. Dazu kam es jedoch nicht mehr, weil andere Häftlinge vorher den Plan der Gefängnisleitung verrieten.

Strafbarkeit von T und H? (Fall und Lösung nach BGH RÜ 2017, 509)

246 Vgl. BGH NStZ 1992, 537.

247 Vgl. dazu BGH RÜ 2005, 534, 535 f.

248 BGH NStZ 1986, 565, 566.

249 BGH NStZ 2000, 199.

250 Vgl. die Falllösung zu BGH RÜ 2017, 95.

A. Strafbarkeit des T 267

I. Durch die Absprache mit H könnte sich T wegen **Verabredung zum Mord** gemäß **§§ 211, 30 Abs. 2 Var. 3** strafbar gemacht haben.

1. T hatte den Plan gefasst, am folgenden Abend einen Vollzugsbeamten zu erschlagen. Dieser sollte hinterrücks angegriffen, also in Ausnutzung seiner Arg- und Wehrlosigkeit getötet werden. Damit war ein heimtückischer Mord als Verbrechen gemäß § 12 Abs. 1 geplant.

2. T müsste sich mit H zu dieser Tat **verabredet, also eine mittäterschaftliche Tatbegehung vereinbart haben**. Dem äußeren Anschein nach lag eine Übereinkunft zu arbeitsteiligem Handeln vor. Der **innere Vorbehalt** des H, die Tat nicht ausführen zu wollen, könnte jedoch einer tatbestandlichen Verabredung entgegenstehen. **Strafgrund** der Verabredung als Vorstufe der Mittäterschaft ist die durch eine Willensbindung mehrerer Personen **gesteigerte Gefahr** für das bedrohte Rechtsgut. Die Gefährlichkeit konspirativen Zusammenwirkens Mehrerer liegt darin, dass es Gruppendynamik entfaltet, die Beteiligten psychisch bindet und so die spätere Ausführung der Tat wahrscheinlicher macht. Voraussetzung für die Strafbarkeit wegen Verabredung eines Verbrechens nach § 30 Abs. 2 Var. 3 ist daher, dass eine Willenseinigung von jedenfalls **zwei tatsächlich zur Tatbegehung entschlossenen Personen** zustande gekommen ist. Sind – wie hier – nur zwei an der Verabredung beteiligt und erklärt sich einer **nur zum Schein** bereit, will aber **die Tat in Wirklichkeit nicht ausführen**, liegt schon keine Verabredung i.S.v. § 30 Abs. 2 Var. 3 vor. 268

Eine Strafbarkeit des T gemäß §§ 211, 30 Abs. 2 Var. 3 ist zu verneinen.

II. Infrage kommt aber **Sichbereiterklären zum Mord** gemäß **§§ 211, 30 Abs. 2 Var. 1** durch Einweihen des H in den Plan.

1. Erfasst wird von dieser Modalität neben der Annahme einer Anstiftung auch das **Sicherbieten**, bei dem jemand **aus eigener Initiative seine Tatgeneigtheit erklärt, ein Verbrechen begehen zu wollen, aber die endgültige Entschlussfassung von der Annahme des anderen abhängig macht**. Das war bei T der Fall, der gerade dadurch, dass er die Überzeugung erlangte, H als Mittäter gewonnen zu haben, seinen Plan zu einem Tatentschluss für einen heimtückischen Mord verfestigte. 269

2. T hatte Tatvorsatz. Er handelte auch rechtswidrig und schuldhaft.

3. Ein Rücktritt gemäß § 31 Abs. 1 Nr. 2 oder Abs. 2 scheidet aus, weil T sein Vorhaben nicht aufgegeben hat und sich erst recht nicht bemüht hat, die Tat zu verhindern.

T ist strafbar wegen Sichbereiterklärens zum Mord.

III. Ob die Aufforderung an H mitzumachen, den Tatbestand einer **versuchten Anstiftung zum Mord** gemäß **§§ 211, 30 Abs. 1** erfüllt, hängt rechtlich davon ab, ob ein (zukünftiger) Täter – hier T – zugleich Teilnehmer an seiner eigenen Tat sein kann. Jedenfalls würde die Teilnahme bei Tatvollendung als minderschwere Beteiligungsform im Wege der Subsidiarität zurücktreten. Übertragen auf das von § 30 erfasste Vorstadium folgt daraus, dass auch die versuchte Anstiftung vom Sichbereiterklären zur täterschaftlichen Begehung verdrängt wird. 270

Ergebnis: T ist strafbar wegen Sichbereiterklärens zum Mord.

B. Strafbarkeit des H

I. Eine **Verabredung zum Mord** gemäß **§§ 211, 30 Abs. 2 Var. 3** ist wie bei T schon objektiv zu verneinen.

II. Infrage kommt aber die **Annahme des Erbietens zum Mord** gemäß **§§ 211, 30 Abs. 2 Var. 2**.

1. Durch seine Erklärung, bei dem Mord mitzumachen, hat H objektiv zum Ausdruck gebracht, dass er die Tatbereitschaft des T akzeptierte.

2. Fraglich ist, ob sein innerer Vorbehalt, die Tat gar nicht ausführen zu wollen, den Vorsatz ausschließt.

271 **a)** Als Sonderfall der Anstiftung setzt auch die **Annahme des Erbietens** doppelten Anstiftervorsatz voraus. Dafür genügt, dass der Annehmende **damit rechnet**, der andere werde seine **Erklärung ernst nehmen** und ihr entsprechend handeln, und dass er dies billigt. Ob der Annehmende die Tat will oder nicht, ist unerheblich. Hier erkannte H, dass T den endgültigen Entschluss zum Mord erst aufgrund seiner Zustimmung fasste und diese Tat dem Plan entsprechend ausführen wollte.

272 **b)** Der Vorbehalt, selbst nicht mitmachen zu wollen, ließe – entsprechend zu den Regeln des agent provocateurs – nur dann den Vorsatz entfallen, wenn H deshalb geglaubt hätte, die Tat sei insgesamt nicht mehr durchführbar. Er ging aber davon aus, dass T den Mord- und Fluchtplan **auch allein verwirklichen konnte**.

Er handelte damit vorsätzlich.

3. Rechtswidrigkeit und Schuld liegen vor.

4. Da nicht H, sondern andere den Plan an die Gefängnisleitung verrieten, scheidet auch bei ihm ein Rücktritt – hier gemäß § 31 Abs. 1 Nr. 3 oder Abs. 2 – aus.

Ergebnis: H ist strafbar wegen Annahme des Erbietens zum Mord.

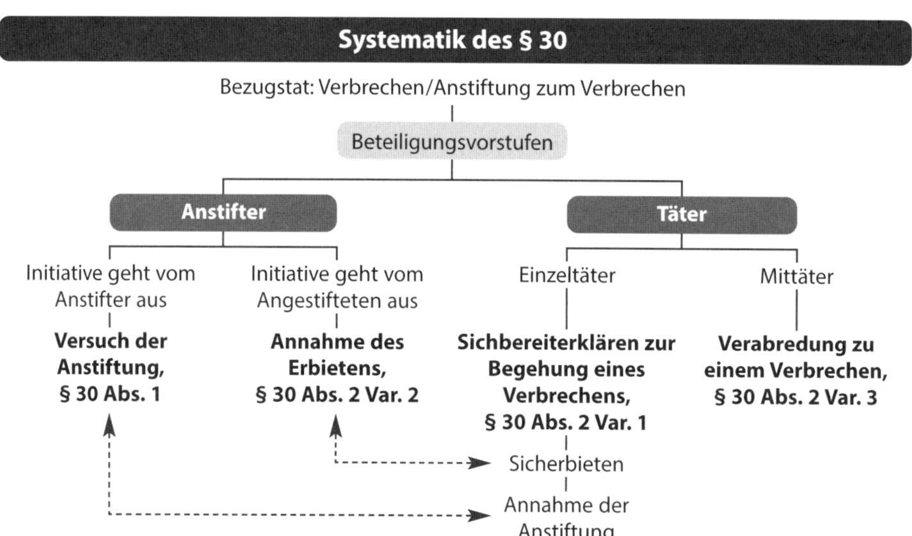

I. Die „besonderen persönlichen Merkmale“ und § 28

I. Begriff und Abgrenzung zu anderen Deliktsmerkmalen

1. Tatbezogene Merkmale

Meistens beschreibt der Gesetzgeber das tatbestandliche Unrecht durch objektive Merkmale, welche die besondere **Gefährlichkeit** des Täters (z.B. bandenmäßige Verbindung in § 244) oder die **Ausführungsart** des Delikts (z.B. Heimtücke bei § 211) zum Ausdruck bringen. Zur Typisierung des Tatunrechts gehören auch subjektive Elemente wie der Tatvorsatz oder deliktsspezifische Absichten, die anstelle eines weitergehenden Erfolges stehen. Hier lässt es der Gesetzgeber für die Deliktsvollendung ausreichen, dass die Tat nur subjektiv auf den weitergehenden Erfolg angelegt war, z.B. die Absicht rechtswidriger Zueignung in §§ 242, 249 oder die Absicht rechtswidriger Bereicherung in §§ 253, 263. **273**

All diese Merkmale, die – auch als subjektive – nur den sachlichen Gehalt des Rechtsgutangriffs beschreiben, nennen wir **tatbezogene Merkmale**.[251]

Bei Teilnehmern genügt es, dass diese Vorsatz dafür haben, dass alle tatbezogenen Merkmale in der Person des Haupttäters erfüllt sind. Teilnehmer brauchen diese selbst nicht zu erfüllen. Bei tatbezogenen Merkmalen, die ein Beteiligter nicht selbst verwirklicht, findet eine reine **Vorsatzzurechnung** statt.

Beispiel: Der Diebstahlsgehilfe braucht selbst keine Zueignungsabsicht zu haben. Für seine Strafbarkeit gemäß §§ 242, 27 muss er nur in Kauf nehmen und billigen, dass der Haupttäter Eigen- oder Drittzueignungsabsicht besitzt.

2. Besondere persönliche Merkmale

Außer den tatbezogenen gibt es aber noch eine weitere Gruppe deliktsspezifischer Merkmale, die sog. **besonderen persönlichen Merkmale**. Das sind solche, **die Eigenschaften, Verhältnisse oder eine höchstpersönliche Sonderpflicht kennzeichnen, die auf die Person des Täters abstellen und das Unrecht, die Schuld oder die Strafbarkeit mitbestimmen.**[252] **274**

251 Vgl. BGHSt 39, 326, 328.

252 Vgl. BGH RÜ 2019, 431, 432.

a) Arten besonderer persönlicher Merkmale

275 Besondere persönliche Merkmale lassen sich nach ihrer **Stellung im Deliktsaufbau** und nach ihrer **Rechtsfolge** ordnen.

Besondere persönliche Merkmale gibt es auf **jeder Stufe der Deliktsprüfung:**

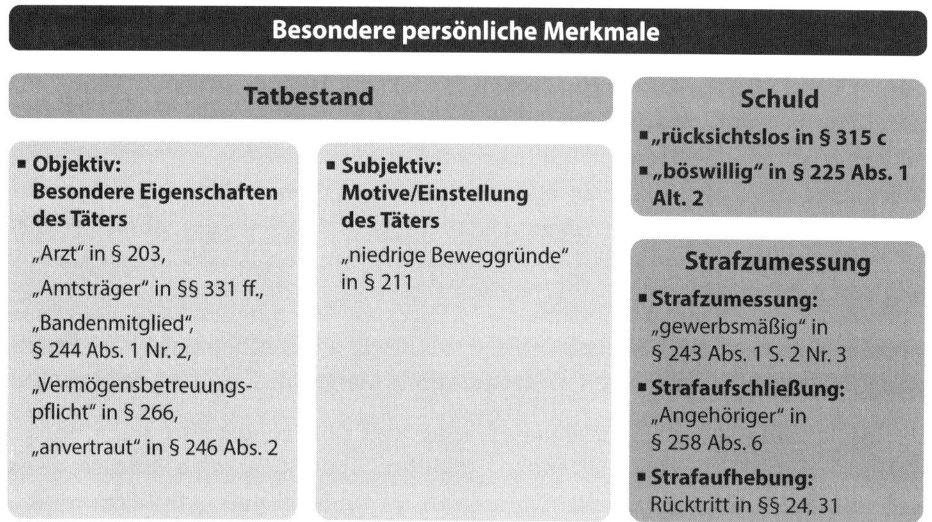

Die besonderen persönlichen Merkmale können außerdem nach ihrer **Rechtsfolge** unterschieden werden:

276 **aa)** So gibt es zahlreiche besondere persönliche Merkmale, welche die Strafbarkeit **begründen**, also ohne die ein Delikt gar nicht erfüllt werden kann.

Beispiel: Dazu gehört insbesondere die Vermögensbetreuungspflicht bei der Untreue, § 266, aber auch die berufliche Stellung als Schweigepflichtiger in § 203.

277 **bb)** Es gibt aber auch solche persönlichen Merkmale, welche die Strafbarkeit **schärfen, mildern oder ausschließen**, ohne die also eine – wenn auch andere – Bestrafung aus einem Delikt möglich wäre:

- **Strafschärfend** wirkt etwa die Gewerbsmäßigkeit in §§ 243, 260 sowie die Bandenmitgliedschaft in allen Bandendelikten, z.B. §§ 244 Abs. 1 Nr. 2, 250 Abs. 1 Nr. 2.
- **Strafmilderndes** besonderes persönliches Merkmal ist z.B. die Schwangerschaft für die Schwangere bei einem Schwangerschaftsabbruchs gemäß § 218 Abs. 3.[253]
- **Strafausschließend wirken** z.B. das Angehörigenprivileg in 258 Abs. 6, aber auch – obwohl streng genommen strafaufhebend – alle Rücktrittsregeln, §§ 24, 31.[254]

253 Fischer § 218 Rn. 15.
254 MünchKomm/Hoffmann-Holland § 24 Rn. 7.

b) Gemeinsamkeit untereinander und Unterschied zu tatbezogenen Merkmalen

Allen persönlichen Merkmalen ist gemeinsam, dass sie sich strafrechtlich bei demjenigen auswirken, der sie auch **selbst in seiner Person** aufweist. **278**

Kardinale Unterschiede zu den tatbezogenen Merkmalen: **Bei persönlichen Merkmalen gibt es keine bloße Wissenszurechnung.** Die fragliche Person muss die durch das Merkmal umschriebene Eigenschaft oder Einstellung **höchstpersönlich erfüllen**.

aa) Geht es um **strafbegründende Merkmale des Tatbestandes** kann von vornherein nur derjenige Täter sein, der sie in seiner Person aufweist. Teilnahme an einem solchen Delikt ist aber möglich. Wegen der Akzessorietät der Teilnahme zur Haupttat muss sich auch der **Vorsatz des Teilnehmers hierauf beziehen.** Verurteilt werden kann er aus dem Strafrahmen des akzessorischen Delikts aber nur, wenn er das Merkmal auch in seiner Person aufweist. **279**

bb) Strafändernde Merkmale werden von vornherein immer nur auf die Person des jeweils Beteiligten bezogen. Auch wenn sie im Tatbestand enthalten sind, sind sie **für die Teilnahme nicht akzessorisch**. Folglich braucht sich auch der **Vorsatz des Teilnehmers auf ein strafänderndes Merkmal** in Person des Haupttäters **nicht zu beziehen**. **280**

c) Abgrenzung zwischen persönlichen und tatbezogenen Merkmalen

Die Abgrenzung hat unter Beachtung der Schutzrichtung des jeweiligen Tatbestandes zu erfolgen. Geht es um die schwierige Einordnung von speziellen Pflichten, stellt die **Rspr.** darauf ab, **welche Art von Pflicht** das Merkmal umschreibt: Handelt es sich um eine **vorstrafrechtliche Sonderpflicht**, wird also eher die Persönlichkeit des Täters und seine besondere soziale Rolle in Bezug auf das jeweilige Rechtsgut gekennzeichnet, ist das Merkmal personenbezogen. Umschreibt es dagegen ein strafrechtliches **„Jedermann-Gebot“**, wird eher die Tat gekennzeichnet und das Merkmal ist tatbezogen.[255] **281**

Die Problematik verdeutlicht der für strafrechtliche Übungsfälle wichtige Streit um die **Einordnung der Garantenstellung** i.S.v. § 13. Ist ein Anstifter oder Gehilfe zu einem unechten Unterlassungsdelikt selbst kein Garant, so ist dessen Strafe nach § 28 Abs. 1 nur dann zu mildern, wenn die rechtliche Verpflichtung zur Erfolgsabwendung personenbezogen ist.

- Eine im Schrifttum verbreitete Ansicht lehnt das ab. Hiernach sollen die Garantenmerkmale nur die Gleichstellung von Begehen und Unterlassen im Erfolgsunrecht begründen und damit den Täterkreis abgrenzen. Ihr Fehlen könne den aktiv Beteiligten – bei dem die Garantenmerkmale gar nicht vorzuliegen brauchen – dann auch nicht entlasten.[256]
- Die überwiegende Gegenansicht begründet die Anwendung des § 28 Abs. 1 mit der strukturellen Gleichheit von Garantenstellung und der (als persönliches Merkmal anerkannten) Amtsträgereigenschaft bei den Amtsdelikten. Beide Merkmale seien in gleicher Weise personenbezogen.[257]
- Eine differenzierende Meinung wendet § 28 Abs. 1 bei Beschützergaranten, nicht aber bei Überwachungsgaranten an.[258]

---

255 BGHSt 41, 1, 4; BGH RÜ 2019, 431, 432 zu § 370 Abs. 1 Nr. 2 AO.

256 Frister Kap. 25 Rn. 41.

257 Baumann/Weber/Mitsch/Eisele § 26 Rn. 154; Fischer § 28 Rn. 5 a; Rengier § 51 Rn. 9.

258 Herzberg GA 1991, 145, 162.

d) Allgemeine persönliche Merkmale

282 Gegenbegriff zu den besonderen persönlichen sind die **allgemeinen persönlichen Merkmale**. Dies sind die Merkmale der Schuld und sie unterfallen ausschließlich § 29. Dazu gehören die **Schuldunfähigkeit**, die **verminderte Schuldfähigkeit**, der **Verbotsirrtum** und die anerkannten **Entschuldigungsgründe**. Bei Prüfung dieser Merkmale darf also von vornherein nur auf die Person des jeweiligen Tatbeteiligten abgestellt werden.

II. Rechtsfolgen des Fehlens oder Vorliegens besonderer persönlicher Merkmale, § 28

283 **§ 28** regelt die strafrechtlichen Auswirkungen (allerdings nicht vollständig) für den Fall, dass ein Beteiligter ein besonderes persönliches Merkmal besitzt oder nicht besitzt.

1. Unterschiede bei strafbegründenden Merkmalen, § 28 Abs. 1

284 Fehlt einem Beteiligten ein strafbegründendes persönliches Merkmal, kann er **kein Täter** des Delikts sein, das dieses Merkmal verlangt.

a) Hat er **allein gehandelt**, kommen nur noch Allgemeindelikte in Betracht. Sonst ist er straflos.

Beispiel: V, Vermieter einer Gewerbehalle, hebt das auf sein Konto als Mietkaution überwiesene Geld ohne Rechtsgrund ab und verbraucht es für sich. – Keine Untreue nach § 266 Abs. 1 Alt. 2, da bei Vermietung von Gewerberäumen für den Vermieter – anders als bei Wohnraum – hinsichtlich des Kautionsbetrages keine Vermögensbetreuungspflicht entsteht.[259] Da das vom eigenen Konto abgehobene Geld auf V übereignet wurde, scheitert auch Unterschlagung gemäß § 246. V ist straflos.

b) Hat der **Beteiligte ohne das Merkmal** bei der Tat **mit einem anderen zusammengewirkt, der das Merkmal besitzt**, liegt in der Person des Letzteren eine Haupttat vor, an welcher der Mitwirkende ohne das persönliche Merkmal nur Teilnehmer sein kann.

285 **aa)** Da die strafbegründenden persönlichen Merkmale zugleich Tatbestandsmerkmale der akzessorischen Haupttat sind und da der Teilnehmer nach allgemeinen Teilnahmeregeln **Vorsatz bezüglich der Haupttat** besessen haben muss, muss er auch das strafbegründende persönliche Merkmal in der Person des Haupttäters **gekannt** haben. Ist schon das zu verneinen, scheidet eine strafbare Teilnahme nach § 16 Abs. 1 S. 1 aus.

Beispiel: A stiftet den B an, der G-GmbH einen Schaden zuzufügen, ohne zu wissen, dass B vermögensbetreuungspflichtiger Geschäftsführer ist. Hier ist eine Teilnahme zu verneinen, und zwar wegen vorsatzausschließender Unkenntnis der Vermögensbetreuungspflicht, § 16 Abs. 1 S. 1. Auf § 28 Abs. 1 kommt es gar nicht mehr an.

286 **bb)** Hat der Beteiligte ohne das eigene strafbegründende Merkmal das fremde strafbegründende persönliche Merkmal (sowie alle anderen Umstände der vorsätzlichen und rechtswidrigen Haupttat) gekannt und liegen bei ihm Rechtswidrigkeit und Schuld vor, kommt **§ 28 Abs. 1** zur Anwendung: Da der Beteiligte ohne das strafbegründende Merkmal weniger vorwerfbar gehandelt hat als der Haupttäter, ordnet das Gesetz an, dass die **Strafe zwingend zu mildern** ist, und zwar nach Maßgabe des **§ 49 Abs. 1**.

---

259 Vgl. BGH RÜ 2008, 437.

Aufbau: *§ 28 Abs. 1 ist also eine* ***Strafzumessungsregel und wird erst nach der Schuld geprüft****.*

Beispiel: Die Beamtin B begeht eine Falschbeurkundung im Amt. Der nicht verbeamtete N hilft bei der Tat. – B ist gemäß § 348 Abs. 1 strafbar. N wird als Gehilfe zu § 348 Abs. 1 verurteilt. Da die Amtsträgereigenschaft für B strafbegründendes persönliches Merkmal ist, bestimmt sich die Strafe des N aus dem über § 28 Abs. 1 i.V.m. § 49 Abs. 1 gemilderten Strafrahmen.

cc) Hat der Beteiligte ohne das strafbegründende Merkmal zwar die Tathandlung allein ausgeführt, war aber ein **anderer mit dem persönlichen Merkmal als Tatveranlasser** oder **Unterstützer** dabei, so wird Letzterer nach h.M. **mittelbarer Täter**, handelnd durch ein tatbestandsloses (aber meistens:) doloses Werkzeug. Der Ausführende ist Gehilfe zu dieser Tat, weil er sie als Tatmittler erst ermöglicht hat. Stichwort: **qualifikationslos-doloser Werkzeug-Gehilfe** (s.o. Fall 6, Rn. 125). **287**

Beispiel: Die Beamtin B bittet den nicht verbeamteten N telefonisch, die Falscheintragung im Grundbuch vorzunehmen. N tut, was ihm aufgetragen wurde. – B ist nach h.M. mittelbare Täterin einer Falschbeurkundung im Amt. N ist als Gehilfe dazu zu bestrafen.

2. Unterschiede bei strafändernden persönlichen Merkmalen

Nach **§ 28 Abs. 2** „gilt“ ein besonderes persönliches Merkmal, das die Strafe schärft, mildert oder ausschließt, nur bei dem Täter oder Teilnehmer, bei dem es vorliegt. **288**

a) Soweit sich die Strafänderung außerhalb des Tatbestandes abspielt, ist die Behandlung für Täter und Teilnehmer einfach. Das Wort „gilt“ stellt dann nur klar, dass es keine bloße Wissenszurechnung gibt, sondern dass das jeweilige Merkmal **in der Person des jeweiligen Beteiligten** vorliegen muss. **289**

Aufbau: *Beim Hauptakteur spielt man alle für die Strafbarkeit relevanten Aspekte durch und bejaht oder verneint die Strafbarkeit aus allen in Betracht kommenden Delikten, ohne ein Wort darüber zu verlieren, ob das eine oder andere Merkmal personen- oder tatbezogen ist.*

Kommt man zur Strafbarkeit eines Mittäters oder Teilnehmers, muss man an entsprechender Stelle im Deliktsaufbau darauf hinweisen, dass dieser Unterschiede zur vorher geprüften Person aufweist. Handelt es sich dann um ein besonderes persönliches strafänderndes Merkmal, wird auf § 28 Abs. 2 hingewiesen und subsumiert, ob der Beteiligte das Merkmal tatsächlich aufweist oder nicht. Je nach Ergebnis ändert sich die Strafbarkeit für diesen.

Beispiele:

- A und B sind Mittäter eines Diebstahls. A handelte „gewerbsmäßig“, B wusste zwar davon, hatte aber selbst nicht den Willen, sich eine dauerhafte Einnahmequelle zu verschaffen. – A ist strafbar wegen Diebstahls im besonders schweren Fall gemäß §§ 242, 243 Abs. 1 S. 2 Nr. 3. B ist Mittäter des einfachen Diebstahls, §§ 242, 25 Abs. 2. Da § 243 Abs. 1 S. 2 Nr. 3 kein tatbezogenes, sondern persönliches strafschärfendes Merkmal enthält, genügt für die Strafbarkeit nicht, dass B von der Gewerbsmäßigkeit des A wusste. Gemäß § 28 Abs. 2 hätte er selbst gewerbsmäßig handeln müssen, um den erhöhten Strafrahmen auszulösen.
- X stiftet Y zu einer Körperverletzung an. Y sieht nach Erheben der Hand vor dem ersten Schlag ohne Wissen des X aus Gewissensgründen von der Tatausführung ab. – Y ist gemäß § 24 Abs. 2 S. 1 strafbefreiend vom Versuch der Körperverletzung zurückgetreten. X ist strafbar wegen Anstiftung zur versuchten Körperverletzung, §§ 223 Abs. 1, 2, 22, 26. Da der Rücktritt persönlicher Strafaufhebungsgrund ist, wird die teilnahmefähige Haupttat für andere hierdurch nicht beseitigt, und X seinerseits hat keine Rücktrittshandlung erbracht, § 28 Abs. 2.

290 **b)** Auch wenn der Gesetzgeber die **Strafänderung durch ein besonderes persönliches Merkmal im Tatbestand** zum Ausdruck bringt (Qualifikation, Privilegierung), gibt es bei **Divergenzen zwischen Mittätern** in aller Regel keine Probleme.

Aufbau: *Geprüft wird dann nur die Mittäterschaft zum Grunddelikt, und die Divergenz wird für jeden Mittäter gesondert festgestellt. Es kommt dann letztlich zu einer **unterschiedlichen Tatbestandswahl**.*

Beispiel: A und B begehen gemeinsam eine Unterschlagung. Nur dem B ist die Sache anvertraut. – A ist Mittäter einer einfachen Unterschlagung, §§ 246 Abs. 1, 25 Abs. 2. B ist Mittäter einer veruntreuenden Unterschlagung, §§ 246 Abs. 1, 2, 25 Abs. 2, 28 Abs. 2.

Streng genommen bräuchte man hierfür § 28 Abs. 2 nicht, denn dass niemand Mittäter einer Straftat sein kann, für die er keine Täterqualität besitzt, ergibt sich schon aus allgemeinen Prinzipien (s.o. Rn. 15). § 28 Abs. 2 ist insoweit nur deklaratorisch.

291 **c)** Handelt es sich um eine **Strafänderung durch ein persönliches Merkmal** im Tatbestand und geht es um die Strafbarkeit eines davon abweichenden **Teilnehmers**, so besteht das Problem, dass die an sich akzessorische Haupttat nicht mehr zur Strafwürdigkeit des Teilnehmers passt.

292 **aa)** Nach **h.M.** ordnet § 28 Abs. 2 eine **Durchbrechung der Akzessorietät** im Sinne einer **Tatbestandsverschiebung** an.[260] Um für den Beteiligten zu einem angemessenen Schuldspruch zu kommen, wird danach die akzessorische Haupttat für den Teilnehmer „umgebaut". **Man fragt dafür, welche Haupttat vorgelegen hätte, wenn der Haupttäter hinsichtlich der persönlichen Merkmale genauso beschaffen gewesen wäre, wie es der Teilnehmer tatsächlich war.** Diese Tatbestandsverschiebung der Haupttat kann dann zugunsten, aber auch zulasten des Teilnehmers ausfallen.

Beispiele:

- Dem U ist persönlich von der Eigentümerin E wertvoller Schmuck zur Aufbewahrung während ihrer Urlaubsabwesenheit übergeben worden. Er verkauft den Schmuck. F, ein Freund des U, der weiß, woher der Schmuck stammt, hilft ihm dabei. – U ist strafbar wegen veruntreuender Unterschlagung, § 246 Abs. 1, 2. F hat an sich zu dieser Haupttat Hilfe geleistet. In seiner Person ist aber das strafschärfende Merkmal des „Anvertrautseins" gemäß § 246 Abs. 2 nicht gegeben. Hier führt § 28 Abs. 2 zur Tatbestandsverschiebung: Für F wird die Haupttat ermittelt, die vorläge, wenn auch dem U der Schmuck nicht anvertraut gewesen wäre. Dann hätte nur eine einfache Unterschlagung vorgelegen. F ist damit strafbar wegen Beihilfe zur einfachen Unterschlagung, §§ 246 Abs. 1, 27.
- Im vorgenannten Beispiel veranlasst der ortsabwesende U, der dringend Geld braucht, den F, eines der dem U anvertrauten Schmuckstücke aus dem Tresor zu holen und zu verkaufen. – Diesmal ist F der Täter einer einfachen Unterschlagung, § 246 Abs. 1. U hat den F auch zu dieser Tat angestiftet. Da ihm aber die Sachen anvertraut waren, wird die an sich akzessorische Haupttat der einfachen Unterschlagung für U zu einer veruntreuenden Unterschlagung! U ist nach h.M. strafbar gemäß §§ 246 Abs. 1, 2, 26.

293 **bb)** Im **Schrifttum** wird die Akzessorietätsdurchbrechung bei § 28 Abs. 2 zum Teil abgelehnt. § 28 Abs. 2 sei vielmehr nur eine **Strafzumessungsvorschrift** wie Abs. 1. Die Folge ist danach, dass auch bei Divergenzen zwischen Teilnehmern bezüglich besonderer persönlicher Merkmale der Schuldspruch aus der tatsächlich begangenen Haupttat er-

---

260 Sch/Sch/Heine/Weißer § 28 Rn. 27 m.w.N.; Fischer § 28 Rn. 8.

folgt, der Strafrahmen aber dem Delikt entnommen wird, das sich aufgrund der persönlichen Merkmale des jeweiligen Teilnehmers ergeben würde.[261]

- Im vorgenannten ersten Beispiel wäre F aus Beihilfe zur veruntreuenden Unterschlagung strafbar, seine Strafe würde aber dem Strafrahmen des § 246 Abs. 1 entnommen.
- Im zweiten Beispiel wäre U wegen Anstiftung zur einfachen Unterschlagung strafbar, seine Strafe würde aber aus § 246 Abs. 2 entnommen.

Kritik: Dieser Meinung ist entgegenzuhalten, dass § 28 Abs. 2 neben den strafändern- **294**
den auch strafausschließende Merkmale nennt. Wenn letztere beim Haupttäter vorliegen, bliebe aber für eine bloße Strafzumessung beim Teilnehmer gar kein Raum mehr. Die Strafzumessungslösung hat sich deshalb nicht durchgesetzt.

Aufbau: *Wegen des Grundsatzes der Akzessorietät kommt man beim Teilnahmedelikt nicht umhin, im ersten Prüfungsschritt mit der tatsächlichen Haupttat zu beginnen und die Tatbestandsverschiebung erst* ***nach der Bejahung des objektiven und subjektiven Tatbestandes*** *zu untersuchen. Ist die Tatbestandsverschiebung zu bejahen, sollte mit der über § 28 Abs. 2 geänderten Haupttat ein neuer Obersatz mit eigenem Gliederungspunkt gebildet und die Prüfung fortgesetzt werden.*

Klausurhinweis: Wichtigstes Anwendungsfeld des § 28 in Examensfällen sind die §§ 211, 212, 216*. Hier muss vor Anwendung von § 28 Abs. 1 oder Abs. 2 noch geklärt werden, ob die Mordmerkmale der 1. und 3. Gruppe bzw. das Tötungsverlangen in § 216 nur strafbegründend (dann gilt nur § 28 Abs. 1) oder ob sie strafändernd sind (dann gilt § 28 Abs. 2). Das hängt von der immer noch offenen Streitfrage ab, ob die §§ 211, 212, 216 jeweils eigenständige Tatbestände sind oder ob § 212 Grunddelikt und § 211 Qualifikation und § 216 Privilegierung dazu ist. Im AS-Skript Strafrecht BT 2 (2024), Rn. 180 ff. finden Sie die einzelnen Fallkonstellationen dazu.*

261 Roxin AT II § 27 Rn. 20.

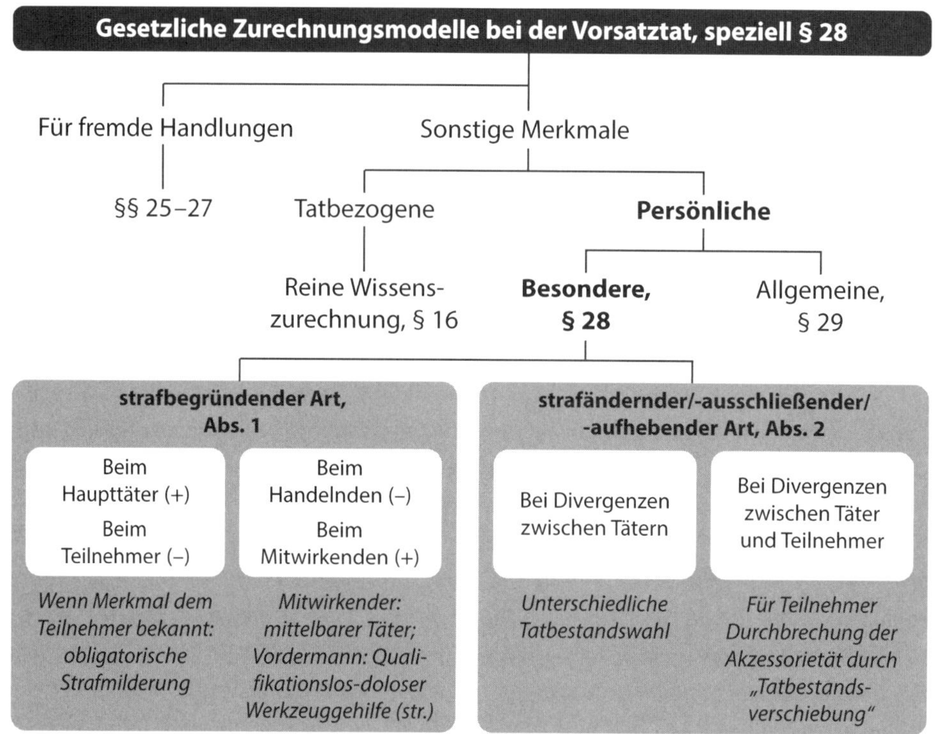

Die wichtigsten Definitionen zu Täterschaft und Teilnahme	
Agent provocateur	Person, welche die (versuchte) Haupttat eines anderen provoziert, um diesen bei der Tatbegehung überführen zu können.
Bestimmen	Hervorrufen des Tatentschlusses im Rahmen der Anstiftung.
Hilfeleisten	Jeder Tatbeitrag, der im Rahmen der Beihilfe die Haupttat ermöglicht, erleichtert oder verstärkt.
Limitierte Akzessorietät	Eine tatbestandsmäßige und rechtswidrige Haupttat genügt für die Teilnahme (Anstiftung und Beihilfe), ein schuldhaftes Handeln ist nicht erforderlich.
Omnimodo facturus	Eine Person, die zur Tat bereits fest entschlossen ist (und deswegen nicht mehr angestiftete werden kann).

Anmerkung: *Alle weiteren Definitionen für das Strafrecht finden Sie kompakt zusammengefasst in unserem AS-Produkt „Definitionen Strafrecht" (2022).*

2. Teil: Versuch und Rücktritt

1. Abschnitt: Versuch

A. Notwendiges Durchgangsstadium und Strafgrund

I. Verwirklichungsphasen jeder Vorsatztat

1. Am Anfang jeder Vorsatztat steht die **Tatgeneigtheit**. Der Tatgeneigte spielt erst mit der Möglichkeit, eine Straftat zu begehen; die Entscheidung über das „Ob" der Tat ist noch nicht gefallen. **295**

2. Hat der Täter die Entscheidung für eine bestimmte Straftat getroffen, hat er **Tatentschluss** gefasst. Als reiner Gesinnungsakt ist auch diese Phase grundsätzlich straflos. **296**

Ausnahmen gelten in den Fällen des Sichbereiterklärens und der Verabredung zu einem Verbrechen gemäß § 30 Abs. 2. Diese Formen der kundgetanen Entschlussfassung stehen unter Strafe, weil eine Selbstbindung die Gefahr der Tatverwirklichung erhöht (s.o. Rn. 261).

3. Als **Vorbereitung** bezeichnet man die Tätigkeiten, welche die Voraussetzungen für die Durchführung der Straftat schaffen sollen. Auch Vorbereitungshandlungen sind grundsätzlich straflos. Bei überragenden Rechtsgütern hat der Gesetzgeber bestimmte Vorbereitungshandlungen (z.B. in Bezug auf die Fälschung von amtlichen Ausweisen, § 275) oder sogar alle Vorbereitungshandlungen (z.B. bei Staatsschutzdelikten, § 83, oder bei Verschleppung, § 234 a Abs. 3) unter Strafe gestellt. **297**

4. Der **Versuch** beginnt, wenn der Täter nach seiner Vorstellung von der Tat zur Verwirklichung des Tatbestandes **unmittelbar ansetzt, § 22**. Der Täter muss dafür den direkt in die gewollte Tatvollendung einmündenden Kausalverlauf in Gang gesetzt haben. Außer bei gesondert strafbaren Vorbereitungen (einschließlich § 30) löst erst das **Überschreiten der Versuchsschwelle** die Strafbarkeit wegen einer Vorsatztat aus. **298**

5. Die **formelle Vollendung** der Straftat tritt ein, wenn **alle Merkmale des gesetzlichen Tatbestandes erfüllt** sind.[262] Von diesem Zeitpunkt an ist ein strafbefreiender Rücktritt (§ 24) nicht mehr möglich. **299**

Die Bemühungen des Täters, die Folgen der vollendeten Tat zu beseitigen, können dann allenfalls in den gesetzlich vorgesehenen Fällen als sog. **tätige Reue** strafmildernd oder -aufhebend wirken (z.B. § 142 Abs. 4, § 306 e). Zudem findet das **Nachtatverhalten** des Täters bei der Strafzumessung Berücksichtigung, § 46 Abs. 2.

6. Von der **tatsächlichen Beendigung** der Tat spricht man, wenn das Geschehen über die eigentliche Tatbestandserfüllung hinaus **seinen tatsächlichen Abschluss gefunden hat.**[263] Exemplarisch ist der Diebstahl, der mit der Gewahrsamserlangung vollendet, aber erst mit Gewahrsamssicherung beendet ist. **300**

Der Zeitabschnitt bis zur Beendigung ist praktisch bedeutsam, weil in diesem Tatstadium nach h.M. noch Mittäterschaft und Beihilfe (sog. sukzessive Beteiligung, s.o. Rn. 70, Rn. 226 ff.) und Strafschärfungen (sog. sukzessive Qualifikationen) möglich sind. Ferner beginnt die Verjährung erst mit Tatbeendigung, § 78 a S. 1.

---

262 BGHSt 3, 41, 43.

263 Sch/Sch/Eser/Bosch Vorbem. §§ 22 ff. Rn. 4.

Zeitlich gesehen steht der Versuch zwischen Vorbereitung und formeller Vollendung.

301 **Der Versuch ist das subjektiv auf Vollendung gerichtete und begonnene, aber aus tatsächlichen oder rechtlichen Gründen nicht vollständig verwirklichte Vorsatzdelikt.**[264] Allgemeine Regeln finden sich in den §§ 22–24.

Verwirklichungsphasen der Vorsatztat			
Vorbereitung	**Versuchsbeginn**	**Vollendung**	**Beendigung**
Tatgeneigtheit/ Tatplan	tatplangemäßes unmittelbares Ansetzen	Eintritt des Erfolges	tatsächlicher Abschluss

II. Keine Strafbarkeit aus Vorsatztat ohne Versuch

302 Die genaue Ermittlung des Versuchsbeginns kann auch bei (scheinbarer) Tatvollendung fallentscheidend sein: Da **keine Vorsatztat ohne Durchlaufen der Versuchsphase** möglich ist, ist Strafbarkeit aus vollendeter Vorsatztat ausgeschlossen, wenn zwar der Erfolg eingetreten ist, aber vorher kein Versuch vorgelegen hat.

Fall 12: Vollendung vor Versuchsbeginn; das unmittelbare Ansetzen als zeitlicher Fixpunkt für die Vorsatzfeststellung

A wollte seine Frau F mit dem Pkw an einen ca. 100 km entfernten Ort bringen, ihr dort die Unterschrift zu einer Generalvollmacht abnötigen, sie sodann töten und ihre Leiche verbergen. Er fesselte und knebelte sie; anschließend steckte er F in den Kofferraum seines Pkw. Als er seine Frau später in ein anderes Fahrzeug umladen wollte, stellte er fest, dass F schon auf dem Transport in dem engen Kofferraum erstickt war. Mit der Leiche fuhr A zu seinem Zielort und versteckte sie dort.
Strafbarkeit des A? (Fall nach BGH RÜ 2002, 166)

303 **I.** Indem A die F in den Kofferraum sperrte und mit dem Auto fortschaffte, könnte er sich wegen **Totschlags** strafbar gemacht haben, **§ 212**.

1. Das Hineinlegen der gefesselten und geknebelten Frau in den Kofferraum war eine nicht hinwegdenkbare Ursache dafür, dass F starb. In dem Tod hat sich auch das typische Erstickungsrisiko des Eingesperrtseins realisiert. Zudem ist es nicht völlig unwahrscheinlich, sondern naheliegend, dass ein Mensch in einem kleinen Behältnis ohne Luftzufuhr alsbald an Sauerstoffmangel stirbt. Der Tod ist dem A also objektiv zurechenbar.

2. A müsste **Tötungsvorsatz** besessen haben. Als er seine Frau in den Wagen einlud, hatte er den Willen, sie zu töten.

304 **a)** Aus **§ 16 Abs. 1 S. 1** folgt, dass nur der Täter „vorsätzlich" handelt, der „bei Begehung der Tat" alle Tatumstände in sein Vorstellungsbild aufgenommen hat. Also ist Tatvorsatz nur der Tatverwirklichungswille im Zeitpunkt der Tatbegehung. Ein zeitlich vorherge-

---

264 Rengier § 33 Rn. 1; Kindhäuser/Zimmermann § 30 Rn. 1.

hender Wille zur Tatbestandserfüllung **(= *dolus antecedens*)** ist ebenso wenig Tatvorsatz wie ein der Tatbegehung zeitlich nachfolgender Verwirklichungswille **(= *dolus subsequens*)**.[265]

„Begehung der Tat" ist zunächst einmal nach **§ 8** der Zeitpunkt, in welchem der Täter **gehandelt** hat. „Handlung" bei der Vorsatztat kann aber nicht jede beliebige (erfolgskausale) Willensbetätigung sein. Vielmehr kann es frühestens die Willensbetätigung sein, mit welcher der **Täter die Versuchsschwelle überschreitet**. Dies beruht auf der Prämisse, dass es keine Vorsatztat ohne Versuchsbeginn gibt. Anderenfalls könnte jede straflose Vorbereitungshandlung zum Anknüpfungspunkt für eine Vorsatztat und damit jeder dolus antecedens als Tatvorsatz gedeutet werden. Der Versuchsbeginn setzt aber gemäß **§ 22 „unmittelbares Ansetzen** des Täters nach seiner Vorstellung von der Tat" voraus. Gemeint ist damit eine Rechtsgutgefährdung ohne weitere wesentliche Zwischenakte, die im Einklang mit dem Tatplan und der Situationsbeurteilung des Täters steht (genauer dazu unten). **305**

Klausurhinweis: *Es kann also innerhalb der Prüfung eines objektiv vollendeten Delikts bei der Vorsatzfeststellung notwendig werden, Vorbereitung und Versuch voneinander abzugrenzen.*

Es ist zwar objektiv zu einer Gefährdung der F gekommen, als A sie in den Kofferraum sperrte. Diese Gefährdung war aber nicht tatplangemäß, weil A nach seiner Vorstellung erst noch ca. 100 km zum vorgesehenen Tatort zurücklegen musste und der F dort die Unterschrift abnötigen wollte. Letzteres setzt aber voraus, dass F noch lebt. Daher sollte die Tötungshandlung erst nach Erlangung der Unterschrift beginnen. Damit ist es noch gar nicht zum unmittelbaren Ansetzen i.S.d. § 22 gekommen.[266] A befand sich bei der Erfolgsherbeiführung noch **im Stadium der Vorbereitungshandlung** und nicht der Begehung der Tat gemäß §§ 8, 22. Seine deliktische Vorstellung in diesem Zeitraum ist noch gar kein Tatvorsatz i.S.v. § 16, sondern **irrelevanter dolus antecedens**.

b) Man könnte erwägen, den früher als von A geplanten Todeseintritt als **unwesentliche Kausalabweichung** und damit als vorsätzliche Tötungshandlung anzusehen. Dieser Weg ist jedoch nach allgemeiner Ansicht nicht gangbar: Die Rechtsfigur der unwesentlichen Kausalabweichung setzt voraus, dass der Täter Vorsatz in Bezug auf einen bestimmten Kausalverlauf hat. Das ist nur möglich, wenn er bereits die Versuchsschwelle überschritten hat. Erst wenn dies der Fall ist, kann eine vom Täterplan abweichende Erfolgsherbeiführung als noch vorsätzlich behandelt werden. **Die Rechtsfigur der unwesentlichen Kausalabweichung erlaubt also nur die subjektive Zurechnung abweichender Abläufe nach Versuchsbeginn.** Hatte der Täter die Versuchsschwelle gar nicht überschritten, hatte er auch noch keinen Tatvorsatz. Dann ist für die subjektive Zurechnung eines anderen Ablaufs als „noch vorsätzlich" kein Raum.[267] **306**

Merke: Verursacht der Täter den Deliktserfolg vor dem geplanten Versuchsbeginn, so kann er dafür generell nicht aus einer Vorsatztat bestraft werden.

---

265 2022 lehnte der BGH den dolus subsequens erneut ab, vgl. BGH RÜ 2022, 709.

266 S. dazu auch AS-Skript Strafrecht AT 1 (2021), Fall 5 Rn. 157.

267 Vgl. Sch/Sch/Sternberg-Lieben/Schuster § 15 Rn. 58; BGH RÜ 2002, 166, 167.

Totschlag ist im vorliegenden Fall zu verneinen.

II. Damit ist auch für Mord gemäß § 211 kein Raum.

III. Mangels unmittelbaren Ansetzens scheitern auch versuchter Totschlag und versuchter Mord, §§ 212, 211, 22, 23.

IV. Erfüllt sein kann allenfalls die Erfolgsqualifikation der **Freiheitsberaubung mit Todesfolge, § 239 Abs. 1, 4.** Durch das Fesseln hat A seine Frau in anderer Weise der Freiheit beraubt; als er den Kofferraumdeckel über F schloss, hat er sie „eingesperrt". Die Tathandlungen geschahen vorsätzlich. Durch die Tat wurde der Tod der F risikotypisch verursacht. Dass dies passieren konnte, war objektiv **vorhersehbar**. A handelte rechtswidrig und, da die Gefahr des Todes in dem luftdicht abgeschlossenen Kofferraum auch für A erkennbar war, auch (fahrlässigkeits-)schuldhaft, § 18.

V. Die **fahrlässige Tötung (§ 222)** tritt hinter der spezielleren Erfolgsqualifikation zurück.

Ergebnis: A ist strafbar wegen Freiheitsberaubung mit Todesfolge.

III. Strafgrund des Versuchs

307 Strafgrund des Versuchs ist nach der in der **Rspr.** vertretenen **subjektiven Theorie** die **Betätigung des rechtsfeindlichen Willens.**[268] Die in der **Lit.** herrschende **Eindruckstheorie** stellt zusätzlich darauf ab, dass durch die Betätigung des rechtsfeindlichen Willens das **Vertrauen der Allgemeinheit** in die Geltung der Rechtsordnung erschüttert und damit der **Rechtsfrieden beeinträchtigt** werden kann.[269]

Ob der rechtsfeindliche Angriff tatsächlich zum Erfolg führen kann oder nicht, spielt keine Rolle; das Vertrauen der Gemeinschaft in den Rechtsfrieden ist in beiden Fällen erschüttert. Strafbar sind daher sowohl der **taugliche Versuch** (bei dem es zu einer objektiven Gefährdung des jeweiligen Rechtsguts kommt) als auch der **untaugliche Versuch** (bei dem die Gefährdung nicht real werden kann). Dies ergibt sich auch aus **§ 22**, weil dieser für den Versuchsbeginn auf die **Vorstellung des Täters von der Tat(-situation)** abstellt, ferner durch **§ 23 Abs. 3**, der bei grobem Unverstand eine Strafmilderung bzw. das Absehen von Strafe vorsieht, also von der grundsätzlichen Strafbarkeit ausgeht.[270]

- ***Beispiel für einen untauglichen (strafbaren!) Versuch:*** *A schießt mit Tötungsvorsatz auf B, aber die Waffe ist nicht geladen, was A nicht weiß.*
- ***Beispiel für einen grob unverständlichen (strafbaren!) Versuch:*** *X zielt mit einem Luftgewehr auf ein am Himmel fliegende Flugzeug, um es abzuschießen.*
- ***Beispiel für einen (straflosen) irrealen/abergläubischen Versuch:*** *Ehefrau F versucht, ihrem untreuen Ehemann M mit Hilfe schwarzer Magie Warzen zu verpassen.*

---

268 BGHSt 41, 94, 96; Fischer § 22 Rn. 2 a.

269 Rengier § 33 Rn. 4 m.w.N.

270 MünchKomm/Hoffmann-Holland § 23 Rn. 41.

B. Voraussetzungen des Versuchsdelikts

Auch die Versuchsprüfung erfolgt dreistufig: Der Versuch des Delikts muss strafbar sein. Der Täter muss mit Tatentschluss handeln und zur Tat unmittelbar angesetzt haben. **308**

Vorab zur Klarstellung: *„Nichtvollendung der Tat" ist* ***keine (negative) Voraussetzung des Versuchs****. Wie eingangs (Rn. 302) dargestellt, ist ein Versuch begriffsnotwendig in jeder vollendeten Vorsatztat enthalten und tritt nur als materiell subsidiär dahinter zurück. Liegt eine vollendete Vorsatztat vor, wäre eine auf dasselbe Delikt bezogene Versuchsprüfung überflüssig. Die Feststellung, dass keine Strafbarkeit aus Vollendungstat vorliegt, soll deshalb nur darauf hinweisen, dass ein Versuch in dieser Konstellation selbstständige strafbegründende Bedeutung erlangen könnte.*

I. Strafbarkeit des Versuchs

Der Versuch eines **Verbrechens** ist stets strafbar, der Versuch eines **Vergehens** nur dann, wenn das Gesetz es ausdrücklich bestimmt, **§ 23 Abs. 1**, und zwar im Kontext des jeweiligen BT-Tatbestandes. **309**

Beispiele: Versuch der einfachen Körperverletzung gemäß § 223 Abs. 2; Versuch der einfachen Freiheitsberaubung, § 239 Abs. 2.

Gegenbeispiele: Straflos sind in der Regel Versuche bei Vergehen, die abstrakte Gefährdungsdelikte beschreiben, etwa §§ 316 Abs. 1, 323 c Abs. 1, bei den Vermögensdelikten auch bei §§ 142, 266.

Der Versuch als eigenständige Straftat ist nur möglich bei **Tatbeständen**, und zwar bei Grunddelikten, Qualifikationen und Privilegierungen. Da straferhöhende **Regelbeispiele** keine echten Tatbestände, sondern Strafzumessungsgesichtspunkte sind, gibt es bei ihnen auch keinen Versuch im rechtstechnischen Sinn.

Beim Versuch und Regelbeispiel sind drei (umstrittene) Konstellationen zu unterscheiden:

- *Der Täter hat das Delikt nur versucht, aber dabei eines der Regelbeispiele verwirklicht.*[271]
- *Der Täter hat das Delikt nur versucht und auch das Regelbeispiel nur „versucht".* [272]
- *Der Täter hat das Delikt vollendet, aber das Regelbeispiel nur „versucht".*[273]

II. Tatentschluss und unmittelbares Ansetzen

1. Kennzeichnend für den **Tatbestand** eines Versuchs ist nach **§ 22**, dass als **Tatentschluss** des Täters der deliktsspezifische subjektive Tatbestand des jeweiligen Delikts vollständig erfüllt ist, der objektive Tatbestand dagegen nicht. Insoweit genügt **unmittelbares Ansetzen**, also eine Betätigung des auf die Deliktsvollendung gerichteten Willens. **310**

Hinweis: *Zu fragen ist also stets, ob der Täter Vorsatz bezüglich der Verwirklichung des Delikts hatte. Der Bearbeiter muss sich also in die Rolle des Täters versetzen und alle Tatbestandsmerkmale aus dessen Sicht prüfen. Zusätzlich dazu muss der Täter unmittelbar angesetzt haben, um die Versuchsstrafbarkeit nicht zu weit ins Vorbereitungsstadium auszudehnen.*

---

271 Dazu ausführlich AS-Skript Strafrecht BT 1 (2021), Fall 11 Rn. 204

272 Dazu ausführlich AS-Skript Strafrecht BT 1 (2021), Fall 12 Rn. 205.

273 Dazu ausführlich AS-Skript Strafrecht BT 1 (2021), Fall 13 Rn. 206.

311 **2.** Für die Prüfung der **Rechtswidrigkeit** gelten nach überwiegender Ansicht die Regeln der Vollendungstat:[274] Man fragt also, ob für den nicht vollendeten Akt der Tatbestandsverwirklichung ein **Rechtfertigungsgrund eingegriffen hätte, wenn der Täter sein Ziel erreicht hätte**. Ist danach der Rechtfertigungsgrund objektiv nicht erfüllt, stellt sich der Täter dies nur irrig vor, ist die Tat rechtswidrig. Ob sie dem Täter als Vorsatztat angelastet werden kann, hängt von der Einordnung dieses Irrtums ab (dazu unten Rn. 611 ff.).

Eine Mindermeinung prüft demgegenüber die Rechtswidrigkeit allein aus der Sicht des Täters. Bildet sich nach dieser Auffassung der Täter eine rechtfertigende Sachlage nur ein, soll schon das Versuchsunrecht entfallen.[275]

Kritik: Diese Auffassung kommt zwar zum selben Ergebnis, führt aber zu Problemen, wenn gegen die im Rechtfertigungsirrtum begangene Versuchstat Notwehr geübt wird: Dann muss diese Ansicht erst begründen, warum eine Tat, die kein Versuchsunrecht sein soll, trotzdem ein notwehrfähiger, objektiv rechtswidriger Angriff sein kann! Dies vermeidet die h.M., weil danach vor Erörterung eines Rechtfertigungsirrtums festgestellt worden ist, dass für die Versuchstat objektiv keine Rechtfertigung vorliegt.

3. Für die **Schuld** gelten dieselben Regeln wie bei der Vollendungstat.

III. Rücktritt

312 Besondere Bedeutung bei der Versuchsprüfung hat der Rücktritt nach **§ 24**, weil er als **persönlicher Strafaufhebungsgrund** die Strafbarkeit des Zurücktretenden aus Versuch beseitigt.

Hinweis: *Daher gilt zumindest in der gedanklichen Gliederung einer Falllösung:* ***Kein Versuch ohne Rücktrittsprüfung!***

IV. Aufbau des Versuchs

1. Kurze fallabhängige „Vorprüfung"

313 Die Prüfung des Versuchs beginnt mit einer **Vorprüfung**. Hier ist zu erörtern, ob eine Nichtvollendung des jeweiligen BT-Delikts vorliegt und ob der Versuch strafbar ist.

Aufbauhinweis: *Wie ausführlich diese Vorprüfung ausfallen darf und ob diese einen eigenen Gliederungspunkt bekommt, wird unterschiedlich gehandhabt.*

Sobald **längere Ausführungen** dazu gemacht werden müssen, ob der Täter aus vollendetem Delikt strafbar ist, gehören diese im Gutachten in eine **selbstständige Deliktsprüfung vor dem Versuch**. Hat man dann die Strafbarkeit aus Vollendungstat verneint, kann man in der Versuchsprüfung nach oben verweisen.

Bei der Frage, ob der **Versuch strafbar** ist, muss das oben genannte Zusammenspiel zwischen Verbrechen/Vergehen und Versuchsprüfung (§§ 23 Abs. 1, 12) kurz erwähnt werden. Auch hier erübrigen sich langatmige Ausführungen – eine Ausnahme davon stellt der Versuch bei Erfolgsqualifikationen dar (dazu unten Rn. 383).

---

274 MünchKomm/Hoffmann-Holland § 22 Rn. 146.

275 Baumann/Weber/Mitsch/Eisele § 22 Rn. 28.

In einfach gelagerten Fällen kann man die Strafbarkeit des Versuchs auch gleich in den Obersatz einflechten, etwa: „... *könnte durch den Griff in die Tasche wegen eines nach §§ 242 Abs. 1, 2, 22 unter Strafe gestellten Versuchs des Diebstahls strafbar sein ...*".

Klausurhinweis: *In jedem Fall müssen im Obersatz einer Versuchsprüfung nach dem BT-Tatbestand bei Vergehen die in der BT-Strafvorschrift ausdrücklich genannte Versuchsstrafdrohung sowie § 22 und bei Verbrechen zusätzlich zum BT-Tatbestand die §§ 22, 23 Abs. 1, 12 Abs. 1 genannt werden.*

2. Fallgruppen fehlender Vollendungsstrafbarkeit

Folgende Fallgruppen fehlender Vollendungsstrafbarkeit gibt es, die für den Versuch relevant werden: **314**

a) Die Vollendungsstrafbarkeit ist immer ausgeschlossen, wenn **irgendein Merkmal des objektiven Tatbestandes** aus rechtlichen oder tatsächlichen Gründen fehlt.

Beispiel: A sieht, dass B einen Herzinfarkt erlitten hat und hilflos auf dem Boden liegt. Um sicher zu gehen, dass er stirbt, wickelt sie einen Schal um seinen Hals und zieht ihn fest zusammen. A stirbt an den Folgen des Herzinfarkts. – Mangels Kausalität des Strangulierens kein vollendeter, sondern versuchter Totschlag, §§ 212 Abs. 1, 22, 23 Abs. 1, 12 Abs. 1.[276]

b) Die Tat ist auch dann nicht vollendet, wenn der **Unrechtserfolg zwar vom Täter verursacht wurde, ihm aber objektiv oder subjektiv nicht zugerechnet** werden kann.[277]

Beispiel: M stellt F ein mit Pflanzengift versetztes Getränk hin, um F zu töten. F erkennt am Geruch des Getränks, was M vorhat, trinkt das Glas aber trotzdem leer und verwirklicht auf diese Weise den schon lange gefassten und frei verantwortlichen Entschluss zu einer Selbsttötung. – Kein vollendeter Mord, obwohl der Tod von F durch eine von M gesetzte Bedingung, nämlich das Hinstellen des Giftgetränks, verursacht worden ist. Da F selbst entscheiden konnte, ob sie das als vergiftet erkannte Getränk zu sich nehmen wollte, und sie den Selbsttötungsentschluss ohne Willensmängel gefasst hat, liegt ein eigenverantwortlicher Suizid vor, aber kein Fremdtötungsdelikt i.S.d. §§ 212, 211, 222. M ist strafbar wegen versuchten heimtückischen Mordes, §§ 211, 22, 23 Abs. 1, 12 Abs. 1 (zum Rücktritt bei dieser Fallkonstellation unten Rn. 435).

c) Die Vollendungsstrafbarkeit ist auch dann zu verneinen, wenn **der eingetretene Erfolg nur objektiv gerechtfertigt** war, der Täter aber ohne Kenntnis der Rechtfertigungslage, d.h. ohne subjektives Rechtfertigungselement gehandelt hat. In solchen Fällen **fehlt nach h.M. der Erfolgsunwert**, weil der Erfolg im Einklang mit der Rechtsordnung steht; der verbleibende Handlungsunwert, der sich in dem Handeln in dem (irrigen) Bewusstsein, gegen die Rechtsordnung zu verstoßen, manifestiert hat, wird über die Versuchsregeln erfasst.[278]

Beispiel: T tötet O. Wie sich anschließend herausstellt, wollte O gerade T erschießen, was dieser aber nicht wusste. – Rspr. Verurteilung aus vollendetem Delikt, a.A. Strafbarkeit wegen Versuchs.

d) Vollendungsstrafbarkeit fehlt ferner, wenn der Täter erst nach Versuchsbeginn, aber vor Vollendung **objektiv und subjektiv rechtmäßig** handelte.

e) Gleiches gilt, wenn der Täter **nach Versuchsbeginn schuldlos den Erfolg herbeigeführt** hat (und in dem Wegfall der Schuld keine unwesentliche Kausalabweichung liegt).

---

276 BGH RÜ 2016, 708.

277 Kindhäuser/Zimmermann § 30 Rn. 1 f.

278 Vgl. Kühl § 6 Rn. 11.

3. Nur bei Anhaltspunkten im Sachverhalt

315 Verneint man die Strafbarkeit aus einer Vollendungstat, muss auf eine mögliche Versuchsstrafbarkeit nur dann eingegangen werden, wenn auch wirklich **Anhaltspunkte** dafür vorliegen, dass der **Täter mehr wollte als er erreicht hat**.

Beispiel: A sticht B mit einem Messer in den Rücken. B überlebt. – Wegen der Gefährlichkeit der Tat ist hier ein versuchter Totschlag zu prüfen.

Dies gilt auch, wenn die Tatvollendung **aus Rechtsgründen** abgelehnt wurde, z.B. weil der Täter sein Verhalten – abweichend von der objektiven Rechtslage – irrig für tatbestandsmäßig gehalten hat.

Beispiel: X hat eine fremde Geldstrafe bezahlt. – Verneint man mit dem BGH[279] Vollstreckungsvereitelung, § 258 Abs. 2, so ist die Prüfung im Normalfall beendet. Nur wenn X nach dem Sachverhalt sein Verhalten für verboten hielt, muss geprüft werden, ob der Rechtsirrtum des X zu einem strafbaren Versuch oder zu einem straflosen Wahndelikt geführt hat (ausführlich dazu unten Rn. 524 ff.).

Klausurhinweis: *Ob der Täter mehr wollte, als er erreicht hat, ist kein Prüfungspunkt, sondern nur eine gedankliche Vorprüfung. Kommen Sie zu dem Ergebnis, dass der Täter keine weitergehenden Vorstellungen hatte, schreiben Sie nichts weiter. Kommen Sie dazu, dass er mehr wollte, begründen Sie dies bei dem Versuchsmerkmal „Tatentschluss".*

4. Kardinalfehler: Versuchsbeginn vor Tatentschluss

316 Anders als bei der vollendeten Tat muss die **subjektive Seite** (= Tatentschluss) immer **vor der objektiven** (= unmittelbares Ansetzen) geprüft werden, weil ohne Kenntnis des Tatplans gar nicht entschieden werden kann, ob der Täter bereits die Schwelle strafloser Vorbereitung überschritten hat.

5. Rücktritt vor Strafzumessung

317 Der Rücktritt (§ 24) beseitigt die Strafbarkeit, sodass es auf Strafzumessung nicht mehr ankommt. Daher sollten benannte Strafänderungen – wie etwa Regelbeispiele – oder Fragen der Verfolgbarkeit erst nach Verneinung des Rücktritts untersucht werden.

Aufbauschema: Versuchstat

I. Vorprüfung

1. Keine Vollendung im strafrechtlichen Sinne
2. Strafbarkeit des Versuchs (§ 23 Abs 1, 12)

II. Tatbestandsmäßigkeit

1. Tatentschluss
2. Versuchsbeginn, § 22

III. Rechtswidrigkeit und Schuld

IV. Strafausschließungs- oder Strafaufhebungsgründe, insbesondere: Rücktritt, § 24

---

279 BGHSt 37, 226, 229.

C. Der Versuch des Begehungsdelikts

I. Tatentschluss

Tatentschluss bedeutet, Vorsatz in Bezug auf alle objektiven Merkmale sowie das Vorliegen etwaiger besonderer subjektiver Merkmale.[280] 318

1. Endgültigkeit der Entschlussfassung

Endgültigkeit setzt voraus, dass die zur Deliktsverwirklichung hindrängenden Motive gegenüber etwaigen Hemmungen ein deutliches Übergewicht erlangt haben, mögen auch letzte Zweifel noch bestehen.[281] 319

Daran fehlt es, wenn der Täter zwar schon **tatgeneigt** ist, aber die Entscheidung über die Ausführung noch nicht gefallen ist, weil er entweder noch gar **keine konkreten Vorstellungen** von der Tat hat oder weil er die **Entschlussfassung noch von einer Bedingung abhängig** gemacht hat.[282]

Beispiel: A sagt sich: „Falls ich mich zu einer USA-Reise entschließe, könnte ich die Dollar-Scheine, die mein Onkel aus seinem letzten Urlaub zurückgebracht hat, entwenden." A, der hinsichtlich der Reise noch unentschlossen ist, wird ertappt, als er vorsorglich nachsieht, ob sein Onkel das Geld immer noch im Schreibtisch aufbewahrt. – Kein versuchter Diebstahl, weil A noch keinen Tatentschluss gefasst hat.

Dass der Täter die Fassung des Entschlusses von einer Bedingung abhängig gemacht hat, wird in den seltensten Fällen relevant. Viel häufiger kommt es vor, dass er den Entschluss bereits endgültig gefasst hat, aber die Ausführung der Tat vom Eintritt **äußerer Bedingungen** abhängig gemacht hat, auf die er keinen Einfluss hat. Diese Bedingungen hindern die Bejahung des Tatentschlusses nicht, können aber fraglich machen, ob der Täter bereits **unmittelbar angesetzt** hat (dazu unten Rn. 338).

Auch bei **alternativem Tatplan** hat der Täter bereits Tatentschluss bezüglich aller ins Auge gefassten Delikte gefasst, sog. **dolus alternativus**.[283]

Wer ferner die Ausführung verschiedener Delikte dergestalt ins Auge fasst, dass „Plan B" durchgeführt werden soll, falls „Plan A" fehlschlägt, hat nicht nur den Tatentschluss zu dem primär gewollten, sondern auch bereits zu dem sekundär gewollten Delikt. Problematisch ist in diesen Fällen nicht der Tatentschluss zum Ersatzdelikt, sondern wieder die Frage, wann mit dessen Ausführung begonnen wird.

2. Vorsatz

Hat sich der Täter zur Begehung entschlossen, liegt nur dann Tatentschluss vor, wenn seine Vorstellung und sein Wille auf die **Verwirklichung aller den Tatbestand ausfüllenden Umstände** gerichtet war und wenn er **alle besonderen subjektiven Merkmale** aufwies. Dafür ist zu unterstellen, dass die Tat so abgelaufen ist, wie sie der Täter geplant hatte. Unter diesen hypothetischen Sachverhalt wird nach dem Prüfungsschema des jeweiligen BT-Straftatbestandes subsumiert. 320

280 Kindhäuser/Zimmermann § 31 Rn. 1

281 Roxin AT II § 29 Rn. 88.

282 Vgl. BGHSt 12, 306, 310; 21, 14, 18.

283 Dazu AS-Skript Strafrecht AT 1 (2021), Fall 7 Rn. 166 f.

Klausurhinweis: *Als Klausurbearbeiter muss man sich also in den Täter hineinversetzen und jeweils fragen „hatte S Vorsatz bzgl. der Wegnahme einer fremden beweglichen Sache" oder „hatte S Vorsatz, eine fremde Sache zu beschädigen oder zu zerstören" usw.*

a) Besondere Vorsatzformen

321 Wenn für ein Tatbestandsmerkmal eine **besondere Vorsatzform** vorgeschrieben ist, muss diese auch im Tatentschluss festgestellt werden.

Beispiel: Bei der Strafvereitelung gemäß § 258 Abs. 1 genügt hinsichtlich des Vorliegens der Vortat eines anderen Eventualvorsatz; in Bezug auf die Vereitelung der Strafverfolgung muss der Täter absichtlich oder wissentlich handeln. Demgemäß liegt Tatentschluss für einen nach § 258 Abs. 4 strafbaren Strafvereitelungsversuch vor, wenn der Täter es trotz Zweifeln für möglich hält, dass ein anderer eine Straftat begangen haben könnte und wenn er – falls tatsächlich eine Straftat vorliegt – eine Handlung vornehmen will, die darauf gerichtet ist, die Bestrafung dafür zu verhindern.[284]

b) Vorsatzbedürftige Merkmale aus dem Strafrecht AT

322 Sofern bei **bestimmten Deliktstypen oder -abwandlungen** nach dem Allgemeinen Teil vorsatzbedürftige Merkmale zu berücksichtigen sind, müssen auch die – diese ausfüllenden – Umstände in den Tatentschluss mit aufgenommen sein.

Übungsbeispiele für solche klausurbeliebten „Aufbauverschachtelungen" sind etwa versuchter Betrug durch Unterlassen oder versuchter Mord in mittelbarer Täterschaft.

c) Irrtümer und Versuch

323 Folgende Probleme können sich im Rahmen des Versuchs bei den **Irrtümern** ergeben:

aa) Bei Tatbestandsirrtum: Kein Tatentschluss

324 Die **Unkenntnis** eines **objektiv gegebenen Sachverhalts**, die beim vollendeten Delikt den Vorsatz entfallen lassen würde (§ 16 Abs. 1 S. 1), schließt auch die Bildung des Tatentschlusses aus.

Beispiel: In der Vorstellung, seinen eigenen Habersack einzupacken, nimmt A eine Gesetzessammlung vom Seminartisch, wird aber vom Eigentümer E am Mitnehmen gehindert. – Mangels Vorsatzes bezüglich des Tatbestandsmerkmals „fremd" kein Diebstahlsversuch.

bb) Bei umgekehrtem Tatbestandsirrtum: Untauglicher Versuch

325 Umgekehrt zum Vorgenannten begründet die **irrige Annahme** eines **Geschehensablaufs**, bei dessen Vorliegen ein Straftatbestand erfüllt wäre, den Tatentschluss zu einem untauglichen Versuch. **Die Fälle des untauglichen Versuchs sind also immer Irrtumsfälle.** Nach der Eindruckstheorie, die in § 22 Niederschlag gefunden hat („nach seiner Vorstellung von der Tat"), ist aber auch der untaugliche Versuch strafbar (s.o. Rn. 307).

Nach dem jeweiligen Bezugspunkt der irrigen Annahme gibt es folgende Gruppen, die zu unterscheiden sind:

- Versuch am untauglichen Objekt oder Opfer

  Beispiel: Abtreibungsversuch an einer Nichtschwangeren

---

284 BGH RÜ 2015, 781.

- Versuch mit untauglichen Mitteln

  Beispiel: Verwendung einer zu schwachen Giftdosis

- Versuch des untauglichen Subjekts

  Beispiel: A begeht ein Amtsdelikt in der irrigen Tatsachenvorstellung, Beamter zu sein.

  Die h.M. ordnet diese Fallgruppen – sofern der Täter wirklich nur über Umstände irrt und nicht einem reinen Rechtsirrtum unterlegen ist – zutreffend als untauglichen Versuch ein, weil Subjekteigenschaften, wenn sie in Tatbestandsmerkmalen formuliert sind, genauso zu behandeln sind wie andere Tatumstände.[285] Die Gegenansicht kommt zum straflosen Wahndelikt, weil die Sonderdelikte Sonderpflichten auslösten. Zuwiderhandeln könne man aber nur gegen eine tatsächlich bestehende Pflicht und nicht gegen eine nur eingebildete.[286]

Fall 13: Untauglicher Versuch und Versuch aus grobem Unverstand

F erwartete ein Kind von M, das sie in der Wohnung ihrer Tante T zur Welt brachte. M war bei der Geburt anwesend, konnte sich mit seiner Vaterrolle jedoch nicht abfinden und befürchtete, das Baby würde seiner Beziehung zu F im Weg stehen. Aufgrund eines spontan gefassten Entschlusses ergriff er deshalb das Neugeborene unmittelbar nach Beendigung des Geburtsvorgangs und drückte es längere Zeit in einen wassergefüllten Bottich, um es zu ertränken. Später stellte sich heraus, dass das Kind schon vorher infolge einer unsachgemäßen Geburtshilfe der T erstickt war. Strafbarkeit des M?

I. M könnte sich wegen eines als Verbrechen strafbaren **versuchten Totschlags** gemäß **§§ 212 Abs. 1, 22, 23 Abs. 1, 12 Abs. 1** strafbar gemacht haben, als er das Neugeborene unter Wasser drückte. **326**

1. Da das Kind schon vorher tot war, konnte diese Handlung für den Tod nicht mehr kausal sein, sodass eine Strafbarkeit aus Vollendungstat ausscheidet.

2. M müsste **Tatentschluss** für einen Totschlag besessen haben. Er nahm an, das lebend **327**
zur Welt gekommene Kind durch Untertauchen im Wasserbottich zu ertränken. M ging somit von Umständen aus, bei deren Vorliegen alle Voraussetzungen für die vollendete Tötung eines anderen Menschen vorgelegen hätten. Darauf, dass diese Voraussetzungen objektiv nicht vorlagen, kommt es für den Tatentschluss nicht an. Der Sachverhaltsirrtum des M begründete gerade seinen Tatentschluss (sog. **umgekehrter Tatbestandsirrtum**).

Aufbau: *Mehr braucht an dieser Stelle noch nicht gesagt zu werden, denn im Tatentschluss wird nur die subjektive Seite geprüft. Dass die Vorstellung des Täters an der Realität vorbeigegangen ist, dass also der Versuch gar nicht erfolgsgeeignet war, wird im Prüfungsaufbau erst dort bedeutsam, wo auch der Tatplan Außenwirkung zeigt, und das ist im unmittelbaren Ansetzen.*

3. M müsste nach seiner Vorstellung von der Tat zur Tatbestandsverwirklichung **unmit- 328**
telbar angesetzt haben, **§ 22**. Unmittelbares Ansetzen liegt vor, wenn der Täter **sub-**

285 Fischer § 22 Rn. 55 m.w.N.

286 Stratenwerth/Kuhlen § 11 Rn. 65.

jektiv die **Schwelle zum „jetzt geht's los"** überschreitet und **objektiv** eine **Gefährdung** oder Verletzung des Rechtsguts unmittelbar bevorsteht.

329 **a)** Da § 22 auf die Vorstellung des Täters von der Tat, also dessen subjektive Sachverhaltssicht abstellt, kommt es für den Versuchsbeginn auch nur auf diese an. Folglich kann ein Versuch auch dann vorliegen, wenn der Tatbestand nach der wahren Sachlage gar nicht verwirklicht werden konnte. Der **untaugliche Versuch** steht ebenso unter Strafe wie der taugliche Versuch. Dies wird durch **§ 23 Abs. 3** bestätigt. Hier stellte sich M vor, dass das Baby noch lebte.

330 **b)** Auch für die Beurteilung, ob der Täter **unmittelbar angesetzt** hat, wird der von ihm **vorgestellte Sachverhalt** zugrunde gelegt. Ausgehend davon ist zu fragen, ob nach einem **objektiven Maßstab** mit der fraglichen Handlung das betroffene Rechtsgut bereits konkret gefährdet gewesen wäre oder ob es hierzu noch weiterer wesentlicher Zwischenakte bedurft hätte (dazu genauer unten Rn. 340). Hätte das Kind im vorliegenden Fall – so wie sich M vorstellte – tatsächlich gelebt, wäre es bereits mit dem Untertauchen in die Gefahr geraten zu ertrinken. Nach seiner Vorstellung von der Tat hat M unmittelbar zur Tatbestandsverwirklichung und damit zu einem untauglichen Versuch (am untauglichen Opfer) angesetzt.

4. Rechtswidrigkeit und Schuld der Tat sind gegeben.

331 **5.** Die **Strafwürdigkeit** untauglicher Versuche relativiert sich nach § 23 Abs. 3 bei solchen Vorhaben, von denen offensichtlich keine ernst zu nehmende Erschütterung des Rechtsfriedens ausgeht.[287] Hat der Täter **aus grobem Unverstand** verkannt, dass die Tat nicht zur Vollendung kommen konnte, kann das Gericht von Strafe absehen oder die Strafe nach seinem Ermessen mildern, **sog. „Trottelprivileg"**.[288] Aus grobem Unverstand irrt, wer die mangelnde Vollendbarkeit aufgrund völlig abwegiger Vorstellungen von gemeinhin bekannten Ursachenzusammenhängen verkennt. Der Irrtum muss sich also für jeden Menschen mit durchschnittlichem Erfahrungswissen geradezu aufdrängen.

Beispiele: Kamillentee als Abtreibungsmittel; Versuch, ein hoch fliegendes Flugzeug mit einem Luftgewehr abzuschießen.[289]

Eine solche aberwitzige Fehlvorstellung ist nur in den seltensten Fällen anzunehmen. Sie lag auch im vorliegenden Fall nicht vor, weil dem A die Totgeburt allein wegen der Spontaneität der Tatausführung verborgen geblieben war.

II. Die Tat ist als **versuchter Mord** gemäß **§§ 211, 22, 23 Abs. 1, 12 Abs. 1** strafbar, wenn M objektive Mordmerkmale verwirklichen wollte oder subjektive Mordmerkmale besessen hat.

1. Tatentschluss für **heimtückisches Handeln** ist abzulehnen. Angesichts des plötzlichen Fassens des Tatentschlusses liegt kein bewusstes Ausnutzen der Arg- und Wehrlosigkeit von F oder T, der für das Leben des Kindes schutzbereiten Dritten, vor.[290]

2. M handelte aber aus **niedrigen Beweggründen**, da es auf sittlich tiefster Stufe steht, ein Baby zu töten, weil es der Beziehung zur Mutter im Wege stehen könnte.[291]

---

287 Übersicht zu den verschiedenen Begründungsansätzen: Sch/Sch/Eser/Bosch § 23 Rn. 13a.

288 Zu Möglichkeiten der StA vgl. § 153 b StPO.

289 Vgl. BGHSt 41, 94, 96, wonach aber allein ein Irrtum über die tödliche Wirkung einer zu gering dosierten Giftmenge keine Strafmilderung wegen grob unverständigen untauglichen Versuchs auslöst.

290 Vgl. Fischer § 211 Rn. 43.

291 Vgl. LK-Rissing-van Saan/Zimmermann, 7. Band, 12. Aufl. 2018, § 211 Rn. 70 m.w.N.

Klausurhinweis: *Bei subjektiven Merkmalen ist* ***nicht*** *zu prüfen, ob man einen entsprechenden Tatentschluss hat, sondern ob der Täter mit diesen Merkmalen gehandelt hat.*

Ergebnis: M ist wegen versuchten Mordes strafbar, §§ 211, 22, 23 Abs. 1, 12 Abs. 1.

---

cc) Bei rechtlich irrelevantem Tatplan: Strafloses Wahndelikt

Beim **Wahndelikt** hat der Täter sein Verhalten – anders als beim untauglichen Versuch – in tatsächlicher Hinsicht richtig erkannt, glaubt aber wegen völliger Verkennung der Strafrechtsregeln irrtümlich („wahnhaft"), es sei strafbar. Ein solcher Irrtum begründet schon keinen Tatentschluss zu einem Versuch, weil die Grenzen der Strafbarkeit durch das Gesetz und nicht durch die Vorstellungen des Täters bestimmt werden.[292] 332

Erscheinungsformen und Standort im Prüfungsaufbau:

- Der Täter nimmt zu seinen Ungunsten irrig an, sein Verhalten verstoße gegen Strafvorschriften, die es in Wahrheit nicht gibt.

  Beispiel: X glaubt, das heimliche Fotografieren seines Nachbarn auf dem Balkon sei unter Strafe gestellt.

  Standort der Prüfung: Tatentschluss

- Der Täter meint, eine tatsächlich bestehende Strafvorschrift erfüllt zu haben, weil er rechtsirrig ihre Reichweite überdehnt.

  Beispiel: A hat eine Geschwindigkeitsübertretung begangen. Im Bußgeldverfahren nimmt sein Freund B die Tat auf sich, in der fälschlichen Vorstellung, auch wer die Verfolgung einer Ordnungswidrigkeit vereitele, begehe eine Strafvereitelung (§ 258 Abs. 1).[293]

  Standort der Prüfung: Tatentschluss

  Hat der Täter aber den Inhalt einer Strafnorm zumindest laienhaft richtig erkannt und gelangt nur über den Rechtsirrtum im Bezug auf ein normatives Tatbestandsmerkmal zu der irrigen Annahme, sich strafbar zu machen, so liegt kein Wahndelikt, sondern ein **untauglicher Versuch** vor.

  Beispiel: Nach unbedachter Beschädigung eines fremden Autos beim Ausparken durch A nimmt B gegenüber der Polizei die Tat auf sich. Dabei hat er die Vorstellung, dass auch eine fahrlässige Sachbeschädigung strafbar sei und dass er sich deshalb wegen Strafvereitelung strafbar mache. – Hier hat B die Reichweite des § 258 Abs. 1 richtig verstanden („Du darfst niemanden vor einer Bestrafung wegen dessen Straftat schützen"). Sein Irrtum bezog sich auf das Merkmal „rechtswidrige Tat". Dieser **„umgekehrte Subsumtionsirrtum"** soll nach der Rspr. einen untauglichen Versuch (§ 258 Abs. 1, 4) begründen.[294]

  Hinweis: *Die Einordnung eines Rechtsirrtums als vorsatzausschließend oder im vorliegenden Zusammenhang als vorsatzbegründend ist umstritten. Wir kommen darauf noch ausführlich bei der Irrtumslehre zurück (unten Rn. 525 f.).*

---

292 Jescheck/Weigend § 50 II.

293 BayObLG JZ 1981, 715 f.

294 Vgl. BGHSt 15, 210.

- Der Täter hält sein tatsächlich gerechtfertigtes Verhalten für strafbar, weil er einen anerkannten Rechtfertigungsgrund nicht kennt oder die Grenzen eines Rechtfertigungsgrundes zu seinen Ungunsten verengt.

  Beispiel: Der von Taschendieb T bestohlene B entwindet diesem mit Gewalt das Diebstahlsobjekt, ohne seine Rechtfertigung aus Besitzkehr, § 859 Abs. 2 BGB, zu kennen. Notwehr schließt B für sich aus, weil er glaubt, diese sei nur bei Angriffen auf Leib und Leben zulässig.

  Standort der Prüfung: Bei dem jeweiligen Rechtfertigungsgrund nach Bejahung des subjektiven Rechtfertigungselements.

dd) Bei rechtlich irrealen Mitteln: Schon kein Tatentschluss (h.M.)

333 Juristisch verwandt mit dem vorgenannten „rechtlich irrelevanten Tatplan" ist der in jeder Anfängervorlesung beliebte Fall des **Totbetens oder Verhexens**: Hier möchte der Täter **mit irrealen Mitteln** einen strafrechtlich relevanten Erfolg herbeiführen. Die Bezeichnung als **„irrealer"** oder **„abergläubischer" Versuch** ist streng genommen falsch, denn es liegt schon gar **kein Versuch** vor; vielmehr ist mit der **h.L.** schon der Tatentschluss zu verneinen. Da nur die Verursachung eines Unrechtserfolges durch reale und willentlich beherrschbare Kräfte tatbestandsmäßig ist, schaffen okkulte Handlungen für sich gesehen kein rechtlich relevantes Risiko. Folglich begründet die Vorstellung, den Erfolg durch willentlich nicht steuerbare irreale Kräfte herbeizuführen, **keinen Tatbestandsvorsatz**, sondern ist rechtlich bedeutungsloses „Wünschen".[295]

334 Die **Gegenansicht** tritt für die **Anwendung des § 23 Abs. 3** bei allen „schlicht blödsinnigen" Versuchshandlungen ein; beim abergläubischen Versuch soll das Absehen von Strafe obligatorisch sein.[296] Manche begründen die Straflosigkeit okkulter Handlungen als Versuche auch damit, dass seit dem Mittelalter keine Strafvorschriften mehr für Vollendungstaten mit irrealen Handlungen existieren.[297]

---

295 Vgl. Baumann/Weber/Mitsch/Eisele § 22 Rn. 47; Jescheck/Weigend § 50 I 6; Kühl § 15 Rn. 29.

296 Otto, Grundkurs Strafrecht, 7. Aufl. 2004, § 18 Rn. 63; Wessels/Beulke/Satzger Rn. 992; auch Fischer § 23 Rn. 10.

297 Kudlich JZ 2004, 72, 76.

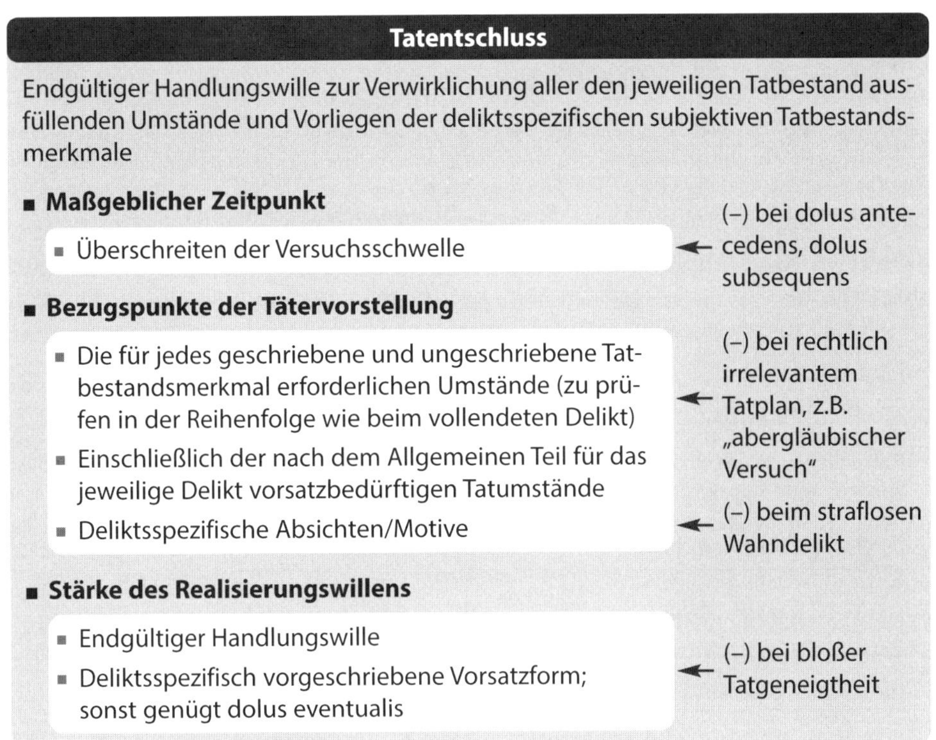

II. Versuchsbeginn: Unmittelbares Ansetzen

Nach **§ 22** muss der Täter nach seiner Vorstellung von der Tat zur Verwirklichung des Tatbestandes **unmittelbar ansetzen**. Diese gesetzliche Grenzziehung zwischen strafbarem Versuch und strafloser Vorbereitungshandlung entspricht der **Eindruckstheorie,** welche die Strafwürdigkeit des Versuchs nicht aus der bösen Absicht allein, sondern erst aus ihrer Betätigung ableitet. Man spricht deshalb auch von einer **subjektiv-objektiven Abgrenzungsformel**. **335**

1. Ausgangspunkt: Vorstellung des Täters von der Tat

Der Täter muss **„nach seiner Vorstellung von der Tat“** zur Tatbestandsverwirklichung **„angesetzt“** haben. Hier liegt die **subjektive Basis** jedes Versuchsbeginns. **336**

a) Diese subjektive Basis ist zunächst die Sachverhaltsperspektive des Täters. Maßgeblich ist nicht die tatsächliche Lage, sondern diejenige, die der Täter sich vorgestellt hat (s. schon oben Rn. 325 zum untauglichen Versuch).

b) Der Begriff „Tat“ schließt auch den **konkreten Plan zum Tatablauf sowie Vorstellungen zur Individualisierung des Opfers** ein.[298] Er geht damit über den nur an den gesetzlichen Merkmalen orientierten Tatentschluss hinaus. Erst wenn die Tatsituation nach der Vorstellung des Täters die Erfüllung des Plans ermöglicht und die Handlung bereits Teil der Erfüllung des Tatplans ist, kommt Versuchsbeginn infrage.

298 Vgl. Stratenwerth/Kuhlen § 11 Rn. 36.

Beispiel: Attentäter A liegt mit einem Spezialgewehr auf der Lauer, weil er die in einem Fahrzeug erwartete Politikerin P ermorden will. Um den Ablauf zu trainieren, sucht er ein beliebiges vorbeifahrendes Auto aus, lädt die Waffe durch, legt sie auf den Beifahrer an, verfolgt das Ziel, entsichert, sucht mit dem Finger den Druckpunkt des Abzugs und lässt dann das Gewehr ohne Abgabe eines Schusses sinken. Er weiß nicht, dass der Beifahrer, auf den er angelegt hatte, sein Tatopfer P war. – Kein unmittelbares Ansetzen zum heimtückischen Mord, obwohl das Tatopfer bereits konkret gefährdet war. Nach der Situationsbeurteilung des A war die Erfüllung des Tatplans noch nicht möglich, und die einzelnen Willensbetätigungen sollten auch noch kein Teil der Tatbestandserfüllung sein.

337 **c)** Zum Plan gehören ferner **Vorbehalte oder Bedingungen des Täters zur Tatausführung**. Solange diese aus Tätersicht noch fortbestehen, ist ein unmittelbares Ansetzen gemäß § 22 zu verneinen. Hauptfälle:

- Der Täter hat sich von vornherein vorbehalten, bei **Eintritt bestimmter Umstände** die Tat nicht auszuführen.

  Beispiel: A will B in seinem Haus überfallen und ausrauben. Die Tat soll aber nur dann ausgeführt werden, wenn kein Kind anwesend ist. Nachdem A an der Haustür des B geklingelt hat, glaubt er, hinter der Glasfüllung der Tür ein Kind wahrgenommen zu haben. Unverrichteter Dinge verlässt er den Tatort – Kein Versuchsbeginn zum Raub gemäß § 249 durch das Klingeln, weil A erst losschlagen wollte, nachdem er sich vergewissert hatte, dass kein Kind die Tat mitansehen musste.[299]

- Der Täter hat die Ausführung verschiedener Delikte dergestalt ins Auge gefasst, dass **„Plan B" durchgeführt werden soll, falls „Plan A" fehlschlägt**. Hier setzt er mit Beginn der Ausführung zu Plan A noch nicht zugleich zu Plan B an.

  Beispiel: A sucht den V auf, der eine wertvolle Uhr des X in Verwahrung hat. A will in erster Linie dem V die Uhr abschwindeln, indem er sich als Bote des X ausgibt. Für den Fall, dass V auf den Trick nicht hereinfällt, will er ihn durch Bedrohung mit einer Pistole zur Herausgabe der Uhr nötigen. – A hat primär Betrugsentschluss (§ 263), sekundär Entschluss zur räuberischen Erpressung (§ 255). A hat bereits endgültig Tatentschlüsse für beide Straftaten gefasst, als er mit V Kontakt aufnimmt. Nur die Ausführungen dieser Tatentschlüsse sind nach dem Gesamtplan des A hintereinandergeschaltet. Fällt V auf den Schwindel nicht herein, ist versuchter Betrug gegeben. Ein Ansetzen zur Ausführung des Erpressungsentschlusses ist nach dem Gesamtplan des A aber erst anzunehmen, sobald er nach Fehlschlagen des Betrugsversuchs zur Pistole greift.

2. Unmittelbares Ansetzen

338 Ausgehend vom Tatsachenbild des Täters muss er **„unmittelbar"** zur Tatbestandsverwirklichung **angesetzt** haben. Ob diese Unmittelbarkeit gegeben ist, bestimmt sich nach einem **objektiven** Wertungsmaßstab und nicht auch nach der Tätervorstellung. Der Täter muss mit der fraglichen Handlung objektiv kurz vor der Tatbestandserfüllung gestanden haben.

Dieser objektive Maßstab gilt auch beim untauglichen Versuch. Hier wird nur statt des tatsächlich nicht erfolgsgeeigneten Sachverhalts der vom Täter vorgestellte Sachverhalt als wahr unterstellt (s.o. Rn. 330).

a) Versuchsbeginn bei Teilverwirklichung

339 Hat der Täter bereits Merkmale des Tatbestandes erfüllt (man spricht hier von **Teilverwirklichung**), ist der Versuchsbeginn gegeben, wenn danach das Delikt in einem Zug vollendet werden sollte.[300]

---

299 Vgl. BGH RÜ 2013, 637.

300 MünchKomm/Hoffmann-Holland § 22 Rn. 106.

Hauptfall: Die Gewaltanwendung gegenüber dem Raubopfer ist Beginn des Raubversuchs.

Gegenbeispiele:

- Soll eine Täuschung erst eine weitere, darauf aufbauende Täuschung ermöglichen, die erst ihrerseits die irrtumsbedingte und unmittelbar Schaden stiftende Vermögensverfügung auslösen soll, so liegt in der ersten Täuschung noch kein unmittelbares Ansetzen zum Betrug gemäß § 263.[301]
- Ähnliches gilt für den Meineidsversuch: Obwohl die Falschaussage Merkmal des § 154 ist, beginnt der Versuch dieses Verbrechens nicht schon mit der unwahren Aussage, sondern erst mit dem Nachsprechen der Eidesformel.[302]

b) Versuchsbeginn im Vorfeld der Tatbestandsverwirklichung

Auch wenn **noch kein Tatbestandsmerkmal verwirklicht** worden ist, kann der Versuch erreicht sein, und zwar durch Handlungen im Vorfeld des Straftatbestandes unmittelbar vor der Tatbestandsverwirklichung. Dies sind sogar die häufigsten Versuchsfälle! Umstritten ist, nach welchen Kriterien die Unmittelbarkeit hier zu bestimmen ist. **340**

Fall 14: Die Kombinationsformel

Bei einer Auseinandersetzung entschloss sich A spontan, seinen Widersacher B zu erschießen. Dazu griff er in seine Hosentasche, zog eine mitgeführte Pistole heraus und entsicherte sie. Als er sie in Bauchhöhe vor sich in Richtung B hielt, griff sein Freund F ein, um ihm die Waffe zu entwinden. Dabei löste sich, von A unbeabsichtigt, ein Schuss, der den F traf. Trotz schwerer Verletzung gelang es F, weitere Schüsse auf B zu verhindern.
Strafbarkeit des A nach StGB? § 211 ist nicht zu prüfen.

I. In Betracht kommt ein als Verbrechen strafbarer **versuchter Totschlag** gemäß **§ 212 Abs. 1, 22, 23 Abs. 1, 12 Abs. 1** durch das Vorhalten der Pistole. **341**

1. Zur Tatvollendung ist es nicht gekommen, weil niemand durch den Waffeneinsatz zu Tode gekommen ist.

2. A hat den vorbehaltlosen Vorsatz und damit den Tatentschluss gefasst, B zu töten.

3. Er müsste **nach seiner Vorstellung unmittelbar zur Tatbestandsverwirklichung angesetzt haben, § 22**. Letztmöglicher Zeitpunkt hierfür kann nur das Vorhalten der gezogenen und entsicherten Pistole sein, denn der nachfolgende Schuss war Folge des Handgemenges mit F und nicht mehr willentlich abgefeuert.

a) Das Vorhalten der Waffe war nach dem Tatplan des A bereits Teil des Tötungsgeschehens, denn er wollte ohne zeitliche Verzögerung auf B schießen.

b) Fraglich ist, ob es nach objektivem Beurteilungsmaßstab für die „Unmittelbarkeit" bei § 22 ausreicht, dass der Täter mit seiner Waffe **freies Schussfeld** auf das Opfer erlangt hat, oder ob dafür noch das **Zielen oder Durchdrücken** des Abzugbügels oder gar das Abfeuern eines Schusses erforderlich ist. **342**

301 Im Ergebnis ebenso, aber mit der Begründung, dass die erste Täuschung schon nicht tatbestandsmäßig sei, BGH NJW 1991, 1839; BGH StV 2003, 445.

302 BGHSt 31, 178, 182.

343 **aa)** Das **Schrifttum** hat für die Präzisierung des Unmittelbarkeitserfordernisses beim Versuchsbeginn im Vorfeld der Tatbestandserfüllung verschiedene Kriterien herausgearbeitet:

344 Das **Gefährdungskriterium** stellt darauf ab, ob nach dem Täterplan eine Situation eingetreten ist, in der das betroffene Rechtsgut aus Tätersicht bereits konkret gefährdet ist.[303]

345 Der **Sphärengedanke** sieht in der zeitlichen Nähe zur Tatbestandsverwirklichung und der räumlichen Beziehung von Täter- und Opfersphäre Anhaltspunkte für den Versuchsbeginn.[304]

346 Nach der sog. **Zwischenakttheorie** liegt ein Versuch bei Handlungen vor, die zwar noch nicht tatbestandsmäßig sind, bei natürlicher Betrachtung aber bereits als deren Bestandteil erscheinen, weil nach dem Täterplan zwischen ihnen und der Tatverwirklichung **keine wesentlichen Zwischenakte** mehr liegen. Ob weitere Zwischenhandlungen wesentlich sind, ist nur durch eine wertende Betrachtung des Gesamtgeschehens zu ermitteln. Dabei soll vermieden werden, den Versuchsbeginn durch Aufspaltung eines zusammengehörigen Handlungskomplexes in viele Einzelbewegungen unzulässigerweise zu verkürzen.[305]

347 **bb)** Inzwischen kombinieren Rspr. und h.M. diese Gesichtspunkte zu folgender **Kombinationsformel zum unmittelbaren Ansetzen**:

348 Das Versuchsstadium ist erreicht, wenn der Täter **subjektiv die Schwelle zum „Jetzt geht es los" überschreitet** und **objektiv zur tatbestandsmäßigen Angriffshandlung ansetzt,** sodass sein Tun **ohne wesentliche Zwischenakte** – d.h. ohne einen weiteren Willensimpuls oder eine Mitwirkungshandlung eines anderen – in die Erfüllung des Tatbestandes übergeht.[306]

Klausurhinweis: *In einer Falllösung brauchen Sie die verschiedenen Ansätze nicht mehr als Streit dazustellen, denn sie stehen sich nicht als konträre Standpunkte gegenüber, sondern gehen in der genannten Kombinationsformel auf.*

Hier standen sich Täter und Opfer direkt gegenüber. Nachdem A die Pistole gezogen und entsichert hatte, konnte er ohne zeitliche Unterbrechung in einem Zug weiterhandeln und sein Ziel realisieren. Das Leben des B war also bereits **konkret gefährdet**, als F eingriff. Das Abdrücken wäre zwar noch notwendige Bedingung für die Tötung gewesen. Da hierzu aber **kein neuer Willensimpuls** des A mehr erforderlich war, hätte es sich dabei nicht mehr um einen wesentlichen Zwischenakt gehandelt. A hat schon mit dem Ziehen der Schusswaffe die Schwelle zum „Jetzt geht es los" überschritten. Damit kommen alle gängigen Versuchstheorien und auch der BGH mit seiner „Kombinationsformel" zum unmittelbaren Ansetzen.[307]

4. A handelte ohne Rechtfertigungs- und Entschuldigungsgründe.

---

303 Sch/Sch/Eser/Bosch § 22 Rn. 42.

304 Roxin JuS 1979, 1, 5.

305 Jescheck/Weigend § 49 IV 3; Kindhäuser/Zimmermann § 31 Rn. 18.

306 Vgl. BGHSt 28, 162, 163; BGH RÜ 2013, 29; Rengier § 34 Rn. 22; Wessels/Beulke/Satzger Rn. 951.

307 Vgl. BGH NStZ 1987, 20; NStZ 1993, 133.

5. Für einen Rücktritt gemäß § 24 Abs. 1 S. 1 Alt. 1 ist nach Eingreifen des F, also nach erkannter Undurchführbarkeit der Tat wegen Fehlschlags, kein Raum mehr.

A ist strafbar wegen versuchten Totschlages.

II. Mitverwirklicht ist eine **versuchte gefährliche Körperverletzung** an B gemäß **§§ 223, 224 Abs. 1 Nr. 2 Alt. 1** (Waffe), **Nr. 5** (lebensgefährdende Behandlung), **Abs. 2, 22,** die aber hinter dem versuchten Totschlag als materiell subsidiär zurücktritt.

III. Objektiv hat A durch den späteren Schuss eine **gefährliche Körperverletzung** an F vollendet, **§ 224 Abs. 1 Nr. 2 Alt. 1, 5**. Die h.M. sieht jedoch in der ungewollten Verletzung eines anderen als des konkretisierten Opfers aufgrund äußerer Umstände nach Versuchsbeginn eine sog. aberratio ictus, bei welcher der eingetretene Erfolg nicht als vorsätzlich zugerechnet wird (genauer unten Rn. 587 ff.).

IV. Die Schussverletzung des F ist aber wegen des objektiv sorgfaltswidrigen Herumhantierens mit einer geladenen Schusswaffe sowie wegen der generellen Vorhersehbarkeit des Eingreifens und der Verletzung rettungswilliger Dritter als **fahrlässige Körperverletzung** strafbar, **§ 229**. Für die Strafverfolgung bedarf es grundsätzlich eines Antrags des verletzten F, § 230 Abs. 1.

Ergebnis: A ist strafbar wegen versuchten Totschlags in Tateinheit mit fahrlässiger Körperverletzung.

Die Anwendung der Kombinationsformel auf den Einzelfall macht Schwierigkeiten, weil auch die Einzelkriterien besonders **wertungsabhängig** sind. Die Rspr. bietet kein einheitliches Bild. Zur Orientierung können **folgende Leitlinien** herangezogen werden:

- Die **Verabredung zur späteren Tat** genügt regelmäßig noch nicht für den Versuchsbeginn. 349

  Beispiele:

  Die Zusage zu einer späteren Falschaussage ist weder Versuchsbeginn der Falschaussage selbst noch der Strafvereitelung.[308]

  Die Vereinbarung, dem Dieb die gestohlene Ware abzukaufen, ist kein unmittelbares Ansetzen zur Hehlerei, weder in der Modalität des Ankaufens noch des Sichverschaffens.[309]

- Das **Ausforschen einer Tatmöglichkeit oder Maßnahmen zur Schaffung der Gelegenheit** für eine erst später geplante Tat begründen noch keinen Versuch. 350

  Beispiel für Vorbereitung: Wer sich in diebischer Absicht einen Nachschlüssel für einen Pkw beschafft, setzt damit noch nicht unmittelbar zur Verwirklichung des Diebstahlstatbestandes an.[310]

  Beispiel für Versuchsbeginn: Die Angeklagten wollten C bei einem Geldtransport überfallen. Sie stießen einen Nagel in den Reifen des geparkten Pkw des C. Der Nagel war mit einem Draht an einem Zaunpfahl befestigt. Nach dem Täterplan sollte der Nagel durch die Abfahrt des C aus dem Reifen gezogen werden und dann die Luft entweichen lassen. So sollte C nach 500–1000 m zum Anhalten gebracht werden. Die Täter wollten dem C folgen, ihm dann Pannenhilfe anbieten und ihm bei dieser Gelegenheit durch Drohung mit einer Schusswaffe das Geld abnehmen. Nach Einschlagen des Nagels, noch bevor C erschien, wurden die Täter festgenommen. – Der BGH bestätigte die Verurteilung wegen versuchten schweren Raubes und sah den Versuchsbeginn wegen des räumlich-

308 Vgl. BGHSt 31, 10, 13; BayObLG NJW 1986, 202 f.

309 BGH RÜ 2019, 109.

310 BGHSt 28, 162.

zeitlichen Zusammenhangs zur eigentlichen Tatbestandserfüllung schon im Einschlagen des Nagels in den Reifen.[311]

351 ■ **Begibt sich der Täter zum Opfer oder lauert er ihm auf**, so beginnt der Versuch, wenn zwischen Täter und Opfer (aus Tätersicht!) eine **räumlich-zeitliche Nähebeziehung** hergestellt ist, die es dem Täter ermöglicht, sofort loszuschlagen.

Beispiel für Vorbereitung: Um dem Tatopfer S in dessen Wohnung mit einem Messer aus der dortigen Küche aus Rache die Ohren abzuschneiden und S danach um Wertsachen zu berauben, öffnete A die Tür zu dem Mehrfamilienhaus, in dem S in der 2. Etage wohnte. Dabei wurde A festgenommen. – Nach BGH noch kein Versuchsbeginn zur beabsichtigten schweren Körperverletzung gemäß § 226 Abs. 2 und zum besonders schweren Raub gemäß §§ 249, 250 Abs. 2. Soll sich die Tat in der Wohnung des Opfers abspielen, beginnt der Versuch erst, aber auch schon dann, wenn der Täter unter einem Vorwand oder durch Schaffen eines Überraschungsmoments Einlass begehrt.[312]

Beispiele für Versuchsbeginn: Ein Überraschungsmoment wird in den „Klingelfällen" ausgenutzt. Zur Beraubung der Bewohner läuteten zwei Mittäter mit übergezogenen Strumpfmasken und schussbereiten Pistolen in der Hand an der Haustür in der Erwartung, dass irgendeine ahnungslose Person auf das Läuten sogleich erscheinen werde. Diese sollte dann sofort mit der Pistole bedroht, gefesselt und zur Duldung der Wegnahme von Geld genötigt werden. Es erschien jedoch niemand. – Der BGH hat hier einen Raubversuch bejaht.[313]

Auch nach der Rspr. aber noch **kein Versuchsbeginn**, wenn der Täter bei dem Opfer anklingelt und das Opfer erst getötet werden soll, wenn es sich nach einer Todesdrohung traut herauszukommen[314] oder wenn das Opfer – wie die Täter wissen – nach Öffnen der Tür erst noch eine Sicherheitskette lösen musste.[315]

352 ■ Wann bei einer **zeitlich gestreckten Handlungsreihe, an deren Ende erst die Tatverwirklichung stehen soll**, der Versuch beginnt, ist umstritten.

Beispiel: Der Täter will das in seiner Gewalt stehende Opfer vor dessen Tod quälen, indem er es wiederholt bis zur Bewusstlosigkeit würgt und es dann wieder zu sich kommen lässt. Erst nach längerer Dauer dieser Misshandlungen will er das Opfer endgültig töten. Dazu kommt es nicht mehr, weil der Täter durch zwischenzeitlichen Alkoholkonsum einschläft und das Opfer sich befreien kann.

353 Der **BGH** bejaht einen versuchten grausamen Mord gemäß §§ 211, 22, 23 Abs. 1, 12 Abs. 1 schon **mit dem Beginn der Misshandlungen**. Diese seien keine den Versuchsbeginn hinauszögernden wesentlichen Zwischenakte. Vielmehr stünden sie in einem **zeitlich-räumlichen und situativen Zusammenhang** und würden bei Verwirklichung des Plans mit der unmittelbaren Tötungshandlung eine natürliche Handlungseinheit bilden. Damit sei das Leben des Opfers bereits ab diesem Zeitpunkt konkret gefährdet.[316]

354 Diese Entscheidung wird im **Schrifttum** weitgehend abgelehnt: Abzustellen sei darauf, ob mit der nach dem Tatplan zum tatbestandsmäßigen Erfolg führenden Handlung, also **mit der Tötungshandlung begonnen** worden sei. Erst mit dem Willensimpuls hierzu würde der Täter „unmittelbar" ansetzen. Eine quälende Körperverletzung, die das Opfer überleben solle, sei aber gerade keine Tötungshandlung.[317]

311 „Reifen-Fall", BGH NJW 1980, 1759, 1760.
312 BGH RÜ 2017, 95.
313 BGHSt 26, 201; 39, 236.
314 BGH NStZ-RR 2014, 361.
315 BGH RÜ 2018, 573.
316 BGH RÜ 2014, 504.
317 Hoffmann JA 2016, 194; Krehl NStZ 2014, 449; Schuhr HRRS 2014, 402.

Danach wäre der Täter nur strafbar aus gefährlicher Körperverletzung gemäß §§ 223, 224 Abs. 1 Nr. 5.

c) Unmittelbares Ansetzen bei abgeschlossenem Täterhandeln

Im berühmt gewordenen „Apotheker-Fall" stellt sich die Frage, wann ein Versuchsbeginn vorliegt, wenn das Täterhandeln abgeschlossen ist und nur noch eine vom Täter einkalkulierte **Mitwirkungshandlung des Opfers** notwendig ist. 355

Fall 15: Früherer Versuchsbeginn nach der Entlassungstheorie

In das Haus des Apothekers A war eingebrochen worden. Die Täter hatten hohen Sachschaden angerichtet und die Beute zum späteren Abtransport auf dem Speicher des Anwesens bereitgestellt. Dem A fiel auf, dass auch aus einer Flasche Kräuterschnaps getrunken worden war. Aus Verärgerung über den Schaden tauschte A den restlichen Inhalt der Schnapsflasche gegen die gleiche Menge eines lebensgefährlichen Gifts aus. Anschließend verschraubte er die Flasche wieder, stellte sie im Erdgeschoss seines Hauses in der Nähe der Haustür sichtbar auf den Flur und verließ das Haus. A erwartete, dass, falls die Täter zum Abtransport der auf dem Speicher verwahrten Beute zurückkehren würden, jedenfalls einer wieder aus der Flasche trinken und dadurch zu Tode kommen würde. Hierzu kam es jedoch nicht mehr.
Strafbarkeit des A nach StGB? (Fall abgewandelt nach BGHSt 43, 177)

I. Schon durch das Aufstellen der Flasche und Verlassen des Hauses könnte A einen als Verbrechen strafbaren **versuchten Totschlag an dem noch unbekannten Einbrecher** begangen haben, **§§ 212 Abs. 1, 22, 23 Abs. 1, 12 Abs. 1**.

1. Zur Tatvollendung ist es nicht gekommen, weil der Einbrecher nicht getötet wurde.

2. A hatte Tatentschluss, den Einbrecher, also einen anderen Menschen, zu töten. (Zur Abgrenzung zwischen unmittelbarer und mittelbarer Täterschaft s.o. Rn. 20.)

3. Fraglich ist, ob **in dem Aufstellen der Flasche** bereits ein **tatplangemäßer Versuchsbeginn** gesehen werden kann. Wäre dies zu bejahen, käme es nicht mehr darauf an, dass das vorgesehene Tatopfer zu keiner Zeit in den Gefahrenbereich der Giftflasche geraten ist.

a) Grundsätzlich liegt ein unmittelbares Ansetzen erst dann vor, wenn es nach dem vom Täter vorgestellten Sachverhalt zu einer **konkreten Gefährdung** für das tatbestandlich geschützte Rechtsgut gekommen ist. Das war mit dem Hinstellen der Giftflasche noch nicht der Fall, denn dafür musste der Dieb nach der Vorstellung des A zumindest erst das Haus betreten. 356

b) Für eine Vorverlagerung des Versuchsbeginns könnte sprechen, dass der Täter in Konstellationen wie der vorliegenden zur Tatbestandserfüllung **alles Erforderliche getan hat** und deshalb der Erfolg von selbst, nämlich durch eine Mitwirkungshandlung des Opfers, eintreten kann. 357

Solche Mitwirkungshandlungen können z.B. beim Betrug die Zurkenntnisnahme der Täuschung, bei der Nötigung die Wahrnehmung des Zwangs sein, bei Tötungs- und Körperverletzungsdelikten die Vornahme einer selbstschädigenden Handlung.

358 **aa)** Eine starke Meinungsgruppe im **Schrifttum** verwendet trotzdem auch hier die **Kombinationsformel**: Der Versuch beginne generell erst im Zeitpunkt der konkreten Gefährdung des Rechtsguts auf der Grundlage des Täterplans, also in der Regel erst mit dem tatsächlichen oder zumindest vorgestellten Beginn der vom Täter einkalkulierten **Mitwirkungshandlung des Opfers.**[318] Danach war mit dem Aufstellen der präparierten Flasche das Versuchsstadium noch nicht erreicht.

359 ***Kritik:*** *Auf den genauen Zeitpunkt einer Gefährdung kommt es eigentlich nicht mehr an. Oft kann der Täter diesen auch gar nicht präzisieren, weil er den Tatort längst verlassen hat.*

360 **bb)** Die auf Roxin[319] zurückgehende **Entlassungstheorie** (oder auch: Alternativformel) bejaht deshalb bei abgeschlossenem Täterhandeln unmittelbares Ansetzen entweder dann,

361 ■ wenn bei fortbestehender Beherrschung des Geschehens des Täters nach der Vorstellung eine Situation eingetreten ist, bei der das Opfer in den Wirkungskreis des Tatmittels eingetreten ist und deshalb zur Tatbestandsverwirklichung **keine wesentlichen Zwischenakte** mehr erforderlich sind,

362 ■ **oder** – schon vor Eintritt einer konkreten Gefährdung – in dem Moment, in dem der Täter den **weiteren Geschehensablauf bewusst aus der Hand gegeben hat.**[320]

Nach dieser Formel ist A schon durch das Hinstellen der präparierten Flasche und das Verlassen des Hauses zum Täter eines Totschlagsversuchs geworden.

363 ***Kritik:*** *Diese Ansicht verlegt den Versuchsbeginn zu weit in die Vorbereitungsphase und vernachlässigt das gesetzliche Erfordernis der Unmittelbarkeit aus § 22. Zudem ist das Kriterium der Entlassung aus dem Herrschaftsbereich inhaltlich unpräzise.*

364 **cc)** Die **Rspr.** steht der letzten Ansicht nahe, modifiziert sie aber. Hiernach kann der Versuch zwar schon beginnen, wenn der Täter **alles zur Erfolgsherbeiführung Erforderliche getan** hat, ohne dass es zu einer akut gefährlichen Situation gekommen sein muss. Erforderlich ist dann aber, dass eine Gefährdung auf der Grundlage des Täterplans **zeitnah**, also alsbald innerhalb eines überschaubaren Zeitraums, eintreten soll. Ferner müsse **der Täter sicher sein**, dass das **Opfer erscheinen** und sein für den Taterfolg eingeplantes Verhalten vornehmen werde. Halte der Täter ein Erscheinen des Opfers im Wirkungskreis des Tatmittels hingegen lediglich für möglich, aber noch ungewiss oder gar für wenig wahrscheinlich, so trete eine unmittelbare Rechtsgutgefährdung nach dem Tatplan erst dann ein, wenn das Opfer tatsächlich erscheint, dabei Anstalten trifft, die erwartete selbstschädigende Handlung vorzunehmen, und sich deshalb die Gefahr für das Opfer verdichte.[321]

365 ***Kritik:*** *Das* ***Kriterium der Zeitnähe ist ungenau*** *und lässt erheblichen Wertungsspielraum. Immerhin lassen sich damit die Fälle ausscheiden, nach denen aus Tätersicht völlig unbe-*

---

318 Vgl. Kühl § 15 Rn. 85 d.

319 Roxin AT II § 29 Rn. 195 ff.

320 Rengier § 34 Rn. 51 ff.; Sch/Sch/Eser/Bosch § 22 Rn. 42.

321 BGHSt 43, 177, 181 („Bärwurz"- oder „Apotheker-Fall"); BGH NStZ 1998, 294 („Sprengfallen-Fall"); BGH NStZ 2001, 475 („Stromfallen-Fall").

RÜ-Video 02/20

stimmt ist, wann das Opfer in den Gefahrenbereich gelangen wird. ***Problematisch ist jedoch die Differenzierung nach der Vorsatzform.*** *Denn auch sonst spielt es für den Versuchsbeginn keine Rolle, ob der Täter mit dolus eventualis oder mit direktem Vorsatz gehandelt hat. In der ähnlich gelagerten Konstellation des Versuchsbeginns in mittelbarer Täterschaft wird auch nur auf die vom Täter geplante Zeitnähe der Rechtsgutgefährdung und nicht auf seine Vorsatzform abgestellt (s.u. Rn. 391).[322] Unmittelbares Ansetzen bei abgeschlossenem Täterhandeln liegt somit bei geplanter zeitnaher Erfolgsverwirklichung schon mit bewusstem Entlassen des Geschehensablaufs vor, sonst erst, wenn das Opfer nach dem Täterplan konkret gefährdet werden sollte.*

Im vorliegenden Fall war das Erscheinen der Einbrecher noch zu ungewiss, um ihre Gefährdung aus der Sicht des A als zeitnah konkretisiert erscheinen zu lassen. Unmittelbares Ansetzen durch Aufstellen der Giftflasche und Verlassen des Hauses scheidet aus.

II. Damit erübrigt sich die Frage, ob das Hinstellen der Flasche auch **Mordmerkmale** gemäß **§ 211 Abs. 2** erfüllt hat.

III. Mangels unmittelbaren Ansetzens scheitert auch ein **Versuch der gefährlichen Körperverletzung** gemäß **§§ 224 Abs. 1 Nr. 1, 5, Abs. 2, 22**.

Ergebnis: A ist straflos.

D. Der Versuch des unechten Unterlassungsdelikts

I. Tatentschluss

Im Tatentschluss des unechten Unterlassungsdelikts ist neben den deliktsspezifischen **366**
Merkmalen zu prüfen, ob der Täter Vorsatz bezüglich einer **(quasi-)kausalen Untätigkeit, seiner Handlungsmöglichkeit und seiner Garantenstellung** hatte. Sieht man in der **Zumutbarkeit** der unterlassenen Handlung ein Tatbestandsmerkmal, so muss sich der Vorsatz auch auf diese Umstände erstrecken.

II. Strafbarkeit des untauglichen Unterlassungsversuchs

Fraglich ist, ob die Versuchsregeln auch auf das unechte Unterlassungsdelikt Anwen- **367**
dung finden.

Beispiel: Ehefrau E hält die Hilferufe ihrer Partnerin P für echt und hofft, dass sie ertrinkt. Tatsächlich will P ihre Ehefrau E nur ins Wasser locken.

Eine Mindermeinung verneint die Strafbarkeit der E, weil nur die böse Gesinnung zur Straftat erhoben werde. Die **h.M. überträgt sämtliche Versuchsregeln auf das unechte Unterlassungsdelikt**, also auch die Regeln zum untauglichen, strafbaren Versuchs.[323]

---

322 BGH RÜ 2020, 165, 166 mit RÜ-Video 02/20 unter t1p.de/jvem.

323 Lackner/Kühl/Heger § 22 Rn. 17; NK/Engländer § 22 Rn. 116 f.; Sch/Sch/Eser/Bosch § 22 Rn. 91; vgl. auch BGH NStZ 1997, 485.

III. Versuchsbeginn

368 Ein „Klassiker" ist die Frage des **Versuchsbeginns** beim unechten Unterlassungsdelikt:

369 **1.** Eine **früher** vertretene Auffassung stellt auf den **letztmöglichen** Hilfszeitpunkt ab.[324]

370 ***Kritik:*** *Diese Ansicht verschiebt den Versuchsbeginn* ***zu nahe an die Vollendung*** *heran. Sie würde den Garanten straflos stellen, der das Opfer durch seine Untätigkeit schon bewusst in Gefahr gebracht hat und noch weitere Rettungschancen besitzt, dann aber an der Vornahme der Rettung gehindert wird. Diese Ansicht wird nicht mehr vertreten.*

371 **2.** Die extreme Gegenmeinung, die sich auch in der **Rspr.** findet, stellt auf das Verstreichenlassen der **ersten** Rettungsmöglichkeit ab.[325]

372 ***Kritik:*** *Diese Meinung lässt den Versuch* ***zu früh beginnen****, denn z.B. der Vater, der sein Kind durch Verhungernlassen töten will, wäre dann schon beim Vorenthalten der ersten Mahlzeit wegen Versuchs strafbar. Im Vergleich zum Versuchsbeginn bei aktivem Tun, bei dem es auf den Eintritt einer konkreten Gefahr ankommt, ein widersprüchliches Ergebnis.*

373 **3.** Eine **andere Meinungsgruppe** knüpft an die allgemeine Kombinationsformel an und stellt auch beim Unterlassen auf die **unmittelbare Gefährdung des Rechtsguts** bzw. auf das Nicht-Erfordernis weiterer wesentlicher Teilakte nach dem Vorstellungsbild des Täters ab.[326]

374 **4.** Überwiegend wird im **Schrifttum** auch bei diesem Versuchstyp die **Entlassungstheorie** angewendet. Der Unterlassungstäter brauche – wie der Täter nach abgeschlossenem Täterhandeln (s. dazu den vorangegangenen Fall) – nichts mehr zu tun, damit der Erfolg eintrete, sondern überlasse das Opfer seinem Schicksal. Das erlaube es, unmittelbares Ansetzen zum Unterlassungsversuch entweder dann anzunehmen, wenn die **Gefahr** für das geschützte Rechtsgut durch die Untätigkeit des Garanten **begründet bzw. erhöht** werde **oder** schon dann, wenn der **Täter die Herrschaft über das Geschehen bewusst aus der Hand gebe**.[327]

E. Versuch und actio libera in causa-Tat

375 Macht sich ein Täter vorsätzlich schuldunfähig und hat schon dabei Vorsatz für eine bestimmte Straftat, ist er – wenn er nach der allgemeinen Ansatzformel das angegriffene Rechtsgut konkret gefährdet hat – aus Versuch i.V.m. den Regeln der actio libera in causa strafbar (sofern man diese Rechtsfigur anerkennt).[328] Fraglich ist, ob man den **Versuchsbeginn auch schon mit Herbeiführen der Schuldunfähigkeit** annehmen kann.

Beispiel: A trinkt sich in einer Gaststätte Mut an, um das Haus seines Konkurrenten in Brand zu setzen. Als er volltrunken ist und zu seinem Auto geht, um den dort deponierten Kanister mit Brandbeschleuniger zu holen, bricht er unter der Wirkung des Alkohols zusammen.

---

324 Armin Kaufmann, Die Dogmatik der Unterlassungsdelikte, 1959, S. 210 ff.

325 Schröder JuS 1962, 81; BGHSt 40, 257, 271 (trotz anders lautender Formulierung a.a.O. S. 270).

326 Sch/Sch/Eser/Bosch § 22 Rn. 50.

327 Roxin AT II § 29 Rn. 271 f.; NK/Engländer § 22 Rn. 115; Rengier § 36 Rn. 36; Wessels/Beulke/Satzger Rn. 1228.

328 Dazu ausführlich AS-Skript Strafrecht AT 1 (2021), Rn. 340 ff.

I. Die immer noch vertretene **Ausnahmetheorie** betont, dass die Hilfskonstruktion der actio libera in causa nur dazu diene, dem Täter die rechtsmissbräuchliche Berufung auf einen im Zeitpunkt der unmittelbaren Tatverwirklichung vorhandenen Schulddefekt zu versagen. Anknüpfungspunkt für den strafrechtlichen Vorwurf bleibe die **Tatbegehung im Rausch**. Demzufolge verschiebt sich auch der Versuchsbeginn bei vorsätzlicher actio libera in causa nicht. Maßgeblich sind allein die allgemeinen **Kriterien der Ansatzformel**.[329] **376**

II. Zu demselben Ergebnis kommt die strukturverwandte **Ausdehnungstheorie**.[330] **377**

III. Für die herrschende **Vorverlegungstheorie**, auch **Tatbestandsmodell** genannt, beginnt die im Zustand des § 20 verwirklichte Tat schon mit **Herbeiführung der Schuldunfähigkeit**. Viele ziehen daraus die Konsequenz, dass der Versuch bei vorsätzlicher actio libera in causa deshalb **schon mit der Ausschaltung der Schuldfähigkeit beginne**.[331] Nach der Gegenansicht gilt auch bei vorwerfbarer Herbeiführung der Schuldunfähigkeit die allgemeine Ansatzformel; eine Vorverlagerung des Versuchsbeginns bei actio libera in causa-Taten wird abgelehnt.[332] **378**

IV. Die sog. **Werkzeugtheorie** erblickt in der actio libera in causa einen Spezialfall der mittelbaren Täterschaft – mit dem schuldunfähigen Täter als eigenem Tatmittler. Danach beginnt der Versuch mit dem **„Aus-der-Hand-Geben des Kausalverlaufs"** im Zeitpunkt des Schuldunfähig-Werdens.[333] **379**

F. Der Versuch bei Qualifikationen und bei besonders schweren Fällen

Der **Versuch einer Qualifikation** oder der Versuch einer Tat **im besonders schweren Fall** kann nicht früher beginnen als der Versuch des Grunddelikts.[334] Daher ist auch in diesen Fällen darauf abzustellen, ob der Täter **unmittelbar zum Grunddelikt angesetzt** hat.[335] Ist das zu verneinen, liegt überhaupt kein Versuch vor. **380**

I. Bei mehraktigem Geschehen, insbesondere in dem der Diebstahlswegnahme zeitlich vorgelagerten Beginn oder sogar der Vollendung eines **Regelbeispiels** (§ 243 Abs. 1 S. 2 Nr. 1, 2) **bzw. einer Qualifikation** (§ 244 Abs. 1 Nr. 3, Abs. 4), liegt noch nicht automatisch auch unmittelbares Ansetzen zum Grundtatbestand des § 242. **381**

RÜ-Video 08/20

- Der 5. Strafsenat des BGH hat das zunächst sogar generell verneint und ein unmittelbares Ansetzen zum Gewahrsamswechsel verlangt.[336]
- Inzwischen ist der Senat davon wieder abgerückt und sieht – im Einklang mit der übrigen **Rspr.** – in dem Angriff auf gewahrsamssichernde Räume, Behältnisse oder sonstige Schutzvorrichtungen jedenfalls dann zugleich den Versuchsbeginn zum Diebstahl, wenn sich der **Täter bei ihrer Überwindung ohne tatbestandsfremde**

329 Krey/Esser Rn. 710; Kühl § 11 Rn. 18.
330 Streng JZ 1994, 709.
331 Rengier § 25 Rn. 12 f.
332 Baumann/Weber/Mitsch/Eisele § 22 Rn. 67; Kindhäuser/Zimmermann § 31 Rn. 23; Sch/Sch/Eser/Bosch § 22 Rn. 56.
333 Roxin/Greco AT I § 20 Rn. 61; Wessels/Beulke/Satzger Rn. 675.
334 NK/Engländer § 22 Rn. 51.
335 BGH NJW 2017, 1189.
336 BGH RÜ 2019, 779.

Zwischenschritte, ohne zeitliche Zäsur und ohne weitere Willensbildung ungehinderten Zugriff auf die Beute vorstellt. Das gilt auch dann, wenn die Gewahrsamssicherung nicht überwunden wird und selbst dann, wenn es sich um die erste von mehreren hintereinander zu überwindenden Schutzvorrichtungen handelt.[337]

Beispiel für Vorbereitung: A bricht bei günstiger Gelegenheit ein Türschloss auf, will aber aus dem Raum erst dann stehlen, wenn demnächst das Fabriktor unbewacht sein wird. – Noch kein unmittelbares Ansetzen zum Diebstahl im besonders schweren Fall gemäß §§ 242, 243 Abs. 1 S. 2 Nr. 2.

Beispiel für Versuch: A will mit einem Trennschleifer einen Zigarettenautomaten aufbrechen, um daraus Zigaretten und Bargeld zu entwenden. Damit die Geräusche gedämpft werden, verhüllt er den Automaten mit einem Handtuch und einer Plane. Wider Erwarten findet er aber für den Trennschleifer keinen Stromanschluss in der Nähe und gibt sein Vorhaben auf. – Nach BGH versuchter Diebstahl im besonders schweren Fall gemäß §§ 242 Abs. 1, 2, 22, 243 Abs. 1 S. 2 Nr. 2 schon durch Verhüllen des Automaten.[338]

382 **II.** Auf der anderen Seite liegt im unmittelbaren Ansetzen zum Grunddelikt zwar regelmäßig – aber auch nicht automatisch – unmittelbares Ansetzen zur Qualifikation oder zum besonders schweren Fall vor.[339] Deswegen muss immer festgestellt werden, dass sich auch die der Qualifikation **innewohnende straferhöhende Gefährlichkeit** manifestiert.[340]

Beispiel: A legt eine Waffe in das Handschuhfach seines Autos, parkt den Wagen und versucht an einem mehrere hundert Meter entfernten Tatort einen Diebstahl. – Nur einfacher Diebstahlsversuch. „Bei sich geführt" i.S.v. § 244 Abs. 1 Nr. 1 a hat A die Waffe nur in der Vorbereitungsphase; den Versuch wiederum hat er ausgeführt, ohne sofortigen Zugriff auf die Waffe zu besitzen.

G. Der Versuch bei erfolgsqualifizierten Delikten

I. Strafbarkeit des Versuchs

383 Bei Erfolgsqualifikationen, also Vorsatzdelikten, die als Strafschärfung einen Fahrlässigkeitsteil mit weiterer schwerer Folge verlangen, aber nicht vollständig verwirklicht sind, taucht unter dem Prüfungspunkt „Strafbarkeit des Versuchs" die Frage auf, ob und welche **Versuchsformen** hier überhaupt existieren.

Aus der gesetzlichen Einordnung aller **Vorsatz-Fahrlässigkeits-Kombinationen** als **Vorsatztat** in **§ 11 Abs. 2** folgt, dass die Versuchsregeln auch für die Erfolgsqualifikationen gelten. Des Weiteren ergibt sich aus **§ 18** („wenigstens fahrlässig"), dass bei einer Erfolgsqualifikation auch Vorsatz hinsichtlich der schweren Folge tatbestandsmäßig ist.

Für Erfolgsqualifikationen, bei denen das Gesetz hinsichtlich der schweren Folge **Leichtfertigkeit** verlangt, gilt dasselbe: Abgesehen davon, dass in aller Regel schon im BT-Tatbestand selbst die Formulierung „wenigstens leichtfertig" enthalten ist (z.B. §§ 251, 306 c), bezieht das „wenigstens fahrlässig" in § 18 auch bei gesetzlich geforderter Mindestschwelle der Leichtfertigkeit den Vorsatztäter mit ein.[341]

---

337 BGH RÜ 2020, 505 mit RÜ-Video 08/20 unter t1p.de/fd7u.

338 BGH RÜ 2020, 505.

339 S. schon oben Rn. 381.

340 Vgl. Sch/Sch/Eser/Bosch § 22 Rn. 58; BayObLG NStZ 1997, 442 m.w.N.

341 BGHSt 39, 100; BGH NJW 2001, 2186.

Soweit bei einer Erfolgsqualifikation Vorsatz möglich ist, kann folglich auch ein strafbarer Versuch vorliegen.

Umstritten ist, ob ein Versuch des Grunddelikts mit vollendeter oder versuchter Erfolgsqualifikation möglich ist, wenn der **Versuch des Grunddelikts für sich gesehen nicht strafbar ist**. Dieses Problem existiert vor allem bei der Aussetzung, § 221 Abs. 1 i.V.m. Abs. 2 Nr. 2/Abs. 3. Die verneinende Auffassung argumentiert, dass die qualifizierenden Folgen nur straferhöhende Bedeutung hätten und ihnen bei Versuch oder Vollendung der schweren Folge keine strafbegründende Wirkung zukommen dürfe.[342] Die bejahende Meinung verweist auf den erhöhten Strafrahmen der Erfolgsqualifikationen und auf die damit verbundene Änderung der Deliktsnatur wie bei sonstigen Qualifikationen.

II. Versuchsformen

Überblick versuchte Erfolgsqualifikation/erfolgsqualifizierter Versuch

Grunddelikt → / **Erfolgsqualifikation ↓**	**versucht**	**vollendet**
versucht	= versuchte Erfolgsqualifikation (Beispiel 2)	= versuchte Erfolgsqualifikation (Beispiel 1)
vollendet	= erfolgsqualifizierter Versuch (Beispiel 3)	

1. Das **Grunddelikt** ist **vollendet**. Der Täter wollte auch die **schwere Folge** herbeiführen oder nahm sie billigend in Kauf; diese ist aber **ausgeblieben**. 384

Beispiel: A bespritzt B mit einer ätzenden Flüssigkeit und nimmt dabei in Kauf, dass B erblindet. B erleidet nur Verätzungen an den Augenlidern und im Gesicht, die spurenlos ausheilen. – Vollendete gefährliche Körperverletzung (§ 224 Abs. 1 Nr. 1 Alt. 1) in Tateinheit mit **versuchter schwerer Körperverletzung** (§§ 226 Abs. 1 Nr. 1, 18, 22, 23 Abs. 1, 12 Abs. 1).[343]

*Der **Aufbau** vollzieht sich in zwei Schritten: Zunächst ist das vollendete Grunddelikt zu prüfen, an das sich die selbstständige Prüfung des Versuchs der Erfolgsqualifikation anschließt.*

2. Das **Grunddelikt** ist **im Versuchsstadium** stecken geblieben. Die vom Täter zusätzlich gewollte **schwere Folge** ist ebenfalls **ausgeblieben**. 385

Beispiel: A will den O hinterrücks niederschlagen, um ihn zu berauben. Ob O durch die Gewaltanwendung stirbt, ist ihm egal. Schon beim Ausholen zum Schlag kann O fliehen. **Versuchter Raub mit versuchter Todesfolge** (§§ 249, 251, 18, 22, 23 Abs. 1, 12 Abs. 1) in Tateinheit mit versuchtem Mord in Heimtücke und aus Habgier (§§ 211, 22, 23 Abs. 1, 12 Abs. 1).

***Aufbau:** Hier prüft man die versuchte Erfolgsqualifikation in einem Zug, nämlich wie jede andere Vorsatzqualifikation auch.*

342 Kühl § 17 a Rn. 45 ff.; Sch/Sch/Sternberg-Lieben/Schuster § 18 Rn. 9; offengelassen von BGH NStZ 1985, 501.

343 Vgl. BGHSt 21, 194.

Aufbauschema des versuchten Grunddelikts mit versuchter Erfolgsqualifikation	
1. Tatentschluss	a) bzgl. Grunddelikt b) bzgl. Herbeiführung der Erfolgsqualifikation
2. Versuchsbeginn	
3. Rechtswidrigkeit	
4. Schuld	
5. Rücktritt	

386 **3.** Das **Grunddelikt** ist im **Versuchsstadium** stecken geblieben, bei diesem Versuch ist aber bereits der **qualifizierende Erfolg eingetreten** und hinsichtlich dieses Erfolges lag

- Fahrlässigkeit/Leichtfertigkeit vor

  Beispiel: A legt im Keller eines Mietshauses einen Brand und verlässt den Tatort. Bevor das Feuer auf wesentliche Gebäudeteile übergreift, löscht der Hausmeister den Brandherd und zieht sich dabei schwere Verbrennungen zu. – A ist strafbar wegen **versuchter besonders schwerer Brandstiftung, §§ 306 a Abs. 1 Nr. 1, 22, 23 Abs. 1, 12 Abs. 1 i.V.m. §§ 306 b Abs. 1, 18**.

- oder der Täter handelte sogar mit Vorsatz.

  Beispiel: A will B dessen Bargeld entwenden. Als dieser sich wehrt, schlägt ihn A brutal nieder und nimmt dabei dessen Tod billigend in Kauf. B stirbt. Als er den Toten durchsucht, erkennt A, dass dieser nichts Stehlenswertes dabei hat. – A ist strafbar wegen **versuchten Raubes mit Todesfolge** (§§ 249, 22, 23 Abs. 1, 12 Abs. 1, 251, 18) tateinheitlich mit Mord aus Habgier (§ 211).

Aufbau: *Auch hier sollte man in einem Zug die Erfolgsqualifikation prüfen, aber im Vorsatzteil Tatentschluss und unmittelbares Ansetzen zum Grunddelikt darstellen.*

Aufbauschema des sog. erfolgsqualifizierten Versuchs
1. Tatentschluss zum Grunddelikt
2. Unmittelbares Ansetzen zum Grunddelikt
3. Eintritt der schweren Folge
4. Verursachung durch die Versuchshandlung
5. „Wenigstens" Fahrlässigkeit bzw. Leichtfertigkeit
6. Spezifischer Gefahrzusammenhang
7. Rechtswidrigkeit und Schuld
8. Rücktritt vom Versuch des Grunddelikts

H. Der Versuch bei Mittätern

387 **I.** Im **Tatentschluss** ist darzustellen, ob der fragliche Beteiligte Umstände in seine Vorstellung aufgenommen hat, die ihn gemäß § 25 Abs. 2 zum Mittäter machen. Er muss sich also eines **gemeinsamen Tatplans** bewusst gewesen sein und **Tatbeiträge** mit **Tatherrschaft** oder **Täterwillen** geleistet haben wollen.

II. Umstritten ist der **Versuchsbeginn**. 388

Eine **Mindermeinung im Schrifttum** vertritt zum Versuchsbeginn bei Mittätern eine **Einzellösung**, d.h. das unmittelbare Ansetzen wird **für jeden der Beteiligten gesondert** nach den allgemeinen Versuchsregeln bestimmt.[344]

Kritik: Diese Auffassung beruht auf der Prämisse, dass Mittäterschaft nur durch Beiträge im Ausführungsstadium begründet werden könne. Mit der h.M. ist schon diese Prämisse abzulehnen.[345] Dann kann aber der Versuch für einen nur im Vorbereitungsstadium Mitwirkenden nicht früher beginnen als bei Alleintäterschaft.

Rspr. und **h.L.** favorisieren eine sog. **Gesamtlösung**. Da die Mittäter eine Tat begehen und sich jeder Täter die im gemeinsamen Tatplan liegenden Beiträge der jeweils anderen wie eigene zurechnen lassen muss, beginnt danach bei Mittäterschaft der Versuch **für alle Beteiligten** in dem Moment, in dem auch **nur einer von ihnen** eine zum Plan gehörende **Handlung vornimmt** und damit (nach der Kombinationsformel oder bei abgeschlossenem Täterhandeln nach der Entlassungsformel) **unmittelbar ansetzt**.[346] 389

I. Der Versuch bei mittelbarer Täterschaft

I. Besonderheiten beim Tatentschluss

Der mittelbare Täter hat nur den erforderlichen Tatentschluss, wenn er die Umstände kennt (oder annimmt), die ihm die unmittelbare Tatbestandsverwirklichung durch einen anderen Menschen nach § 25 Abs. 1 Alt. 2 zurechenbar machen (s.o. Rn. 102). 390

II. Versuchsbeginn

Zu den beliebtesten Problemkreisen in strafrechtlichen Klausuren aus dem Versuchsbereich gehört die Frage, **wann der Versuch des mittelbaren Täters beginnt**. 391

1. Weitgehend Einigkeit besteht darüber, dass es für die Abgrenzung auf Gut- oder Bösgläubigkeit des Tatmittlers nicht ankommt. Unbestritten ist weiter, dass der Versuch jedenfalls dann vorliegt, wenn der Tatmittler nach der allgemeinen Kombinationsformel – aus der Tatkenntnis des Hintermannes – ohne weitere wesentliche Zwischenakte das geschützte **Rechtsgut konkret gefährdet** hat. 392

2. Umstritten sind Fälle, in denen der Tatmittler dieses Stadium noch nicht erreicht hat. 393

a) Die sog. **Einwirkungstheorie** stellt allein auf den **Hintermann** ab. Bei der versuchten Anstiftung begründe der Beginn der Einflussnahme die Strafbarkeit des Tatveranlassers; deshalb setze auch der mittelbare Täter unmittelbar zur Tatbestandsverwirklichung der geplanten Tat an, indem er **auf den Tatmittler einzuwirken beginne.** 394

Kritik: Folge dieser Ansicht wäre, dass der Versuch des mittelbaren Täters regelmäßig früher als der des unmittelbaren Täters beginnen würde. Damit wird auf das Unmittelbarkeitskriterium des § 22 verzichtet. Die Meinung ist abzulehnen.[347] 395

---

344 Roxin AT II § 29 Rn. 297.

345 S.o. Fall 2, Rn. 54.

346 Vgl. BGH NStZ 1981, 99; NJW 1993, 2251; RÜ 2019, 170, 172; Wessels/Beulke/Satzger Rn. 966. Ob dies auch bei nur irrig angenommener Mittäterschaft gilt, ist umstritten (s. unten Rn. 712).

347 Kindhäuser/Zimmermann § 39 Rn. 57; Baumann/Weber/Mitsch/Eisele § 22 Rn. 78.

396 **b)** Eine starke Meinungsgruppe wendet auch beim Versuch in mittelbarer Täterschaft die **allgemeine Kombinationsformel** an: Da das Handeln des mittelbaren Täters und des Tatmittlers als Einheit zu sehen seien, liege auch erst bei einer **unmittelbaren Rechtsgutgefährdung durch das Werkzeug** bzw. nach Durchlaufen aller wesentlichen Zwischenakte vor der Tatverwirklichung der Versuchsbeginn für den Hintermann vor. Innerhalb dieser **Gesamtlösung** variieren allerdings die Ansichten über die Perspektive für die Gefährdung:

- Zum Teil wird allein auf den **Tatmittler** abgestellt.[348]
- Andere erweitern bei einem unvorsätzlichen Werkzeug die subjektive Beurteilungsgrundlage um das **„überlegene Wissen" des Hintermannes**.[349]
- Wieder andere stellen für die Gefährdung allein auf die **Vorstellung des Hintermannes** ab.[350] Nach dieser Formel beginnt der Versuch in mittelbarer Täterschaft jedenfalls nicht früher als derjenige eines gedachten unmittelbaren Täters.

397 **c)** Die **Entlassungstheorie** betont die Strukturähnlichkeit zwischen den Versuchsfällen in mittelbarer Täterschaft und den Versuchen mit abgeschlossenem Täterhandeln, bei denen das Opfer selbst einen notwendigen Mitwirkungsakt vornehmen muss (s.o. Rn. 357). Deshalb liege der Versuchsbeginn auch bei der mittelbaren Täterschaft immer schon dann vor, wenn **der Hintermann den Tatmittler aus seinem Einwirkungsbereich entlassen habe**.[351]

398 **d)** Die **Rspr.** verwendet ebenfalls die **Entlassungstheorie**, ergänzt sie aber um das Kriterium der **Zeitnähe**: Danach beginnt der Versuch mit Entlassung des Tatmittlers nur dann, wenn eine **sofortige oder alsbaldige Tatausführung durch das Werkzeug** (nach Vorstellung des Hintermannes) bevorsteht.[352]

Beispiel: A beruft sich in einem Zivilprozess zu Unrecht auf Mängel an dem von ihm gekauften Auto. Das Gericht ordnet ein Sachverständigengutachten an. Um ein für ihn günstiges Gutachten zu erlangen, baut A nachträglich Mängel in das Auto ein und übergibt es an den zunächst gutgläubigen Kfz-Sachverständigen, der jedoch alsbald die Manipulationen bemerkt. – Nach OLG München liegt bereits in der Übergabe des Autos zur Begutachtung versuchter (Prozess-)Betrug. Und zwar in mittelbarer Täterschaft durch den – nach dem Tatplan unvorsätzlichen – Gutachter.[353]

Wenn der Tatmittler erst nach längerer Zeit die Tat ausführen soll, oder wenn ungewiss bleibt, wann eine konkrete Gefährdung des Rechtsguts eintritt, beginnt der Versuch erst, wenn der Tatmittler seinerseits (nach dem Tatplan des Hintermanns) zur Erfüllung des Tatbestands ansetzt. Darauf ob der Hintermann Eventualvorsatz oder direkten Vorsatz bezüglich des Erfolges hat, kommt es auch nach der Rspr. nicht an.[354]

---

348 Baumann/Weber/Mitsch/Eisele § 22 Rn. 78; Krey/Esser Rn. 1239; Kühl § 20 Rn. 91; Stratenwerth/Kuhlen § 12 Rn. 105.

349 Küper JZ 1983, 361, 370.

350 LK-Hillenkamp § 22 Rn. 159.

351 Vgl. Kindhäuser/Zimmermann § 39 Rn. 56; Roxin AT II § 29 Rn. 230, 244 ff.

352 BGHSt 30, 363, 365; 40, 257, 269; BGH NStZ 1986, 547.

353 OLG München RÜ 2006, 589, 591.

354 BGH RÜ 2020, 166.

Versuchsbeginn, § 22

Vorstellung des Täters von der Tat

- Tatsachenlage nur aus der Sicht des Täters
- Unter Berücksichtigung der Tätervorstellung zur Individualisierung des Opfers und zum Ablauf der Tat muss die Handlung der Erfüllung des Tatplans dienen
- Der Tatausführung dürfen keine Vorbehalte oder Bedingungen entgegenstehen

Unmittelbares Ansetzen zur Tatbestandsverwirklichung

- Versuch gegeben
  - bei **Teilverwirklichung**
  - im **Vorfeld der Tatbestandsverwirklichung**, wenn kein wesentlicher Zwischenakt (= Willensimpuls) mehr erforderlich ist
- Spezielle Fallgruppen
  - **Abgeschlossenes Täterhandeln**
  - Beim **unechten Unterlassungsdelikt**
  - Bei **mittelbarer Täterschaft**

  } Versuchsbeginn schon mit Entlassung des Kausalverlaufs, zumindest wenn (nach Täterplan) zeitnahe Vollendung erfolgen soll

  - Bei **Mittäterschaft** für alle unmittelbares Ansetzen bei konkreter Rechtsgutgefährdung durch einen Mittäter (sog. Gesamtlösung)
  - Bei **actio libera in causa** nach Vorverlegungstheorie schon mit Herbeiführung der Schuldunfähigkeit

2. Abschnitt: Rücktritt vom Versuch, § 24

Ist eine Straftat nur versucht, kann jeder Beteiligte für sich **vollständige Straflosigkeit** wegen dieses Delikts erlangen, wenn er freiwillig **vom Versuch zurücktritt, § 24**. Der Versuch darf nicht mehr im Schuldspruch auftauchen und auch bei der Strafzumessung nicht mehr zulasten des Zurückgetretenen berücksichtigt werden. **399**

A. Rechtsgrund und Rechtsnatur

I. Die herrschende **„Strafzwecktheorie"** sieht den Grund für die Straffreiheit darin, dass kein generalpräventives und kein spezialpräventives Bestrafungsbedürfnis mehr besteht: Zum einen hat die Umkehr des Täters das durch seinen Versuch erschütterte **Vertrauen der Rechtsgemeinschaft** in die Geltung des Rechts wieder hergestellt. Ferner hat seine **freiwillige Rückkehr in die Legalität** bewiesen, dass er nicht mehr vor neuen Straftaten abgeschreckt und **resozialisiert** werden muss.[355] **400**

355 BGHSt 9, 48; BGH NJW 1991, 2844, 2846; vgl. Baumann/Weber/Mitsch/Eisele § 23 Rn. 11.

Die Praxis und Lit. stellen zunehmend auch auf den **kriminalpolitischen Aspekt** des **Opferschutzes** ab; denn der Anreiz der Strafbefreiung könne bewirken, dass der Täter seine Tat nicht zu Ende führt.[356]

401 **II.** Manche sehen im Rücktritt einen Entschuldigungsgrund.[357] Nach ganz **h.M.** ist der Rücktritt gemäß § 24 ein **persönlicher Strafaufhebungsgrund**.[358]

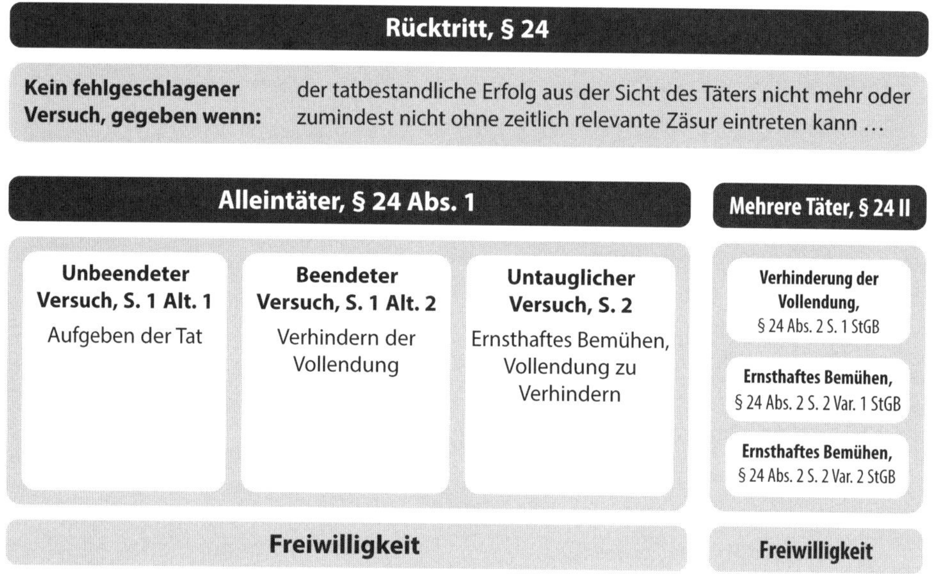

B. Voraussetzungen des Rücktritts des Alleintäters, § 24 Abs. 1

I. Keine Strafbarkeit aus Vollendungstat

402 Der Rücktritt setzt voraus, dass die Tat ins **Versuchsstadium** gelangt und noch **nicht vollendet** ist (dazu der nachfolgende Fall Rn. 430 ff.).

II. Rücktrittshandlung

403 Welche Rücktrittshandlungen der Täter nach § 24 Abs. 1 erbringen musste, hängt **allein davon ab, wie er die Situation beurteilt hat**. Insofern stellt der Rücktritt das individuell-objektiv geprägte Spiegelbild zu § 22 dar. Zu unterscheiden sind drei Fälle:

1. Freiwilliges Aufgeben der weiteren Ausführung der Tat, § 24 Abs. 1 S. 1 Alt. 1 = Rücktritt vom unbeendeten Versuch

404 **a)** Voraussetzung ist in Abgrenzung zu den weitergehenden Rücktrittsanforderungen des § 24 Abs. 1 S. 1 Alt. 2, dass sich der Versuch noch in einer Phase befand, in der ein bloßes Aufgeben den Taterfolg verhindert hätte. Es muss sich um einen noch **unbeen-**

356 BGHSt 35, 184; 39, 221.

357 Roxin AT II § 30 Rn. 30.

358 Fischer § 24 Rn. 2 m.w.N.; Wessels/Beulke/Satzger Rn. 1005.

deten (tauglichen oder untauglichen) Versuch gehandelt haben. Dieser liegt vor, **wenn der Täter noch nicht alles getan hat, was nach seiner Vorstellung zur Vollendung des Deliktstatbestandes erforderlich ist.**[359]

Tätervorstellung: „Wenn ich nicht mehr weiterhandele, kann der Deliktserfolg nicht eintreten."

b) Voraussetzung für das „Aufgeben" ist nach h.M., dass die Versuchstat aus der Sicht des Täters noch vollendbar ist. Daran fehlt es, wenn der **Versuch fehlgeschlagen** ist (dazu ausführlich unten Rn. 413). **405**

c) Sind die vorgenannten Bedingungen erfüllt, genügt für den strafbefreienden Rücktritt schlichte **Passivität**, sofern sie **freiwillig** (vgl. Rn. 481) ist. **406**

Beispiel: A bedroht im Dunkeln einen Spaziergänger, um ihn auszurauben. Als er seinem Opfer ins Gesicht schaut, erkennt er einen alten Schulfreund wieder. Aus Scham lässt A von seinem Vorhaben ab. – Keine Bestrafung aus §§ 249, 22, 23 Abs. 1, 12 Abs. 1 wegen § 24 Abs. 1 S. 1 Alt. 1. Der Raubversuch war noch unbeendet, weil A noch die Wegnahme hätte vornehmen müssen. Davon hat er freiwillig abgesehen.

2. Freiwillige Verhinderung der Tatvollendung, § 24 Abs. 1 S. 1 Alt. 2 = Rücktritt vom beendeten Versuch

a) Der Versuch muss sich hier in einer Phase befunden haben, in der nur noch Gegenaktivität den Erfolg verhindern konnte. Das ist der Fall, wenn es sich um einen **beendeten (tauglichen) Versuch** gehandelt hat. Dieser liegt vor, **wenn der Täter bereits alles getan hat, was er nach seiner Vorstellung tun musste, um den tatbestandsmäßigen Erfolg herbeizuführen.**[360] **407**

Tätervorstellung: „Damit ich den Deliktserfolg noch sicher verhindern kann, muss ich Gegenmaßnahmen ergreifen, um die von mir bereits ausgelöste Ursachenkette zu unterbrechen."

b) Auch hier ist Voraussetzung, dass die Tatvollendung aus Sicht des Täters überhaupt noch möglich erscheint. Daran fehlt es, wenn der **Versuch fehlgeschlagen** ist. **408**

c) Im Gegensatz zum unbeendeten Versuch erfordert die Strafbefreiung beim Rücktritt vom beendeten Versuch, dass der Täter mit seiner Gegenaktivität ursächlich für das Ausbleiben des Taterfolges geworden ist. Die **Verhinderung der Vollendung** setzt also voraus, dass der Täter eine **neue Kausalkette in Gang setzt, die objektiv für das Ausbleiben des Erfolgs wenigsten mitursächlich ist.** **409**

Beispiel: A hat mit Tötungsvorsatz auf sein Opfer O eingestochen. Er hält inne und erkennt, dass O heftig blutet und alsbald sterben wird, wenn keine Rettung erfolgt. Gepackt von Reue ruft A den Notarzt und rettet das Leben des O. – Zwar vollendete gefährliche Körperverletzung gemäß §§ 223, 224 Abs. 1 Nr. 2, 5. Aber keine Bestrafung aus Totschlagsversuch gemäß § 24 Abs. 1 S. 1 Alt. 2. Der Versuch war beendet, weil A glaubte, der Erfolg könne ohne weitere Stiche eintreten. Deshalb musste er hier aktiv und freiwillig die Vollendung verhindern. Das hat er durch den rettenden Notruf getan.

---

359 BGHSt 39, 221, 227; BGH RÜ 2017, 301 f.; Fischer § 24 Rn. 14 a.

360 BGH RÜ 2017, 301 f.; Rengier § 37 Rn. 32.

3. Freiwilliges und ernsthaftes Bemühen der Vollendungsverhinderung, § 24 Abs. 1 S. 2 = Rücktritt bei fehlender Verhinderungskausalität

410 **a)** Der Täter muss sich hier in der Phase eines **beendeten** (tauglichen oder untauglichen), aber noch **nicht fehlgeschlagenen Versuchs** befunden haben.

411 **b)** Er muss Gegenaktivitäten zur Verhinderung der Tatvollendung entfaltet haben, die aber nicht kausal für das Ausbleiben des Taterfolges geworden sind, weil der Erfolg aus anderen Gründen nicht eingetreten ist oder von vornherein nicht eintreten konnte. Es handelt sich also gewissermaßen um einen **„versuchten" Rücktritt**.

412 **c)** In diesem Fall genügt zur Straflosigkeit das **Bemühen der Erfolgsverhinderung**, wenn es **„ernsthaft"** und **„freiwillig"** war. Ein **ernsthaftes Bemühen** liegt vor, wenn der Täter **alle erforderlichen Mittel ausschöpft, die aus seiner Sicht zur Abwendung des Erfolgs notwendig sind**.

Beispiel: A gibt F Gift, um F zu töten. Als sich F unerwartet vor Schmerzen krümmt, bekommt A Gewissensbisse und läuft in die Küche, um ein Brechmittel für F zu holen. Bei seiner Rückkehr sieht er, dass F das Gift bereits erbrochen hat. – Keine Strafbefreiung vom heimtückischen Mordversuch (§§ 211, 22, 23 Abs. 1, 12 Abs. 1) nach § 24 Abs. 1 S. 1 Alt. 2, weil A nicht den Erfolg verhindert hat, sondern das Opfer F selbst. Das Herbeischaffen des Brechmittels ist aber ernsthaftes und freiwilliges Bemühen um Erfolgsverhinderung und löst Strafbefreiung nach § 24 Abs. 1 S. 2 für das Tötungsdelikt aus.

III. Kein Fehlschlag des Versuchs

1. Anerkannte Rechtsfigur

413 Häufig erkennt der Täter oder glaubt irrtümlich, dass sein Vorhaben nicht mehr zum Erfolg führen kann (misslungener Versuch) oder dass es von vornherein nicht zum Erfolg führen konnte (untauglicher Versuch). Dass in einem solchen Fall keine Strafbefreiung mehr möglich ist, bestreitet niemand. Differenzen bestehen nur in der juristischen Einordnung, speziell bei der Frage, ob man für solche Fälle eine eigene Rechtsfigur benötigt, den sog. **fehlgeschlagenen Versuch**.

Ein beachtlicher Teil des Schrifttums hält diese Rechtsfigur für überflüssig. Die Rücktrittsvoraussetzungen seien allein in § 24 geregelt. Mit den Unterscheidungen beendeter/unbeendeter Versuch und freiwilliger/unfreiwilliger Rücktritt komme man zu den richtigen Ergebnissen.[361]

414 **H.L. und Rspr.** nehmen demgegenüber an, dass es eine **eigenständige Fallgruppe des fehlgeschlagenen Versuchs** gibt, durch die dem Täter die Möglichkeit des Rücktritts versagt ist.[362] Das Gesetz verlange in § 24 Abs. 1 entweder ein „Aufgeben der weiteren Tatausführung" oder das „Verhindern der Vollendung". Das setze aber schon begriffslogisch voraus, dass aus Tätersicht die Weiterführung der Tat noch möglich sei und der Erfolg noch eintreten könne. Wer erkannt habe oder irrig annehme, dass sein Vorhaben misslungen sei, gebe nichts mehr auf oder verhindere nichts mehr. Deshalb sei in

361 Baumann/Weber/Mitsch/Eisele § 23 Rn. 18; Krey/Esser Rn. 1274 a.E.; Schroeder NStZ 2009, 9.

362 BGH RÜ 2018, 164; BGH NStZ-RR 2019, 137.

diesen Fällen ein Rücktritt ausgeschlossen.[363] Welche Gründe im Einzelnen den Fehlschlag auslösen, ist innerhalb der h.M. umstritten. Konsens besteht in Folgendem:

Fehlgeschlagen ist ein Versuch zumindest dann, **wenn der Täter erkennt oder nur irrig annimmt, dass die tatbestandliche Vollendung der geplanten Tat aus tatsächlichen Gründen unmöglich ist.** 415

Maßgeblich ist dafür allein die **Vorstellung des Täters**. Selbst wenn er noch objektiv die Möglichkeit zur Vollendung hätte, die dafür zur Verfügung stehenden Mittel aber nicht kennt, ist der Versuch fehlgeschlagen. Umgekehrt ist kein Fehlschlag, sondern ein immer noch rücktrittsfähiger Versuch gegeben, wenn **ein objektiv untauglicher Versuch** vorliegt oder die Tat **objektiv misslungen** ist, solange der Täter die Untauglichkeit oder das Misslingen **noch nicht erkannt** hat.[364]

Für einen Rücktrittsausschluss wegen **Unfreiwilligkeit** bleiben nach h.M. die Fälle übrig, in denen der Täter zwar die Vollendung physisch noch für möglich hält, sich dazu aber aus psychischen Gründen nicht mehr in der Lage sieht, weil er **nicht mehr Herr seiner Entschlüsse** ist.[365]

Beispiel: R hat seinem Opfer O mehrere Stiche versetzt, um es widerstandsunfähig zu machen und es dann auszurauben. Da O heftig blutet und R sich vor Blut ekelt, bringt er es nicht über sich, dem O die Brieftasche aus der Blut durchtränkten Jacke zu ziehen. – Kein Rücktritt vom unbeendeten Raubversuch (§§ 249, 22, 23 Abs. 1, 12 Abs. 1) gemäß § 24 Abs. 1 S. 1 Alt. 1. R hat von der subjektiv noch vollendbaren (und damit auch nach h.M. nicht fehlgeschlagenen) Tat wegen seiner unüberwindlichen Blutabneigung abgesehen. Er hat damit nach allen Ansichten nicht freiwillig gehandelt.

Gegenbeispiel:[366] A will sich an O spontan rächen und sticht ihm mit Tötungsvorsatz ein Messer in den Rücken. Als O sich umdreht und A dessen schmerzverzerrtes Gesicht sieht, lässt er von der weiteren Tatausführung ab. Der BGH ging hier davon aus, dass A – obwohl er über sein eigenes Verhalten erschrak und davonrannte – noch „Herr seiner Entschlüsse" gewesen sei und bejahte die Freiwilligkeit.

2. Kein Fehlschlag wegen rechtlicher Unmöglichkeit der Vollendung

Umstritten ist innerhalb der h.M., ob ein Fehlschlag anzunehmen ist, wenn der Täter erkennt, dass er die Tathandlung zwar tatsächlich noch vollziehen könnte, dass aber die **Vollendung der Tat rechtlich unmöglich** geworden ist. 416

Beispiel: X bricht gerade den Schreibtisch seines Vaters auf, um daraus Bargeld zu entwenden, als ihm sein Vater von hinten auf die Schulter tippt und erklärt, er könne sich nehmen, was er brauche. Verschämt bittet X seinen Vater um Verzeihung und verlässt den Raum. – Fehlschlag des Diebstahlsversuchs, weil die Wegnahme fremden Geldes wegen des Einverständnisses des Vaters juristisch nicht mehr möglich ist?

Die **h.L.** stellt die tatsächliche und rechtliche Unmöglichkeit der Tatbestandserfüllung gleich und **verneint die Rücktrittsmöglichkeit**.[367] 417

---

363 Frister Kap. 24 Rn. 20; Kindhäuser/Zimmermann § 32 Rn. 5; Roxin NStZ 2009, 319; Sch/Sch/Eser/Bosch § 24 Rn. 6 ff.; Wessels/Beulke/Satzger Rn. 1026; BGHSt 35, 90, 94.

364 BGH NStZ-RR 2005, 70, wonach bei solchen untauglichen Versuchen Rücktritt zumindest in entsprechender Anwendung des § 24 möglich ist.

365 BGH RÜ 2015, 642.

366 BGH RÜ 2022, 369.

367 Sch/Sch/Eser/Bosch § 24 Rn. 9; Rengier § 37 Rn. 28; Roxin NStZ 2009, 319 f.

418 Der **BGH** lehnt die Fallgruppe des Fehlschlags wegen rechtlicher Unmöglichkeit ab: Im Unterschied zur tatsächlichen Unmöglichkeit könne der Täter einerseits sein Vorhaben weiter verfolgen. Zum anderen könne er seinen Plan nach Erkennen des rechtlichen Hindernisses auch aufgeben. Ihm dann durch Annahme eines Fehlschlags den **strafbefreienden Rücktritt** zu versagen, stehe mit der kriminalpolitischen Zielsetzung des § 24 nicht in Einklang.[368]

3. Kein Fehlschlag wegen Sinnlosigkeit des Weiterhandelns

419 Fraglich ist auch, ob der Versuch als fehlgeschlagen behandelt werden soll, den der Täter zwar tatsächlich und rechtlich zu Ende führen könnte, der aber für ihn **sinnlos** geworden ist, und zwar weil der Täter sein außerhalb des Straftatbestandes liegendes Ziel bereits erreicht zu haben glaubt oder es für nicht mehr erreichbar hält.

Beispiel hierfür ist das häufige Klausurmotiv des erkannten error in persona: In der irrigen Annahme, dass sich sein Feind F nähert, legt A mit einem geladenen Gewehr an. Er hat schon den Finger am Abzug, um zu schießen, als er realisiert, dass die Person, auf die er angelegt hat, sein Freund X ist. – Die Rspr. bejaht hier strafbefreienden Rücktritt vom heimtückischen Mordversuch gemäß § 24 Abs. 1 S. 1 Alt. 1, weil A den Mord aus seiner Sicht tatbestandlich auch hätte vollenden können und freiwillig hierauf verzichtet hat (s. dazu auch unter Rn. 461).

Auf die Begründung und die Gegenansichten kommen wir im Zusammenhang mit dem mehraktigen Versuchsgeschehen noch zurück (unten Fall 18 Rn. 459).

C. Rechtsfolgen und Reichweite des Rücktritts

I. Qualifizierter Versuch

420 Die Strafaufhebung wirkt nur auf den bis dahin begangenen Versuch. Hat der Täter gleichzeitig mit dem Versuch weitere Straftaten vollendet, sog. **qualifizierter Versuch**, z.B. eine Körperverletzung im Zusammenhang mit einem Totschlagsversuch, erfasst ein etwaiger Rücktritt nicht die vollendeten Delikte.

II. Teilbarkeit des Rücktritts

421 **1.** § 24 setzt nicht voraus, dass der Täter sein strafrechtliches Vorhaben insgesamt aufgibt oder die Vollendung aller Strafrechtsvorschriften im Zusammenhang damit verhindert. Soweit er die Gefährdung einzelner Rechtsgüter freiwillig beseitigt, wirkt der Rücktritt strafbefreiend, selbst wenn der Täter mit derselben Tat weiterhin andere Rechtsgüter angreift. Der Rücktritt ist also **tatbestandsbezogen und teilbar**.

RÜ-Video 02/20

Beispiel: A versteckt Lebensmittel mit tödlichem Gift im Verkaufsregal eines Discounters und nimmt in Kauf, dass Kunden, die die vergiftete Ware verzehren, daran sterben. Dann schickt er E-Mails an das betroffene Unternehmen mit einer Erpressungsforderung und Androhung weiterer Lebensmittelvergiftungen, ermöglicht aber gleichzeitig, dass die vergiftete Ware gefunden wird, um die Ernsthaftigkeit seiner Drohung zu unterstreichen. – Nimmt man an, dass A bereits durch das Platzieren der vergifteten Nahrung unmittelbar zu einem beendeten Mordversuch gemäß §§ 211, 22, 23 Abs. 1, 12 Abs. 1 (heimtückisch, mit gemeingefährlichen Mitteln, aus Habgier und zur Ermöglichung einer anderen Straftat) angesetzt hat (vgl. zur Problematik des abgeschlossenen Täterhandelns oben Fall 15, Rn. 357), ist er durch

368 BGHSt 39, 244, 245 f.

das Auffindenlassen der gefährlichen Lebensmittel hiervon strafbefreiend zurückgetreten, § 24 Abs. 1 S. 1 Alt. 2. Dem steht nicht entgegen, dass A seinen Plan zur räuberischen Erpressung aufrecht erhalten hat und, dass das Entdeckenlassen der vergifteten Lebensmittel sogar Teil dieses Plans war und er deshalb gemäß §§ 253, 255, 22, 23 Abs. 1, 12 Abs. 1 strafbar bleibt.[369]

2. Die Teilbarkeit ist sogar innerhalb von **Erfolgsqualifikationen** möglich. Obwohl es sich juristisch um jeweils einen einzigen (aus zwei selbstständigen Erfolgen kombinierten) Tatbestand handelt, behandelt man die Erfolgsqualifikationen gerade wegen der zwei Erfolge für den Rücktritt wie zwei Taten. Ist auch nur einer der Erfolge nicht verwirklicht worden und hat der Täter die Rücktrittsvoraussetzungen gemäß § 24 für den nur versuchten Teil erfüllt, entfällt die Strafbarkeit wegen Erfolgsqualifikation insgesamt. **422**

a) Das gilt zunächst für den **Teilrücktritt von der versuchten Erfolgsqualifikation** (s.o. Rn. 384).

Deshalb führt im **vorgenannten Beispiel** des Lebensmittelerpressers der Rücktritt vom Mordversuch auch zur Straflosigkeit wegen versuchter räuberischer Erpressung mit versuchter Todesfolge gemäß §§ 253, 255, 251, 22, 23 Abs. 1, 12 Abs. 1.[370]

b) Sogar im umgekehrten Fall des **Teilrücktritts vom erfolgsqualifizierten Versuch**, also des Versuchs des Grunddelikts bei vollendeter schwerer Folge (s.o. Rn. 386) beseitigt der Rücktritt vom Grunddelikt die Strafbarkeit wegen Erfolgsqualifikation.

Beispiel: An einer einsamen Straße stellte sich A dem B in den Weg, um ihn mit vorgehaltener Waffe dazu zu zwingen, sich durchsuchen und seine Wertsachen abnehmen zu lassen. Dabei war er so nervös, dass sich unerwartet ein Schuss aus der leichtfertig ungesicherten Waffe löste. B brach tödlich getroffen zusammen und starb Sekunden später. Entsetzt über das, was er angerichtet hatte, verließ A den Tatort, ohne etwas mitzunehmen. – A ist wegen Rücktritts von dem bis dahin unbeendeten Raubversuchs gemäß § 24 Abs. 1 S. 1 Alt. 1 nicht mehr wegen versuchten Raubs mit Todesfolge (§§ 249, 22, 23 Abs. 1, 251) strafbar, auch nicht wegen versuchten besonders schweren Raubes (§§ 249, 250 Abs. 2 Nr. 1, 22, 23 Abs. 1, 12 Abs. 1), nicht einmal wegen versuchten Diebstahls (§§ 242 Abs. 1, 2, 22), sondern lediglich wegen fahrlässiger Tötung (§ 222) in Tateinheit mit versuchter Nötigung (§§ 240 Abs. 1, 3, 22).[371]

Klausurhinweis: *Diese Konstellation ist sehr häufig Klausurgegenstand.*

3. Ob es bei versuchtem oder später vollendetem Grunddelikt einen **Teilrücktritt vom Versuch sonstiger Vorsatz-Qualifikationen** geben kann – z.B. durch Fortwerfen der mitgeführten Waffe nach Beginn eines Raubes – ist umstritten. **423**

Das **überwiegende Schrifttum** lässt auch hier **Teilrücktritt** zu. Führe der Täter eine „rechtlich erhebliche Unrechtsreduzierung" herbei, bilde dies – schon aus Strafzweckgesichtspunkten – eine ausreichende Zäsur für § 24 Abs. 1 S. 1 Alt. 1.[372] Es bleibt dann nur bei der Strafbarkeit wegen des Grunddelikts. **424**

Die **Rspr.** ist erheblich zurückhaltender: Ausgehend von der Behandlung des Grunddelikts und der Qualifikation als zwei „Taten" erlaubt der BGH einen Teilrücktritt nur dann, wenn – für sich betrachtet – die **straferschwerenden Umstände nur versucht** worden sind. Führt der Täter beim Versuch des Grunddelikts (insbesondere §§ 242 Abs. 1, 2, 22, 23 / §§ 249, 22, 23 Abs. 1, 12 Abs. 1) eine Waffe oder ein sonstiges gefährliches Werkzeug **425**

369 BGH RÜ 2020, 95 mit RÜ-Video 02/20 unter t1p.de/jvem.

370 BGH a.a.O.

371 BGHSt 42, 158.

372 Frister Kap. 24 Rn.10; Sch/Sch/Eser/Bosch § 24 Rn. 113; Zaczyk NStZ 1984, 213.

bei sich (§ 244 Abs. 1 Nr. 1 a / § 250 Abs. 1 Nr. 1 a) oder verwendet er diese sogar (§ 250 Abs. 2 Nr. 1), hat er die strafschärfende Gefahr aber bereits realisiert, die Qualifikation ist wertungsmäßig vollendet – mag juristisch wegen des Versuchs des Grunddelikts insgesamt nur eine versuchte Qualifikation vorliegen. Für einen Teilrücktritt besteht dann kein Grund mehr.[373]

Daher hat der BGH in dem eingangs geschilderten Beispiel der Lebensmittelerpressung Teilrücktritt des A auch noch von der versuchten besonders schweren räuberischen Erpressung gemäß §§ 253, 255, 250 Abs. 2 Nr. 1 Alt. 2, 22, 23, 12 Abs. 1 durch Auffindenlassen der für den Erpressungsversuch verwendeten Nahrung als gefährliche Werkzeuge abgelehnt.[374]

III. Erneuter Versuch nach Rücktritt

426 Die Strafbefreiung für die Vergangenheit schließt nicht die Bestrafung für einen **erneuten Versuch** aus. Ein solcher kann nach einem wirksamen Rücktritt von der Aktivtat oft als Versuch eines unechten Unterlassungsdelikts gegeben sein, wenn der Täter den neuen Tatentschluss fasst, untätig zu bleiben. Diese Konstellation wird leicht übersehen!

Beispiel: A würgt B bis zur Bewusstlosigkeit und verlässt B dann in der Vorstellung, B werde bald wieder zu sich kommen. Als er nach Stunden zurückkehrt und er B immer noch in derselben Position vorfindet, glaubt A, B habe durch das Würgen doch so lange an Sauerstoffmangel gelitten, dass B einen Hirnschaden davon getragen habe und bald sterben werde. Um B sterben zu lassen, verlässt er erneut das Haus. B überlebt.[375] – Vom Versuch des Totschlags durch Würgen ist A gemäß § 24 Abs. 1 S. 1 Alt. 1 zurückgetreten, als er das erste Mal das Haus verließ (dazu genauer oben Rn. 404). Als er nach Stunden, also nach einer zeitlichen Zäsur zurückkehrte, fasste er einen neuen Entschluss zum Totschlag durch Unterlassen. Hiervon konnte er durch das erneute Verlassen des Hauses nicht zurücktreten. Er hätte sich zumindest aktiv und ernsthaft um Rettung bemühen müssen, § 24 Abs. 1 S. 2 (s. dazu oben Rn. 410).

D. Die Rücktrittsvoraussetzungen im Einzelnen

427 In einem strafrechtlichen Gutachten brauchen Sie keine theoretischen Überlegungen zur Rechtsnatur des Rücktritts anzustellen. Gehen Sie ohne weitere Erklärungen von der h.M. aus und prüfen Sie den Rücktritt als **persönlichen Strafaufhebungsgrund** (s.o. Rn. 401) erst nach Bejahung der allgemeinen Deliktsmerkmale des Versuchs, also **nach der Schuld**, aber vor etwaigen benannten Strafzumessungsgesichtspunkten.

Die Prüfung der **Rücktrittsvoraussetzungen** sollte sich streng am Gesetzeswortlaut orientieren und in dem die Prüfung einleitenden Obersatz immer auch die zu prüfende **Rücktrittsvariante benennen**. Da § 24 Abs. 1 S. 1 Alt. 1 die tätergünstigste Alternative enthält, bietet es sich an, mit dieser zu beginnen.

Klausurhinweis: *Vergessen Sie dabei nicht, jeweils das Täterverhalten mitzuerwähnen, das für diese Rücktrittsvariante infrage kommt, also etwa im letzten Beispiel: „A könnte gemäß § 24 Abs. 1 S. 1 Alt. 1 strafbefreiend vom Diebstahlsversuch zurückgetreten sein, indem er auf die Wegnahme des Parfüms verzichtete."*

Erst danach sollten bei den Rücktrittsvoraussetzungen die Begriffe „unbeendeter Versuch", „beendeter Versuch" angesprochen werden.

---

373 BGH NJW 2007, 1699.

374 BGH RÜ 2020, 95, 99.

375 Vgl. BGH RÜ 2010, 22.

Klausurhinweis: *Innerhalb (!) der Prüfung der Rücktrittsvoraussetzungen ist auf einen etwaigen Fehlschlag einzugehen. Orientieren Sie sich dabei in Ihrer Lösung möglichst an der h.M. Anderenfalls wird Ihre Arbeit unnötig kompliziert – zumal bei den Rücktrittsvoraussetzungen die wichtigeren Probleme erst noch kommen.*

Dringend ***abzuraten*** *ist davon, den Fehlschlag als „Anwendbarkeitsvoraussetzung" oder „negatives Rücktrittsmerkmal" voranzustellen. Das bringt Ihnen unweigerlich den Korrekturhinweis ein: „Wo steht das?!" Überzeugender ist die Lösung, wenn Sie den Fehlschlag erst im Zusammenhang mit den Rücktrittsvoraussetzungen erläutern.*[376]

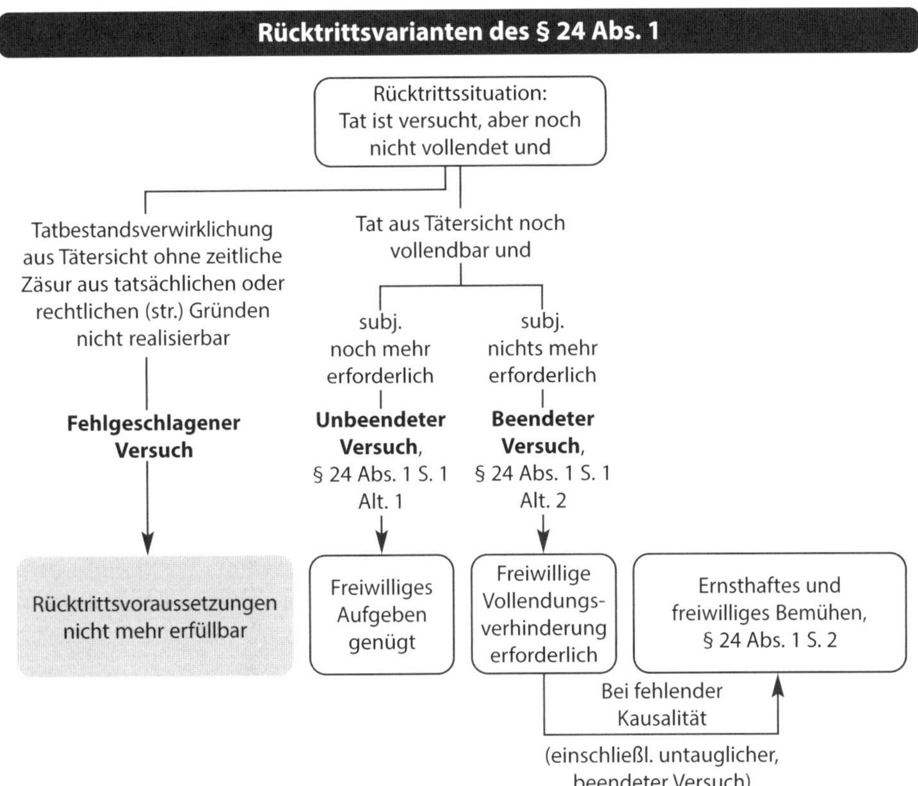

I. Keine Vollendung

1. Zurechenbare Tatvollendung schließt Rücktritt aus

Ein strafbefreiender Rücktritt ist immer ausgeschlossen, wenn das Delikt vollendet ist. **428**
Dies ist grundsätzlich auch dann der Fall, wenn der Erfolg **entgegen der Erwartung des Täters nach Abstandnahme** von der weiteren Tatausführung eintritt.

376 Frister Kap. 24 Rn. 20.

Fall 16: Nachträglicher Wegfall des Vollendungswillens

X hatte zur Tötung seines Kleinkindes eine starke Überdosis Schlafmittel unter den Brei gemischt und den bitteren Geschmack des Medikaments durch Zucker versüßt. Nachdem er das Kind bereits mit einem Teil des Breis gefüttert hatte, kamen ihm Gewissensbisse, und er schüttete den Rest des Breis fort. Weiter unternahm X nichts, weil er überzeugt war, dass die verabreichte Menge allenfalls zu einer Magenverstimmung führen könnte, keinesfalls aber lebensgefährlich sein würde. Das Kleinkind starb jedoch bereits an der eingenommenen Dosis. Strafbarkeit des X?

429 **I.** In Betracht kommt **Totschlag, § 212**.

1. X hat durch das Beibringen der Überdosis Schlafmittel objektiv den Tod des Kindes verursacht. Da der Tod gefahrtypische Folge der Medikamentenvergiftung war und der Risikozusammenhang durch den Irrtum des X über die Wirksamkeit des Gifts nicht beeinträchtigt wird, ist die Todesfolge auch objektiv zurechenbar.

430 **2.** X müsste Tötungsvorsatz besessen haben. Aus den §§ 16 Abs. 1 S. 1, 8 folgt, dass der Tatbestandsvorsatz nur **im Zeitraum der den Versuchsbeginn kennzeichnenden Handlung** vorliegen muss, und zwar nur so lange, wie der Täter den Kausalverlauf beherrscht. Auf Vorsatz bei Erfolgseintritt kommt es nicht mehr an, weil sich der Täter sonst – ungeachtet der Rücktrittsvoraussetzungen – allein durch Aufgabe des Realisierungswillens von der Vorsatzstrafbarkeit befreien könnte.[377]

431 Dass X also schon nach Füttern des vergifteten Breis und vor dem Tod des Kindes den Tötungsplan fallen ließ, ist unbeachtlich. Als er die Ursache für den Tod des Kindes setzte und ihm das Gift beibrachte, besaß X Tötungswillen. X kannte auch den Kausalverlauf in seinen wesentlichen Zügen; der Umstand, dass entgegen seiner Vorstellung bereits die geringe Menge des Schlafmittels zum Tode führte, ist nur eine **unwesentliche Abweichung vom Kausalverlauf**.

3. Rechtswidrigkeit und Schuld liegen vor.

432 **4.** Fraglich ist, ob **§ 24 Abs. 1 S. 1 Alt. 1** deshalb eingreift, weil X freiwillig von der weiteren Tatausführung Abstand genommen hatte, als der Tötungserfolg noch nicht eingetreten war und nach seiner Vorstellung noch nicht alles getan war, um die Tatbestandserfüllung herbeizuführen (**unbeendeter Versuch**).

433 **Ein strafbefreiender Rücktritt ist immer ausgeschlossen, wenn das Delikt vollendet ist**, also grundsätzlich auch dann, wenn der Erfolg entgegen der Erwartung des Täters nach Abstandnahme von der weiteren Tatausführung eintritt. Nur, wenn trotz tatsächlichem Erfolgseintritt Vollendungsstrafbarkeit wegen Vorsatztat ausscheidet und deshalb wieder Raum für den Versuch bleibt, kann ein Rücktritt desjenigen, der geglaubt hat, der Erfolg werde ohnehin nicht eintreten, nach § 24 infrage kommen (s.u. Rn. 435).

Beispiele: Fehlende Kausalität, fehlender objektiver Zurechnungszusammenhang, fehlende subjektive Zurechenbarkeit infolge wesentlicher Kausalabweichung

377 Vgl. Roxin/Greco AT I § 12 Rn. 90.

Aufbau: *Beginnen Sie in allen Fällen dieser Art zunächst mit der Prüfung der vollendeten Tat. Erst danach folgt die Versuchs- und Rücktrittsprüfung.*

Die Verabreichung des Schlafmittels führte objektiv zurechenbar den Tod herbei, auch wenn X später davon ausging, das Kind werde nicht sterben und auch keinen Tötungswillen mehr hatte. Da es jedoch auf seinen Willen bei der Verabreichung des Breis ankommt, liegt ein **vollendeter Totschlag** vor. Ein Rücktritt ist ausgeschlossen.

II. Die Tat könnte als **Mord** gemäß **§ 211** anzusehen sein. X handelte **heimtückisch**, weil er durch das Versüßen des Breis zielgerichtet die **natürlichen Abwehrinstinkte** des Kindes ausschaltete und damit die Arg- und Wehrlosigkeit ihres Opfers in feindlicher Willensrichtung ausnutzte.[378]

III. Als Durchgangsdelikt zum Mord tritt die **gefährliche Körperverletzung** gemäß **§§ 223, 224 Abs. 1 Nr. 1, 5** dahinter zurück.

Ergebnis: X ist mit h.M. wegen vollendeten Mordes, § 211, strafbar.

---

2. Rücktritt bei nur irrtümlich angenommener Tatvollendung

Der Rücktritt bei nur irrtümlich angenommener Tatvollendung ist gesetzlich nicht geregelt und wird auch im Schrifttum nicht erörtert. **434**

Klausurfall: A versteckt im Supermarkt des S Lebensmittel unter seiner Jacke. Dabei wird er heimlich von S beobachtet. S lässt A aus Mitleid gewähren. Noch vor dem Verlassen des Supermarkts reut A jedoch sein Verhalten und er legt die Lebensmittel wieder zurück.

Objektiv war der Diebstahl nicht vollendet, weil eine Wegnahme am Einverständnis des S scheiterte. Gegeben ist ein Versuch, weil A den Tatbestandsausschluss nicht kannte. Zweifelhaft ist, ob in dem Zurücklegen der Ware ein „Verhindern der Tatvollendung" nach § 24 Abs. 1 S. 1 Alt. 2 zu sehen ist, denn subjektiv hatte A bereits fremden Gewahrsam gebrochen, für ihn war die Tat bereits vollendet. Von einer vollendeten Tat gibt es aber keinen Rücktritt mehr.

Man kann in solchen Fällen entweder den Rücktritt ablehnen oder aus dem Rechtsgedanken des § 24 Abs. 1 S. 2 **Strafbefreiung wegen der Rücktrittsbemühungen** annehmen. Für Letzteres spricht, dass sich der Täter in einer Lage befindet, in der wie beim untauglichen Versuch keine Vollendung möglich ist und deshalb auch gar nicht mehr verhindert werden kann. Deshalb spielt es keine Rolle, ob der Rücktritt zeitlich früher oder später geschieht; entscheidend ist die freiwillige Umkehr des Geschehenen vor Eintritt eines Schadens.

3. Rücktritt bei nicht zurechenbarem Erfolgseintritt

Dazu folgende Fallgruppen: Nach beendetem Versuch bemüht sich der Täter vergeblich um das Ausbleiben des Erfolges. **Der Erfolg tritt später ein, aber ohne dass die Tathandlung hierfür kausal war** oder die objektive bzw. subjektive Zurechnung gegeben ist. **435**

Beispiele:

- A gibt B ein langsam wirkendes Gift. Dann bereut er sein Verhalten und reicht B ein Gegenmittel. Noch vor Wirksamwerden des Gifts und des Gegenmittels stirbt B an einem Gehirnschlag.

---

378 Vgl. BGHSt 8, 216, 218.

- A gibt B das Gift. Dann reut ihn sein Verhalten. Er klärt B auf und will das Gegenmittel aus dem Keller holen. Mit dem spontan gefassten Willen, aus dem Leben zu scheiden, schließt B den A im Keller ein und stirbt an den Folgen des Gifts.

Taten wie diese sind trotz Eintritts des Taterfolges juristisch gesehen Versuche, weil der Erfolg dem Täter nicht als Vollendung der Vorsatztat angelastet werden kann.

Rücktritt nach § 24 Abs. 1 S. 1 Alt. 2 ist hier nicht möglich, weil der Eintritt des Erfolges nicht verhindert wurde. Eine Spezialregelung, wie sie für Versuche mit mehreren Tatbeteiligten in § 24 Abs. 2 S. 2 Alt. 2 enthalten ist (Rücktritt, wenn die Tat „unabhängig vom früheren Tatbeitrag begangen wird"), fehlt für den Einzeltäter. Nach **allgemeiner Ansicht** gilt für diese Fälle **§ 24 Abs. 1 S. 2**. Es genügt also, dass sich der Täter **ernsthaft und freiwillig um die Erfolgsverhinderung bemüht** hat.[379]

II. Rücktritt bei mehraktigem Versuchsgeschehen

436 Unter welchen Voraussetzungen ein strafbefreiender Rücktritt bei mehraktigem Versuchsgeschehen möglich ist, ist **umstritten** und höchst klausurrelevant.

1. Vom Täter erkanntes Misslingen der ersten Ausführungshandlungen

437 Das Wort **„weitere" in § 24 Abs. 1 S. 1 Alt. 1** verlangt für die Möglichkeit des Rücktritts, dass es sich immer noch um denselben Versuch handelt. Liegt hingegen bereits ein **neuer, weiter Versuch** vor, kann der Täter für den bereits abgeschlossenen Versuch nachträglich keine Strafbefreiung mehr erlangen.

Fall 17: Abgrenzung des unbeendeten vom fehlgeschlagenen und vom beendeten Versuch; Einzelakttheorie gegen Gesamtbetrachtungslehre

A wollte seine Ehefrau E wegen der von ihr geäußerten Scheidungsabsicht töten. Er übergoss sie plötzlich mit Benzin und versuchte, es anzuzünden. Bei der anschließenden Rangelei zwischen beiden, bei der A immer noch vergeblich versuchte, das Benzin mit Streichhölzern zu entflammen, gelang es der E, zu flüchten. A folgte ihr in den Garten, riss sie zu Boden und würgte sie, sodass sie vorübergehend das Bewusstsein verlor. Später verzichtete er aus nicht mehr aufklärbaren Motiven auf die ihm grundsätzlich noch mögliche Tötung.

Strafbarkeit des A? („Benzin-Fall", BGH NStZ 1986, 264)

A. Infrage kommt ein als Verbrechen strafbarer **versuchter Totschlag** gemäß **§§ 212, 22, 23 Abs. 1, 12 Abs. 1** durch den Brandanschlag und das spätere Würgen.

Aufbau: *Versuchsabläufe mit mehreren Handlungen sollte man* ***auf keinen Fall in Tatkomplexe*** *zergliedern. Dadurch verstellt man sich den Blick für die Frage, ob nach Misslingen der ersten Handlungen doch noch Rücktritt durch Verzicht auf spätere Handlungen möglich ist. Wie der vorliegende Fall zeigen wird, bejaht das die h.M. aber!*

---

379 Lackner/Kühl/Heger § 24 Rn. 20.

I. Da keines der Tatmittel den Tod der E herbeigeführt hat, ist A nicht aus Vollendung strafbar. Er hatte bis zum Lösen des Würgegriffs durchgängig den Tatentschluss, seine Frau umzubringen. Indem er begann, die Streichhölzer zu entzünden, hat A plangemäß unmittelbar zur Tatausführung angesetzt, § 22. Rechtswidrigkeit und Schuld sind gegeben.

II. Fraglich ist, ob A gemäß **§ 24 Abs. 1 S. 1 Alt. 1** von dem Versuch zurückgetreten ist, als er darauf verzichtete, den Würgegriff bis zum Todeseintritt beizubehalten.

1. Dann müsste hierin ein **Aufgeben der „weiteren" Tatausführung** liegen. Das Wort „weitere" in § 24 Abs. 1 S. 1 Alt. 1 verlangt für die Möglichkeit des Rücktritts, dass sich A bei dem Verzicht auf das Würgen immer noch bei demselben Versuch befunden haben muss, zu dem er durch Anreißen der Streichhölzer unmittelbar angesetzt hat. Lag dagegen in dem vergeblichen Anzünden des Benzins bereits ein eigenständiger und abgeschlossener Versuch und ist das Würgen ein **neuer Versuch**, kann A für den bereits abgeschlossenen Versuch nachträglich keine Strafbefreiung mehr erlangen. 438

a) Die im Schrifttum nur noch **z.T.** vertretene **Einzelakttheorie** sieht in jeder Vornahme einer aus Tätersicht erfolgsgeeigneten Handlung einen **selbstständigen Versuch**. Erkenne der Täter, dass er mit dieser Handlung den tatbestandlichen Erfolg nicht herbeiführen könne, liege ein Fehlschlag vor, dessen rechtserschütternder Eindruck allein durch Unterlassen oder Nichtvollendung weiterer Versuche nicht „ex tunc" beseitigt werden könne.[380] 439

Eine Untermeinung der Einzelakttheorie stellt zusätzlich darauf ab, ob sich der jeweilige Einzelakt **verselbstständigt** hat. Hat der Täter einen Ausführungsakt vorgenommen, der seines Erachtens den tatbestandsmäßigen Erfolg herbeiführen und dessen Wirkungen er auch nicht mehr aufhalten konnte, so ist danach der Versuch beendet und mit Erkennen des Misslingens fehlgeschlagen.[381]

Auch A hat, als er mit den Streichhölzern das Entzünden des Benzins ermöglichen wollte, bereits eine für sich gesehen erfolgsgeeignete (und in der Diktion der Untermeinung: wegen der nicht mehr beherrschbaren Brandfolge „absolut verselbstständigte") Handlung vorgenommen. Als A erkannte, dass er mit diesem Mittel nicht zum Tatziel der Tötung gelangen konnte, **wurde der Versuch zum Fehlschlag**. Dass er später davon Abstand nahm, die Frau zu erwürgen, ist kein Aufgeben der weiteren Ausführung derselben Tat i.S.v. § 24 Abs. 1 S. 1 Alt. 1, sondern **Verzicht auf die Vollendung einer neuen Tat**.

Hauptargument gegen die Einzelakttheorie: Sie führt zu einer **unangemessenen Rücktrittsbeschränkung**. Auch der Täter eines beendeten Versuchs, der aus seiner Sicht das Opfer sogar tatsächlich lebensgefährlich verletzt hat, kann vom Versuch des Tötungsdelikts noch zurücktreten. Erst recht muss das möglich sein, wenn noch gar nichts passiert ist und der Täter sofort weitermachen könnte. Wenn ihm außerdem die Schonung seines Opfers keine Strafbefreiung bringt, führt man ihn in Versuchung, den Verbrechensplan zu Ende zu bringen, um sich durch Beseitigung des Opfers als Tatzeuge vor Bestrafung zu retten. Das widerspricht dem durch § 24 zumindest auch gewollten **Opferschutz**. Zuletzt führt die Einzelakttheorie zu einer **künstlichen Zersplitte-** 440

380 Vgl. Backmann JuS 1981, 340 f.; Freund/Rostalski, Strafrecht AT, 3. Aufl. 2019, § 9 Rn. 36.

381 Sch/Sch/Eser/Bosch § 24 Rn. 21.

rung eines einheitlichen Geschehens, wenn sie trotz Verfolgung desselben Tatziels bei derselben Tatgelegenheit durch den Täter nur wegen der Gefährlichkeit jeder Einzelhandlung mehrere eigenständige Versuche annimmt.

441 **b)** Heute beurteilen **Rspr.** und **h.L.** die Rücktrittssituation aus der Täterperspektive **nach Ausführung der letzten auf Erfolgsherbeiführung gerichteten Handlung**. Es wird gefragt, ob die Akte, die der Täter tatsächlich begangen hat und diejenigen, die ihm aus seiner Sicht noch möglich wären, einen einheitlichen Gesamtvorgang bilden **(Gesamtbetrachtung)**. Als Bewertungsmaßstab für diese Gesamtbetrachtung wird der Begriff der **natürlichen Handlungseinheit** aus der Konkurrenzlehre herangezogen (s. unten Rn. 749). Welche Rücktrittsvoraussetzungen gelten, hängt dann von der Vorstellung des Täters im Zeitpunkt des Verzichts auf weitere aus seiner Sicht erfolgsgeeignete Handlungen ab, sog. **Rücktrittshorizont**.

442 **aa)** Einzelne auf Herbeiführung des Taterfolges gerichtete Handlungen verbinden sich danach zu nur **einer Tat**, wenn sie **durch ein gemeinsames subjektives Element, den aufrechterhaltenen Deliktswillen, verbunden** sind und zwischen ihnen **ein unmittelbarer räumlicher und zeitlicher Zusammenhang besteht.** Die Einheitlichkeit eines solchen Versuchsgeschehens wird nicht dadurch unterbrochen, dass der Täter nach anfänglichem Misslingen des vorgestellten Tatablaufs sogleich zu der Annahme gelangt, der Taterfolg könne **ohne zeitliche Zäsur** mit den bereits eingesetzten oder anderen bereitstehenden Mitteln **noch herbeigeführt werden, auch wenn er an diese zuvor noch nicht gedacht hatte.**[382]

443 **bb) Die Handlungseinheit endet** aber, wenn der Täter zwischenzeitlich erkennt oder irrtümlich annimmt, dass er den von seinem Vorsatz umfassten Tatbestand **entweder überhaupt nicht** oder **nur noch mit einer zeitlichen Verzögerung (Zäsur)** oder **nur durch eine grundlegende Änderung des Tatplans** vollenden kann. Dann ist das bis dahin vorliegende Versuchsgeschehen als **Fehlschlag** abgeschlossen und jeder neue Angriff ist als neue selbstständige Tat zu behandeln.[383]

444 **cc)** Den **Maßstab für den räumlich-zeitlichen Zusammenhang** zieht die **Rspr.** je nach **Schutzgut** des Tatbestandes unterschiedlich: Bei Straftaten gegen das Leben und die körperliche Unversehrtheit reichen schon wenige Minuten für eine zeitliche Zäsur aus.

Dagegen können bei Vermögensdelikten wie Betrug und Erpressung auch mehrere Monate zwischen den Einzelakten der Verfolgung desselben Tatziels liegen, ohne dass eine Zäsur angenommen wurde. Der Täter kann dann von diesem mehraktigen Versuch dadurch zurücktreten, dass er auf weitere „Anläufe" zur Verfolgung seines ursprünglichen Tatziels verzichtet.[384]

Wendet man diese Formeln auf den vorliegenden Fall an, ergibt sich Folgendes: Der Versuch des Inbrandsetzens (Handlung 1) und des Würgens (Handlung 2) richteten sich gegen dasselbe Tatopfer, gingen ohne Änderung der Tatsituation zeitlich ineinander über

---

382 Vgl. etwa BGH RÜ 2019, 97 f.; BGH RÜ 2023, 170.

383 BGH RÜ 2005, 195; 2009, 641; BGH, Urt. v. 16.01.2019 – 2 StR 312/18, BeckRS 2019, 2538; Jescheck/Weigend § 51 II 4; Stratenwerth/Kuhlen § 11 Rn. 76; gegen die Gesamtbetrachtung Frister Kap. 24 Rn. 17, der aber über eine erweiterte Auslegung der Tatverhinderung gemäß § 24 Abs. 1 S.1 Alt. 2 – nämlich durch Unterlassen (Rn. 48) – zu denselben Ergebnissen gelangt; kritisch auch Baumann/Weber/Mitsch/Eisele § 23 Rn. 46 mit der Forderung nach restriktiver Auslegung der Gesamtbetrachtungslehre über das Merkmal der Freiwilligkeit.

384 BGH RÜ 2014, 97 zum Betrugsversuch; BGH RÜ 2016, 371 zur versuchten räuberischen Erpressung.

und waren **durchgängig vom Tötungsvorsatz** des A getragen. **Der Wechsel des Tötungsmittels steht der Einheitlichkeit des Versuchsgeschehens nicht entgegen.** Zwischen beiden Angriffen bestand deshalb eine natürliche Handlungseinheit.

Dieser gesamte Tötungsangriff wurde auch nicht zum Fehlschlag, als A mit dem Würgen aufhörte, weil er wusste, dass er mit diesem einsatzbereiten Mittel seine Tat noch vollenden konnte.[385] In dem Moment, in dem A auf das Würgen verzichtete, befand er sich nach h.M. immer noch bei derselben Versuchstat, die er durch den Brandanschlag begonnen hatte.

2. A konnte in dieser Situation durch schlichtes Aufhören nur Strafbefreiung erlangen, **445**
wenn noch ein **unbeendeter Versuch** vorgelegen hätte. Auch über die Frage, ob ein beendeter oder unbeendeter Versuch vorliegt, entscheidet der **Rücktrittshorizont**:[386]

- **Unbeendet** ist der Versuch, wenn der Täter im Zeitpunkt der letzten Ausführungs- **446**
  handlung **glaubt, der Erfolg werde nicht ohne Weiteres eintreten**.

  Allerdings muss der Täter dann zugleich wissen bzw. glauben, dass ihm noch weitere Mittel zur Verfügung stehen, um die Tat vollenden zu können, weil sonst wiederum ein fehlgeschlagener Versuch vorliegt.[387]

- **Beendet ist** der Versuch erst dann, wenn der Täter nach der letzten Ausführungs- **447**
  handlung **den Erfolgseintritt für möglich hält**. Dafür genügt allein die Kenntnis oder auch nur irrige Annahme der maßgebenden Umstände, sog. Gefahrbewusstsein.

  Bei schweren Verletzungen, die der Täter wahrgenommen hat, ist dies grundsätzlich **448**
  zu bejahen.[388] Ob der Täter nun noch den **Erfolg will oder billigt, ist bedeutungslos**. Er braucht auch keine Gewissheit des Erfolgseintritts zu haben.[389] Es genügt sogar, wenn sich der Täter nach Abschluss der Ausführungshandlungen **überhaupt keine Vorstellungen über die Folgen** seines Tuns macht. Der **Gleichgültige** rechnet sowohl mit der Möglichkeit des Nichteintritts als auch des Eintritts des Erfolges; Letzteres genügt für die Annahme eines beendeten Versuchs.[390]

Als A von der E abließ, war der bisherige Tatablauf aus seiner Sicht noch nicht geeignet, den Tod herbeizuführen. Da er auch noch die Möglichkeit gehabt hätte, den Würgegriff beizubehalten, befand sich A noch im Stadium des unbeendeten Versuchs. Hierbei genügt für den Rücktritt schon das **Aufgeben der weiteren Tatausführung**, also für A das Lösen der Umklammerung (§ 24 Abs. 1 S. 1 Alt. 1).

3. A müsste **freiwillig** gehandelt haben. Freiwillig handelt, wer durch **autonome (selbstgesetzte) Motive** zum Rücktritt bewegt wird („ich will nicht mehr, selbst wenn ich könnte"). Seine Motive sind hier nicht aufklärbar. Nicht auszuschließen ist jedoch, dass Reue oder Mitleid den Rücktritt ausgelöst haben. Solche Zweifel sind auch beim

---

385 BGH NStZ 1986, 264, 265 zum vorliegenden Fall.

386 BGH RÜ 2016, 300.

387 BGHSt 31, 170, 177; 33, 295, 297; BGH NStZ 1986, 312; NStZ 1999, 299; Wessels/Beulke/Satzger Rn. 1038.

388 BGH RÜ 2020, 167.

389 BGH NStZ 1999, 300.

390 BGHSt 40, 304; BGH RÜ 2015, 437.

Rücktritt nach dem Grundsatz **„in dubio pro reo"** zu lösen.[391] Zugunsten des A ist damit von Freiwilligkeit auszugehen.

A ist strafbefreiend vom Versuch des Totschlags zurückgetreten.

B. Der Rücktritt erfasst auch den in dem Tötungsakt liegenden **Mordversuch** aus niedrigen Beweggründen gemäß **§§ 211, 22, 23 Abs. 1, 12 Abs. 1**.

C. Durch das Würgen der E bis zur zeitweisen Bewusstlosigkeit hat A eine **gefährliche Körperverletzung** gemäß **§§ 223, 224 Abs. 1 Nr. 5** (lebensgefährdende Behandlung) vollendet. Der Rücktritt vom Tötungsversuch bewirkt nach § 24 nur, dass der Täter „wegen Versuchs nicht bestraft" wird. Verwirklicht er bei diesem Versuch andere Delikte – sog. **qualifizierter Versuch** –, so wird der Täter wegen deren Vollendung bestraft.[392]

Ergebnis: A ist wegen gefährlicher Körperverletzung strafbar.

---

2. Rücktrittshorizont ist das letzte – wenn auch zwischenzeitlich korrigierte – Vorstellungsbild des Täters

449 Entscheidend ist als Rücktrittshorizont immer das **letzte (eventuell korrigierte) Vorstellungsbild** des Täters vor dem Verzicht auf weitere, aus seiner Sicht mögliche Tathandlungen.

> **Fall 18: Zwischenzeitliche Annahme der Tatvollendung**
>
> Als die E durch das Würgen das Bewusstsein verloren hatte, glaubte A, sie sei tot, und ließ von ihr ab. Nach wenigen Sekunden kam sie jedoch wieder zu sich. A bemerkte dies. Er verließ den Tatort, ohne sich erneut auf E zu stürzen. Strafbarkeit des A? (Abwandlung des vorhergehenden Falles)

450 **A.** A könnte durch den Brandanschlag wegen **versuchten Totschlags** gemäß **§§ 212, 22, 23 Abs. 1, 12 Abs. 1** strafbar sein.

I. Schon durch Übergießen der E mit Benzin hat A alle Voraussetzungen eines Versuchs erfüllt.

451 **II.** Nach der **Gesamtbetrachtungslehre** könnte er trotz des misslungenen Brandanschlages durch Abstandnehmen von der Weiterführung des zweiten Tötungsakts, dem Würgen, Strafbefreiung nach § 24 Abs. 1 S. 1 Alt. 1 erlangt haben. Voraussetzung ist jedoch, dass er sich noch in der Phase des **unbeendeten Versuchs** befunden hat. Dagegen könnte sprechen, dass A zunächst geglaubt hat, die E sei bereits tot. Wer glaubt, die Tat vollendet zu haben, schließt für sich aus, noch irgendetwas für die Tatvollendung tun zu müssen. Diese Vorstellung änderte sich jedoch wieder, als A bemerkte, dass die E noch gar nicht lebensgefährlich verletzt war. A sah sich nun von einer vollendeten Tat wieder zurückversetzt in einen Versuch.

---

391 BGH NStZ 1999, 300, 301.

392 Allg. Ansicht, vgl. Lackner/Kühl/Heger § 24 Rn. 23.

Für die Gesamtbetrachtungslehre spielen solche **Veränderungen im Vorstellungsbild des Täters keine Rolle**, sofern keine zeitliche Zäsur oder sonstige Veränderung der äußeren Situation und kein Fehlschlag vorliegen. Entscheidend ist als **Rücktrittshorizont immer das letzte Vorstellungsbild des Täters vor dem Verzicht auf weitere, aus seiner Sicht mögliche Tathandlungen.** **452**

Hinweis: *Hier liegt ein Problemschwerpunkt vieler Examensklausuren!*

- Der **Rücktrittshorizont kann erstmals entstehen**, nachdem der Täter erkannt hat, dass wider Erwarten die Tatvollendung doch noch nicht eingetreten war.[393] **453**
- Der Rücktrittshorizont kann sich auch durch die Wahrnehmung des Geschehens wieder **korrigieren**. Maßgeblich für die Rücktrittsvoraussetzungen ist dann **das letzte Vorstellungsbild** des Täters, sofern die Korrektur in räumlichen und zeitlichen Zusammenhang zur letzten Tathandlung erfolgt ist.[394] **454**
  - **Korrektur des Rücktrittshorizonts zugunsten des Täters:** Ein zunächst beendeter Tötungsversuch verwandelt sich in einen unbeendeten, wenn der Täter zunächst glaubt, alles zur Tötung Erforderliche getan zu haben, aber schon wenige Augenblicke später zu der Vorstellung gelangt, dass das Opfer aufgrund der bisherigen Handlungen noch nicht ernstlich verletzt ist. – **Folge:** Strafbefreiender Rücktritt durch freiwilliges Untätigbleiben.[395] **455**
  - **Korrektur des Rücktrittshorizonts zulasten des Täters:** Der Täter rechnet zunächst nicht damit, dass der Erfolg aufgrund des bisher Geschehenen eintreten kann und bleibt deshalb untätig. In engem räumlichen und zeitlichen Zusammenhang zum Bisherigen erkennt er jedoch, dass nunmehr doch die Gefahr des Erfolgseintritts besteht, bleibt aber immer noch passiv. – Nach **BGH**[396] **kein strafbefreiender Rücktritt mehr durch Passivität**, weil sich der zunächst unbeendete in einen beendeten Versuch verwandelt habe und der Täter nunmehr die dafür strengeren Rücktrittsanforderungen des § 24 Abs. 1 S. 1 Alt. 2 erfüllen müsse.[397] **456**

Im vorliegenden Fall war die äußere Situation unverändert. Weil A die E für tot hielt, entstand keine Zäsur durch Fehlschlag. A hätte E, nachdem sie wieder zu sich gekommen war, weiter würgen können, bis ihr Tod eintrat. Zwischen dem ersten Würgen und dem möglichen weiteren Würgen hätte damit eine natürliche Handlungseinheit bestanden. Der Rücktrittshorizont entstand, als A auf das weitere Würgen verzichtete. Er befand sich zu diesem Zeitpunkt (wieder) bei dem Versuch, den er durch den Brandanschlag begonnen hatte. Da er davon ausging, dass seine Frau noch nicht lebensgefährlich verletzt war, war der Versuch unbeendet. Hiervon ist A gemäß § 24 Abs. 1 S. 1 Alt. 1 **durch freiwilligen Verzicht auf das Würgen strafbefreiend zurückgetreten.**

B. Die Strafbarkeit wegen **gefährlicher Körperverletzung** gemäß **§§ 223, 224 Abs. 1 Nr. 5** bleibt unberührt.

Ergebnis: A ist strafbar gemäß §§ 223, 224 Abs. 1 Nr. 5.

393 BGH RÜ 2011, 573.
394 BGH RÜ 2010, 22.
395 BGH RÜ 2015, 234; 2017, 572.
396 BGH NStZ 1998, 614; BGH, Urt. v. 15.03.2018 – 4 StR 397/17, BeckRS 2018, 5046.
397 Kritisch zu dieser Rspr. Ranft JZ 1989, 1128; Jäger NStZ 1999, 608.

3. Keine Zäsur eines mehraktigen Versuchsgeschehens durch erkannte Sinnlosigkeit des Weiterhandelns

457 Umstritten ist, ob bereits dann ein „Fehlschlag" vorliegt, wenn der Täter ein **außerhalb der Deliktsbeschreibung liegendes Ziel** (z.B. „Denkzettel") bereits erreicht hat und sein weiteres Handeln deswegen für „sinnlos" hält.

Fall 19: Fehlschlag und außertatbestandliche Zielverfehlung oder -erreichung

Um sich abzureagieren und dem Gasthausbesucher G „eine zu verpassen", stach A diesem mit einem scharfen und spitzen Küchenmesser in den Rücken. Dabei nahm er den Tod des G in Kauf. Dann zog A das Messer aus der Wunde und erkannte, dass G noch nicht lebensgefährlich verletzt war. Da seine Aggressionslust aber befriedigt war, stach er nicht mehr erneut zu und ließ sich widerstandslos von anderen Gästen entwaffnen. Strafbarkeit des A? („Denkzettel-Fall" nach BGH StV 1989, 247)

458 **I.** Weil G überlebt hat, kommt ein als Verbrechen strafbarer **Totschlagsversuch** infrage, **§§ 212, 22, 23 Abs. 1, 12 Abs. 1.**

1. A müsste Tatentschluss gehabt haben. Zwar ging es ihm mit dem erstrebten „Denkzettel" um einen Erfolg, der außerhalb eines Straftatbestandes lag. Doch nahm A zur Erreichung dieses Ziels – als **Begleitvorstellung** – in Kauf, dass G durch die Messerattacke zu **Tode** kommen konnte. Ein solcher Eventualvorsatz genügt für § 212. Da der Versuch auch nicht auf zielgerichtete Unrechtshandlungen beschränkt ist,[398] hatte A Tatentschluss. Zu dessen Verwirklichung setzte A mit dem Stich in den Rücken seines Opfers unmittelbar an. Der Angriff geschah rechtswidrig und schuldhaft.

459 **2.** Möglicherweise hat A aber dadurch, dass er von weiteren Stichverletzungen abgesehen hat, bevor die übrigen Gäste eingeschritten sind, Strafbefreiung nach **§ 24 Abs. 1 S. 1 Alt. 1** erlangt. Dann müsste in diesem Zeitpunkt **Rücktritt durch schlichte Untätigkeit** überhaupt noch möglich gewesen sein.

a) Die **Einzelakttheorie** (s.o. Rn. 439) hat mit der vorliegenden Fallkonstellation keine Probleme: Ganz unabhängig davon, ob A „nur" dolus eventualis hatte und ob er sein „Denkzettel-Ziel" auch ohne den Tod des G erreicht hat, ist für diese Theorie entscheidend, dass A mit dem Stich einen lebensgefährlichen Handlungsakt vollzogen hat, den er durch Absehen von weiteren Stichen nicht ungeschehen machen konnte. Danach liegt zumindest ein beendeter Versuch vor, von dem durch Passivität allein nicht zurückgetreten werden kann.

460 **b)** Die **Gesamtbetrachtungslehre** gerät im vorliegenden Fall in Schwierigkeiten: Stellt man allein auf das Vorstellungsbild des A bezüglich der Vollendbarkeit der Tatbestandsmerkmale des § 212 ab, so lag im Zeitpunkt des Nicht-Weiterhandelns ein unbeendeter Versuch vor, denn **A hatte erkannt, dass G noch nicht lebensgefährlich verletzt war**, dass also mit dem einen Stich nicht alles zur Tötung Erforderliche getan war und weitere Stiche ohne Weiteres noch möglich waren. Auf der anderen Seite wären weitere Stiche für A überflüssig gewesen, weil sein Zorn inzwischen „verraucht" war. Wegen der nach seiner Vorstellung tatsächlich noch möglichen, aber nach seinem Plan sinnlos gewordenen Handlungen könnte der Versuch zum Fehlschlag geworden sein.

398 Vgl. Streng JZ 1990, 212, 219 m.w.N.

Das Problem des **„sinnlos gewordenen Weiterhandelns" als Fehlschlag** taucht häufig auf. Immer geht es darum, ob und inwieweit man bei der Ermittlung des Fehlschlags neben der Realisierbarkeit der Deliktsmerkmale **außertatbestandliche Motive und Ziele** berücksichtigt. Die bekannten Fälle lassen sich wie folgt systematisieren: **461**

- Für den Täter ist das Weiterhandeln **sinnlos**, weil er erkennt, dass er zwar den Tatbestand noch vollenden könnte, sein **mit der Tat verfolgtes, außerhalb der Deliktsbeschreibung liegendes Ziel aber nicht erreichbar ist**. Unterfälle: **462**

  - Der Täter erkennt nach Versuchsbeginn, dass er einem **Identitätsirrtum** unterlegen war und dass das Opfer für ihn nicht von Interesse ist.

    Beispiele:

    X legt ein Gewehr in der Vorstellung auf einen Menschen an, seinen Feind F zu erschießen. Im letzten Moment stellt er jedoch fest, dass er nicht auf F, sondern auf Y gezielt hat (s.o. Rn. 419).

    Der Täter will aus einem fremden Garten einen roten Ball entwenden und stellt nach dem Eindringen enttäuscht fest, dass es sich um eine Holzkugel handelt.

    Während das RG[399] im letztgenannten „Holzkugel-Fall" freiwilligen Rücktritt bejaht hat, weil der Täter die ihm noch mögliche Wegnahme einer wenn auch anderen Sache nicht vollendet habe, sieht das überwiegende Schrifttum in dem erkannten Identitätsirrtum eine Art „Wegfall der Geschäftsgrundlage", der die Tat ebenso zum Fehlschlag werden lasse wie die tatsächliche Unmöglichkeit der Tatvollendung.[400]

  - Das Tatobjekt bleibt hinter einer konkreten Erwartung des Täters zurück, d.h. **das Vorgefundene enttäuscht** den in seinem Tatplan auf eine bestimmte Sache oder eine Größenordnung der Beute fixierten Täter.

    Beispiel: A benötigt für einen neuen Berufsbeginn eine Geldsumme i.H.v. 3.000 €, findet aber in dem von ihm aufgebrochenen Geldschrank seines Opfers nur Kleingeld, das er enttäuscht zurücklässt. Der BGH[401] verneinte vor Geltung des § 24 den Rücktritt mangels Freiwilligkeit. Das überwiegende Schrifttum sieht in dem Scheitern des auf eine ganz bestimmte Beute gerichteten Tatplans einen Fehlschlag, auch wenn der Täter die Tat an dem Vorgefundenen noch vollenden könne.[402]

- Für den Täter ist das Weiterhandeln **sinnlos**, weil er erkennt, dass er zwar den Tatbestand noch vollenden könnte, sein mit der Tat verfolgtes, **außerhalb der Deliktsbeschreibung liegendes Ziel (z.B. „Denkzettel") aber bereits erreicht ist**. **463**

  Beispiel 1:[403] T will die Freundin F seiner Ehefrau E „aus dem Weg schaffen", um seine Ehefrau töten zu können. F flüchtet verletzt vom Tatort und macht ihm „den Weg frei". T hat sein „außertatbestandliches Handlungsziel" bzgl. F also bereits erreicht. Dass er die Nutzlosigkeit der weiteren Verfolgung der F erkennt und von ihr ablässt, führt nicht zur Annahme eines fehlgeschlagenen Versuchs (sodass ein Rücktritt noch möglich ist).

  Beispiel 2:[404] Schülerin S sticht ihre Mitschülerin M nieder, um aufgrund familiärer Probleme wegen der Tötung der M eine Haftstrafe zu erhalten. Nachdem M schwer verletzt zusammensackt, übergibt S widerstandslos ihr Messer an eine Lehrkraft. Sie erkennt dabei, dass M nicht tödlich ver-

---

399 RGSt 39, 37.

400 Roxin NStZ 2009, 319; Sch/Sch/Eser/Bosch § 24 Rn. 11.

401 BGHSt 4, 56; 13, 156.

402 Sch/Sch/Eser/Bosch § 24 Rn. 11 m.w.N.

403 BGH RÜ 2023, 25.

404 BGH RÜ 2022, 437.

letzt ist, denkt aber, ihr Ziel, ins Gefängnis zu kommen, trotzdem erreicht zu haben (kein Fehlschlag, Rücktritt möglich).

464 Auch der vorliegende Denkzettel-Fall gehört in die letztgenannte Kategorie: A hätte zwar noch weiter zustechen können; diese Handlungen hatten jedoch, nachdem er seine **Aggressionslust** bereits durch den ersten Stich **abreagiert** hatte, für ihn keinen Sinn mehr.

465 **aa)** Das **Schrifttum** nimmt einen **Fehlschlag** an, wenn für den Täter wegen der Zielerreichung vor Vollendung jedes Weiterhandeln überflüssig geworden ist. Das Rücktrittsprivileg könne nur dem zugutekommen, der auch in die Legalität zurückgekehrt sei. „Aufgeben" i.S.v. § 24 Abs. 1 S. 1 Alt. 1 sei deshalb nicht identisch mit bloßem Aufhören, sondern verlange das Nichtweiterverfolgen des deliktischen und außertatbestandlichen Ziels. **Wer sein Ziel erreicht habe, könne nichts mehr aufgeben.**[405]

466 **bb)** Nach anfänglichem Schwanken der Rspr. hat der Große Senat für Strafsachen beim **BGH** die vorliegende Rechtsfrage gegen die h.Lit. entschieden. Danach ist unter **„Tat" i.S.v. § 24** nur die in dem jeweiligen gesetzlichen **Straftatbestand** umschriebene Handlung und der tatbestandsmäßige Erfolg zu verstehen. Dementsprechend beschränke sich auch beim unbeendeten Versuch der Entschluss, die weitere Tatausführung aufzugeben, nur auf die Verwirklichung der gesetzlichen Merkmale. Auf weitergehende, **außertatbestandsmäßige Beweggründe, Absichten oder Ziele** stellten weder der versuchsbegründende § 22 noch der den Rücktritt ermöglichende § 24 ab. Dies diene zudem dem **Opferschutz**, denn das Opfer könne auch noch dann akut gefährdet sein, wenn der Täter sein Handlungsziel subjektiv erreicht habe.[406]

Damit steht die Tatsache, dass A dem G schon mit dem ersten Stich den erstrebten „Denkzettel" verpasst hatte, der Anwendung von § 24 nicht entgegen. Da er ohne Weiteres erneut zustechen konnte, lag im Zeitpunkt des Nicht-Weiterhandelns noch kein Fehlschlag vor.

c) Weil A erkannte, dass G noch nicht lebensgefährlich verletzt war, befand er sich vielmehr im Stadium des unbeendeten Versuchs. Als er sich widerstandslos festnehmen ließ, hat er **freiwillig die weitere Ausführung der Tat aufgegeben**. Eine Bestrafung wegen Totschlagsversuchs entfällt.[407]

II. Nicht erfasst von dem Rücktritt wird die vollendete **gefährliche Körperverletzung** durch den Messerstich, **§§ 223, 224 Abs. 1 Nr. 1, 5**.

Ergebnis: A ist strafbar gemäß §§ 223, 224 Abs. 1 Nr. 1, 5.

---

405 Vgl. Puppe NStZ 1990, 433 und JZ 1993, 361; Roxin JR 1986, 424, 426; Rudolphi JZ 1991, 525; NK/Engländer § 24 Rn. 52.

406 BGHSt 39, 221; BGH NStZ 1994, 493; vgl. auch BGH StV 1997, 128; NStZ 2008, 275 f.; zustimmend Kindhäuser/Zimmermann § 32 Rn. 31.

407 So auch BGH NStZ 1989, 317 im vorliegenden Fall.

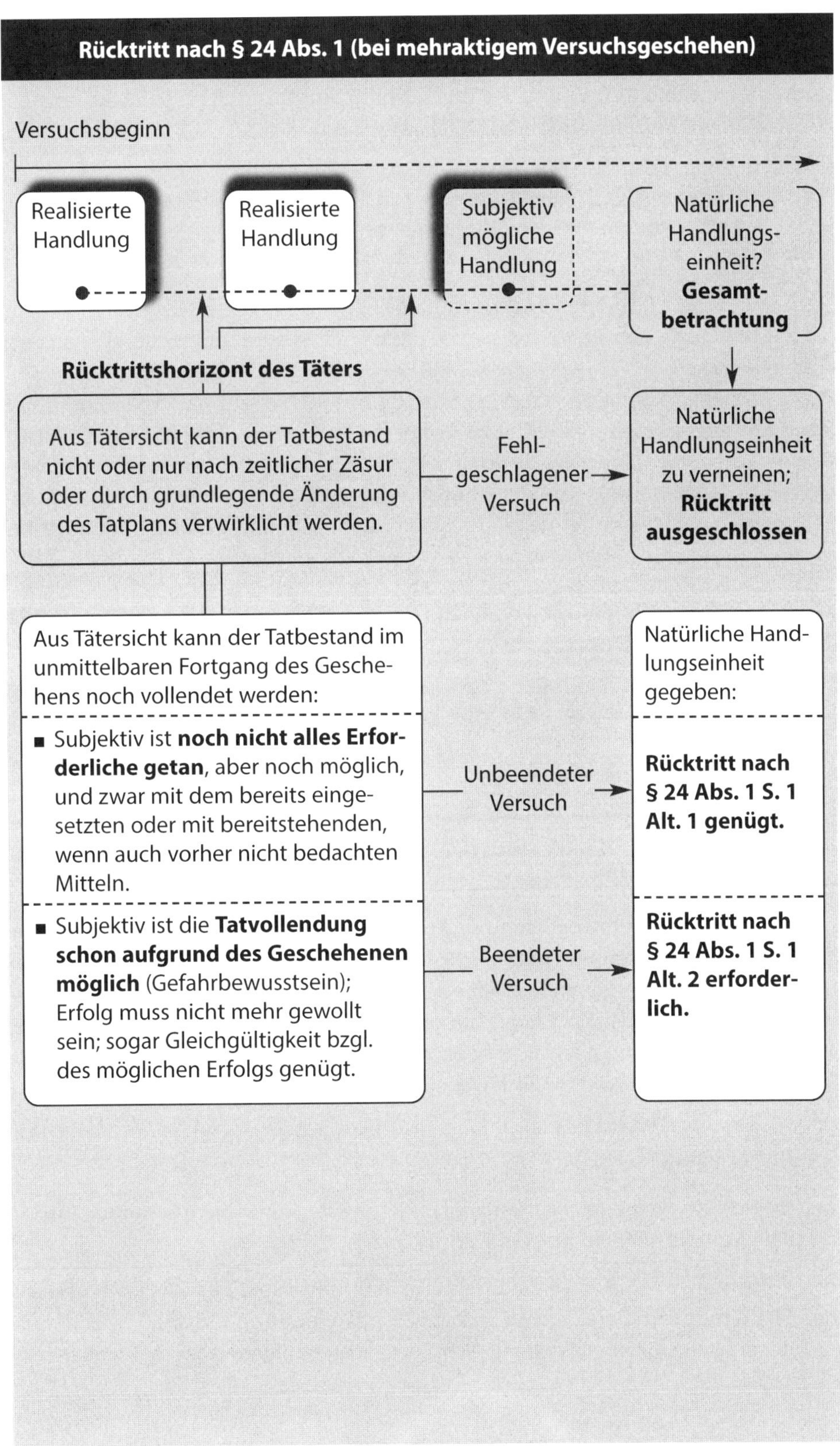
Rücktritt nach § 24 Abs. 1 (bei mehraktigem Versuchsgeschehen)
Versuchsbeginn
Realisierte Handlung
Realisierte Handlung
Subjektiv mögliche Handlung
Natürliche Handlungseinheit? Gesamtbetrachtung
Rücktrittshorizont des Täters
Aus Tätersicht kann der Tatbestand nicht oder nur nach zeitlicher Zäsur oder durch grundlegende Änderung des Tatplans verwirklicht werden.
Fehlgeschlagener Versuch
Natürliche Handlungseinheit zu verneinen; Rücktritt ausgeschlossen
Aus Tätersicht kann der Tatbestand im unmittelbaren Fortgang des Geschehens noch vollendet werden:
Subjektiv ist noch nicht alles Erforderliche getan, aber noch möglich, und zwar mit dem bereits eingesetzten oder mit bereitstehenden, wenn auch vorher nicht bedachten Mitteln.
Subjektiv ist die Tatvollendung schon aufgrund des Geschehenen möglich (Gefahrbewusstsein); Erfolg muss nicht mehr gewollt sein; sogar Gleichgültigkeit bzgl. des möglichen Erfolgs genügt.
Unbeendeter Versuch
Beendeter Versuch
Natürliche Handlungseinheit gegeben:
Rücktritt nach § 24 Abs. 1 S. 1 Alt. 1 genügt.
Rücktritt nach § 24 Abs. 1 S. 1 Alt. 2 erforderlich.

III. Rücktritt nach § 24 Abs. 1 S. 1 Alt. 1

467 Der Täter kann gemäß § 24 Abs. 1 S. 1 Alt. 1 strafbefreiend vom Versuch zurücktreten, wenn er die weitere Ausführung der Tat **freiwillig aufgibt**. Welche Anforderungen an die Freiwilligkeit gestellt werden, ist dabei umstritten.

Fall 20: Aufgeben der Tatausführung; Streit zwischen normativem und psychologischem Freiwilligkeitsbegriff

Der bereits wegen Einbruchdiebstahls zu 10 Monaten Freiheitsstrafe zur Bewährung verurteilte A beschloss, in ein Ladengeschäft einzubrechen und die Tageseinnahmen zu entwenden. Gegen 22.00 Uhr machte er sich mit einem Schraubendreher an der Ladentür zu schaffen und gewann hierbei den Eindruck, dass er die Tür ohne große Mühe aufhebeln könne. Gleichzeitig kamen ihm jedoch Bedenken, ob die Tatausführung zum jetzigen Zeitpunkt nicht zu riskant sei, weil er beim Entdecktwerden nicht nur mit einer erneuten schweren Strafe rechnen müsse, sondern weil auch – kurz vor Ablauf der Bewährungszeit – die Strafaussetzung widerrufen würde. Er entschloss sich daher, jetzt „die Finger davon zu lassen" und nach Ablauf der Bewährungsfrist auf die günstige Gelegenheit zurückzukommen. Strafbarkeit des A?

468 Da A nichts weggenommen hat, kommt nur ein nach § 242 Abs. 2 strafbarer **Diebstahlsversuch** infrage, **§§ 242 Abs. 1, 22**.

I. A besaß Tatentschluss zur Entwendung der Tageseinnahmen in Zueignungsabsicht und hat, als er sich mit dem Schraubendreher an der Ladentür zu schaffen machte, zur Verwirklichung dieses Diebstahlsentschlusses unmittelbar angesetzt.

II. Rechtswidrigkeit und Schuld liegen vor.

III. A könnte durch Verschieben des Tatzeitpunkts gemäß **§ 24 Abs. 1 S. 1 Alt. 1** strafbefreiend von dem Versuch zurückgetreten sein. Dann müsste er die weitere Ausführung der Tat freiwillig aufgegeben haben.

1. Von **weiterer Ausführung** kann nur **Abstand nehmen**, wer subjektiv noch in der Phase des **unbeendeten** und noch **nicht fehlgeschlagenen Versuchs** ist. A war klar, dass er erst noch in das Ladengeschäft eindringen, die Tageseinnahmen aus der Kasse herausnehmen und in seine Tasche stecken musste, bevor die Wegnahme vollendet war. Der Versuch war also noch nicht beendet. A ging auch davon aus, dass die Wegnahme ohne Hindernisse sofort möglich war. Damit lag auch kein Fehlschlag vor.

469 **2.** Fraglich ist, ob A die weitere Ausführung **der Tat** aufgegeben hat, obwohl er sie später doch noch ausführen wollte.

Für den Rücktritt wird heute nicht verlangt, dass der Täter von seinem gesamten Tatplan endgültig Abstand nehmen muss (s.o. Rn. 421).

470 Für die **Rspr.** ist **Tat i.S.d. § 24 die Straftat** in ihrer Umschreibung durch den gesetzlichen Straftatbestand. Daraus folgt: Bezogen auf den jeweiligen Straftatbestand muss der Täter die Durchführung des kriminellen Entschlusses aufgeben. Bei mehreren tatein-

heitlich (§ 52) geplanten Delikten kann der Täter daher auch von nur einem Delikt zurücktreten. Der Rücktritt ist insofern **teilbar**.[408]

RÜ-Video 02/20

Beispiel: Geplant ist ein Raubmord. Der Täter verzichtet nach Versuchsbeginn auf den Mord und führt den Raub ohne tödliche Gewalt aus. – Strafbefreiung bzgl. des Mordversuchs nach § 24 Abs. 1 S. 1 Alt. 1.

Andererseits liegt nach der Rspr. kein Aufgeben der Tatausführung vor, wenn sich der Täter auf ein Delikt verlegt, das als **lex specialis** die Unrechtsmerkmale des zunächst versuchten Straftatbestandes mit enthält.[409] 471

Beispiel: Kein Rücktritt vom Versuch der räuberischen Erpressung gemäß §§ 253, 255, 22, 23 Abs. 1, 12 Abs. 1, wenn der Täter sich nunmehr auf Raub derselben Sache gemäß § 249 verlegt (oder umgekehrt).

Das **Schrifttum** schließt weitgehend einen Rücktritt aus, wenn das neue Delikt im Verhältnis zur versuchten Tat zwar keine lex specialis, aber einen **äquivalenten Rechtsgutangriff** darstellt.[410] 472

Beispiel: Der Täter beginnt zunächst einen Diebstahl und verlegt sich dann auf einen Raub. – Nach allen genannten Ansichten kein Aufgeben der Tatausführung. Nach Auffassung des BGH nicht, weil der Diebstahl im Raub mitenthalten ist, nach der Lit. nicht, weil der Raub ebenso wie der Diebstahl ein Eigentumsangriff ist.

Fraglich ist, ob auch nur bei einem **zeitlichen Aufschub** ein Aufgeben der weiteren Ausführung derselben Tat angenommen werden kann. Die **h.M.** beurteilt dies – so wie oben bei mehraktigem Geschehen (s.o. Rn. 442 ff.) – nach **Konkurrenzgesichtspunkten**: 473

- Bricht der Täter sein Unternehmen ab, um es demnächst erneut durchzuführen, so **schließt das Fortbestehen des Vorsatzes den Rücktritt nicht aus,** wenn die gerade versuchte und die für später geplante Tat **nicht mehr in räumlich-zeitlichem Zusammenhang stünden** und damit zwei tatmehrheitlich (§ 53) begangene Straftaten wären. 474

- Würde die geplante Fortsetzung dagegen mit dem bisherigen Geschehen **eine einheitliche Tat – natürliche Handlungseinheit –** bilden, liegt **kein Aufgeben** vor.[411] 475

Hier hatte A noch keine klaren Vorstellungen, wann er die leichte Einbruchsmöglichkeit noch einmal für einen Diebstahl ausnutzen wollte. Ein späteres erneutes Ansetzen wäre daher nicht die Fortsetzung des alten, sondern **tatmehrheitliche Begehung eines neuen Versuchs**. A hat die Ausführung des Einbruchdiebstahls damit gemäß § 24 Abs. 1 S. 1 Alt. 1 aufgegeben.

3. A müsste auch **„freiwillig"** gehandelt haben. Die Freiwilligkeit beurteilt sich ausschließlich **aus Tätersicht**. Die äußeren Gegebenheiten sind nur insofern von Belang, als sie Rückschlüsse auf die innere Einstellung des Täters zulassen.[412] Ob die Tat objektiv oder von einem anderen Täter ausführbar war, spielt keine Rolle.[413] 476

Umstritten ist, ob die Freiwilligkeit an **normativen oder psychologischen Kategorien** zu messen ist. 477

---

408 BGH RÜ 2020, 95 mit RÜ-Video unter t1p.de/jvem.

409 BGHSt 33, 142, 144 f.

410 Lackner/Kühl/Heger § 24 Rn. 9; Sch/Sch/Eser/Bosch § 24 Rn. 40; Streng NStZ 1985, 359.

411 BGHSt 33, 142, 146; vgl. auch BGH RÜ 2009, 431; Küper JZ 1979, 775, 779; Sch/Sch/Eser/Bosch § 24 Rn. 39, 40; Stratenwerth/Kuhlen § 11 Rn. 81; Wessels/Beulke/Satzger Rn. 1055.

412 BGH, Beschl. v. 16.03.2011 – 2 StR 22/11, BeckRS 2011, 8335, Rn. 8.

413 BGH NStZ 1999, 395, 396.

478 **a)** Ausgehend von der Strafzwecktheorie (s.o. Rn. 400) wird **teilweise** darauf abgestellt, ob der Täter wieder zu einer Achtung der rechtlichen Verbote und Gebote zurückgefunden und sich damit als ungefährlich erwiesen habe.[414] Freiwillig handelt nach diesem **normativen Verständnis** der Täter, der aus **Reue, Selbstbesinnung, Mitleid mit dem Opfer oder Vorhaltungen seines Komplizen** zurücktritt, da er damit zeige, dass er nicht der kühl kalkulierende **Verbrechervernunft** gefolgt, sondern in Bezug auf das konkrete Geschehen in die Legalität zurückgekehrt sei. Dies gelte auch, wenn der Rücktritt aus **Angst vor Strafe** erfolgt sei, denn dann ist eine Strafe weder aus spezial- noch aus generalpräventiven Gründen erforderlich.[415]

Da A die Tat aufgegeben hat, weil er erst den **Ablauf der Bewährungszeit** abwarten, dann jedoch unter Umständen die Tat ausführen wollte, blieb seine **rechtsfeindliche Motivation** bestehen. A handelte danach unfreiwillig, sodass nach dieser Auffassung ein strafbefreiender Rücktritt ausscheidet.

479 **b)** Die **h.M.** in der **Lit.** und die **Rspr.** beurteilen die Freiwilligkeit anhand von **psychologisierenden Kriterien**.[416]

480 ■ **Freiwillig** handelt, wer durch **autonome Motive** zum Rücktritt bewegt wird, d.h. wer aus selbst gesetzten Gründen in freier Selbstbestimmung von der aus seiner Sicht noch möglichen Tatvollendung ablässt.

- **Beispiel:** Ein Anstoß von außen (etwa der Rat eines Freundes oder Zureden seitens des Tatopfers) schließt die Freiwilligkeit nicht aus, solange der Täter **„Herr seiner Entschlüsse"** bleibt. Ob das Rücktrittsmotiv sittlich billigenswert ist (z.B. Mitleid mit dem Opfer, Reue, Scham, Gewissensbisse) oder nicht (z.B. die Vorstellung, das Tatziel auf einfacherem Wege erreichen zu können), spielt keine Rolle.
- **Beispiel:**[417] Freiwilligkeit wird selbst dann noch angenommen, wenn der Täter nicht aus einem sittlich billigenswerten Motiv von weiteren Angriffen auf sein Opfer absieht, sondern lediglich darauf verzichtet, sein Sekundäropfer (Freundin seiner Ehefrau) weiterzuverfolgen, um stattdessen sein Primäropfer (Ehefrau) zu töten.

481 ■ **Unfreiwillig** handelt, wer durch **heteronome Motive**, d.h. „fremdbestimmt", zur Aufgabe der Tat veranlasst wird. Das ist der Fall,

- wenn durch von außen kommende Ereignisse für den Täter das Risiko einer Bestrafung unvertretbar ansteigen würde[418]

  Beispiele: In der zu überfallenden Poststelle sind zu viele Kunden; der Täter befürchtet wegen der Hilferufe alsbaldige Entdeckung.

- oder innere Hemmungen, seelischer Druck oder emotionaler Zwang den Täter zur Umkehr zwingen.[419]

  Beispiele: Der Täter kann kein Blut sehen; er ist gehemmt, die geplante Tötung seiner Frau vor den Augen der Kinder auszuführen.

---

414 Ausführlich dazu Roxin AT II § 30 Rn. 379 ff.

415 Roxin AT II § 30 Rn. 380.

416 Vgl. Lackner/Kühl/Heger § 24 Rn. 16; Sch/Sch/Eser/Bosch § 24 Rn. 43 ff.; BGHSt 35, 184, 186.

417 BGH RÜ 2023, 25.

418 BGH RÜ 2018, 97; BGH RÜ 2019, 97 f.

419 Vgl. BGH, Beschl. v. 16.03.2011 – 2 StR 22/11, BeckRS 2011, 8335, Rn. 8.

Frank'sche Formel: *Bei freiwilligem Handeln denkt sich der Täter „ich will nicht, selbst wenn ich könnte". Unfreiwillig: „Ich kann nicht, selbst wenn ich wollte".*

Nach h.M. würde es im vorliegenden Fall an der Freiwilligkeit des Aufgebens fehlen, wenn die Angst des A vor der zu erwartenden Strafe und dem Widerruf der Strafaussetzung so zwingend für ihn gewesen wäre, dass ihm praktisch keine andere Wahl blieb, als die Tat aufzugeben. Eine derartige **emotionale Zwangslage** bestand für A nicht. Er hat vielmehr **Vor- und Nachteile der jetzigen Tatausführung gegeneinander abgewogen** und es für „vernünftiger" gehalten, die noch relativ kurze Bewährungsfrist abzuwarten und erst später – nach Ablauf der Bewährungsfrist – die günstige Einbruchsmöglichkeit für sich auszunutzen.

Nach h.M. ist A strafbefreiend vom Diebstahlsversuch zurückgetreten.

Ergebnis: A ist straflos.

IV. Rücktritt nach § 24 Abs. 1 S. 1 Alt. 2

In den Fällen, in denen der Täter lediglich **halbherzige Gegenaktivitäten** unternimmt und gerade nicht „sein Bestes gibt", ist die **Vollendungsverhinderung** i.S.d. § 24 Abs. 1 S. 1 Alt. 2 problematisch. 482

Fall 21: Streit über die Vollendungsverhinderung bei nur „halbherzigem" Rücktritt

S stieß seinem Vater V nach einer Auseinandersetzung ein Küchenmesser mit Tötungsvorsatz in die linke Brustseite. V war zwar schwer verletzt und konnte sich nicht rühren; er war aber noch bei Bewusstsein. S beseitigte nun die Spuren des Streits und bedrängte V, die Polizei aus dem Spiel zu lassen und alles als Unglücksfall darzustellen. Als V ihn um Benachrichtigung eines Krankenwagens bat, rief S aus Reue einen Rettungswagen, verließ dann aber sofort den Ort des Geschehens. Trotz erheblicher Mühen der Sanitäter, in die Wohnung zu gelangen, wurde V gerettet.

Strafbarkeit des S wegen versuchten Totschlags?

I. Da V gerettet wurde, also der Taterfolg ausgeblieben ist, ist S nicht aus Vollendung strafbar. Der Totschlagsversuch gemäß §§ 212, 22 ist als Verbrechen mit Strafe bedroht, §§ 12 Abs. 1, 23 Abs. 1. 483

II. S hatte Tötungsvorsatz. In dem Zustechen liegt auch das unmittelbare Ansetzen zur Tatbestandsverwirklichung gemäß § 22. Rechtswidrigkeit und Schuld sind gegeben.

III. S könnte dadurch, dass er den Notruf absetzte, gemäß **§ 24 Abs. 1 S. 1 Alt. 2** strafbefreiend zurückgetreten sein. Da er es im Zeitpunkt des Nicht-Weiterhandelns für möglich hielt, dass der beigebrachte Messerstich zum Tode des V führen könnte – er also das notwendige „Gefahrbewusstsein" hatte –, befand er sich in der Phase des **beendeten Versuchs.**

Nach § 24 Abs. 1 S. 1 Alt. 2 bleibt der beendete Versuch straflos, wenn der Täter freiwillig die **Vollendung der Tat verhindert**. Dafür muss er eine **Gegenaktivität** entfaltet ha- 484 ben, die für das Ausbleiben des Erfolges zumindest **mitursächlich** geworden ist. Auch das Einschalten Dritter kann genügen. Bedenken, das Verhalten des S als ausreichenden Rücktritt anzusehen, bestehen deshalb, weil er zwar durch seinen Anruf die Rettung seines Opfers eingeleitet, aber infolge seiner Flucht aus der Wohnung nicht sichergestellt hat, dass die Rettung auch erfolgreich war. Die **Anforderungen an die Tatverhinderung in § 24 Abs. 1 S. 1 Alt. 2 sind umstritten.**

485 **1.** Am weitesten geht die **Bestleistungstheorie**. Ihre Vertreter argumentieren mit einem Vergleich zu § 24 Abs. 1 S. 2. Wenn danach bei einem untauglichen und damit ungefährlichen Versuch Rücktritt erst möglich sei, wenn sich der Täter „ernsthaft", also **bestmöglich um Rettung bemüht** habe, müsse dies erst recht bei einem tatsächlich gefährlichen beendeten Versuch verlangt werden.[420]

RÜ-Video 02/20

Andere verweisen auf den Unterlassungstäter. Dieser sei verpflichtet, stets zur Erfolgsabwendung das Optimale zu tun. Auch der Täter eines beendeten Versuchs sei aus Ingerenz verpflichtet, die beste Rettungsaussicht zu nutzen; indem er nur suboptimale Rettungshandlungen vornehme, begehe er einen eigenständigen Unterlassungsversuch.[421]

486 **2.** Die sog. **Differenzierungsthese** unterscheidet nach **Eigenhändigkeit** und Fremdhändigkeit der Vollendungsverhinderung: Bewirke der Täter selbst die Vollendungsverhinderung, so sei über die Verursachung hinaus erforderlich, dass ihm das Ausbleiben des Erfolges **als eigenes Werk objektiv zurechenbar** sei. Habe der Täter einen Dritten zur Rettung veranlasst, so reiche bloße Unterstützung bei den Rettungsmaßnahmen nicht aus; der Täter müsse die Rettung vielmehr quasi als Anstifter initiiert oder mit Tatherrschaft gesteuert haben.[422]

487 **3.** Die **h.Lit.** favorisiert das **Prinzip „Ende gut – alles gut"**. Sie verweist auf den Gesetzeswortlaut des § 24 Abs. 1 S. 1 Alt. 2 und lehnt es als verbotene Analogie ab, das Kriterium der „Ernstlichkeit" aus § 24 Abs. 1 S. 2 auf den Rücktritt vom beendeten Versuch zu übertragen. Auch die strafbarkeitsbegründenden Regeln von Täterschaft und Teilnahme passen danach nicht für den Strafaufhebungsgrund des Rücktritts.[423] Der **BGH** hat sich diesen Standpunkt zu Eigen gemacht.[424] Verhinderung der Tatvollendung i.S.v. § 24 Abs. 1 S. 1 Alt. 2 verlangt danach

- objektiv, dass der Täter **irgendeine Ursache** gesetzt hat, aufgrund derer die Tatvollendung ausgeblieben ist,

  Darauf, dass er keine sichereren Handlungsalternativen ausgeschöpft hat, kommt es nicht an. Unerheblich ist auch, ob der Täter selbst oder Dritte aufgrund der Gegenaktivität des Täters den Nichteintritt des Erfolges bewirkt haben.

- **subjektiv**, dass der Täter **den Vollendungsvorsatz vollständig aufgegeben hat, ferner, dass die von ihm gewählte Rettungsmöglichkeit aus seiner Sicht geeignet war, die Vollendung zu verhindern, sowie Freiwilligkeit.**

---

420 Baumann/Weber/Mitsch/Eisele § 23 Rn. 40; Herzberg NStZ 1989, 49.

421 Puppe JR 2000, 70, 74; dies. NStZ 2003, 309.

422 Lackner/Kühl/Heger § 24 Rn. 19 b; Roxin AT II § 30 Rn. 243 ff.; Rudolphi NStZ 1989, 508.

423 Fischer § 24 Rn. 34 f.; Sch/Sch/Eser/Bosch § 24 Rn. 59 c m.w.N.

424 BGH RÜ 2002, 555; BGH RÜ 2019, 25 f.; BGH RÜ 2020, 95, 97 mit RÜ-Video 02/20 unter t1p.de/jvem.

Nach dieser vorzugswürdigen Ansicht hat S durch den Anruf die Rettung seines Vaters ins Werk gesetzt. Da der bewegungsunfähige V nicht selbst hätte anrufen können, war der Anruf ursächlich für die Rettung. S hat die Tatvollendung verhindert, auch wenn er nicht mehr am Ort des Geschehens blieb. Sein Anruf war aus Reue motiviert und damit freiwillig.

Ergebnis: S ist nicht wegen Totschlagsversuchs strafbar.

V. Rücktritt nach § 24 Abs. 1 S. 2

Nach § 24 Abs. 1 S. 2 bleibt der (beendete) Versuch straflos, wenn sich der Täter, falls die Tat ohne sein Zutun nicht vollendet wird, freiwillig und **ernsthaft um die Verhinderung der Vollendung bemüht**. 488

Fall 22: Anforderungen an ernsthaftes Bemühen

Die A hatte ihrer Schwester B ein Giftgetränk auf den Nachttisch gestellt und die Wohnung verlassen. Dann bereute sie ihr Verhalten. Sie lief zur Wohnung zurück und rief noch von draußen, B solle auf keinen Fall aus dem Glas auf dem Nachttisch trinken. B beruhigte die A. Ihr war das Glas beim Anheben aus der Hand gerutscht, und die Flüssigkeit wurde auf dem Boden vergossen. Strafbarkeit der A?

Da B überlebt hat, kommt nur ein als Verbrechen strafbarer versuchter Mord infrage, **§§ 211, 22, 23 Abs. 1, 12 Abs. 1**. 489

I. A hatte Tatentschluss, die B durch Ausnutzung ihrer Arg- und Wehrlosigkeit zu töten. Nach einer Auffassung im Schrifttum hat sie schon mit Verlassen der Wohnung, nach anderer Auffassung erst mit dem Anfassen des Glases durch B unmittelbar zur Tatbestandsverwirklichung angesetzt, § 22 (zum Versuchsbeginn bei abgeschlossenem Täterhandeln oben Fall 15 Rn. 357).

II. Ein strafbefreiender Rücktritt von diesem beendeten Versuch nach § 24 Abs. 1 S. 1 Alt. 2 scheidet aus, weil A durch die Warnung der B, nachdem das Gift verschüttet war, gar nicht mehr kausal für die Tatverhinderung werden konnte.

III. Nach **§ 24 Abs. 1 S. 2** bleibt der (beendete) Versuch straflos, wenn sich der Täter, falls die Tat ohne sein Zutun nicht vollendet wird, freiwillig und **ernsthaft um die Verhinderung der Vollendung bemüht**.

1. § 24 Abs. 1 S. 2 verzichtet auf das Erfordernis der Kausalität zwischen Verhinderungshandlung und Ausbleiben des Deliktserfolges. Damit ermöglicht die Vorschrift den **Rücktritt vom untauglichen Versuch**, vom **objektiv misslungenen Versuch** (solange der Täter dies noch nicht erkannt hat) und vom Versuch, bei dem das **Ausbleiben des Erfolges** – wie im vorliegenden Fall – **auf rettende Kausalverläufe oder Rettungshandlungen des Opfers bzw. Dritter zurückzuführen** ist. 490

2. Erforderlich ist dann aber **ernsthaftes Bemühen**. Dies liegt nur vor, **wenn der Täter auf Erfolgsverhinderung abzielende** – nicht ausschließlich anderen Zwecken dienende – **Maßnahmen ergreift, die in seiner Vorstellung bewusst und gewollt den in Gang gesetzten Kausalverlauf abbrechen.** Diese subjektiv ausreichenden Hilfsmaß- 491 nahmen muss er **ausschöpfen**. Bei Gefahr für Menschenleben gelten besonders hohe Anforderungen. Der Täter muss sich dann um die **bestmögliche Maßnahme** für die Erfolgsabwendung bemühen. Er muss **alles tun, was in seinen Kräften steht und was nach seiner Überzeugung zur Erfolgsabwendung erforderlich ist.**

Zwar kann es ausreichen, wenn er sich Dritter bei der Rettung bedient. Er muss sich dann aber vergewissern, ob die Hilfspersonen das Notwendige und Erforderliche veranlassen.[425]

Das hat A im vorliegenden Fall getan. Mehr als die B zu warnen und sicherzustellen, dass von dem Gift keine Gefahr mehr ausging, war nicht möglich.

Ergebnis: A ist straflos.

VI. Rücktritt vom Versuch des unechten Unterlassungsdelikts

492 § 24 gilt auch für den Rücktritt vom Versuch des unechten Unterlassungsdelikts.

1. Fehlschlag

493 Ebenso wie der Versuch eines Begehungsdelikts kann auch ein Unterlassungsversuch fehlgeschlagen sein, jedenfalls dann, wenn der Täter erkennt oder irrtümlich annimmt, **durch seine Untätigkeit den Deliktserfolg nicht mehr herbeiführen zu können** und auch keine anderen Mittel dafür zur Hand zu haben (näher unter Rn. 501).

2. Lehre von der Gesamtbetrachtung und dem Rücktrittshorizont

494 Die h.M. wendet auch bei mehraktigem Unterlassungsgeschehen die **Gesamtbetrachtungslehre mit dem (korrigierbaren) Rücktrittshorizont** an. Wenn die Handlungspflicht des Garanten mehrfach gefordert wurde, ohne dass zwischenzeitlich ein Fehlschlag vorgelegen oder das Geschehen eine sonstige Zäsur erfahren hat, liegt nur ein einziger Unterlassungsversuch vor, von dem noch in der Endphase zurückgetreten werden kann.[426]

3. Unbeendeter und beendeter Unterlassungsversuch

495 Wenn der Garant erkennt, dass er den Erfolg noch durch Aktivität abwenden kann, fragt sich, welche Qualität diese Aktivität haben muss, um die Strafbefreiung aus § 24 Abs. 1 auszulösen. Diese Frage wird bei Misslingen eines halbherzigen Rettungsversuchs bedeutsam (vgl. beim Begehungsdelikt oben Rn. 484). Ihre Beantwortung hängt davon ab, ob man einen **unbeendeten Versuch des unechten Unterlassungsdelikts i.S.v. § 24 Abs. 1 Alt. 1** anerkennt, denn nach dieser Vorschrift braucht der Zurücktretende gerade nicht ursächlich für das Ausbleiben des Erfolges zu sein.

496 **a)** Nach einer Meinung, die vorwiegend auch der **BGH** vertritt, stimmt der Rücktrittshorizont eines Unterlassungstäters stets mit demjenigen eines beendeten Versuchs der

---

425 BGHSt 33, 295, 301 f.; BGH StV 1997, 244; BGH RÜ 2018, 781 f.

426 BGH NStZ 2003, 252.

Begehungstat überein. Beiden sei gemeinsam, dass nach der Vorstellung des Täters durch dessen Handeln oder Unterlassen das geschützte Rechtsgut gefährdet bleibe und die Gefahr ohne Weiteres in den tatbestandsmäßigen Erfolg umschlagen könne. Folglich sei auch der **Rücktritt vom Versuch des Unterlassungsdelikts stets** als beendeter Versuch an den Voraussetzungen des § 24 Abs. 1 S. 1 **Alt. 2** zu messen.[427]

Konsequenz: Der Unterlassende, der nicht die optimale Rettungshandlung vornimmt, kann nur dann straffrei werden, wenn diese tatsächlich das Ausbleiben des Erfolges bewirkt hat. Beruht der Nichteintritt des Erfolges auf anderen Umständen (Untauglichkeit des Versuchs, Rettung durch Dritte), bleibt es bei der Strafbarkeit wegen Versuchs, weil eine **halbherzige Rettung kein ernstliches Bemühen** i.S.v. § 24 Abs. 1 S. 2 ist.

b) Im **Schrifttum**[428] und in einer vereinzelt gebliebenen Entscheidung des BGH[429] wird dagegen ein Rücktritt vom Versuch des unechten Unterlassungsdelikts nach § 24 Abs. 1 S. 1 **Alt. 1** für möglich gehalten: **497**

- **Unbeendeter Versuch** ist danach so lange gegeben, wie der Garant nach seiner Vorstellung die ursprünglich gebotene Handlung noch vornehmen und damit den Erfolgseintritt verhindern kann. In diesem Stadium genüge es, wenn der Täter die **gebotene Handlung nachhole**, doch stehe es der Strafbefreiung aus § 24 Abs. 1 S. 1 Alt. 1 nicht entgegen, wenn ein **Dritter den Erfolg verhindere**. **498**
- **Beendet** ist der **Versuch** danach, sobald nach der Vorstellung des Garanten die Nachholung der ursprünglich gebotenen Handlung erfolglos wäre, jedoch der Erfolg noch auf andere Weise verhindert werden könne. Von diesem Zeitpunkt an obliege es dem Versuchstäter, **für die Erfolgsabwendung kausal zu sein**, bei anderweitig bewirkter Erfolgsverhinderung müssten seine Bemühungen wenigstens als „ernsthaft" i.S.d. § 24 Abs. 1 S. 2 anzusehen sein. **499**

Kritik: Für die letztgenannte Ansicht spricht der **Gleichlauf mit der Begehungstat**. Wenn ein Aktivtäter in der Vorstellung, den Erfolg erst noch durch weitere Handlungen herbeiführen zu können, Strafbefreiung allein durch freiwilligen Verzicht der Fortführung seines Plans erlangt, muss das auch für den Unterlassenden ausreichen, vorausgesetzt er nimmt die Handlung vor, die seine Garantenpflicht ihm abverlangt. **500**

4. Sonderfall: Rücktritt vom Unterlassungsversuch durch Unterlassen

Erkennt der Täter, dass der Erfolg zwar nicht mehr durch seine Untätigkeit, wohl aber durch aktives Tun herbeigeführt werden kann, fragt sich, ob das Abstandnehmen hiervon Strafbefreiung gemäß § 24 Abs. 1 auslöst. **501**

a) Ein **Teil des Schrifttums verneint die Rücktrittsmöglichkeit**. Die mögliche Aktivität dürfte nicht mit dem Unterlassungsversuch zu einer Gesamttat verbunden werden, sondern sei gegenüber der Unterlassungstat eine neue Tat. Dies bewirke einen **Fehlschlag** **502**

427 Fischer § 24 Rn. 14 a; BGH NStZ 1997, 485; BGHSt 48, 147 ff.; BGH RÜ 2016, 708, 710.

428 Jescheck/Weigend § 60 II 3; Kühl § 18 Rn. 154; Sch/Sch/Eser/Bosch § 24 Rn. 27 ff.

429 BGH RÜ 2010, 505.

des Unterlassungsversuchs. Demnach gibt es schlechthin keinen Rücktritt vom Unterlassungsversuch durch Unterlassen.[430]

503 **b)** Unter Berufung auf die oben zitierte BGH-Entscheidung zum unbeendeten Versuch beim Unterlassungsdelikt[431] **bejaht das Schrifttum die Rücktrittsmöglichkeit.** Für die Erstreckung der Gesamtbetrachtung auf Unterlassungsversuch und Aktivität spreche vor allem die **Rücktrittsfreundlichkeit** dieses Ansatzes und der von § 24 intendierte Opferschutz.[432] Nach dieser Ansicht ist ein Rücktritt vom unbeendeten Unterlassungsversuch gemäß § 24 Abs. 1 S. 1 Alt. 1 auch durch Unterlassen aktiver Erfolgsherbeiführung möglich.

504 **Kritik:** Dem ist zu folgen. Es erscheint **wertungswidersprüchlich**, demjenigen, der den Erfolg zunächst durch Untätigkeit herbeiführen wollte, die Rücktrittsmöglichkeit zu versagen, sie aber dem von vornherein aktiv Handelnden zuzubilligen.

Beispiel: L, der Lebenspartner der A, schlägt heftig deren Kind, um es am Schreien zu hindern. A erkennt, dass das Kind lebensgefährliche Verletzungen erlitten hat. Sie veranlasst jedoch keine Krankenhauseinweisung, weil sie L nicht verlieren will. Als das Kind am Abend wieder zu schreien beginnt, schlägt L es wieder und würgt es. Auch nach diesem Vorfall holt A keine ärztliche Hilfe. Erst am folgenden Abend alarmiert sie den Notarzt, der das Leben des Kindes retten kann. – Der BGH hat hier strafbefreienden Rücktritt vom versuchten Totschlag durch Unterlassen bejaht.[433]

VII. Rücktritt von Versuchstaten im Rausch

1. Rücktritt von der actio libera in causa-Tat

505 Hat der Täter einen über die Rechtsfigur der vorsätzlichen actio libera in causa schon als solchen strafbaren Versuch begangen und hat er objektiv die Voraussetzungen des § 24 Abs. 1 oder Abs. 2 erfüllt, so fragt sich, ob von Freiwilligkeit gesprochen werden kann. Denn die Rücktrittsleistung wurde von einem Schuldunfähigen erbracht, der schon wegen § 20 eigentlich nicht mehr „Herr seiner Entschlüsse" war. Mit der **h.M. kommt es für den Rücktritt auf Schuldfähigkeit aber nicht an.** § 20 i.V.m. actio libera in causa dient nur der Zuschreibung deliktischen Verhaltens; die Strafaufhebung für die Rückkehr in die Legalität wird dadurch nicht gesperrt. Auch die actio libera in causa-Tat ist damit nach den allgemeinen Regeln rücktrittsfähig.[434]

2. Rücktritt vom Versuch der Rauschtat

506 Ist die Tat wegen des Vollrauschs des Täters nicht als solche strafbar, kommt § 323 a in Betracht. Als Rauschtat i.S.d. objektiven Strafbarkeitsbedingung des § 323 a genügt auch der Versuch einer Straftat. Tritt der Täter hiervon zurück, so dürfte dies streng genommen keine Rolle spielen. Damit wird nämlich nur eine Strafaufhebung für die Rauschtat selbst ausgelöst, deretwegen der Vollrauschtäter aber bei § 323 a ohnehin nicht verfolgt wird.[435] Dennoch berücksichtigt die **h.M.** in **analoger Anwendung des**

430 Murmann GA 2012, 711 ff.

431 BGH RÜ 2010, 505.

432 MünchKomm/Hoffmann-Holland § 24 Rn. 83.

433 BGH NStZ 2003, 452.

434 MünchKomm/Streng § 20 Rn. 147; vgl. auch BGH NStZ 2004, 324.

435 Vgl. Kusch NStZ 1994, 131.

§ 24 den Rücktritt des Vollrauschtäters, um eine Schlechterstellung gegenüber dem Nüchternen zu vermeiden. Der Rücktritt soll die durch die objektive Strafbarkeitsbedingung der Rauschtat indizierte Gefährlichkeit des Vollrausches ausschließen. Sofern es sich um die einzige Rauschtat handelt und der Täter noch im Rausch zurückgetreten ist, entfällt dann auch die Strafbarkeit aus § 323 a.[436]

E. Rücktritt bei mehreren Tatbeteiligten, § 24 Abs. 2

I. Begrenzter persönlicher Anwendungsbereich

1. Sind an einer Tat mehrere beteiligt, so verlangt § 24 Abs. 2 S. 1 dem Wortlaut nach, dass jeder die Tatvollendung verhindern muss. Tatbeteiligte sind nach der Legaldefinition des § 28 Abs. 2 Täter oder Teilnehmer. Immer dann, wenn Angestiftete oder unterstützte Einzeltäter agieren oder wenn Mittäterschaft vorliegt, scheint es also gar keinen unbeendeten Versuch wie beim Einzeltäter zu geben, von dem durch freiwillige Untätigkeit zurückgetreten werden kann. Dies wird allgemein als unbillig abgelehnt. **507**

Da der Einzeltäter **auch bei Mitwirkung von Anstiftern oder Gehilfen** die Herrschaft über das Geschehen hat, kann deshalb **auch er von einem unbeendeten Versuch allein durch freiwillige Tataufgabe zurücktreten.**[437] Für angestiftete und unterstützte Täter ist also § 24 Abs. 1 die speziellere Rücktrittsvorschrift.[438]

Ähnliches gilt für den **allein bei der unmittelbaren Tatausführung agierenden Mittäter**. Ist aus seiner Sicht noch nicht alles zur Erfolgsherbeiführung Erforderliche getan und hängt der Taterfolg allein von diesem Beteiligten ab, so führt sein freiwilliger Verzicht auf die weitere Tatausführung zu dessen Strafbefreiung.[439] Zwar gilt für Mittäter § 24 Abs. 2, doch liest man § 24 Abs. 1 S. 1 Alt. 1 zugunsten des allein agierenden Mittäters in § 24 Abs. 2 S. 1 hinein.[440]

2. Welche Rücktrittsvorschrift für **mittelbare Täter** gilt, ist **umstritten**. Nach einer Mindermeinung richtet sich der Rücktritt stets nach § 24 Abs. 1.[441] Eine differenzierende Auffassung wendet nur bei den Fallgruppen des „Täters hinter dem Täter" § 24 Abs. 2 an.[442] In Wissenschaft und Praxis überwiegt die Meinung, dass **§ 24 Abs. 2** einschlägig ist.[443] **508**

3. Damit gilt § 24 Abs. 2 für folgenden Personenkreis: **509**

- **Mittäter, die nicht die alleinige Tatausführungsherrschaft besitzen**
- **Mittelbare Täter**
- **Anstifter und Gehilfen**

436 Sch/Sch/Hecker § 323 a Rn. 19; BGH NStZ-RR 2001, 15.
437 Fischer § 24 Rn. 37 a.
438 Fischer § 24 Rn. 37.
439 BGH StV 2012, 16.
440 Lackner/Kühl/Heger § 24 Rn. 25.
441 Baumann/Weber/Mitsch/Eisele § 23 Rn. 51; Krey/Esser Rn. 1329; Wessels/Beulke/Satzger Rn. 1079
442 Lackner/Kühl/Heger § 24 Rn. 25.
443 Sch/Sch/Eser/Bosch § 24 Rn. 106; BGHSt 44, 204, 206.

II. Voraussetzungen und Aufbau des § 24 Abs. 2

510 Auch bei § 24 Abs. 2 muss die Tat im Zeitpunkt der Rücktrittshandlung bereits in das **Versuchsstadium** gelangt sein und es darf **keine Vollendungsstrafbarkeit** vorliegen.

§ 24 Abs. 2 gilt zugunsten eines Beteiligten **analog**, wenn dieser nicht nach dem Versuchsbeginn, sondern schon davor seinen Beitrag zurückgenommen hat. Voraussetzung ist aber, dass er dann auch nur für den Versuch kausal geworden ist und sich ernsthaft um Vollendungsverhinderung bemüht hat. Nur das Lossagen von der Tat genügt nicht (s.o. Fall 3 Rn. 62).

Ebenso wie beim Einzeltäter kann auch die Versuchstat mehrerer **fehlgeschlagen** sein. Ob dies der Fall ist, wird aus dem **Rücktrittshorizont des jeweils geprüften Beteiligten** bestimmt.[444] Dieselbe Lage kann also bei unterschiedlicher Situationsbeurteilung für den einen Fehlschlag und für den anderen noch rücktrittsfähiger Versuch sein!

1. Rücktritt durch Verhindern der Tatvollendung, § 24 Abs. 2 S. 1

511 **1.** Begehen mehrere die Tat als Mittäter oder Teilnehmer, setzt Vollendungsverhinderung für diejenigen, die nicht in ihrer Person die Tatvollendung in der Hand haben, grundsätzlich **eigene Aktivität** voraus, z.B. durch Umstimmen des Haupttäters. Hat ein Haupttäter indes durch Verzicht auf die Tatausführung deren Vollendung verhindert, so können auch die übrigen Strafbefreiung erlangen, wenn jeder mit dem passiven Verhalten einverstanden war.[445]

512 **2.** Für den mittelbaren Täter hat der **Rücktritt seines Werkzeugs** grundsätzlich keine Bedeutung, es sei denn die Einstellung der Tätigkeit des Werkzeugs **beruht auf dem Handeln des mittelbaren Täters**. Der mittelbare Täter kann daher seinerseits dann zurücktreten, wenn das Werkzeug nach der von Anfang an für einen bestimmten Fall erteilten Weisung des mittelbaren Täters oder nach dessen nachträglicher Instruktion zurückgetreten ist, wenn es also in „bewusster Willensvertretung" des mittelbaren Täters gehandelt hat.[446] Im Übrigen kommt ein eigener Rücktritt des mittelbaren Täters **nur durch sein eigenes aktives Tun** infrage, nämlich dadurch dass der Tatmittler an der Verwirklichung gehindert wird.

2. Rücktritt bei fehlender Verhinderungskausalität, § 24 Abs. 2 S. 2

513 Hat nicht die Rücktrittshandlung, sondern ein anderer Umstand das Ausbleiben des Erfolges bewirkt, genügt – in Parallele zu § 24 Abs. 1 S. 2 – **ernsthaftes und freiwilliges Bemühen** jedes Tatbeteiligten, **die Vollendung zu verhindern**, § 24 Abs. 2 S. 2 Alt. 1.

Dasselbe gilt, wenn der Erfolg zwar eingetreten, dem Tatbeteiligten aber **mangels Kausalität** seines Mitwirkungsbeitrages (oder gleichbedeutend mangels **objektiver oder subjektiver Zurechenbarkeit**) nicht als vollendete Vorsatztat, sondern nur als Versuch angelastet werden kann.

---

444 BGH RÜ 2009, 641; BGH RÜ 2022, 504.

445 Vgl. BGH RÜ 2014, 572.

446 Sch/Sch/Eser/Bosch § 24 Rn. 106; BGHSt 44, 204, 206.

Klausurhinweis: *Prüft man den Tatnächsten allein und zuerst und kommt zu dessen Rücktritt vom Versuch, hat man im Gutachten noch nicht untersucht, ob andere Personen tatbeteiligt sind. Es taucht aber die Frage auf, ob § 24 Abs. 1 oder Abs. 2 S. 1 anzuwenden ist. Führt der Tatnächste allein die Tat aus und liegt ein unbeendeter Versuch vor, brauchen Sie* ***keine Inzidentprüfung*** *der Tatrolle der übrigen Beteiligten, denn der Handelnde kann unstreitig durch Passivität zurücktreten (s.o. Rn. 406). Es genügt dann nur ein Hinweis auf die entsprechende Auslegung des § 24 Abs. 2 unter Heranziehung des § 24 Abs. 1 S. 1.*

Hinweis: *Vergessen Sie aber nie, dass der Rücktritt ein persönlicher Strafaufhebungsgrund ist (§ 28 Abs. 2). Der wirksame Rücktritt des Tatnächsten beseitigt also nicht etwa die Bezugstat für andere Mittäter oder eine teilnahmefähige Haupttat für Anstifter oder Gehilfen. Sollen auch diese Beteiligten Straffreiheit erlangen, müssen sie selbst zurückgetreten sein, und zwar nach § 24 Abs. 2!*

Die wichtigsten Definitionen zu Versuch und Rücktritt	
Beendeter Versuch	Der Täter glaubt, nach Abschluss der letzten Ausführungshandlung alles getan zu haben, was nach seiner Vorstellung zur Tatbestandsverwirklichung erforderlich ist.
Fehlgeschlagener Versuch	Der tatbestandliche Erfolg kann aus der Sicht des Täters nicht mehr oder zumindest nicht ohne zeitlich relevante Zäsur eintreten.
Freiwilligkeit	Freiwillig handelt, wer durch autonome (selbstgesetzte) Motive zum Rücktritt bewegt wird („ich will nicht mehr, selbst wenn ich könnte"). Unfreiwillig handelt, wer von heteronormen (fremdgesetzten) Motiven gelenkt wird (ich kann nicht mehr, selbst wenn ich wollte).
Tatentschluss	Tatentschluss ist der Vorsatz in Bezug auf die Verwirklichung aller objektiven und subjektiven Merkmale der Tat, § 22.
Unbeendeter Versuch	Der Täter glaubt, nach Abschluss der letzten Ausführungshandlung noch nicht alles zur Tatvollendung erforderliche getan zu haben.
Unmittelbares Ansetzen	Unmittelbares Ansetzen liegt vor, wenn der Täter subjektiv die Schwelle zum „jetzt geht's los" überschreitet und objektiv eine Gefährdung oder Verletzung des Rechtsguts unmittelbar bevorsteht, sodass sein Tun nach seiner Vorstellung ohne weitere wesentliche Zwischenschritte in die Erfüllung des Tatbestandes übergehen kann.

Anmerkung: *Alle weiteren Definitionen für das Strafrecht finden Sie kompakt zusammengefasst in unserem AS-Produkt „Definitionen Strafrecht" (2022).*

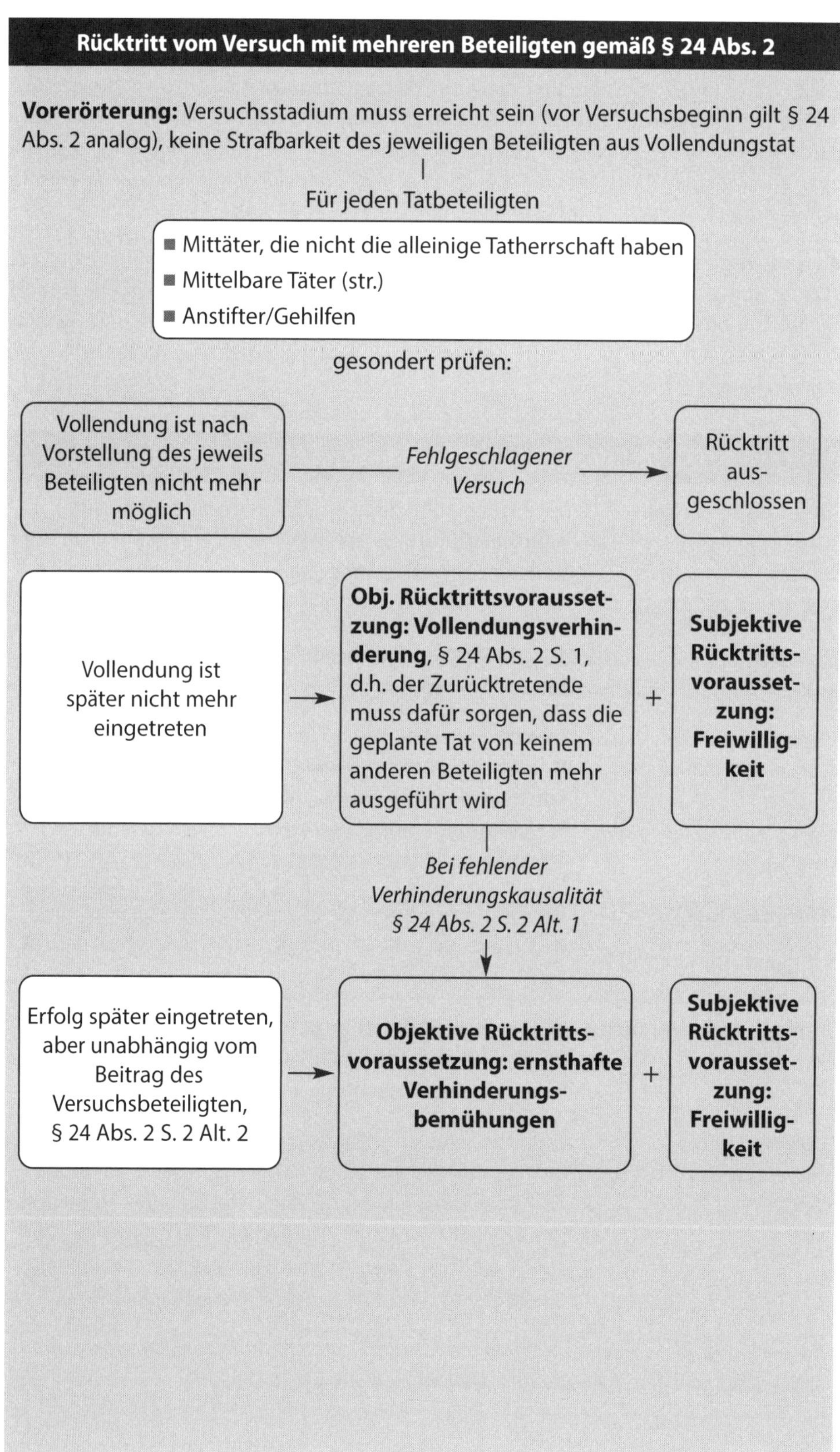
Rücktritt vom Versuch mit mehreren Beteiligten gemäß § 24 Abs. 2
Vorerörterung: Versuchsstadium muss erreicht sein (vor Versuchsbeginn gilt § 24 Abs. 2 analog), keine Strafbarkeit des jeweiligen Beteiligten aus Vollendungstat
Für jeden Tatbeteiligten
Mittäter, die nicht die alleinige Tatherrschaft haben
Mittelbare Täter (str.)
Anstifter/Gehilfen
gesondert prüfen:
Vollendung ist nach Vorstellung des jeweils Beteiligten nicht mehr möglich
Fehlgeschlagener Versuch
Rücktritt aus-geschlossen
Vollendung ist später nicht mehr eingetreten
Obj. Rücktrittsvoraussetzung: Vollendungsverhinderung, § 24 Abs. 2 S. 1, d.h. der Zurücktretende muss dafür sorgen, dass die geplante Tat von keinem anderen Beteiligten mehr ausgeführt wird
+
Subjektive Rücktrittsvoraussetzung: Freiwilligkeit
Bei fehlender Verhinderungskausalität § 24 Abs. 2 S. 2 Alt. 1
Erfolg später eingetreten, aber unabhängig vom Beitrag des Versuchsbeteiligten, § 24 Abs. 2 S. 2 Alt. 2
Objektive Rücktrittsvoraussetzung: ernsthafte Verhinderungsbemühungen
+
Subjektive Rücktrittsvoraussetzung: Freiwilligkeit

3. Teil: Irrtum

1. Abschnitt: Einteilung und gesetzliche Regelung

I. Ein Irrtum ist **jede Fehlvorstellung**, anders ausgedrückt: Die **Nichtübereinstimmung von Bewusstseinsinhalt und Wirklichkeit**.[447] Diese Divergenz ist in zwei Richtungen möglich: 514

- **Unkenntnis** des in Wirklichkeit Vorhandenen. Ein solcher „negativer Irrtum" ist gegeben, wenn der Täter die Verwirklichung eines Merkmals nicht einmal als möglich erkennt;[448] z.B. weiß der Täter nicht, dass er eine fremde Sache zerstört.

  Dagegen ist allein die Ungewissheit, ob ein Tatbestandsmerkmal gegeben ist, noch keine „Unkenntnis". Vielmehr handelt der Täter, der das Vorliegen des Merkmals für möglich hält, mit **bedingtem Vorsatz**, ggf. als dolus cumulativus oder dolus alternativus.[449] In diesem Fall liegt kein Irrtum vor.

- **Irrige Annahme/Fehlvorstellung** eines Umstandes, der in Wirklichkeit nicht vorhanden ist, z.B. die irrige Annahme, auf einen Menschen zu schießen.

Häufig sind beide Fehlvorstellungen miteinander **kombiniert**, denn wer beispielsweise nicht weiß, dass er gerade auf einen Menschen zielt, kann die irrige Annahme haben, durch den Schuss eine fremde Sache zu zerstören. Oft beruht die Unkenntnis eines Umstands gerade auf der irrigen Annahme eines anderen Umstands.

II. Grundsätzlich kann der Täter sowohl über Tatsachen als auch über rechtliche Bestimmungen irren: 515

- Beim **Irrtum über Tatsachen** weiß der Neffe z.B. nicht, dass sein Onkel soeben verstorben ist und ihm die Sachen vererbt hat, die er im Begriff ist zu unterschlagen.
- Beim **Rechtsirrtum** bleibt dem Täter der Sinngehalt eines Tatbestandsmerkmals verschlossen (z.B. Vermögensbetreuungspflicht in § 266) oder er irrt, weil er eine existente Strafnorm in ihrer rechtlichen Reichweite verkennt (z.B. Hehlerei sei auch an Forderungen möglich).

III. Eine **umfassende gesetzliche Regelung von Irrtümern gibt es nicht**. Man findet lediglich einige Spezialvorschriften (z.B. §§ 33, 35 Abs. 2, 113 Abs. 3 S. 2, Abs. 4). Soweit diese nicht eingreifen, gibt es als allgemeine Vorschriften nur die **§§ 16, 17, 22, 23 Abs. 3**. Jeder Irrtumsfall kann und muss einer dieser Vorschriften zugeordnet werden. 516

- **Unkenntnis** 517
  - **§ 16**: Nach Abs. 1 S. 1 kann **nicht wegen Vorsatztat bestraft** werden, wer bei Begehung der Tat „einen Umstand nicht kennt, der zum gesetzlichen Tatbestand gehört" (= Tatbestandsirrtum, besser: **Tatumstandsirrtum**). Möglich bleibt nach S. 2 eine Bestrafung aus Fahrlässigkeitstat, aber nur, sofern ein entsprechender Tatbestand existiert (§ 15).

---

447 Rengier § 30 Rn. 1. Einen tabellarischen Überblick über alle relevanten Irrtümer des Strafrechts findet man bei: Kindhäuser/Zimmermann § 26 Rn. 18.

448 Sch/Sch/Sternberg-Lieben/Schuster § 16 Rn. 4.

449 Dazu AS-Skript Strafrecht AT 1 (2021), Rn. 165 ff.

- **§ 17**: Nach S. 1 handelt nur **ohne Schuld**, wer im Tatzeitpunkt **kein Bewusstsein hatte, Unrecht zu tun**, und dies **nicht vermeiden** konnte (= **Verbotsirrtum**). Konnte der Täter ihn vermeiden – wie in den meisten Fällen –, bleibt es nach S. 2 bei der Vorsatzstrafbarkeit; möglich ist nur eine Strafmilderung.
- **Unbeachtlichkeit** der Unkenntnis; entscheidend ist allein das objektive Vorliegen eines strafbarkeitsbegründenden Umstandes.

Bei **§ 16** handelt es sich gegenüber § 17 also um die **täterfreundlichere Regelung**, denn der Vorsatz entfällt immer (während bei § 17 die Schuld nur dann entfällt, wenn der Irrtum nicht vermeidbar war).

Irrige Annahme/Fehlvorstellung

518 - **§§ 22, 23 Abs. 3**: Bei irriger Annahme tatbestandsbezogener Umstände ist wegen Versuchs strafbar, wer „nach seiner Vorstellung von der Tat" zur Verwirklichung des Tatbestandes unmittelbar ansetzt. Da es nur auf den subjektiven Horizont des Täters ankommt, ist Strafbarkeit selbst dann ausgelöst, wenn die Tat objektiv gar nicht durchführbar war, also ein (strafbarer) **untauglicher Versuch** vorlag.
- **Unbeachtlichkeit** der irrigen Annahme im Übrigen; entscheidend ist allein, dass das vom Täter für strafbar gehaltene Verhalten tatsächlich nicht strafbar ist. Hauptfall ist das **straflose Wahndelikt** (s.o. Rn. 332).

Klausurhinweis: *In einem ersten Schritt müssen Sie als Klausurbearbeiter also immer entscheiden, ob ein Fall der Unkenntnis (dann § 16 oder § 17) vorliegt oder ein Fall der irrigen Annahme (dann untauglicher Versuch oder Wahndelikt).*

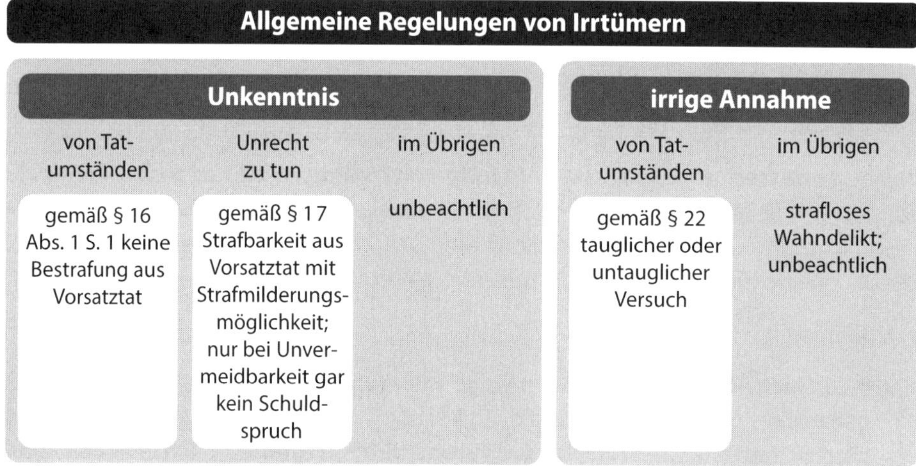

Wichtig: Geprüft wird nie, ob „ein Irrtum gegeben sein könnte". *Geprüft wird allein, ob das jeweilige strafrechtlich geforderte subjektive Element vorhanden ist, nachdem das objektive festgestellt worden ist. Der Irrtum ist also gewissermaßen eine „Abzweigung" auf dem Weg der Strafbarkeitsprüfung.*

Klausurhinweis: *Sie müssen bei der Klausurbearbeitung immer „objektiv" und „subjektiv" trennen, und Sie müssen sich bei der Prüfung der subjektiven Seite immer in das Vorstellungsbild des fraglichen Beteiligten versetzen.*

2. Abschnitt: Irrtum des Alleintäters

Irrtümer können auf allen drei Ebenen – Tatbestand, Rechtswidrigkeit und Schuld – relevant werden. Bevor wir uns diese Irrtümer im Einzelnen ansehen, hier ein Überblick: 519

Hinweis: *Manche Irrtümer haben mehrere Namen, die synonym verwendet werden. Lassen Sie sich davon nicht verwirren.*

A. Irrtumslagen auf der Ebene des Tatbestandes

Die völlig unterschiedlichen Rechtsfolgen von Tatbestandsirrtum und Verbotsirrtum einerseits sowie untauglichem Versuch und Wahndelikt andererseits legt auf Tatbestandsebene einige **Abgrenzungsfragen** offen. Zunächst stellt sich die Frage, was überhaupt ein Tatumstand i.S.v. § 16 Abs. 1 S. 1 ist **(=Vorsatzgegenstand)** und wie genau der Täter die Tatumstände erfasst haben muss **(=Vorsatzinhalt).** 520

I. Vorsatzgegenstand

Vorsatz ist Tatbestandsvorsatz, also – mit Einschränkungen – das subjektive Spiegelbild des objektiven Tatbestandes. Daher muss sich die Tätervorstellung erstrecken auf:[450] 521

- **die Umstände, welche die äußeren Unrechtsmerkmale ausfüllen**, d.h. Täter, Tathandlung, Tatsituation, Handlungsobjekt, Handlungserfolg,
- **die (wesentlichen) Kausalfaktoren,**

450 Baumann/Weber/Mitsch/Eisele § 11 Rn. 41 ff.

- **die Umstände der objektiven Zurechnung**, soweit man diese mit dem Schrifttum für eine objektive Begrenzung des Tatbestandes hält.

Aus der Fixierung auf Tatbestandsmerkmale folgt zugleich, dass der **Vorsatz „teilbar"** ist, dass die Tätervorstellungen also innerhalb eines historischen Geschehens bei einem Delikt zutreffend, bei einem anderen Delikt falsch sein können. Ferner kann dieselbe Fehlvorstellung in Bezug auf eine Straftat vorsatzausschließender Tatumstandsirrtum und in Bezug auf eine andere unbeachtlicher Motivirrtum sein. Beispiel:

Beispiel: A zerstört nachts einen geparkten Lkw, den er für das Fahrzeug seines Konkurrenten hält, der aber in Wahrheit ein Zivilfahrzeug der Bundeswehr ist.

Für die Strafbarkeit aus vollendeter Sachbeschädigung gemäß **§ 303 Abs. 1** genügt der Vorsatz des A, eine Sache zu zerstören, die im Eigentum irgendeiner anderen Person steht, weil der Gesetzgeber durch das Merkmal „fremd" jeden vom Täter verschiedenen Eigentümer schützt. Der Irrtum über die Identität des wahren Eigentümers ist also bzgl. § 303 ein unbeachtlicher Motivirrtum (error in objecto).

Weil es sich um ein Kraftfahrzeug der Bundeswehr handelte, hat A objektiv aber auch **§ 305 a Abs. 1 Nr. 2** verwirklicht. Die Begrenzung der Tatobjekte auf Kfz der Bundeswehr verengt zugleich den Vorsatzgegenstand. Dafür genügt es nicht mehr, dass A einen fremden Lkw zerstören wollte. Er muss für eine Bestrafung aus § 305 a Abs. 1 Nr. 2 erkannt haben, dass der Bund Eigentümer des Fahrzeuges war. Das war infolge der Verwechselung nicht der Fall. **Der Identitätsirrtum wirkt damit für § 305 a vorsatzausschließend, § 16 Abs. 1 S. 1.** Eine Strafbarkeit aus Fahrlässigkeit – über § 16 Abs. 1 S. 2 – ist bei § 305 a nicht vorgesehen.

Hinweis: *Dieses Beispiel macht auch klar, dass nicht jeder Identitätsirrtum unbeachtlich ist!*

II. Vorsatzinhalt, Irrtum in Bezug auf äußere Tatbestandsmerkmale

1. Tatsachenkenntnis und Parallelwertung in der Laiensphäre

a) „Umstände" i.S.v. § 16 Abs. 1 S. 1 sind zuallererst Tatsachen

522 Minimalvoraussetzung für den Tatbestandsvorsatz ist, dass der Täter die **Tatsachen** kennt (oder für möglich hält), die das jeweilige Tatbestandsmerkmal ausfüllen. Tatsachen sind **alle Umstände der Gegenwart oder Vergangenheit, die dem Beweis zugänglich sind.**

1. Fehlt diese Faktenkenntnis bei objektiver Tatbestandserfüllung, scheidet eine Vorsatztat gemäß § 16 Abs. 1 S. 1 aus, und möglich ist allenfalls ein Fahrlässigkeitsdelikt, § 16 Abs. 1 S. 2.

Klausurhinweis: *Viele Bearbeitungen stellen nicht konsequent genug auf das Vorstellungsbild des Täters ab. Prüfen Sie bezüglich aller objektiven Tatbestandsmerkmale, ob der Täter genau „das Stück Sachverhalt" auch wirklich kannte.*

2. Stellt sich der Täter irrtümlich nicht gegebene Fakten vor, bei deren Vorliegen das jeweilige Delikt tatsächlich erfüllt wäre, liegt ein (untauglicher) strafbarer Versuch vor.

Beispiel: A sieht im Hof seines Nachbarn N eine Silhouette, die er im Dämmerlicht für eine Kleiderpuppe hält. Aus Langeweile veranstaltet er mit seinem Kleinkalibergewehr Schießübungen darauf. Erst als N getroffen aufschreit, erkennt A, dass er einen Menschen verletzt hat. – Die gefährliche Körperverletzung (mittels einer Waffe), § 224 Abs. 1 Nr. 2 Alt. 1, ist objektiv vollendet. Weil A aber weder wusste noch für möglich hielt, dass er auf einen Menschen schoss, fehlte ihm der Tatvorsatz, § 16 Abs. 1 S. 1. Da es für jedermann und für A sorgfaltswidrig ist, im Dämmerlicht auf ein nicht genau identifiziertes Ziel zu schießen, und da die Verletzung von Menschen dabei vorhersehbar ist, ist A bezüglich N wegen fahrlässiger Körperverletzung strafbar, § 229. A hat sich vorgestellt, auf eine Kleiderpuppe zu schießen. Wäre diese Vorstellung richtig gewesen, so hätte mit jedem Treffer eine vollendete Beschädigung der fremden Puppe vorgelegen. A hatte also außerdem Tatentschluss zu einer als Versuch strafbaren Sachbeschädigung, und er hat mit dem ersten Schuss nach seiner Vorstellung dazu angesetzt, § 22. A ist strafbar gemäß §§ 229; 303 Abs. 1, 3, 22; 52.

b) Bedeutungskenntnis bei normativ geprägten Tatbestandsmerkmalen

Praktisch alle Tatbestandsmerkmale bestehen außer dem sinnlich wahrnehmbaren, be- 523
schreibenden Teil **(deskriptives Element)** noch aus einem wertenden Teil **(normatives Element)**.[451]

aa) Bei vielen solcher Merkmale tritt der normative Teil nur selten in Grenzfällen zutage.

Beispiel: Dass ein Mitbürger, der dem Täter auf der Straße begegnet, eine „andere Person" i.S.v. § 223 ist, ist selbstverständlich. Kommt es zu einer Körperverletzung, braucht deshalb die Frage des Vorsatzes bezüglich des Tatopfers nicht einmal erwähnt zu werden. Handelt es sich bei dem Tatopfer um eine nicht lebensfähige Frühgeburt, bedarf es einer Wertentscheidung aus Art. 1 Abs. 1, Art. 2 Abs. 2 S. 1 GG, dass auch solche Kinder in ihrer körperlichen Integrität durch § 223 geschützt sind.

bb) Bei anderen Merkmalen tritt der Tatsachengehalt in den Hintergrund und der normative Gehalt überwiegt.

(1) Die Wertungen können **innerstrafrechtliche** sein, also solche, die durch die strafrechtlichen Legaldefinitionen und Auslegungsmethoden ermittelt werden können.

Beispiele: „Beschimpfender Unfug" in § 168 Abs. 1, „zumutbar" in § 323 c Abs. 1.

(2) Die Wertungen werden aber sehr häufig **außerhalb des Strafrechts** liegenden Rechtsverhältnissen und Vorschriften entnommen.

Beispiele: Das Merkmal „fremd" in § 242 nimmt Bezug auf die Regeln des Sachenrechts; „erforderliche Genehmigung" in § 327 ist von den Regeln des Atomgesetzes und Bundesimmissionsschutzgesetzes abhängig. Eine „Pflichtverletzung" von Mitgliedern eines Aktiengesellschaftsorgans i.S.d. Untreue gemäß § 266 Abs. 1 Alt. 2 ergibt sich vor allem aus den Regeln des Aktienrechts usw.

- Auch bei solchen normativ geprägten Merkmalen kann Vorsatz nur dann vorliegen, wenn der Täter **alle Tatsachen kannte**, die dieser Wertung zugrunde liegen.
- Unstreitig ist ferner, dass der Täter auch dann Vorsatz hatte, wenn er nur die Wertung falsch vorgenommen hat. Ein solcher **Subsumtionsirrtum** ist also für den Vorsatz unbeachtlich. Auch dass der Täter sein Verhalten überhaupt nicht in Beziehung zu einer Strafnorm gesetzt hat, lässt den Vorsatz unberührt, weil aus § 17 folgt, dass der Täter im Handlungszeitpunkt kein aktuelles Unrechtsbewusstsein haben muss.

451 Baumann/Weber/Mitsch/Eisele § 6 Rn. 20 ff.

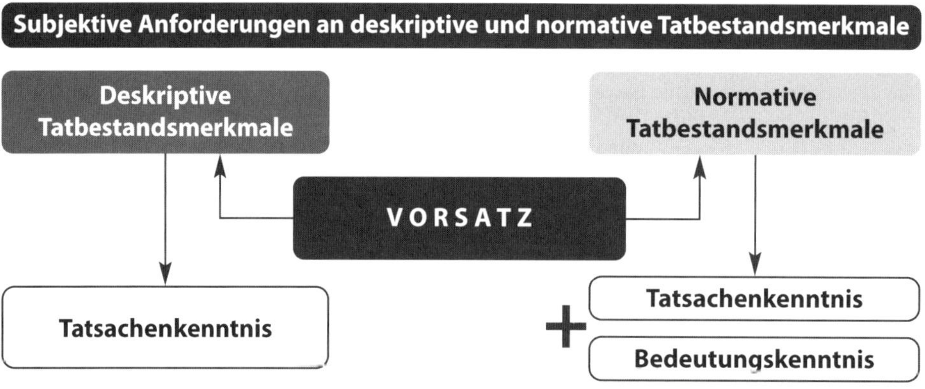

c) Vorsatzausschluss und untauglicher Versuch bei Rechtsirrtum

524 **Umstritten ist**, ob und wann ein **Rechtsirrtum** in Bezug auf den normativen Teil eines Tatbestandsmerkmals bei vorhandener Faktenkenntnis vorsatzrelevant wird, wann also rechtliche Unkenntnis als Irrtum über einen Tatumstand den Vorsatz ausschließt (§ 16), und umgekehrt, wann ein Rechtsirrtum im Zusammenhang mit einem Tatbestandsmerkmal zuungunsten des Täters den Versuch begründet (§ 22).

aa) Wann führt rechtliche Unkenntnis zum Vorsatzausschluss?

525 Bei der rechtlichen Unkenntnis kann problematisch sein, wann diese zu einem Vorsatzausschluss (§ 16 Abs. 1) führt und wann lediglich ein unbeachtlicher Subsumtionsirrtum vorliegt. Dabei wird die sog. **Parallelwertung in der Laiensphäre** relevant.

Fall 23: Bierdeckel-Fall; Lehre von der Parallelwertung in der Laiensphäre

Um weniger bezahlen zu müssen, radiert A von einem Bierdeckel, auf dem der Wirt W den Ausschank von neun Bieren durch Striche angemerkt hat, drei Striche aus und legt den Bierdeckel zur Bezahlung am Tresen vor. W bemerkt die Veränderung und stellt Strafantrag. Wegen Urkundenfälschung und Betrugsversuchs angeklagt, wendet A ein, das mit dem Geld sei nicht in Ordnung gewesen, doch wegen einer Urkundenfälschung könne er doch nicht strafbar sein. Er habe immer geglaubt, eine „Urkunde" sei nur ein mit einem amtlichen Stempel oder einer Unterschrift versehenes Schriftstück. Strafbarkeit des A? Strafanträge sind gestellt.

526 **I.** A könnte sich wegen **versuchten Betruges** gemäß **§§ 263 Abs. 1, 2, 22** strafbar gemacht haben, indem er den manipulierten Bierdeckel bei W vorlegt. Er hatte den Entschluss, den W durch Täuschung in einen Irrtum zu versetzen und dadurch zu einer vermögensschädigenden Verfügung, nämlich dem Verzicht auf die Zahlung von drei getrunkenen Bieren, zu veranlassen. Er besaß auch die Absicht, sich dadurch einen rechtswidrigen Vermögensvorteil zu verschaffen. Diesen Entschluss hat A auszuführen begonnen. Er handelte rechtswidrig und schuldhaft. Der gemäß § 263 Abs. 4 i.V.m. § 248 a erforderliche Strafantrag wegen Geringwertigkeit des Schadens ist gestellt.

II. Durch Ausradieren der drei Striche auf dem Bierdeckel könnte A wegen **Verfälschens einer echten Urkunde, § 267 Abs. 1 Mod. 2,** strafbar sein.

1. Die Merkstriche auf dem Bierdeckel verkörperten die für den Rechtsverkehr beweiserhebliche Gedankenerklärung über die Zahl der ausgeschenkten Biere. Als Aussteller ging daraus W hervor. Der **mit den Merkstrichen versehene Bierdeckel** war damit eine **Urkunde.**[452] Durch das Wegradieren von Merkstrichen hat A der echten Urkunde eine andere Beweisrichtung gegeben. Er hat also eine echte Urkunde verfälscht. Der objektive Tatbestand des § 267 Abs. 1 Mod. 2 ist erfüllt.

2. A müsste bezüglich aller objektiven Tatbestandsmerkmale mit **Vorsatz** gehandelt haben.

a) Zweifel bestehen bzgl. des Merkmals „Urkunde". A wusste zwar, dass er durch sein Radieren auf dem Bierdeckel beweiserhebliche Informationen für die Berechnung seiner Zeche beseitigte, verkannte aber die rechtliche Dimension des Merkmals „Urkunde" selbst. Ob dieser Rechtsirrtum gemäß § 16 Abs. 1 S. 1 den Vorsatz ausschließt, hängt davon ab, inwieweit rechtliche Elemente von Tatbestandsmerkmalen als „Umstände" zum Vorsatzinhalt gehören.

aa) Nach **h.M.** in Rspr. und Lehre gehört zum Vorsatz für den normativen Teil eines Tat- **527**
bestandsmerkmals über die Kenntnis der zugrunde liegenden Tatsachen hinaus, dass der Täter den **juristischen Sinngehalt des Merkmals erfasst** und eine Wertung der das normative Merkmal ausfüllenden tatsächlichen Umstände vorgenommen hat. Es ist aber keine exakte juristische Bewertung notwendig. Es reicht aus, wenn der Täter den „rechtlich-sozialen Bedeutungsinhalt nach Laienart richtig erfasst hat", sog. ***Parallelwertung in der Laiensphäre.***[453]

Klausurhinweis: *Sie müssen auf der Grundlage der h.M.* ***zwei Gedankenschritte*** *vollziehen: Im ersten Schritt muss die* ***rechtliche Komplexität reduziert werden****. Das, was das Merkmal mit seinen in Bezug genommenen Regeln zum Ausdruck bringt, muss auf ein für Nichtjuristen verständliches Maß heruntergeschraubt werden.*

Beispiele:

- Geht es um die **Fremdheit** einer Sache, kann man schreiben: „Der Täter muss zumindest für möglich gehalten haben, dass die Sache einem anderen gehörte, also dass ein anderer damit tun und lassen konnte, was er wollte."
- Prüft man den **Vorsatz bezüglich der Rechtswidrigkeit der Bereicherung** im Rahmen einer Erpressung (§§ 253, 255), genügt es für die Parallelwertung, wenn der Täter gewusst oder geahnt hat, dass er sein Begehren vor Gericht nicht würde durchsetzen können.[454]

Im zweiten Schritt ist zu fragen, ob der Täter wenigstens diesen ***vereinfacht formulierten Norminhalt verstanden*** *und sein Verhalten zumindest ansatzweise rechtlich eingeordnet hat. (Dass er überhaupt juristische Schlüsse zieht, wird nicht verlangt. Er braucht die einschlägige Norm ja nicht einmal zu kennen, § 17!) Hier verliert die h.M. aber die Konturenschärfe. Denn ob die richtige Parallelwertung vorlag oder nicht, ist selbst eine offene Wertungsfrage des Tatrichters.*[455] *Daher gibt es für solche Irrtumsfälle auch keine starren Regeln.*

---

452 RG DStZ 1916, 77. Teilweise wird auch eine zusammengesetzte Urkunde oder eine Gesamturkunde angenommen, vgl. Heinrich JA 2011, 423, 425.

453 BGHSt 3, 248, 255; 4, 347, 352; BGH NJW 2018, 3467, 3468; Sch/Sch/Sternberg-Lieben/Schuster § 15 Rn. 43 a; Wessels/Beulke/Satzger Rn. 742.

454 BGH RÜ 2003, 500.

455 Das räumt die Rspr. selbst ein, vgl. BGH RÜ 2006, 147, 150 (Mannesmann-Vodafone-Fall).

A wusste, dass die Merkstriche auf dem Bierdeckel eine Erklärung über die Zahl der servierten Biere beinhalteten und W als Aussteller dieser Erklärung erschien. Er kannte also den Sachverhalt, der das Urkundenmerkmal ausfüllte. A wusste ferner, dass die Merkstriche bei der Abrechnung – also **im Rechtsleben – Beweisbedeutung haben**. Damit hat er **in der Laiensphäre den Bierdeckel als Urkunde gewertet**. Das reicht nach der Rspr. für den Vorsatz aus. Dass er den Bierdeckel nicht unter den Rechtsbegriff „Urkunde" einordnete, ist bzgl. **§ 16 ein unbeachtlicher Subsumtionsirrtum**.

bb) Das Schrifttum kritisiert diese Unschärfe der Parallelwertungslehre und versucht, andere Kriterien zu finden:

(1) Eine Meinung unterscheidet zwischen **innerstrafrechtlichem und außerstrafrechtlichem Rechtsirrtum**: Der innerstrafrechtliche Rechtsirrtum sei Subsumtionsirrtum; der außerstrafrechtliche Rechtsirrtum stehe dem Tatsachenirrtum gleich und begründe einen Tatbestandsirrtum.[456] Danach lag hier nur eine rechtlich fehlerhafte Beschränkung des Tatbestandsmerkmals „Urkunde" vor, also ein innerstrafrechtlicher Rechtsirrtum. Dieser lässt den Vorsatz nicht entfallen.

(2) Eine andere Meinungsgruppe differenziert bei Rechtsirrtümern folgendermaßen: Werde durch ein Tatbestandsmerkmal **ein Recht oder ein Rechtsverhältnis** umschrieben und richte sich der Rechtsirrtum des Täters darauf, so sei ein solcher Irrtum über die dem jeweiligen Merkmal zugrunde liegende „institutionelle Tatsache" ebenso zu behandeln wie ein Tatsachenirrtum. Beziehe sich der Rechtsirrtum dagegen auf den Begriffsinhalt des Tatbestandsmerkmals oder eines hierzu gehörenden Unterbegriffs, so liege ein Subsumtionsirrtum vor, der den Vorsatz unberührt lasse.[457] Danach befand sich A, der an die Untermerkmale der Beweiseignung und Ausstellererkennbarkeit überhöhte Anforderungen stellte und damit den Begriffsinhalt des Strafrechtsmerkmals „Urkunde" verkannte, auch nicht in einem Tatbestands-, sondern in einem Subsumtionsirrtum.

Im vorliegenden Fall bejahen damit alle Ansichten Tatvorsatz.

Klausurhinweis: *Folgen Sie in Ihren Falllösungen der* ***Parallelwertungslehre der h.M.*** *Sie müssen Ihre Bewertung aber auch als Begründung niederschreiben, denn sonst kann man Ihr Ergebnis nicht nachvollziehen.*

b) Da A auch bekannt war, dass er die auf dem Bierdeckel fixierte Gedankenerklärung inhaltlich abänderte, hatte er Tatvorsatz für § 267 Abs. 1 Mod. 2.

c) A handelte zur Täuschung im Rechtsverkehr, denn er wollte bei dem Wirt die Fehlvorstellung erwecken, der Deckel gebe die richtige Anzahl der servierten Biere an, um weniger bezahlen zu müssen.

3. Rechtswidrigkeit ist gegeben.

4. A müsste schuldhaft gehandelt haben. Aufgrund seiner falschen rechtlichen Subsumtion war ihm nicht bekannt, eine Urkundenstraftat zu begehen. Damit lag ein **Verbotsirrtum** vor, der aber bei gehörigem Nachdenken vermeidbar gewesen wäre, § 17 S. 2.

Aufbau: *Der* ***Subsumtionsirrtum*** *ist also* ***im Gutachten an zwei Stellen*** *anzusprechen: Beim Vorsatz (in Abgrenzung zum Tatbestandsirrtum) und bei der Schuld (als Erscheinungsform des Verbotsirrtums).*

A ist somit wegen Verfälschung einer Urkunde, § 267 Abs. 1 Mod. 2, strafbar.

---

456 Kuhlen, Tatsachenirrtum und außerstrafrechtlicher Rechtsirrtum, 1987.

457 Vgl. NK/Puppe § 16 Rn. 31, 46 f.; ebenso Kindhäuser/Zimmermann § 27 Rn. 29 f.

III. A erfüllte durch Vorlage der verfälschten Urkunde auch § 267 Abs. 1 Mod. 3. Da er die Absicht zum Gebrauch schon bei der Täuschungshandlung hatte, liegt ein einheitliches Delikt der Urkundenfälschung vor.[458]

Ergebnis: A hat sich wegen Urkundenfälschung in Tateinheit mit einem Betrugsversuch strafbar gemacht.

Die meisten Irrtümer über normative Tatbestandsmerkmale in Klausuren betreffen Eigentums- und Vermögensdelikte. Die wichtigsten Fälle: **528**

- Wer infolge eines Rechtsirrtums glaubt, **eine Sache sei seine eigene**, hat in aller Regel nicht mehr die richtige Parallelwertung und handelt für Diebstahl (§ 242), Unterschlagung (§ 246), Raub (§ 249) und Sachbeschädigung (§ 303) ohne Vorsatz.[459]

  Beispiel: Landwirtin L übereignet zur Sicherung eines Kredits eine Maschine zur Sicherheit. Weil L sie weiterbenutzen darf, glaubt sie, immer noch Eigentümerin zu sein. Kurze Zeit später verkauft L die Maschine weiter. – Kein Vorsatz für eine veruntreuende Unterschlagung gemäß § 246 Abs. 1, 2.

- **Die Annahme, sich Barmittel des Schuldners zur Tilgung** einer fälligen und einredefreien Forderung verschaffen zu dürfen, lässt in aller Regel die richtige Parallelwertung und damit den Vorsatz für eine rechtswidrige Zueignung entfallen.[460]

bb) Wann begründet eine irrtümliche rechtliche Annahme einen untauglichen Versuch und wann ein strafloses Wahndelikt?

Kann die Tätervorstellung nur aus tatsächlichen Gründen nicht realisiert werden, ist ein strafbarer untauglicher Versuch gegeben. Bei einer rechtsirrigen Überdehnung des Anwendungsbereichs liegt nur ein **strafloses Wahndelikt** vor. Umstritten ist, ob und inwieweit **Rechtsirrtümer** zu einem **untauglichen Versuch** führen können. **529**

Fall 24: Umkehrung der Lehre von der Parallelwertung

Um – für den Fall einer gerichtlichen Auseinandersetzung – der Verurteilung zur Zahlung einer begründeten Forderung des G zu entgehen, nahm S eine alte Quittung des G, legte darüber ein von ihm vorgefertigtes Blatt Papier mit der Beschriftung „für Warenlieferung am 01.02.2020" und kopierte beides. Wegen des kleineren Formats der Kopiervorlage bildete sich auf der Kopie ein breiter schwarzer Rand, sodass man sofort erkennen konnte, dass es sich um eine fotomechanische Reproduktion handelte. S glaubte dennoch, damit eine Urkundenfälschung begangen zu haben.
Wie ist S strafbar?

I. Versuchter (Prozess-)Betrug gemäß **§§ 263 Abs. 1, Abs. 2, 22** scheidet aus. S hatte zwar Tatentschluss, doch ist die bloße Anfertigung des falschen Beweismittels vor Klageerhebung noch kein unmittelbares Ansetzen zur Täuschung des Richters. **530**

---

458 Vgl. BGHSt 5, 291; 7, 98.

459 Vgl. Wessels/Beulke/Satzger Rn. 742.

460 BGHSt 17, 98; ausführliche Falllösung in AS-Skript Strafrecht BT 1 (2021), Fall 8 Rn. 145. Vorsatz liegt aber vor, wenn der Täter zumindest für möglich hält, dass der Anspruch selbst nicht vor Gericht durchsetzbar wäre, BGH RÜ 2008, 643.

II. Durch das Zusammenlegen der einzelnen Schriftstücke und Anfertigen der Kopie könnte sich S wegen **Urkundenfälschung** gemäß **§ 267 Abs. 1 Mod. 1** strafbar gemacht haben.

Dann müsste eine **Urkunde** entstanden sein. Unter einer Urkunde versteht man **jede verkörperte menschliche Gedankenerklärung, die zum Beweis im Rechtsverkehr bestimmt und geeignet ist und die ihren Aussteller erkennen lässt.**[461]

1. Die **Fotokopiervorlage**, die durch bloßes Zusammenlegen zweier Papierstücke entstanden ist, stellt mangels Dauerhaftigkeit der Verbindung noch keine neue perpetuierte Gedankenerklärung dar.[462]

531 **2.** Fraglich ist, ob die **Fotokopie selbst** als eine solche Urkunde anzusehen ist. Dafür spricht, dass Fotokopien im Rechts- und Geschäftsverkehr immer häufiger als beweismäßiger Ersatz für das Original anerkannt werden.[463] Gegen diese Gleichstellung von Original und Zweitschrift ist einzuwenden, dass die **Fotokopie nur eine bildliche Wiedergabe der Urschrift** ist und als solche nicht vom Aussteller als seine Erklärung autorisiert sein muss. Deshalb sind Fotokopien und sonstige Reproduktionen grundsätzlich nicht als Urkunden anzuerkennen. Ausnahmsweise können sie strafrechtlich zur Urkunde „aufrücken", **wenn sie mit einem Original verwechselt werden können** und tatsächlich als Originalschrift den Rechtsverkehr täuschen sollen.[464] Dieser Ausnahmefall greift hier nicht ein, weil die Kopie durch den schwarzen Rand auf dem Papier eindeutig als fotomechanische Reproduktion erkennbar war (vgl. dazu AS-Skript Strafrecht BT 2 [2024], Rn. 980 ff.).

Eine vollendete Urkundenfälschung ist zu verneinen.

III. Infrage kommt hinsichtlich der Fotokopie ein nach **§ 267 Abs. 2 strafbarer Versuch der Urkundenfälschung**.

532 Dann müsste die Vorstellung des S, er verwirkliche durch sein Tun eine Urkundenfälschung, als versuchsbegründender Tatentschluss angesehen werden können. Ein Tatentschluss liegt vor, wenn sich der Täter Umstände vorstellt, bei deren Vorliegen ein Straftatbestand – hier § 267 Abs. 1 Mod. 1 – erfüllt wäre. Kann die Vorstellung nur aus tatsächlichen Gründen nicht realisiert werden, ist ein **strafbarer untauglicher Versuch** gegeben. Demgegenüber liegt bei einer rechtsirrigen Überdehnung des Anwendungsbereichs einer Strafnorm schon kein Tatentschluss, sondern nur ein **strafloses Wahndelikt** vor (s. auch oben Rn. 332).

Hinweis: *Der vorliegende Fall ist das Spiegelbild des vorhergegangenen. Bei beiden geht es um dieselbe Frage des Vorsatzinhalts – nur mit entgegengesetzten Rechtsfolgen: Im Fall der Unkenntnis eines vorsatzrelevanten Umstandes entfällt die Vorsatzstrafbarkeit; die irrige Annahme eines solchen Umstandes begründet dagegen die Strafbarkeit aus Versuch!*

---

461 Fischer § 267 Rn. 3.

462 Vgl. BGH NStZ 2003, 543, 544.

463 So Puppe NStZ 2001, 482, 483.

464 Vgl. BGHSt 20, 17, 18; AS-Skript Strafrecht BT 2 (2024), Rn. 981.

1. Nach allgemeiner Ansicht liegt ein untauglicher Versuch dann vor, wenn sich der Täter Tatsachen vorgestellt hat, bei deren Vorliegen der jeweilige Tatbestand erfüllt wäre. Das war bei S nicht der Fall. Vielmehr **ging er rechtsirrig davon aus, mit der Fotokopie eine Urkunde herzustellen**. **533**

2. Heftig **umstritten** ist, ob und inwieweit Rechtsirrtümer zu einem untauglichen Versuch führen können. **534**

a) Die **h.M.** löst die Abgrenzung durch **Umkehrung der Lehre von der Parallelwertung in der Laiensphäre**: So wie ein Rechtsirrtum den Vorsatz ausschließen könne, wenn er beim Täter das auch nur vereinfachte Sinnverständnis des juristischen Begriffs verschleiere, **könne umgekehrt ein Rechtsirrtum bei richtiger Parallelwertung in der Laiensphäre den Tatentschluss begründen.**[465] Je nachdem, wie die Parallelwertung formuliert wird, lassen sich dann ganz entgegengesetzte Ergebnisse vertreten. **535**

So wird es in der Rspr., aber auch im Schrifttum, als ausreichend angesehen, dass der Täter sich **überhaupt Gedanken über seine eigene Strafbarkeit** gemacht hat. **536**

Klausurwichtige Beispiele:

- Der Polizeibeamte P ordnet rechtsirrig eine Ordnungswidrigkeit als Straftat ein und vernichtet die Anzeige gegen einen Freund in der irrigen Annahme, dadurch eine Strafvereitelung im Amt zu begehen. Nach BGH: Versuchte Strafvereitelung im Amt gemäß §§ 258, 258 a, Abs. 1, 2, 22.[466]
- Der Zeuge Z macht vor dem Staatsanwalt S eine unwahre Aussage. Am Ende erklärt er, dass alles der Wahrheit entspreche und dass er dies beschwören könne. Der Staatsanwalt geht darauf ein, und nimmt Z einen Eid ab. Z glaubt, er habe einen Meineid begangen. – Da gemäß § 161 a Abs. 1 S. 3 StPO nur Richter Eide abnehmen können, hat Z nicht einmal eine uneidliche Falschaussage gemäß § 153 begangen. Erst recht hat er keinen Meineid gemäß § 154 geleistet. Nach dem BGH soll ein strafbarer Meineidsversuch vorliegen.[467]

Wendet man dieses Denkmuster auf den vorliegenden Fall an, können auch verschiedene Ergebnisse begründet werden:

S hat geglaubt, mit der Fotokopie eine Urkunde herzustellen, was notwendigerweise eine Parallelwertung des strafrechtlichen Urkundsbegriffs in der Laiensphäre als „schriftliche Gedankenerklärung für Beweiszwecke" einschließt. Da für den Tatvorsatz nur eine ungefähre Bedeutungskenntnis, aber keine exakte juristische Subsumtion erforderlich ist, ist nach dieser Auffassung ein untauglicher Versuch anzunehmen.[468]

Man könnte aber auch argumentieren, dass derjenige, der sogar eine bloße Reproduktion für eine Urkunde hält, schon nicht verstanden hat, dass nur vom Aussteller autorisierte verkörperte Gedankenerklärungen eine Garantiefunktion enthalten und nur deshalb aus § 267 geschützt sind. Dann müsste die richtige Parallelwertung verneint werden. Es läge ein strafloses Wahndelikt vor.[469]

465 Rengier § 35 Rn. 24 f. m.w.N.

466 BGHSt 15, 210; Rengier § 35 Rn. 28.

467 Vgl. BGHSt 3, 248; 12, 56.

468 Vgl. Mitsch NStZ 1994, 88; i.E. in einem Parallelfall auch OLG Düsseldorf NJW 2001, 167.

469 Erb NStZ 2001, 317, 318; zustimmend Kühl § 15 Rn. 100; ebenso BayObLG RÜ 2020, 435 bei irriger Annahme, allein ein Kfz-Kennzeichen mit falscher TÜV-Prüfplakette sei schon eine unechte Urkunde gemäß § 267, obwohl der angebliche Aussteller sich daraus nicht ergibt und auch in der Zulassungsbescheinigung Teil I („Kfz-Schein") kein Hinweis auf die vermeintliche Prüfstelle enthalten ist.

537 **b)** Wegen dieser **Beliebigkeit** in der konkreten Rechtsanwendung halten viele die Umkehrung der Parallelwertung bei selbstbelastenden Rechtsirrtümern zur Begründung eines untauglichen Versuchs für verfehlt.

538 Für **einige** Vertreter dieser Meinungsgruppe ist **jeder Rechtsirrtum** zulasten des Täters im Zusammenhang mit einem Tatbestandsmerkmal stets auch eine Überdehnung des Normbereichs und damit **ein Wahndelikt**. Praktisch gibt es danach bei Rechtsirrtümern überhaupt keine untauglichen Versuche.[470]

539 **Andere** sehen nur solche Rechtsirrtümer als versuchsbegründend an, die sich auf **außerstrafrechtliche** Rechtsnormen beziehen, auf die das jeweilige Tatbestandsmerkmal verweist (z.B. die §§ 903 ff. BGB beim Merkmal „fremd").[471]

Nach diesen Ansichten hat S ein strafloses Wahndelikt begangen.

540 **c)** Wer für den Vorsatz ohnehin nur das Wissen der tatbestandsausfüllenden Tatsachen, der in Bezug genommenen **Rechte und Rechtsverhältnisse** verlangt (s.o. Rn. 527 ff.), kann statt der Umkehrung der Parallelwertung ein anderes Umkehrprinzip anwenden: Ein Irrtum über eine Tatsache oder Rechtstatsache, der bei Unkenntnis den Vorsatz ausschließt, kann danach bei irriger Annahme einen Versuch begründen. Ein Subsumtionsirrtum, der zugunsten des Täters den Vorsatz nicht ausschließt, kann als umgekehrter Subsumtionsirrtum danach auch nicht vorsatzbegründend wirken.[472] Das bedeutet hier: So wie die irrige Annahme, ein Bierdeckel mit Merkstrichen über die getrunkenen Biere sei keine Urkunde, den Vorsatz nicht beseitigt, kann umgekehrt die Fehlvorstellung, eine als solche erkennbare Fotokopie sei eine Urkunde, den Vorsatz nicht begründen. Beides sind **vorsatzirrelevante Subsumtionsirrtümer**.

Ergebnis: S ist nach diesen Meinungen straflos.

---

2. Doppelirrtümer auf Tatbestandsebene

541 Bei einem Doppelirrtum kennt der Täter die wahre Sachlage nicht, nimmt aber gleichzeitig irrig aus einem anderen Grund an, sich aus dem tatsächlich erfüllten Tatbestand strafbar gemacht zu haben.

a) Doppelirrtum über verschiedene Varianten desselben Tatbestandes

542 Häufig enthält derselbe Tatbestand **verschiedene Varianten** hinsichtlich des Tatobjekts oder der Tathandlung. Verwirklicht der Täter ungewollt eine Variante und blieb die von ihm gewollte Variante unverwirklicht, so fragt sich, ob dieser doppelte Irrtum zur Tatvollendung führen kann. Überwiegend wird differenziert:[473]

470 Vgl. Sch/Sch/Eser/Bosch § 22 Rn. 89.

471 Roxin AT II § 29 Rn. 409 ff.

472 Kindhäuser/Zimmermann § 30 Rn. 30; NK/Puppe § 16 Rn. 146.

473 MünchKomm/Joecks/Kuhlhanek § 16 Rn. 110 ff.

- Sind die Varianten nur beispielhafte Erscheinungsformen **qualitativ gleichwertigen Unrechts,** so ist ausreichend, dass der Täter dieses Unrecht verwirklichen wollte, wenn auch auf andere Weise. Der Irrtum ist dann **unbeachtlich**.

  Beispiele:

  - Der Täter glaubt, in einen Geschäftsraum einzudringen, wohingegen es sich um befriedetes Besitztum handelt. – Vorsätzlicher Hausfriedensbruch, § 123 Abs. 1 Alt. 1.
  - Der Erwerber der Tatbeute weiß nicht, dass diese aus einem Betrug stammt; er glaubt, sie stamme aus einem Diebstahl. – Vollendete Hehlerei, § 259 Abs. 1.

- Sind die Varianten **qualitativ oder quantitativ unterschiedlich**, ist hinsichtlich der verwirklichten Tat Vorsatzausschluss anzunehmen, § 16 Abs. 1 S. 1; hinsichtlich der nicht verwirklichten, aber gewollten Tat liegt nur Versuch vor.

  Beispiel: A will B heimtückisch durch ein schnell wirkendes Gift töten. Tatsächlich ist B gar nicht mehr zum Argwohn fähig. Dafür erzeugt das Gift schreckliche Schmerzen. – Das verwirklichte Mordmerkmal der Grausamkeit war vom Vorsatz des A nicht umfasst, § 16 Abs. 1 S. 1, und die gewollte Heimtücke scheitert an dem Argwohn des B. Da zumindest die objektiven Mordmerkmale jeweils unterschiedliches Unrecht beschreiben, sind sie nicht gegenseitig austauschbar, sodass der fehlende Vorsatz zur Grausamkeit nicht mit dem Vorsatz zur Heimtücke kompensiert werden kann. Gegeben ist Totschlag in Tateinheit mit versuchtem (heimtückischen) Mord.[474]

b) Doppelirrtum als Tatsachen- und Rechtsirrtum

Umstritten ist, welche Qualität der Rechtsirrtum über die Zuständigkeit im Rahmen der Aussagedelikte besitzt und welche Auswirkung ein Doppelirrtum in diesem Bereich hat. 543

Fall 25: Vorsatzbegründende Wirkung eines umgekehrten Verbotsirrtums

A wird als Zeuge in einer Strafsache vernommen. Zur Beweissicherung (§ 251 Abs. 2 StPO) veranlasst die Staatsanwältin, dass A sofort durch eine Ermittlungsrichterin vernommen wird. Der einfältige A bekommt nicht mit, dass er nunmehr einer Richterin gegenüber sitzt, weil diese keine Robe trägt. Er glaubt, er habe es mit einer zweiten Staatsanwältin zu tun und macht nunmehr eine Falschaussage – allerdings in dem Glauben, sich auch gegenüber einer Staatsanwältin wegen Falschaussage strafbar machen zu können. Strafbarkeit des A?

I. In Betracht kommt eine **uneidliche Falschaussage** gemäß **§ 153.** 544

1. A hat als Zeuge vor einer Richterin, die gemäß § 161 a Abs. 1 S. 3 StPO zur Eidesabnahme zuständig ist, die Unwahrheit gesagt. Der objektive Tatbestand ist damit erfüllt.

2. Fraglich ist der Tatvorsatz.

a) Den objektiv gegebenen Sachverhalt, vor einer zur Eidesabnahme zuständigen Richterin auszusagen, kannte A nicht. Dieser Umstand würde – für sich gesehen – ausreichen, um den **Vorsatz gemäß § 16 Abs. 1 S. 1 auszuschließen.** 545

b) Andererseits unterlag er der Fehlvorstellung, auch die Staatsanwaltschaft sei zur Eidesabnahme zuständig. Fraglich ist, ob hierin ein subjektives Äquivalent liegt, welches 546

---

474 Vgl. Rengier § 15 Rn. 67.

das Fehlen der Kenntnis bezüglich der wahren Umstände ausgleicht. Das hängt davon ab, **welche Qualität der Rechtsirrtum über die Zuständigkeit im Rahmen der Aussagedelikte** besitzt.

547 **aa)** Die **Rspr.** und ein **Teil des Schrifttums** sehen darin einen **umgekehrten Tatbestandsirrtum.**[475] Da dieser den Tatentschluss zu einem (untauglichen) Versuchsdelikt begründen könne, stehe er auf derselben Wertungsstufe wie der Tatvorsatz. Für den vorliegenden Fall ist es dann unproblematisch möglich, die fehlende Kenntnis der objektiv gegebenen durch die rechtsirrige, aber gleichwertige Annahme nicht gegebener Umstände zu ersetzen. A ist dann aus **vollendeter uneidlicher Falschaussage** strafbar.

548 **bb)** Nimmt man dagegen an, dass der Rechtsirrtum über die Zuständigkeit zur Eidesabnahme zugleich eine **Überdehnung des Normbereichs** der §§ 153 ff. darstellt, ist die den A belastende Fehlvorstellung lediglich ein **Wahndelikt**. Die rechtlichen Konsequenzen sind bei dieser Einordnung umstritten.

549 **(1)** Die **überwiegende Auffassung** vertritt eine **Gesamtbetrachtung**. Entscheidend ist danach, dass durch den Doppelirrtum letztlich doch das mit der objektiven Lage übereinstimmende Vorstellungsbild in A erzeugt worden ist, dass die Person, vor der er aussagte, zur Eidesabnahme zuständig sei.[476] Auch nach dieser Ansicht ist A aus vollendeter uneidlicher Falschaussage strafbar.

550 **(2)** Die **vorzugswürdige Gegenauffassung** betont, dass eine an sich straflose, weil wahnhafte Verkennung der Rechtslage keine strafbegründende Bedeutung erlangen könne, denn letztlich bleibe dem einem Doppelirrtum verhafteten Täter das „richtige" Unrecht seines Verhaltens doch verborgen.[477] Nach dieser Ansicht handelte A hinsichtlich der verwirklichten Falschaussage im Tatbestandsirrtum, der die Vorsatztat insoweit ausschließt.

II. Die fahrlässige uneidliche Falschaussage ist nicht mit Strafe bedroht.

Ergebnis: A ist straflos.

---

3. Irrtümer über staatliche Genehmigungserfordernisse

551 Viele Straftatbestände knüpfen an die Verletzung von Genehmigungspflichten an.

Beispiele: Betreiben einer Anlage „ohne die erforderliche Genehmigung" gemäß § 327; Führen eines Kraftfahrzeugs ohne die „dazu erforderliche Fahrerlaubnis" gemäß § 21 StVG; Erwerb eine Schusswaffe „ohne Erlaubnis", § 52 WaffenG.

Bei solchen Delikten ist zunächst zu klären, ob das Genehmigungserfordernis ein echtes (negatives) Tatbestandsmerkmal ist oder nur ein gesetzlicher Hinweis auf die staatliche Genehmigung als spezieller Rechtfertigungsgrund.[478] Hierin spiegelt sich die öffent-

475 BGHSt 3, 248, 255; 5, 111, 117; 10, 272, 275; 12, 56; Jescheck/Weigend § 50 II 2.

476 Vgl. Jescheck/Weigend § 50 II 2; Puppe GA 1990, 145, 156; BayObLG NJW 1963, 310.

477 Baumann/Weber/Mitsch/Eisele § 18 Rn. 98.

478 S. dazu AS-Skript Strafrecht AT 1 (2021), Rn. 174.

lich-rechtliche Unterscheidung wider zwischen **präventivem Verbot mit Erlaubnisvorbehalt** (Genehmigung als staatliche Kontrolle der Gefahren eines an sich sozialadäquaten Verhaltens) und **repressivem Verbot mit Befreiungsvorbehalt** (Genehmigung als ausnahmsweise Erlaubnis grundsätzlich sozialwidrigen Verhaltens).[479]

Nur bei einem **präventiven Verbot mit Erlaubnisvorbehalt entsteht durch den Verstoß** gegen das staatliche Zustimmungserfordernis strafwürdiges Unrecht. Die Nichtbeachtung des Genehmigungserfordernisses ist **normatives negatives Tatbestandsmerkmal**, auf das sich auch der Vorsatz des Täters beziehen muss (z.B. § 21 StVG und § 52 WaffenG). 552

Bei einem repressiven Verbot mit Befreiungsvorbehalt ist das Nichtvorliegen der Genehmigung kein Tatbestandsmerkmal, vielmehr beseitigt die Genehmigung die Rechtswidrigkeit, z.B. § 327.

a) Kennt der Täter schon die Tatsachen nicht, welche die Genehmigungspflicht für ein präventives Verbot mit Erlaubnisvorbehalt begründen, befindet er sich in einem **Tatumstandsirrtum gemäß § 16 Abs. 1 S. 1.** 553

Stellt er sich irrtümlich einen genehmigungspflichtigen Sachverhalt vor, begründet dies den Tatentschluss für einen **untauglichen Versuch gemäß § 22**, sofern der Versuch überhaupt unter Strafe gestellt ist, § 15.

Glaubt der Täter bei richtiger Tatsachenkenntnis aufgrund eines Rechtsirrtums, sein Handeln falle gar nicht unter das präventive Verbot und sei deshalb auch nicht genehmigungsbedürftig, **fehlt ihm in aller Regel die richtige Parallelwertung in der Laiensphäre**. Der Täter handelt dann unvorsätzlich.[480]

b) Ob die rechtsirrige Annahme, das objektiv erlaubnisfreie Verhalten sei genehmigungsbedürftig, einen untauglichen Versuch oder ein Wahndelikt begründet, hängt dann von der Behandlung des umgekehrten Rechtsirrtums ab (s.o. Fall 23 Rn. 534). 554

c) Irrtümer über die Genehmigungspflicht im Rahmen **repressiver Verbote mit Befreiungsvorbehalt** folgen den Regeln des **Rechtfertigungsirrtums**. Hier ist die nur auf einem Rechtsirrtum beruhende Annahme der Genehmigungsfreiheit ein sog. Erlaubnisirrtum, der als Verbotsirrtum nach § 17 behandelt wird (s. dazu unten Rn. 637).[481] 555

479 Vgl. AS-Skript VwGO (2023) Rn. 321 f.

480 OLG Frankfurt NStZ-RR 2003, 353.

481 BGH NStZ-RR 2003, 55; im Ergebnis ebenso, aber kritisch zur Differenzierung nach präventivem und repressivem Verbot BGH RÜ 2020, 369.

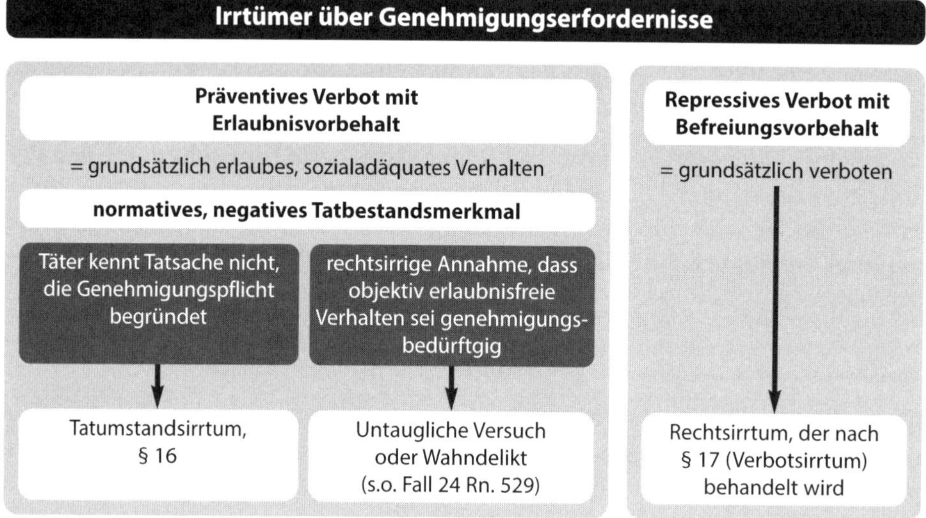

4. Irrtum über die Tätereigenschaft bei Sonderdelikten

556 Entgegen einer früheren Ansicht, die den **Irrtum über die persönliche Verbindlichkeit einer Norm** ebenso wie die irrige Annahme der Existenz einer Strafnorm als Wahndelikt behandelte,[482] lehnt die heute **h.M.** eine besondere Behandlung des Irrtums über die Subjektqualität ab.[483] Es mache keinen Unterschied, ob sich ein Irrtum auf das Tatobjekt, das Tatmittel oder die eigene Täterqualität beziehe. Damit hängt es von der Ursache für die irrige Annahme der eigenen Täterqualität ab, ob bei Unkenntnis Tatumstands- oder Verbotsirrtum und bei irriger Annahme untauglicher Versuch oder Wahndelikt gegeben sind:

557 **a) Kennt der Täter schon die Tatsachen nicht**, die ihn zum Adressaten eines Sonderdelikts machen, liegt ein vorsatzausschließender **Tatumstandsirrtum gemäß § 16 Abs. 1 S. 1** vor.

Beispiel: Wer nicht weiß, dass ein Arbeitnehmer bei ihm angestellt ist und deshalb keine Sozialabgaben für ihn entrichtet, hat schon keinen Vorsatz für das Tatbestandsmerkmal „Arbeitgeber" in § 266 a.

Glaubt der Täter trotz Kenntnis aller Tatsachen infolge eines Rechtsirrtums, die objektiv erfüllte Norm gelte nicht für ihn, kann der Vorsatz bei fehlender laienhafter Parallelwertung fehlen.

Beispiel: Irrt der Täter über das Arbeits- und Sozialrecht und glaubt deshalb, dass die für ihn Tätigen nicht seine Arbeitnehmer seien und er deshalb nicht für sie als Arbeitgeber Sozialversicherungsbeiträge abführen müsse, fehlt ihm die für seine Pflichtenstellung erforderliche Parallelwertung in der Laiensphäre. Er unterliegt dann einem Tatumstandsirrtum gemäß § 16 Abs. 1 S. 1.[484]

---

482 RGSt 8, 199; Stratenwerth/Kuhlen § 11 Rn. 60.

483 Sch/Sch/Eser/Bosch § 22 Rn. 75 f. m.w.N.

484 BGH RÜ 2020, 370.

b) Nimmt der Täter **irrig tatsächliche Umstände** an, bei deren Vorliegen er die für den jeweiligen Tatbestand erforderliche Täterqualität hätte, liegt also ein umgekehrter Tatbestandsirrtum vor, so ist Tatentschluss für einen **untauglichen Versuch** gegeben. 558

Beispiel: Versuchte Bestechlichkeit gemäß § 332 Abs 1 S. 3 durch den in der Behörde Tätigen, der sich Geld für eine in seinen Pflichtenkreis fallende rechtswidrige Handlung geben lässt, ohne zu wissen, dass seine Ernennung zum Beamten nichtig ist.

Zieht dagegen jemand in Kenntnis aller tatbestandserheblichen Umstände und ihrer sozialen Bedeutung nur den **falschen rechtlichen Schluss**, er gehöre zu dem im Gesetz genannten Täterkreis, dürfte keine zutreffende Parallelwertung in der Laiensphäre mehr gegeben sein, sodass ein **strafloses Wahndelikt** vorliegt.

Beispiel: Straflosigkeit der Hausmeisterin wegen versuchter Bestechlichkeit, die meint, schon aufgrund ihres Arbeitsverhältnisses zur Amtsträgerin geworden zu sein.

5. Irrtumsbesonderheiten beim unechten Unterlassungsdelikt

Gegenstand des Vorsatzes müssen beim Unterlassen (i.S.v. § 13) neben der Untätigkeit die physisch-reale Handlungsmöglichkeit, der Eintritt des Erfolges, die Quasi-Kausalität sowie die, die objektive Zurechnung begründenden Umstände sein.[485] Ordnet man die Zumutbarkeit als Tatbestandsmerkmal ein,[486] muss sich der Vorsatz auch hierauf beziehen. Im Zusammenhang mit all diesen zusätzlichen Elementen sind Irrtümer möglich. 559

a) Irrtum über die Möglichkeit und Zumutbarkeit der zur Erfolgsabwendung objektiv gebotenen Handlung

aa) Bleibt der Unterlassende wegen seiner **Unkenntnis** der **objektiv gegebenen Möglichkeit der Erfolgsabwendung** untätig, so fehlt ihm der Vorsatz. 560

Beispiel: Erzieher E ist eines der ihm anvertrauten Kinder davongelaufen. Auf der Suche gelangt E an einen Fluss. Er sieht, dass das Kind im tiefen reißenden Wasser zu ertrinken droht. Da E nicht schwimmen kann und – ohne sich vorher vergewissert zu haben – annimmt, dass weder zur Rettung geeignete Hilfsmittel zur Verfügung stehen noch das Herbeiholen von Hilfe möglich ist, unterlässt er die Rettung des Kindes. Es ertrinkt. In Wahrheit lag in der Nähe am Ufer ein Boot, mit dessen Hilfe auch E als Nichtschwimmer das Kind ohne eigene Gefahr hätte retten können. – Weil hier objektiv die Möglichkeit der zur Erfolgsabwendung gebotenen Handlung für E bestand und dieser aufgrund seiner Stellung als Erzieher auch eine Garantenstellung aus tatsächlicher Gewährübernahme innehatte, erfüllte das Untätigbleiben des E den objektiven Tatbestand des § 212 Abs. 1 durch Unterlassen. Da E jedoch von dem zur Abwendung der Gefahr verfügbaren Hilfsmittel keine Kenntnis hatte, fehlte ihm der Tatbestandsvorsatz, § 16 Abs. 1 S. 1. Gegeben ist über § 16 Abs. 1 S. 2 fahrlässige Tötung durch Unterlassen, §§ 222, 13, weil E sich nicht vergewissert hat, ob Rettungsmittel greifbar waren.

bb) Bildet der Unterlassende **sich die Rettungsmöglichkeit ein**, liegt ein strafbarer untauglicher Versuch vor. 561

Beispiel: A lässt den von ihm unvorsätzlich angefahrenen B liegen und nimmt dessen Tod in Kauf, obwohl er irrig glaubt, B noch retten zu können. – Fahrlässige Tötung in Tatmehrheit mit untauglichem Versuch des Totschlags durch Unterlassen, §§ 222, 13; §§ 212 Abs. 1,13, 22, 23 Abs. 1, 12 Abs. 1; § 53.

---

485 BGH RÜ 2021, 95, 97. Bemerkenswert ist der ausdrückliche Hinweis des BGH auf die objektive Zurechnung!

486 Näher dazu AS-Skript Strafrecht AT 1 (2021), Rn. 512.

b) Irrtum über die Garantenstellung

562 **aa)** Die **Unkenntnis** von **Umständen, welche die Garantenstellung ausmachen**, führt zu einem den Vorsatz ausschließenden **Tatumstandsirrtum i.S.d. § 16 Abs. 1 S. 1**. Solche Umstände sind in aller Regel Tatsachen, die direkt oder indirekt die Garantenstellung begründen würden, wenn sie tatsächlich vorlägen.[487]

Beispiele:

A weiß nicht, dass die Hilferufe, die er hört, von seiner Frau F stammen und lässt F ertrinken. – Wegen fehlenden Vorsatzes bezüglich der Garantenstellung aus § 1353 BGB hatte A keinen Vorsatz zum Totschlag durch Unterlassen, §§ 212, 13. Hätte A erkennen können, dass es seine Frau war, die ihn um Hilfe rief, ist fahrlässige Tötung durch Unterlassen verwirklicht, §§ 222, 13. Unabhängig davon ist A strafbar wegen unterlassener Hilfeleistung, § 323 c Abs. 1.

A glaubt, auf nächtlicher Straße von einem Räuber mit einer Clownsmaske attackiert zu werden. Tatsächlich wollte der vermeintliche „Räuber" M den A nur erschrecken. In seinem, für ihn unvermeidbaren Irrtum verletzt A den M lebensgefährlich. Dann lässt er ihn liegen und nimmt dessen Tod billigend in Kauf. M stirbt. – Die gefährliche Körperverletzung gemäß §§ 223, 224 Abs. 1 Nr. 5 ist zwar nicht aus Notwehr gemäß § 32 gerechtfertigt, A handelte aber in einem Erlaubnistatbestandsirrtum, der nach h.M. seine Bestrafung aus Vorsatztat ausschließt (s. unten Rn. 611 ff.). Auch fahrlässige Körperverletzung gemäß § 229 ist wegen Unvermeidbarkeit des Irrtums zu verneinen. Totschlag durch Unterlassen gemäß §§ 212 Abs. 1, 13 ist objektiv verwirklicht, weil A durch das Niederschlagen trotz seines Erlaubnistatbestandsirrtums rechtswidrig die Todesgefahr für M geschaffen hatte und damit aus Ingerenz verpflichtet war, M zu retten. Da er aber wegen seines Erlaubnistatbestandsirrtums die Rechtswidrigkeit seines Vorverhaltens nicht kannte, fehlte ihm der Vorsatz für seine Garantenstellung. Wegen Unvermeidbarkeit des Irrtums scheidet auch fahrlässige Tötung durch Unterlassen gemäß §§ 222, 13 aus. A ist nur wegen unterlassener Hilfeleistung gemäß § 323 c Abs. 1 strafbar.

563 **bb)** Die **irrige Annahme** von Umständen, welche die **Handlungspflicht begründen** würden, wenn sie tatsächlich vorlägen, führt zum Tatentschluss des **(untauglichen) Versuchs**.

Beispiel: Aufgrund einer Verwechslung glaubt A, sein eigenes Kind sei in Lebensgefahr, bleibt aber untätig und nimmt dessen Tod in Kauf. Tatsächlich war das Kind des Nachbarn betroffen. – Versuchter Totschlag durch Unterlassen in Tateinheit mit unterlassener Hilfeleistung, §§ 212, 13, 22, 23 Abs. 1, 12 Abs. 1; § 323 c Abs. 1; § 52.

c) Rechtsirrtum über die Garantenpflicht

564 § 13 Abs. 1 begründet über das normative Merkmal des rechtlichen Einstehenmüssens für den Nichteintritt des Erfolges eine Sonderpflicht des Täters. Es wäre deshalb nicht abwegig, reine Rechtsirrtümer über diese sog. Garantenpflicht, auch wie sonstige Rechtsirrtümer über die eigene Täterqualität nach der Lehre von der Parallelwertung zu behandeln (s.o. Rn. 528).[488] Dann könnten solche Rechtsirrtümer zugunsten des Täters den Vorsatz ausschließen und zulasten des Täters einen untauglichen Versuch begründen. Die **h.M.** ordnet die **Garantenpflicht** als solche aber nicht dem Tatbestand, sondern der **Rechtswidrigkeit** zu und behandelt Irrtümer darüber genauso wie Rechtsirrtümer über das Verbotensein der Tat bei Begehungsdelikten.[489]

487 Wessels/Beulke/Satzger §19 Rn. 1211.

488 S. auch Ladiges zu BGH RÜ 2020, 370, 371.

489 BGHSt 16, 155 (Großer Senat); Sch/Sch/Sternberg-Lieben/Schuster § 15 Rn. 96.

aa) Hält sich der Täter **trotz Kenntnis** der seine Garantenstellung begründenden Umstände **nicht für hilfspflichtig**, so ist dieser **Gebotsirrtum** dasselbe wie ein **Verbotsirrtum i.S.d. § 17**, der den Vorsatz unberührt lässt. War der Irrtum vermeidbar, kann die (Vorsatz-)Strafe nach § 49 Abs. 1 gemildert werden (§ 17 S. 2); war der Irrtum unvermeidbar, handelte der Täter schuldlos. **565**

Beispiel: Hat eine Aufsichtsperson zwar erkannt, dass es sich bei dem Ertrinkenden um eines der ihr anvertrauten Kinder handelte, nahm sie aber irrig an, ihre Dienstleistungspflicht gehe nicht so weit, dass sie dem Kind hinterherspringen müsse, so irrte sie sich in Kenntnis der die Garantenstellung begründenden Umstände lediglich über die Garantenpflicht. Es liegt ein (vermeidbarer) Verbotsirrtum i.S.d. § 17 vor.[490]

bb) Glaubt der Täter trotz richtiger Kenntnis des Sachverhalts aufgrund einer **falschen rechtlichen Wertung** an das **Bestehen einer Garantenpflicht**, so liegt ein umgekehrter Subsumtionsirrtum vor, aus dem sich nur ein **Wahndelikt** ergibt.[491] **566**

Beispiel: Mietshausbewohner M sieht im Fahrradschuppen seinen Nachbarn N, der gerade infolge eines Herzinfarkts zusammengebrochen ist. M weiß, dass ein Notarzt N retten kann. Er unternimmt jedoch nichts, obwohl ihn Gewissensbisse plagen, weil er sich als Nachbar für verpflichtet hält, zu helfen. – Da allein aus Nachbarschaft keine Garantenstellung entsteht, liegt kein Tatentschluss zum Totschlag vor. Auch Aussetzung mit Todesfolge gemäß § 221 Abs. 1 Nr. 2 i.V.m. Abs. 3 scheitert an der deckungsgleichen Obhuts- und Beistandspflicht. Gegeben ist unterlassene Hilfeleistung gemäß § 323 c Abs. 1.

	Realität	Tätersicht	Rechtsfolge
Unterlassen	Rettungsmöglichkeit gegeben	Keine Kenntnis von Möglichkeit der Rettung	Vorsatz entfällt, § 16
	Keine Rettungsmöglichkeit gegeben	Einbilden einer Rettungsmöglichkeit	Untauglicher Versuch
Garantenpflicht	Garantenpflicht gegeben	Hält sich trotz Kenntnis der Umstände für nicht hilfspflichtig	Gebotsirrtum, § 17
	Keine Garantenpflicht gegeben	Glaube an Garantenpflicht wegen unrichtiger rechtlicher Wertung	Wahndelikt
Garantenstellung	Garantenstellung gegeben	Keine Kenntnis der Umstände, die Garantenstellung begründen	Vorsatz entfällt, § 16
	Keine Garantenstellung gegeben	Irrige Annahme von Umständen, die Garantenstellung begründen	Untauglicher Versuch

490 Vgl. BGHSt 14, 282, 284.

491 BGHSt 16, 155, 160; Sch/Sch/Eser/Bosch § 22 Rn. 91.

6. Irrtum über qualifizierende Tatbestandsmerkmale

567 **a)** Kennt der Täter den **strafschärfenden Umstand** eines qualifizierenden Tatbestandes nicht, ist nach **§ 16 Abs. 1 S. 1** eine Bestrafung wegen des qualifizierten Delikts ausgeschlossen, nicht aber wegen des versuchten oder vollendeten Grunddelikts.[492]

Beispiel: Taschendieb T ist auf Beutetour und weiß nicht, dass ihm Freund F einen Schlagring „für alle Fälle" in die Manteltasche gesteckt hat. Das bemerkt er erst beim Auspacken seiner Diebesbeute zu Hause. – T ist nur strafbar gemäß § 242. Für den objektiv mitverwirklichten Diebstahl mit Waffen gemäß § 244 Abs. 1 Nr. 1 a Alt. 1 fehlt ihm der Vorsatz bezüglich des Beisichführens.

568 **b)** Da vorsatzbedürftige Qualifikationen gegenüber dem Grunddelikt verselbstständigte Tatbestände sind, ist bei **irriger Annahme qualifizierender Umstände** auch ein **eigenständiger Versuch der Qualifikation** gegeben. Dieser verdrängt ein auch nur versuchtes Grunddelikt im Wege der Spezialität; gegenüber einem vollendeten Grunddelikt steht er zur Klarstellung der erhöhten kriminellen Energie in Tateinheit.

Abwandlung des vorgenannten Beispiels: T hatte F darum gebeten, ihm für die nächste Diebestour einen Schlagring in die Manteltasche zu stecken. Dieser hatte es jedoch vergessen. Dass T die Waffe wider Erwarten nicht dabei hatte, bemerkt er erst beim Auspacken seiner Beute. – Diebstahl in Tateinheit mit versuchtem Diebstahl mit Waffen, §§ 242; 244 Abs. 1 Nr. 1 a Alt. 1, Abs. 2, 22; § 52.[493]

7. Irrtum über erfolgsqualifizierende Merkmale

569 **a)** Bei den erfolgsqualifizierten Delikten muss sich der Vorsatz nicht auf den qualifizierenden Erfolg erstrecken. Um dem Täter diesen Erfolg strafrechtlich anlasten zu können, genügt Fahrlässigkeit, § 18, bzw. Leichtfertigkeit, wenn dies im Tatbestand gefordert ist, z.B. § 251. Das bedeutet, dass ein **Irrtum, der zur Unkenntnis des erfolgsqualifizierenden Umstandes führt, keine Rolle spielt, wenn trotz der Unkenntnis Fahrlässigkeit bzw. Leichtfertigkeit** hinsichtlich der Verursachung des erfolgsqualifizierenden Merkmals gegeben ist.

Beispiel: Um sich an seinem Nachbarn N zu rächen, beschloss A, das Einfamilienhaus des N in Brand zu setzen. Zu einer Zeit, in der er die Familie im Kino glaubte, zertrümmerte er das Schlafzimmerfenster, goss Benzin in den Raum und entzündete es. A traf dabei den N, der – was A nicht wusste – zu Hause geblieben war und im Bett lag. Das Haus brannte ab; N kam in den Flammen um. – Gegeben ist Brandstiftung mit Todesfolge, § 306 c. A hat vorsätzlich ein zur Wohnung von Menschen dienendes Gebäude in Brand gesetzt. Auf den Tod des N und darauf, dass sich N zur Tatzeit im Hause befand, brauchte sich der Vorsatz des A nicht zu erstrecken. Da sich A nicht darauf verlassen durfte, dass sich in dem Wohnhaus niemand aufhielt, der bei dem Brand ums Leben kommen könnte, handelte er hinsichtlich des qualifizierenden Erfolges leichtfertig, was für die Zurechnung dieses Erfolges ausreicht.

570 **b)** Da auch der **Versuch einer Erfolgsqualifikation** möglich ist (s.o. Rn. 384 f.), wird die Strafschärfung ausgelöst, wenn der Täter das Grunddelikt versucht oder vollendet hat und die ebenfalls vom Vorsatz umfasste schwere Folge ausgeblieben ist.

Beispiel: Weil die B den A abgewiesen hat, will er ihr heftige Schmerzen zufügen und ihr kochendes Wasser ins Gesicht schütten. Dass das Gesicht dadurch dauerhaft verunstaltet werden kann, ist A gleichgültig. B kann sich jedoch geistesgegenwärtig wegdrehen. Sie erleidet zwar Verbrühungen am Hinter-

492 Sch/Sch/Sternberg-Lieben/Schuster § 16 Rn. 10.

493 Vgl. Sch/Sch/Eser/Bosch § 244 Rn. 10 f.

kopf. Diese heilen aber spurlos wieder aus. – A ist strafbar wegen gefährlicher Körperverletzung, §§ 223, 224 Abs. 1 Nr. 1 Alt. 2, tateinheitlich (§ 52) mit Versuch der schweren Körperverletzung gemäß §§ 226 Abs. 1 Nr. 3 Mod. 1, 18, 22, 23 Abs. 1, 12 Abs. 1.

8. Irrtum über privilegierende Tatbestandsmerkmale

a) Die **Unkenntnis privilegierender Umstände** ist gesetzlich nicht geregelt. Handelt **571**
es sich dabei um echte Tatbestandsmerkmale, soll für die Vollendung die objektive Lage entscheidend sein und bezüglich des Vorgestellten Versuch vorliegen (sofern strafbar).

Bei **§ 216**, der einzigen klausurrelevanten Privilegierung, kann dieser Fall aber nicht praktisch werden: Wer ein Tötungsverlangen nicht kennt, kann dann auch nicht hierdurch zur Tat bestimmt worden sein, sodass schon der Tatbestand der Privilegierung nicht erfüllt ist. Gegeben ist Totschlag, ggf. Mord.

b) Nimmt der Täter **irrig ein privilegierendes Merkmal an**, so ist er nur wegen vorsätz- **572**
licher Begehung des privilegierten Delikts zu bestrafen. Das ist in § 16 Abs. 2 geregelt. Als **Anwendungsfall** für **§ 16 Abs. 2** existiert aber praktisch nur noch **§ 216**.

Beispiel: Der Täter glaubt an ein ernstliches Tötungsverlangen, doch liegt dies gar nicht vor. – Man beginnt hier mit der Prüfung des objektiven Tatbestandes des § 216. Nach dessen Verneinung stellt man in einer erneuten Prüfung des § 216, diesmal aber i.V.m. § 16 Abs. 2 fest, dass bei vollendeter Fremdtötung das Fehlen eines ernstlichen Tötungsverlangens durch dessen irrige Annahme gemäß § 16 Abs. 2 kompensiert wird. Ist der Täter dann aus § 216 strafbar, treten die §§ 212, 211, 223, 224 dahinter zurück.[494]

494 Vgl. Knobloch JuS 2010, 664, 465.

Irrtum über die äußeren Unrechtsmerkmale

Gegenstand und notwendiger Inhalt des Vorsatzes

- Im Zeitpunkt der Vornahme der versuchsüberschreitenden Handlung
- Zumindest Möglichkeitsbewusstsein und Billigung
- In Bezug auf die alle Merkmale des jeweiligen Tatbestandes ausfüllenden Umstände, d.h.
  - alle der Subsumtion durch den Rechtsanwender zugrunde liegenden Tatsachen,
  - soweit strafrechtliche oder außerstrafrechtliche Wertungen erforderlich: richtige Parallelwertung in der Laiensphäre

Für den Vorsatz unbeachtlich

- Exakte juristische Subsumtion unter das jeweilige Merkmal
- Handlungsantriebe, Motive, Gesinnungen jenseits der Tatbestandsbeschreibung

Bezugspunkt des Irrtums	***Unkenntnis***	***Irrige Annahme***
Deskriptives TB-Merkmal **Sachverhaltsebene**	Vorsatzausschluss, § 16 Abs. 1 S. 1	Versuch
Sonstige Bewertung	Unbeachtlicher Subsumtionsirrtum, evtl. § 17	Wahndelikt
Normatives TB-Merkmal (Nach h.M. dieselbe Behandlung beim Irrtum über eigene **Sonderdeliktseigenschaft**) **Sachverhaltsebene**	Vorsatzausschluss, § 16 Abs. 1 S. 1	Versuch
Parallelwertung	Vorsatzausschluss, § 16 Abs. 1 S. 1	Versuch bei noch richtiger Parallelwertung, str.
Sonstige Bewertung	Unbeachtlicher Subsumtionsirrtum, evtl. § 17	Wahndelikt
Qualifizierendes TB-Merkmal	Vorsatzausschluss hins. Qualifizierung, § 16 Abs. 1 S. 1; Bestrafung nur aus Grunddelikt	Vollendeter Grund-TB und Idealkonkurrenz mit Versuch des qualifizierten Falles
Erfolgsqualifiziertes TB-Merkmal	Für Erfolgszurechnung genügt wenigstens Fahrlässigkeit, § 18	H.M.: Versuch des erfolgsqualifizierten Falles; str. ob dies auch gilt, wenn hinsichtlich der Erfolgsqualifikation „Leichtfertigkeit“ vorliegen muss
Privilegierendes TB-Merkmal	Bei TB-Merkmalen Bestrafung aus vollendeter Privilegierung i.V.m. Versuch des Grunddelikts; bei Schuldmerkmalen: nur Bestrafung aus Grunddelikt	Bestrafung nur wegen vorsätzlicher Begehung des privilegierten Falles, § 16 Abs. 2

III. Vorsatz und Irrtum über den Kausalverlauf

Irrt der Täter dergestalt, dass er annimmt, der Erfolgseintritt sei **bereits beim ersten von zwei Handlungsschritten eingetreten** (obwohl der Erfolg unbemerkt erst beim zweiten Handlungsakt eintrat), ist die Rechtsfolge umstritten. 573

Fall 26: Irrige Annahme des Erfolgseintritts beim ersten von zwei Handlungsakten

Frau F ist von ihrem Lebensgefährten verlassen worden, weil dieser das unaufhörliche Schreien des wenige Wochen zuvor geborenen Säuglings nicht mehr ertragen wollte. In ihrer Verzweiflung entschließt sich F, das Kind umzubringen und den Leichnam anschließend in den Fluss zu werfen. Sie hält dem Kleinkind so lange ein Kissen vor Mund und Nase, bis es sich nicht mehr regt. In der Überzeugung, dass ihr Opfer tot sei, wirft F es in den Fluss. Hierdurch ertrinkt das Kind, das zu diesem Zeitpunkt noch lebte, aber kurze Zeit später wegen des bereits durch das Verdecken der Atemwege erlittenen Sauerstoffmangels gestorben wäre.
Strafbarkeit der F?

I. Durch die Beseitigung der vermeintlichen Kindesleiche könnte F wegen **Totschlages** strafbar sein, **§ 212**. 574

1. Das **Hineinwerfen in den Fluss** war eine nicht hinwegdenkbare Bedingung für den Ertrinkungstod des Babys. In dem Ertrinkungstod hat sich auch das Risiko dieser Beseitigungshandlung niedergeschlagen. F hat das Kind objektiv getötet.

2. Zweifelhaft ist der **Vorsatz**. Infolge ihres **Irrtums über den Todeszeitpunkt** des Kindes wusste F **im Zeitpunkt der Beseitigungshandlung** nicht, dass sie erst dadurch den Tod herbeiführte. Sie befand sich daher zur Zeit der Tathandlung, nämlich als sie das Kind in den Fluss warf, in einem den Vorsatz zur Tötung ausschließenden Tatumstandsirrtum, **§ 16 Abs. 1 S. 1**.[495] 575

II. Damit kann der Vorwurf vollendeten Totschlages gemäß § 212 nur daran anknüpfen, dass F dem Kind das Kissen vor Mund und Nase hielt.

1. Ohne diese **Erstickungshandlung** wäre der Säugling nicht bewusstlos und auch nicht „als vermeintliche Leiche" in den Fluss geworfen worden, in dem er ertrank. Kausalität i.S.d. Bedingungstheorie ist daher zu bejahen.

2. Fraglich ist die vom Schrifttum bei allen Erfolgsdelikten verlangte **objektive Zurechnung**. Dann müsste zwischen dem Vorhalten des Kissens als rechtlich missbilligte Gefahr und dem Tod durch Ertrinken ein Risikozusammenhang bestehen. 576

Klausurhinweis: *Praktisch alle Fälle mit einer Abweichung des tatsächlichen vom vorgestellten Kausalverlauf müssen vor der Vorsatzfrage schon im objektiven Tatbestand auf den Risikozusammenhang hin untersucht werden, wenn man die Lehre von der objektiven Zurechnung nicht unerwähnt lassen will.*

495 Vgl. BGHSt 14, 193 im parallel liegenden „Jauchegruben"-Fall; Fischer § 16 Rn. 15; anders die heute durch § 16 Abs. 1 S. 1 überholte Lehre vom dolus generalis, vgl. Welzel, S. 13 I 3 d.

577 **a)** Völlig außerhalb der Lebenserfahrung lag der konkrete Geschehensablauf nicht. Bei medizinischen Laien kann es leicht vorkommen, dass sie Bewusstlosigkeit mit Tod verwechseln und das Opfer erst durch eine zweite, auf Beseitigung der vermeintlichen Leiche gerichtete Handlung zu Tode bringen.[496]

578 **b)** Zweifelhaft ist aber, in dem Tod durch Ertrinken noch die Gefahrverwirklichung der Erstickungshandlung zu sehen.

579 **aa)** Ein **Teil des Schrifttums** verneint dies. Einer **Erstickungshandlung hafte nicht das spezifische Risiko eines Ertrinkungstodes an**, weil es sich um eine völlig andere Todesart handele. Danach liegt in der Ersthandlung lediglich ein Totschlagsversuch. Da im Zeitpunkt der Beseitigung der vermeintlichen Leiche aber kein Tötungsvorsatz mehr bestanden habe, liege in der Zweithandlung nur eine mit dem Versuch des § 212 tatmehrheitlich (§ 53) konkurrierende fahrlässige Tötung gemäß § 222.[497]

580 **bb)** Eine **weitere Meinung bejaht den Gefahrzusammenhang** zwischen Ersthandlung und Erfolg jedenfalls dann, wenn bei der vermeintlich tödlichen Ersthandlung ein **Täterplan** vorlag, der die den Erfolg bewirkende Zweithandlung **mitumfasst** hatte. Ein solcher Plan, nach erfolgter Tötung die Leiche zu beseitigen, birgt danach die rechtlich missbilligte Gefahr in sich, dass der Täter irrtümlich den Tod annimmt und diesen erst durch die Beseitigungshandlung bewirkt.[498] Da auch F einen solchen Plan hatte, bejaht diese Ansicht den Gefahrverwirklichungszusammenhang.

581 **cc)** Unabhängig von einem Tatplan zur Beseitigung des Tatopfers bejahen viele den Zurechnungszusammenhang, weil der mit Tötungsvorsatz ausgeführten Ersthandlung entweder **generell das Risiko der Tötung durch eine Beseitigungshandlung anhafte**[499] oder jedenfalls dann, wenn das Opfer durch die Ersthandlung hilflos und wehrlos geworden und dadurch erst die unmittelbar todesursächliche Handlung möglich geworden sei.[500]

582 **dd) Kritik:** Die erstgenannte Ansicht **begünstigt den Täter** eines Tötungsdelikts für jeden planwidrigen **Wechsel der Todesart**, auch wenn dieser im Rahmen der Lebenserfahrung liegt. Dieses Abstellen auf die spezifischen Wirkungen des gewählten Tötungsmittels verengt die objektive Zurechnung zu stark, weil sie den Schutzzweck des § 212 verkürzt, der Leben vor jedem Angriff und nicht nur vor tatplanidentischen schützt.

3. Bejaht man mit den letztgenannten Ansichten den objektiven Tatbestand, ist weiter zu fragen, ob F der konkrete Erfolg als **vorsätzlich** bewirkt angelastet werden kann. Schließlich wollte sie den Tod des Kindes schon durch Ersticken und nicht erst durch den Wurf in den Fluss herbeiführen.

583 Die heute **h.M.** behandelt diese Fallkonstellationen nach den Regeln des **Irrtums über den Kausalverlauf**, also als Problem der subjektiven Zurechnung. Grundlage dafür ist

496 BGH NStZ 1992, 333, 335.

497 Kühl § 13 Rn. 48.

498 Roxin/Greco AT I § 12 Rn. 184 ff; Sternberg-Lieben JuS 2012, 291, 295; Stratenwerth/Kuhlen § 8 Rn. 93 stellen sogar allein auf das Verdeckungsinteresse ab.

499 Vgl. Frister Kap. 11 Rn. 56.

500 NK/Puppe § 16 Rn. 85.

die einhellig anerkannte These, dass der Täter nicht nur den Erfolg und seine Handlung in den Vorsatz aufgenommen haben müsse, sondern dass auch der Kausalverlauf als Bindeglied zwischen beidem Vorsatzgegenstand ist.[501] **Der Vorsatz muss nur während der Tathandlung und nicht mehr im Zeitpunkt des Taterfolges vorliegen.**[502] Eine solche Vorstellung über den Kausalverlauf ist nur eine Prognose über das zukünftige Zusammenwirken der verschiedensten Bedingungen. Niemand kann aber die Zukunft genau voraussehen, geschweige denn die Komplexität der Einzelbedingungen überschauen. Daher besteht Einigkeit darüber, dass der Täter den Kausalverlauf nur **„in seinen wesentlichen Zügen"** erfasst haben muss.[503] Ein nach **§ 16 Abs. 1 S. 1 vorsatzausschließender Irrtum** über den Kausalverlauf liegt nur dann vor, wenn der tatsächlich eingetretene wesentlich von dem vorgestellten Kausalverlauf abweicht. **Unwesentliche Abweichungen lassen das „Kausalwissen" und damit den Vorsatz unberührt**.

Nach **h.M.** sind Abweichungen zwischen dem vorgestellten und dem tatsächlichen Kausalverlauf **dann unwesentlich, wenn sie sich noch in den Grenzen des nach allgemeiner Lebenserfahrung Voraussehbaren halten und keine andere Bewertung der Tat rechtfertigen.**[504] 584

Hinweis: *Damit sind zwei ganz unterschiedliche Gesichtspunkte angesprochen. Ob eine Kausalabweichung „noch in den Grenzen des nach allgemeiner Lebenserfahrung Voraussehbaren" liegt, betrifft allein die* ***Adäquanz des objektiven Geschehens****; demgegenüber geht es bei der Frage der „anderen Bewertung" um einen* ***Vergleich des tatsächlich verwirklichten mit dem vom Täter vorgestellten Ablauf****. Besteht zwischen beiden eine erhebliche Inkongruenz, so entfällt die Vorsatzstrafbarkeit.*

Für die **Rspr.,** die die Lehre von der objektiven Zurechnung bei verhaltensneutralen Erfolgsdelikten nicht als Tatbestandsbegrenzung anerkennt,[505] wird es mit beiden Elementen der vorgenannten Formel möglich, im Rahmen des Vorsatzes durch einen **Wertungsakt** die sonst zu weit greifende **Bedingungstheorie** zu begrenzen.

Für die Lehre von der objektiven Zurechnung ist aus der oben zitierten Formel nur der zweite Teil – also der bewertende Vergleich zwischen realisiertem und geplantem Kausalverlauf – von Interesse, weil Fälle der Inadäquanz nach diesem Verständnis schon auf der Ebene des objektiven Tatbestandes abgeschichtet werden.[506]

Hinweis: *Trotz der unterschiedlichen Prüfungsschritte führen beide Ansätze in der Regel zu den gleichen Ergebnissen. Scheitert die Erfolgszurechnung an der Inadäquanz des tatsächlichen Kausalverlaufs, dann sind sowohl die vollendete Vorsatztat als auch (mangels Vorhersehbarkeit) die Fahrlässigkeitstat zu verneinen, und es bleibt bei der Strafbarkeit aus Versuch.*

Liegt der bewirkte Erfolg dagegen noch im Adäquanzzusammenhang, scheitert aber die Vorsatzzurechnung daran, dass der vorgestellte und der bewirkte Kausalverlauf zu stark di-

501 Vgl. Sch/Sch/Sternberg-Lieben/Schuster § 15 Rn. 54 m.w.N.

502 BGH NStZ 1983, 452.

503 BGHSt 7, 325, 329.

504 BGHSt 7, 325, 329; 14, 193; 23, 133; BGH RÜ 2016, 163, 165; Sch/Sch/Sternberg-Lieben/Schuster § 15 Rn. 55.

505 Vgl. BGH RÜ 2016, 163.

506 Vgl. Wessels/Beulke/Satzger Rn. 384.

vergieren, entfällt nur eine Strafbarkeit aus vollendetem Vorsatzdelikt, und es bleibt die Strafbarkeit aus vollendeter Fahrlässigkeitstat in Tateinheit mit Versuch.

Im vorliegenden Fall bejaht die h.M. die Vorsatzzurechnung des konkreten Todes:

Dass der Irrtum der F über die Herbeiführung des Todes durch Ersticken und die erst daran anschließende **Tötung beim Beseitigen der vermeintlichen Leiche nicht außerhalb aller Erfahrung liegt**, steht für die Vertreter der objektiven Zurechnungslehre nach Bejahung des objektiven Tatbestandes bereits fest.

Die gewollte Tötung durch die Ersthandlung erlaubt auch keine andere Bewertung als die realisierte Tötung durch die Zweithandlung. Erstickungs- und Ertrinkungstod beruhen beide auf Sauerstoffmangel, sind sich also in der Art der Todesherbeiführung ähnlich. Auch der Umstand, dass F infolge ihres Irrtums zum Werkzeug der eigenen Tatvollendung geworden sei, kann sie nicht entlasten, denn auch wenn ein anderer das Kind in den Fluss geworfen hätte, würde ihr der dadurch bewirkte Erfolg subjektiv zugerechnet.[507]

F handelte rechtswidrig und schuldhaft.

III. Mord, § 211, ist abzulehnen. Für eine heimtückische Tötung fehlt es schon an der Arglosigkeit des Opfers, weil ein Kleinkind konstitutionell keinen Argwohn entwickeln kann.[508] Eine Bewertung der Tötungsmotivation als niedrig ist wegen der subjektiven Verzweiflungslage der F zu verneinen.

Ergebnis: F ist wegen Totschlags strafbar.

Irrtum über den Kausalverlauf

Gegenstand und notwendiger Inhalt des Vorsatzes

- im Zeitpunkt der versuchsüberschreitenden Handlung
- Vorstellung über den Kausalverlauf nur in seinen wesentlichen Zügen

Für den Vorsatz unbeachtlich

Tatsächliche Abweichungen vom vorgestellten Kausalverlauf,

- die noch in den Grenzen des nach allgemeiner Lebenserfahrung Voraussehbaren liegen
- und keine andere rechtliche Bewertung der Tat rechtfertigen.

Bezugspunkt des Irrtums	***Unkenntnis***	***Irrige Annahme***
Kausalität Unwesentlicher Kausalfaktor (Nach h.M. auch in den dolus-generalis-Fällen)	Strafbarkeit aus vollendeter Vorsatztat	Strafbarkeit aus vollendeter Vorsatztat
Wesentlicher Kausalfaktor	Vorsatzausschluss bzgl. des obj. Verwirklichten, § 16 Abs. 1 S. 1; ggf. über § 16 Abs. 1 S. 2 Fahrlässigkeitshaftung	Versuch hinsichtlich des Gewollten

507 Vgl. BGHSt 14, 193; Wessels/Beulke/Satzger Rn. 390.

508 Fischer § 211 Rn. 38 b.

IV. Vorsatz und Zielverfehlung

1. Aberratio ictus

Bei der aberratio ictus (lat. Ablenkung des Schlages) handelt es sich um das Fehlgehen der Tat, bei dem der Verletzungserfolg an einem anderen Objekt als demjenigen eintritt, welches der Täter im maßgebenden Zeitpunkt anvisierte. **585**

Fall 27: Abgrenzung zum error in persona vel objecto

A schießt an einer Straße mit Tötungsvorsatz auf den Kopf des B, verfehlt jedoch sein Ziel, weil B sich zufällig gebückt hat, um seine Schuhe zuzubinden. Die Kugel prallt an einer Mauer ab, und der Querschläger tötet den auf der anderen Straßenseite gehenden C, den A nicht gesehen hatte. Strafbarkeit des A?

I. A könnte sich durch Abgabe des Schusses wegen **Totschlages, § 212,** an C strafbar gemacht haben. **586**

1. Durch den Schuss hat A eine Ursache dafür gesetzt, dass ein anderer Mensch, der C, getötet wurde. Die **Abirrung einer Kugel**, die infolgedessen einen anderen Menschen tötet, liegt nicht außerhalb aller Lebenserfahrung. Der Kausalverlauf war also nicht inadäquat. Zwischen der Handlung und dem konkreten Erfolg besteht Zurechnungszusammenhang.

2. Fraglich ist der **Tatbestandsvorsatz.**

a) § 212 verlangt in subjektiver Hinsicht zunächst einmal nur das Bewusstsein, einen anderen Menschen zu töten. Dieses Vorstellungsbild hatte A. Da auch C ein anderer Mensch war, wies er dieselben rechtlichen Eigenschaften wie das anvisierte Opfer B auf. Bei dieser **tatbestandsbezogenen Gleichwertigkeit** (sprachlich angemessener wohl: „Gleichartigkeit") deckte sich das tatsächliche Geschehen mit dem Gewollten. **587**

Klausurhinweis: *Prüfen Sie in den Zielverfehlungsfällen immer erst diese* ***tatbestandsbezogene Gleichartigkeit zwischen Verwirklichtem und Gewolltem****. Ist diese nämlich nicht gegeben (der Täter hält die in ihrem Kleingarten stehende F für eine Vogelscheuche und schießt auf sie), ist nach allgemeiner Ansicht der Vorsatz in Bezug auf das Verwirklichte ausgeschlossen. Auf die Abgrenzung zwischen error in persona und aberratio ictus kommt es dann nicht an.*

b) Die Tötung des C lag aber außerhalb seines Tatplans. Fraglich ist, ob diese Zielverfehlung ein für den Vorsatz relevanter **Tatumstand i.S.v. § 16 Abs. 1 S. 1** ist. **588**

aa) Wäre die vorliegende Abweichung zwischen geplantem und tatsächlich getroffenem Opfer – bei rechtlicher Gleichartigkeit – nur auf eine Verwechslung durch A zurückzuführen, so wäre ein als sog. **error in persona** für § 212 **unbeachtlicher Motivirrtum** gegeben. Bei einem **„error in persona vel objecto"** tritt der Erfolg immer an dem Objekt ein, an dem er nach der Vorstellung des Täters auch eintreten sollte. Aufgrund einer Fehlindividualisierung wird **nur über die Identität des Objekts geirrt**. Dabei spielt es nach heute **h.M.** keine Rolle, ob der Täter das Opfer unmittelbar sinnlich wahrgenom- **589**

men und verwechselt hat oder ob er das Opfer, ohne es zu Gesicht zu bekommen, mittelbar fehlindividualisiert hat.

Beispiel: Der Täter montiert eine Handgranate an ein Auto, das er fälschlich für das des Tatopfers hält. Nach Auffassung des BGH unbeachtlicher error in persona.[509]

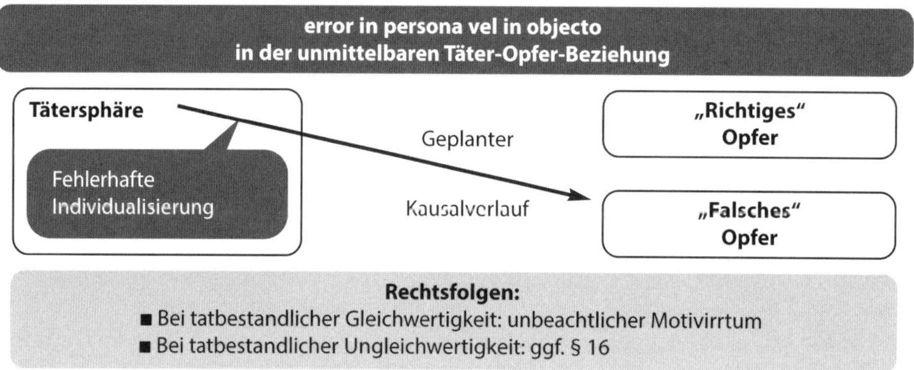

590 **bb)** Bei einer **„aberratio ictus"** hat der Täter zwar das nach seinem Motiv **„richtige" Objekt individualisiert**. Nachdem der Angriff den Herrschaftsbereich des Täters verlassen hat, **tritt der Erfolg aber aufgrund äußerer Umstände**, d.h. aufgrund eines abweichenden Kausalverlaufs, **an einem anderen Objekt ein**. So lag der Fall hier: A hat den B zutreffend als sein Opfer individualisiert. C wurde nur deshalb getroffen, weil B sich gebückt hatte und die Geschossbahn durch die Mauer umgelenkt wurde.

(1) Hat der Täter zumindest in Kauf genommen, dass auch das andere Opfer getroffen werden könnte, liegt streng genommen schon keine aberratio ictus vor, weil immerhin eines der vom Täter gewollten Ziele getroffen wurde.[510] Jedenfalls ist der Täter dann nach allgemeiner Ansicht hinsichtlich des getroffenen aus vollendeter Vorsatztat zu bestrafen. Die Strafbarkeit in Bezug auf das primäre, nicht getroffene Tatziel hängt davon ab, ob diesbezüglich **dolus alternativus oder dolus cumulativus** vorlag.[511]

Beispiel: A will mit einem Beil den Liebhaber seiner Frau erschlagen. Dieser kann dem Schlag ausweichen, die darunter liegende F wird getötet, womit A – alternativ – gerechnet hatte. Nach BGH Bestrafung des A aus vollendetem Totschlag.[512]

Hier hatte A jedoch nur die Tötung des B gewollt und den anderen Passanten gar nicht wahrgenommen.

591 **(2)** Welche Rechtsfolgen eine **aberratio ictus bei rechtlich gleichwertigen** individuellen Tatobjekten/-opfern hat, ist umstritten:

592 **(a)** Eine **Meinungsgruppe im Schrifttum**, die sog. **Gleichwertigkeitstheorie**, sieht zwischen error in persona und aberratio ictus keinen grundsätzlichen Unterschied. Da sich der Vorsatz des Täters nur auf die im gesetzlichen Tatbestand umschriebenen Merkmale beziehen müsse, begehe eine vollendete **Vorsatztat, wer das Rechtsgut verletzt habe, das er habe treffen wollen, auch wenn unterschiedliche Rechtsgutträger betroffen seien**, es sei denn, es läge eine Kausalabweichung vor, die nach allgemeinen Re-

509 BGH NStZ 1998, 294. Für Vorsatzausschluss in diesen Fällen Herzberg NStZ 1999, 217.

510 Wessels/Beulke/Satzger Rn. 378.

511 AS-Skript Strafrecht AT 1 (2021), Rn. 165 ff.

512 BGH RÜ 2008, 778.

geln als wesentlich zu behandeln sei.[513] Folgt man dieser Meinung, kommt es im vorliegenden Fall auf eine Abgrenzung zwischen beiden Rechtsfiguren nicht an. Entscheidend ist allein, dass die Zielverfehlung innerhalb der Lebenserfahrung lag und die Tat keine andere Bewertung verdient. Die Zielverfehlung ist für den Vorsatz des A unbeachtlich. Er ist nach dieser Auffassung wegen **vollendeten Totschlags des C** strafbar.

(b) Nach **h.M.** führt die aberratio ictus **stets zum Vorsatzausschluss bezüglich des tatsächlich verwirklichten Erfolges.** Es bleibt dann ein **Versuch am vorgesehenen Opfer** und, sofern die Verletzung des tatsächlich getroffenen Rechtsguts sorgfaltswidrig geschah, eine **Fahrlässigkeitstat** übrig. Die Begründungen hierfür divergieren. 593

Die meisten sehen die aberratio ictus des unmittelbaren Täters als Ausschlussgrund für die subjektive Zurechnung des Erfolges. Habe der Täter seine Tat **auf ein bestimmtes Opfer konkretisiert**, müsse auch dieses von ihm individualisierte Opfer getroffen werden, um den objektiv eingetretenen Erfolg als vorsätzlich bewirkt zurechenbar zu machen. (Beim error in persona vel objecto ist dies unstreitig der Fall, denn hier ist genau die Person oder das Objekt, das der Täter ausgesucht hat, getroffen worden.) Habe der Täter aber ein anderes als das anvisierte Zielobjekt getroffen, seien Tatverwirklichung und konkretisierter Vorsatz **nicht deckungsgleich**. Den fehlenden Vorsatz in Bezug auf die eingetretene Tatvollendung dürfe man auch nicht dadurch „ersetzen", dass man es genügen lasse, wenn der Täter sich nur ein Zielobjekt mit denselben rechtlichen Merkmalen vorgestellt habe, sog. **Konkretisierungstheorie**.[514] 594

Andere sehen in der aberratio ictus einen **Unterfall der Kausalabweichung, der stets als beachtlich zu behandeln** sei. Danach beherrscht der Täter beim Fehlgehen des Angriffs die Kausalfaktoren nicht mehr, die nur den tatbestandlichen Erfolg herbeigeführt, den Tatplan aber haben scheitern lassen. Daher seien Tatverwirklichung und konkreter Tatverwirklichungswille **wertungsmäßig so verschieden, dass das Geschehene außerhalb des Vorsatzes liege**.[515] Andere begründen die Wesentlichkeit der Kausalabweichung mit der vorherigen Konkretisierung.[516] 595

Die **h.M.** führt als Beleg für ihre Lösung den hypothetischen Fall eines in Notwehr handelnden Täters an, dessen Abwehrhandlung infolge einer aberratio ictus einen anderen als den Angreifer getroffen hat: Würde man hier mit der Gleichwertigkeitstheorie Tatvollendung an dem verletzten Opfer annehmen, könnte diese **nicht aus Notwehr gerechtfertigt sein**, weil der Dritte nicht der Angreifer war und § 32 nur Abwehrhandlungen gegen den Angreifer erlaubt. Nach der Konkretisierungstheorie wäre der Verteidiger gar nicht aus Vorsatztat strafbar: Der Erfolg wäre wegen der aberratio ictus nicht als Vollendung subjektiv zurechenbar und der Versuch, der sich gegen den Angreifer richtete, wäre aus § 32 gerechtfertigt. Es bliebe nur eine Fahrlässigkeitstat in Bezug auf den Dritten übrigen, sofern die Abwehrhandlung fahrlässig war. 596

---

513 NK/Puppe § 16 Rn. 104 ff.

514 Rengier § 15 Rn. 34; Sch/Sch/Sternberg-Lieben/Schuster § 15 Rn. 57; Wessels/Beulke/Satzger Rn. 378; für eine Begrenzung der aberratio ictus und ihrer Rechtsfolgen bei Angriffen auf höchstpersönliche Rechtsgüter (**„materielle Gleichwertigkeitstheorie"**) Hillenkamp, Die Bedeutung von Vorsatzkonkretisierungen bei abweichendem Tatverlauf, 1971, 85.

515 Vgl. Herzberg JA 1981, 472; BGHSt 37, 214, 219.

516 Baumann/Weber/Mitsch/Eisele § 11 Rn. 91.

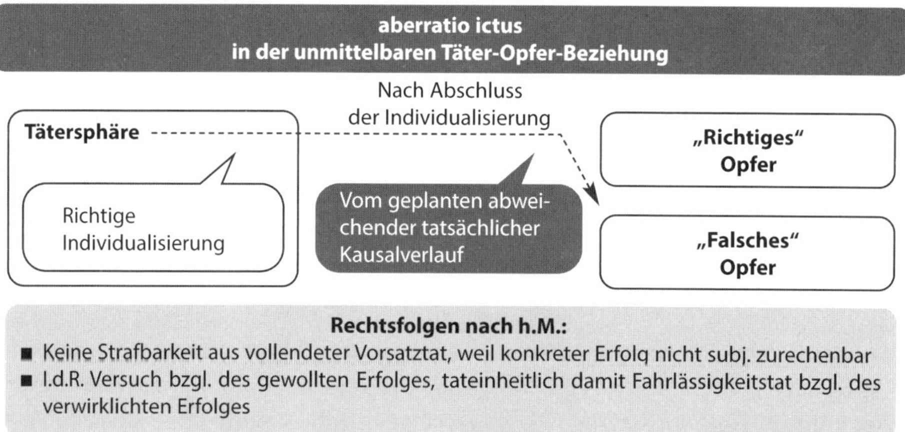

597 **Kritik:** Es fällt schwer, die Privilegierung des aberratio ictus-Täters gegenüber dem Täter im error in persona nachzuvollziehen, wo doch beide die Verletzung des vorsätzlich angegriffenen Rechtsguts objektiv zurechenbar und vorhersehbar herbeigeführt haben. Die Ungleichbehandlung der Verwechslung als vorsatzirrelevant und der Zielabweichung aufgrund äußerer Umstände als vorsatzausschließend überzeugt nur, wenn der Vorsatz des Täters i.S.v. § 16 Abs. 1 nicht allein die Tatsachen umfasst, die die abstrakten Merkmale des Tatbestandes ausfüllen, sondern darüber hinaus auch Umstände wie Zeit, Ort und Ablauf der Tat, denn nur dann vermögen solche Abweichungen auch den Vorsatz auszuschließen. Dass dem aber so ist, beweist § 22, wonach das unmittelbare Ansetzen zum Versuch auch nicht schon dann vorliegt, wenn der Täter die gesetzlichen Merkmale der Tat erfüllen könnte, sondern erst, wenn die Tat nach seinem Plan, also bei vorgestellter Erfüllbarkeit, sofort verwirklicht werden könnte. Auch in anderem Zusammenhang (§§ 25 Abs. 2, 26, 27, 30) **kommt es für den Vorsatz nicht nur auf den Verwirklichungswillen, sondern auf die Konkretisierung der Tat im Tatsächlichen an**. Die Gleichwertigkeitstheorie ist abzulehnen.

Vollendeter Totschlag in Bezug auf C scheidet im vorliegenden Fall mangels Tatvorsatzes des A bzw. wegen vorsatzausschließender wesentlicher Kausalabweichung aus.

II. Hinsichtlich C liegt **fahrlässige Tötung, § 222**, vor, weil es objektiv und subjektiv sorgfaltswidrig ist, mit einer Pistole an Orten zu schießen, die von Unbeteiligten betreten werden können.

III. In Bezug auf B ist ein **versuchter Totschlag, §§ 212, 22, 23 Abs. 1, 12 Abs. 1,** gegeben. A hat den Entschluss gefasst, den B zu töten, und diesen Entschluss ausgeführt, indem er auf B schoss.

Ergebnis: A ist strafbar gemäß §§ 212, 22, 23; 222; § 52.

---

2. Aberratio ictus nach error in persona

598 Fraglich ist, was passiert, wenn der Täter zunächst die Identität des Opfers verwechselt (error in persona) und es danach zusätzlich auch noch zu einem Fehlgehen der Tat kommt (aberratio ictus).

Beispiel: A will B töten. Er verwechselt diesen mit dem daneben laufenden C, visiert C an, drückt ab und tötet durch eine Abweichung der Geschossbahn tatsächlich B.

Die **h.M.** verneint hier wegen ihrer dogmatischen Festlegung „aberratio ictus = Vorsatzausschluss bezüglich des Taterfolges" die Strafbarkeit des A wegen vollendeter Vorsatztat.[517] Gegeben ist nach h.M. **versuchter Totschlag**, und zwar an dem tatsächlich gefährdeten **C**. Zwar hat A nach seiner Vorstellung den B unmittelbar gefährdet, als er abdrückte. Die tatsächlich eingetretene Gefährdung des C wird A aber als vorsätzlich bewirkt anzulasten sein, denn im Zeitpunkt des Abdrückens lag erst noch ein unbeachtlicher error in persona vor (an den sich zeitlich die aberratio ictus anschloss). Für einen „untauglichen" Versuch am richtigen Tatopfer B ist unter diesen Umständen kein Raum mehr. Tateinheitlich dazu soll **fahrlässige Tötung gemäß § 222 an B** gegeben sein.[518]

V. Vorsatzinhalt und Irrtum bezüglich der objektiven Zurechnung

Sieht man im Risikozusammenhang ein Element des objektiven Tatbestandes, so sind **599**
die Voraussetzungen der objektiven Zurechnung auch Vorsatzgegenstand.[519] Es ist dann konsequent, dieselbe Differenzierung vorzunehmen wie bei den normativen Tatbestandsmerkmalen. Das bedeutet:

1. Bezieht sich die Fehlvorstellung auf **Tatsachen**, die zum Zurechnungszusammen- **600**
hang gehören, kommt je nach Richtung der Fehlvorstellung ein **Tatumstandsirrtum (§ 16) oder ein Versuch (§ 22)** infrage.

Beispiel: A meint, sein Bruder B wolle einen frei verantwortlichen Suizid begehen, und reicht ihm den Giftbecher. Tatsächlich ist B durch den Psychoterror seines Chefs zur Selbsttötung getrieben worden. – Irrtum über die sachlichen Voraussetzungen einer eigenverantwortlichen Selbstgefährdung und damit Vorsatzausschluss; ggf. über § 16 Abs. 1 S. 2 fahrlässige Tötung, wenn dem A für seine Fehlvorstellung ein Sorgfaltsvorwurf gemacht werden kann.

2. Bezieht sich die Fehlvorstellung auf die **Bewertung der richtig erkannten Risiko-** **601**
faktoren, so liegt je nach Richtung der Fehlvorstellung ein **unbeachtlicher Subsumtionsirrtum oder ein Wahndelikt** vor.

Beispiel: X hat sich mit Corona infiziert. S, ein Arzt, hat ihm die Gefährlichkeit der Krankheit vor Augen geführt und geraten, bestimmte, für Dritte besonders infektiöse Verhaltensweisen zu unterlassen. X kümmert sich nicht weiter darum, weil er meint, Ansteckungsgefahren gehörten zum allgemeinen Lebensrisiko. Der Wohnungsgenosse W wird durch das Verhalten des X infiziert. – Vollendete gefährliche Körperverletzung; der Irrtum des X, kein rechtlich relevantes, sondern ein sozialadäquates Risiko zu schaffen, ist unbeachtlich.

Gegenbeispiel: Z hat den A mit einer Grippe angesteckt und glaubt nun, er habe sich aus Körperverletzung strafbar gemacht. – Da die Übertragung alltäglicher Krankheiten kein strafrechtlich relevantes Risiko beinhaltet, ist Z nicht aus Körperverletzung strafbar. Die Überdehnung dieser Zurechnungsvoraussetzung ist ein umgekehrter Verbotsirrtum und damit Wahndelikt.

517 Vgl. Kudlich/Koch JA 2017, 827; MünchKomm/Joecks/Kulhanek § 16 Rn. 105.

518 Vgl. Mitsch Jura 1991, 373; weitere Varianten bei Hruschka JZ 1991, 488.

519 Kühl § 5 Rn. 16; Sternberg-Lieben JuS 2012, 289, 294.

B. Der Irrtum über die Rechtswidrigkeit

602 So wie Irrtümer auf Tatbestandsebene sind auch Fehlvorstellungen über die Rechtswidrigkeit des eigenen (oder fremden) Verhaltens möglich. Ordnet man diese nach ihrer Erscheinungsform und nach ihrer jeweiligen Ursache, so ergibt sich folgendes Bild:

I. Objektive Rechtfertigung bei subjektiver Rechtswidrigkeit

1. Fehlendes oder unzureichendes subjektives Rechtfertigungselement

603 **a)** Dass eine Tat nur dann gerechtfertigt ist, wenn zusätzlich zur objektiven Rechtfertigung ein **subjektives Rechtfertigungselement** vorhanden ist, wird heute nicht mehr bestritten. Dort wo sich das nicht schon aus dem Wortlaut des jeweiligen Erlaubnissatzes ergibt (§ 32 Abs. 2: „um zu"), ist dieses Erfordernis eine Konsequenz der **personalen Unrechtslehre**. Danach wird Unrecht neben der objektiven Rechtsgüterverletzung geprägt durch Zielsetzungen oder Pflichtverletzungen des Täters. Das gilt auch bei einem Erlaubnistatbestand, der spiegelbildlich dem Unrechtstatbestand entspricht.[520]

Wie stark die subjektive Rechtfertigung ausgeprägt sein muss, ist umstritten. Vergleichbar mit den Vorsatzstufen reicht das Meinungsspektrum von Eventualvorstellung über „direkten Rechtfertigungsvorsatz" bis hin zu der von der Rspr. verlangten „Rechtfertigungsabsicht".[521]

604 **b) Kennt** der Täter schon die **objektive Rechtfertigungslage nicht** oder hat er bei Kenntnis der Sachlage **nicht den erforderlichen Rechtfertigungswillen**, fragt sich, wie sich dieses Defizit auf die Strafbarkeit auswirkt.

Beispiele:

- Der Brandstifter zündet eine fremde Gartenlaube an (§ 306 Abs. 1 Nr. 1), ohne zu wissen, dass der Eigentümer in die Brandlegung eingewilligt hat.
- Ein Autofahrer wird von einer Gruppe Männer gestoppt, die ihn lebensgefährlich verletzen wollen. Er erkennt die Notwehrsituation und weiß, dass er sich nur dadurch vor dem Angriff schützen kann, dass er die Angreifer durch Zufahren mit dem Auto verletzt oder sogar tötet. Das kommt ihm aber gelegen, denn dadurch kann er endlich seine lange gehegten Rachepläne erfüllen.

Aufbau: *Die folgenden Ausführungen sind im Gutachten nach Bejahung der objektiven Rechtfertigungsvoraussetzungen und Feststellung des fehlenden subjektiven Rechtfertigungselements zu platzieren.*

605 - Nach **einer Ansicht** müssen objektive und subjektive Rechtfertigungselemente **kumulativ** erfüllt sein, wenn die Rechtfertigung ausgelöst sein soll. Fehle das subjektive Rechtfertigungselement, sei die Tat rechtswidrig. Bei schuldhafter Begehung sei der Täter aus Vollendungstat strafbar. Möglich sei allenfalls eine Strafmilderung. Dies ist bisher auch die Ansicht des BGH.[522]

---

520 Vgl. Kühl § 6 Rn. 11 a; AS-Skript Strafrecht AT 1 (2021), Rn. 193.

521 Vgl. AS-Skript Strafrecht AT 1 (2021), Rn. 187.

522 BGHSt 2, 111, 115; BGH NStZ 2000, 365; BGH RÜ 2005, 82; BGH RÜ 2016, 100, 101.

Kritik: Ein solches Verständnis **setzt Tatbestandserfolg mit Unrechtserfolg gleich.** Gerade letzterer fehlt aber, wenn der Täter objektiv auf dem Boden der Rechtsordnung handelt. Zudem wäre nach dieser Ansicht Notwehr gegen einen solchen Täter möglich, weil die Verneinung seiner Rechtfertigung ihn zum gegenwärtigen rechtswidrigen(!) Angreifer macht. Das ist ein inakzeptabler Wertungswiderspruch. 606

- Nach **überwiegender Auffassung im Schrifttum** ist zur Lösung des Problems auf die **Differenzierung von Handlungs- und Erfolgsunrecht** zurückzugreifen. 607

Bei der **Vorsatztat** gilt danach Folgendes: Erst eine vollendete und rechtswidrige Vorsatztat verwirklicht das für die Bestrafung notwendige Handlungsunrecht (Auflehnung des Täters gegen die Rechtsordnung) und Erfolgsunrecht (Widerspruch des Deliktserfolges zu der Rechtsordnung). Um beides strafrechtlich zu „neutralisieren", bedarf es sowohl einer objektiven Rechtfertigung (= Beseitigung des Erfolgsunrechts) als auch des jeweiligen subjektiven Rechtfertigungselements (= Beseitigung des Handlungsunwerts). Handelt der Täter **nur objektiv gerechtfertigt, so bleibt der Handlungsunwert übrig. Dies entspricht der Situation des Versuchs**, denn juristisch wird der eingetretene Erfolg dem Täter nicht angelastet. Von untergeordneter Bedeutung ist dann, ob man die §§ 22 ff. direkt[523] oder nur analog heranzieht.[524] Jedenfalls entfällt die Strafbarkeit, wenn der Versuch nicht unter Strafe gestellt ist. Diese Lösung vertritt neuerdings auch der BGH.[525] 608

Auch bei **fahrlässigen Erfolgsdelikten** – insbesondere solchen mit unbewusster Sorgfaltswidrigkeit – kann es vorkommen, dass der herbeigeführte Erfolg objektiv gerechtfertigt war, ohne dass der Täter dies ahnte. Hier folgert die Lehre vom Handlungs- und Erfolgsunrecht: **Der Erfolgsunwert der Tat wird durch die objektive Rechtfertigung kompensiert** und der Täter rechtlich so gestellt, als sei sein Sorgfaltsverstoß folgenlos geblieben. Da es **keinen Versuch der Fahrlässigkeitstat** gibt, bleibt der Täter **straflos.** 609

2. Rechtsirrtum über die Grenzen des Erlaubnissatzes zuungunsten des Täters

Kennt der Täter zwar die Rechtfertigungstatsachen und handelt auch mit Rettungswillen, **kennt aber die Erlaubnisnorm nicht oder verengt sie zu seinen Ungunsten**, verkennt er nur die rechtlichen Grenzen des einschlägigen Rechtfertigungsgrundes. Dann liegt ein dem **Wahndelikt** vergleichbarer Subsumtionsirrtum vor, der an der Rechtfertigung nichts ändert.[526] 610

Beispiel: A hilft dem von einem Räuber attackierten Passanten P, indem er den Angreifer mit einem Messer kampfunfähig macht. Dabei geht A davon aus, das „schneidige" Notwehrrecht stehe nur dem Angegriffenen selbst zu. – Trotzdem Rechtfertigung des § 224 Abs. 1 Nr. 2 aus Nothilfe gemäß § 32.

523 Roxin/Greco AT I § 14 Rn. 104.

524 Kühl § 6 Rn. 16; Sch/Sch/Sternberg-Lieben Vorbem. §§ 32 ff. Rn. 15.

525 BGHSt 38, 144; KG GA 1975, 213; BGH RÜ 2017, 236, 237.

526 Kindhäuser/Zimmermann § 29 Rn. 5.

II. Objektive Rechtswidrigkeit bei subjektiver Rechtfertigung – Erlaubnistatbestandsirrtum und Erlaubnisirrtum

611 Dass der Täter **glaubt**, sein tatbestandsmäßiges und objektiv **rechtswidriges Handeln sei rechtmäßig**, ist das Fallproblem des Strafrechts schlechthin. Die Fehlvorstellung kann folgende Ursachen haben:

- Der Täter nimmt irrig Umstände – in der Regel Tatsachen – an, bei deren Vorliegen die tatbestandsmäßige Handlung nach geltendem Recht erlaubt gewesen wäre.

  Hauptfälle: Irrige Annahme eines notwehrfähigen Angriffs (sog. Putativnotwehr) oder einer Notstandsgefahr (sog. Putativnotstand), auch die irrige Annahme einer nicht vorhandenen rechtfertigenden Einwilligung.

- Die Fehlvorstellung, rechtmäßig zu handeln, kann auch darauf beruhen, dass der Täter trotz zutreffender Sachverhaltskenntnis einen Rechtfertigungsgrund annimmt, den es nicht gibt, oder dass der Täter die rechtlichen Grenzen eines anerkannten Erlaubnissatzes zu seinen Gunsten überdehnt.

  Beispiele: Der Beleidigte glaubt, durch Körperverletzungen „Ehrennotwehr" ausüben zu dürfen oder es sei erlaubt, Kinder körperlich zu züchtigen.

Die einzigen gesetzlichen Regeln, die zur Lösung dieser Fälle zur Verfügung stehen, sind die §§ 16, 17. Die Annahme, gerechtfertigt zu sein, betrifft aber einerseits keinen für das jeweilige Delikt spezifischen „Tatumstand" und andererseits auch nicht die Verbotsnorm als solche. Das sind die Schwierigkeiten, vor denen Rspr. und Lehre seit jeher stehen, um den Rechtfertigungsirrtum in das Strafrechtssystem einzuordnen.

1. Erlaubnistatbestandsirrtum

a) Irrige Annahme rechtfertigender Umstände beim Haupttäter und Konsequenzen für Tatbeteiligte ohne Irrtum

612 Nimmt der Haupttäter irrig Umstände an, die ihn rechtfertigen würden, stellt sich die Folgefrage, welche **Auswirkung der Irrtum des Haupttäters auf Tatbeteiligte** hat, die diesem Irrtum nicht unterliegen.

Fall 28: Meinungsstreit zwischen Vorsatztheorien sowie strenger und eingeschränkter Schuldtheorie und ihren Untermeinungen

Dr. D hatte Frau P wegen einer Schrotschussverletzung behandelt. Später bat die Haftpflichtversicherung des Jägers den Dr. D um ein Gutachten über die Verletzung der P und ihre möglichen Folgen. Der Versicherungsangestellte A erklärte in dem Anforderungsschreiben der Wahrheit zuwider, dass P die Versicherungsgesellschaft ermächtigt habe, das Gutachten einzuholen, und Dr. D von seiner Schweigepflicht entbinde. Nachdem A dies dem Dr. D auf telefonische Rückfrage nochmals versichert hatte, erstattete Dr. D das Gutachten.

P stellte Strafantrag gegen Dr. D und A. Strafbarkeit der Beteiligten?

Aufbau: *So* ***examensrelevant*** *die Rechtfertigungsirrtümer als solche sind, so schwierig ist die Darstellung am Fall, denn mit Bejahung jeder Verbrechensstufe läuft man Gefahr, sich die Behandlung der Ansichten zu „verbauen", die gerade auf dieser Stufe ihre Lösung ansiedeln. Dieser Gefahr kann man durch vorsichtige Formulierungen begegnen. (Sie werden im nachfolgenden Fall durch Kursivdruck hervorgehoben.) Dort, wo die verschiedenen Ansichten die Grenzen einzelner Deliktsstufen überschreiten, hat die juristisch korrekte Wiedergabe verschiedener Denkmodelle Vorrang vor den Zwängen eines Prüfungsschemas!* **613**

A. Strafbarkeit des Dr. D

I. Dr. D könnte sich nach **§ 203 Abs. 1 Nr. 1** wegen **Verletzung von Privatgeheimnissen** strafbar gemacht haben.

1. Dr. D hat mit der Erstattung des Gutachtens über die Schrotschussverletzung der von ihm behandelten P ein fremdes Geheimnis, das zum persönlichen Lebensbereich der Patientin gehörte und das ihm als Arzt anvertraut worden war, einem Dritten mitgeteilt und damit offenbart. Ob der Arzt eine Erlaubnis hatte oder nicht, ist für den objektiven Tatbestand unbeachtlich. Das im Gesetz genannte Adverb **„unbefugt"** wird nicht als Tatbestandsmerkmal, sondern nur als Hervorhebung des allgemeinen Verbrechensmerkmals der Rechtswidrigkeit angesehen.[527] Damit ist nach h.M. der objektive Tatbestand des § 203 Abs. 1 Nr. 1 erfüllt.

2. Dr. D müsste vorsätzlich gehandelt haben.

Aufbau: *Wenn Sie jetzt ein abschließendes Urteil zum Vorsatz abgeben, wäre es widersprüchlich, später überhaupt noch die Frage anzusprechen, ob der Vorsatz wegen eines Rechtfertigungsirrtums ausgeschlossen sein könnte. Andererseits können Sie beim Vorsatz noch keinen Irrtum ansprechen, ohne vorher das Eingreifen eines Rechtfertigungsgrundes geprüft und verneint zu haben. Um diesem Dilemma zu entgehen, machen Sie deutlich, dass* ***Sie die Vorsatzprüfung auf die Merkmale des objektiven Tatbestandes begrenzen.*** *Begutachten Sie dann auf der Stufe der Rechtswidrigkeit, ob ein Rechtfertigungsgrund erfüllt ist.*[528]

Dr. D wusste, dass er ein fremdes Geheimnis offenbarte, obwohl er der ärztlichen Schweigepflicht unterlag. **Damit ist der Vorsatz jedenfalls in Bezug auf die in § 203 genannten Tatbestandsmerkmale gegeben. Das schließt nicht aus, dass der Deliktsvorsatz i.S.v. § 16 Abs. 1 S. 1 noch aus anderen Gründen zu verneinen ist.**[529]

3. Dr. D handelte auch unbefugt, da er keine Erlaubnis der P zum Offenbaren hatte und auch kein sonstiges Recht zur Mitteilung vorlag.

Aufbau: *Hier stehen wir gleich vor mehreren Problemen: Nach dem Deliktsschema der Vorsatztat müsste man nach Feststellung des Fehlens von Rechtfertigungsgründen eigentlich die Rechtswidrigkeit bejahen und zum Gliederungspunkt „Schuld" kommen. Das ist aber schon deshalb problematisch, weil es eine starke Auffassung gibt, die bei einem Erlaub-*

527 Fischer § 203 Rn. 61.

528 Allgemeine Ansicht, vgl. Rengier § 30 Rn. 11.

529 Verneint man mit einem Teil der Rspr. und Lit. bei tatsächlich vorliegender Einwilligung des Geschützten bereits den objektiven Tatbestand, muss man die irrige Annahme einer wirksamen Erlaubnis als Unkenntnis des Tatbestandsmerkmals „unbefugt" gemäß § 16 Abs. 1 S. 1 behandeln und den Tatvorsatz ablehnen.

nistatbestandsirrtum das Unrecht einer Vorsatztat und damit erst recht seine Verortung auf Schuldebene ablehnt (s. unten Rn. 624). Um dieser nur gliederungstechnischen „Selbstfesselung" zu entgehen und die verschiedenen Lösungswege zum Rechtfertigungsirrtum erst einmal offen darstellen zu können, muss man den Deliktsaufbau verlassen und eine Art ***Zwischen-Prüfungsstufe*** *in das Gutachten einbauen.*

Die nächste Aufbaufrage ist, was man jetzt weiterprüft. Davon hängt auch die Formulierung des Obersatzes ab. Wir empfehlen, ***sogleich die eingeschränkte Schuldtheorie darzustellen*** *und zu fragen, ob sich der Täter in einem Erlaubnistatbestandsirrtum befunden hat. Dies hat mehrere Gründe: Die eingeschränkte Schuldtheorie ist heute das dominierende Lösungsmodell für Rechtfertigungsirrtümer. Man erwartet von Ihnen vor allem, dass Sie den Erlaubnistatbestandsirrtum sauber subsumieren. Ferner ersparen Sie sich überflüssige Stellungnahmen: Bejahen Sie einen Erlaubnistatbestandsirrtum, erübrigt sich die Stellungnahme zur Vorsatztheorie, weil sie in diesem Fall zum selben Ergebnis kommt. Verneinen Sie einen Erlaubnistatbestandsirrtum und können nur einen Erlaubnisirrtum bejahen, erübrigt sich eine Stellungnahme gegen die strengen Schuldtheorie, weil sich dann die Ergebnisse der eingeschränkten und strengen Schuldtheorie decken.*

Klausurhinweis*: Wenn Sie nach dem Vorgenannten mit der Prüfung des Erlaubnistatbestandsirrtums beginnen, benennen Sie diesen Begriff nicht isoliert, sondern leiten ihn aus der eingeschränkten Schuldtheorie ab, denn die anderen Theorien brauchen diesen Begriff gar nicht.*

614 **4.** Aufgrund der falschen Auskunft des A, die Einwilligung der P liege vor, nahm Dr. D an, zur Offenbarung des Geheimnisses befugt zu sein. **Bei ihm lag ein Irrtum über die Rechtswidrigkeit seines Handelns vor. Wie solche Fehlvorstellungen rechtlich zu behandeln sind, ist umstritten.**

615 **a)** Ganz herrschend in **Schrifttum und Rspr.**[530] ist die **eingeschränkte Schuldtheorie. Wie alle Schuldtheorien geht auch die eingeschränkte Schuldtheorie davon aus, dass das Unrechtsbewusstsein kein Vorsatzbestandteil, sondern Schuldelement ist**. Fehlt das Unrechtsbewusstsein allgemein, soll dies die Schuld nur beseitigen, wenn die Unkenntnis unvermeidbar war, § 17 S. 1. Dasselbe gilt nach der eingeschränkten Schuldtheorie auch, wenn der Täter annimmt, für ihn greife ein Rechtfertigungsgrund ein, den es nicht gibt oder wenn er infolge eines Rechtsirrtums die Reichweite eines anerkannten Rechtfertigungsgrundes überdehnt **(Erlaubnisirrtum)**. Anstelle des Regelungsmodells des § 17 soll aber – und darin liegt die tätergünstige Einschränkung dieser Schuldtheorie – **§ 16 Abs. 1 zur Anwendung kommen, wenn der Täter irrig Umstände annimmt, bei deren wirklichen Vorliegen die Tat gerechtfertigt wäre (Erlaubnistatbestandsirrtum)**.

Dieser Irrtum wird im Ergebnis wie ein Tatbestandsirrtum behandelt. Beruht der Irrtum auf Fahrlässigkeit, so ist der Täter über § 16 Abs. 1 S. 2 aus dem erheblich geringeren Strafrahmen des entsprechenden Fahrlässigkeitsdelikts strafbar oder sogar straflos, wenn Fahrlässigkeit gar nicht mit Strafe bedroht ist, § 15. Hierdurch ist der im Erlaub-

530 Vgl. z.B. BGHSt 2, 236; BGHSt 3, 105 u. 194; BGH StV 1996, 146; BGHSt 45, 219; BGH NStZ 2001, 530; Baumann/Weber/Mitsch/Eisele § 18 Rn. 85; Jescheck/Weigend § 41 III; Lackner/Kühl/Heger § 17 Rn. 10; Sch/Sch/Sternberg-Lieben/Schuster § 16 Rn. 16 ff.; Wessels/Beulke/Satzger Rn. 753 ff.

nistatbestandsirrtum Handelnde erheblich besser gestellt als über § 17, wonach in der Regel trotz des Irrtums aus Vorsatztat zu bestrafen ist.

Da der Erlaubnis-„Tatbestands-"Irrtum auf der irrigen Annahme der Voraussetzungen eines Erlaubnissatzes beruht, kann er sich nach h.M. – wie der Tatbestandsirrtum – sowohl auf deskriptive als auch auf normative Merkmale des Rechtfertigungsgrundes beziehen. **616**

- Hauptfall ist der **Tatsachenirrtum**, z.B. wenn der Täter eine ausholende Handbewegung seines Gegenüber als Angriff missdeutet und sich subjektiv in einer Notwehrlage sieht. Ein Erlaubnistatbestandsirrtum kann sich aber auch aus einer zunächst gerechtfertigten Situation entwickeln, wenn nämlich die Rechtfertigung wegfällt – etwa weil keine Angriffslage mehr gegeben ist – und der Verteidiger dies nicht erkennt.[531]
- Ein Erlaubnistatbestandsirrtum kann – allerdings in seltenen Fällen – auch durch einen **Rechtsirrtum** hervorgerufen werden, z.B. wenn der Täter infolge Verkennung der Zivilrechtslage annimmt, seinen Schadensersatzanspruch durch Selbsthilfe gemäß § 229 BGB eintreiben zu können.

Hier tauchen **Abgrenzungsprobleme zum Erlaubnisirrtum** auf, weil jeder normative Irrtum zugleich als rechtliche Überdehnung der Grenzen eines Erlaubnissatzes angesehen werden könnte. Die Lit. schlägt vor, reine **Bewertungsirrtümer über gesamtbewertende Umstände** (z.B. Gebotenheit in § 32, Interessenabwägung in § 34) als **Erlaubnisirrtum** anzusehen und die übrigen Fälle dem Erlaubnistatbestandsirrtum zuzuschlagen.[532] **617**

Im vorliegenden Fall stellte sich Dr. D vor, seine Patientin habe ihn von seiner Schweigepflicht entbunden. Er stellte sich damit alle Tatsachen vor, die die Voraussetzungen für eine rechtfertigende Einwilligung ausgefüllt hätten, wenn sie tatsächlich vorgelegen hätten. Er handelte auch aufgrund dieser vorgestellten Zustimmung. **Dr. D befand sich in einem Erlaubnistatbestandsirrtum.**

Klausurhinweis: *Ein Erlaubnistatbestandsirrtum wird in Examensarbeiten erfahrungsgemäß zu oberflächlich geprüft und vorschnell bejaht, obwohl gerade darin ein Problemschwerpunkt liegt. Gehen Sie daher immer vom* ***Prüfungsschema des jeweiligen Rechtfertigungsgrundes*** *aus und fragen, ob dann – wenn man hypothetisch das Vorstellungsbild des Täters als wahr unterstellt – tatsächlich alle objektiv erforderlichen Eingriffsvoraussetzungen erfüllt gewesen wären, ferner ob die konkrete Handlung innerhalb der rechtsethischen Schranken des fraglichen Erlaubnissatzes gelegen hätte und schließlich ob der Täter auch den erforderlichen Rechtfertigungswillen hatte. Prüfen Sie also einen Erlaubnistatbestandsirrtum wie den* ***„Tatentschluss für einen Rechtfertigungsgrund"****!*

Zurück zum Fall: Innerhalb der **eingeschränkten Schuldtheorie** streitet man darüber, ob dieses Ergebnis durch direkte, analoge oder sogar nur durch rechtsfolgenanaloge Anwendung von § 16 Abs. 1 S. 1 zu begründen ist. Dies ist aber für die Strafbarkeit des Dr. D. bedeutungslos. Nach allen Vertretern der eingeschränkten Schuldtheorie kann Dr. D gemäß **§ 16 Abs. 1 S. 1** nicht aus der Vorsatztat des § 203 bestraft werden. **618**

531 Vgl. dazu die sehr klausurwichtige Konstellation in BGH RÜ 2000, 203.

532 Kindhäuser/Zimmermann § 29 Rn. 31; Sch/Sch/Sternberg-Lieben/Schuster § 16 Rn. 21.

Klausurhinweis: *Die Untermeinungen werden nur für die Strafbarkeit von Teilnehmern relevant. Auch wenn Sie in einem Fall keine Möglichkeit mehr haben, darauf einzugehen (in unserem Fall s. unten Rn. 622 ff.), breiten Sie beim Haupttäter den Streit nicht weiter aus. Erst recht wäre eine Entscheidung zwischen den Untermeinungen beim Haupttäter überflüssig und falsch!*

619 **b)** Nach den verschiedenen **Vorsatztheorien** entfällt bei einem Irrtum über einen Rechtfertigungsgrund – egal, ob ein Tatsachen- oder Rechtsirrtum vorlag – der Tatbestandsvorsatz. **Kennzeichen aller Vorsatztheorien ist, dass sie das Bewusstsein der Rechtswidrigkeit als Bestandteil des Vorsatzes ansehen**. Vorsatz wird also nicht als Tatbestandsverwirklichungswille gesehen, sondern weitergehend als Wille, etwas Sozialschädliches zu tun – sozusagen als „dolus malus".

Die älteren **strengen Vorsatztheorien** verlangten, der Täter müsse im Augenblick der Tat das aktuelle Bewusstsein haben, wider dem Recht zu handeln.[533] Die strengen Vorsatztheorien sind heute durch § 17 erledigt, weil diese Vorschrift klarstellt, dass eine Bestrafung aus Vorsatztat auch ohne aktuelles Unrechtsbewusstsein möglich ist. Letzteres kann also kein Vorsatzbestandteil sein.

Klausurhinweis: *Die strenge Vorsatztheorie braucht nicht mehr erwähnt zu werden.*[534]

Die sog. **modifizierte Vorsatztheorie**, die immer noch im Schrifttum Anhänger hat, will den Widerspruch zu § 17 durch Differenzierung des Unrechtsbewusstseins auflösen. Das **„materielle Unrechtsbewusstsein"** – das Bewusstsein der Sozialschädlichkeit – gehöre zum Vorsatz. Es entfalle bei einem Rechtfertigungsirrtum und Letzterer wirke vorsatzausschließend. § 17 erfasse dagegen nur das Fehlen **„formellen Unrechtsbewusstseins"** – also die Vorstellung, ein bei Strafe verbotenes Verhalten zu verwirklichen.[535] Nach dieser Auffassung befand sich Dr. D in einem Tatbestandsirrtum, denn die Vorstellung, von der Schweigepflicht entbunden zu sein, nahm ihm das Bewusstsein, sein Verhalten als sozialschädlich zu erkennen. Der subjektive Tatbestand des § 203 entfällt. Eine Vorsatztat entfällt auch danach.

Klausurhinweis: *Auch die modifizierte Vorsatztheorie ist inzwischen aus vielen Lehrbüchern verschwunden. Es dürfte keinen Punktabzug geben, wenn Sie diese auch in einer Klausur nicht mehr erwähnen.*

620 **c)** Die **strenge Schuldtheorie** behandelt die irrige Annahme, ein Verhalten sei schon nicht verboten, weil es unter keine Strafnorm falle, und die Fehlvorstellung, das Verhalten sei ausnahmsweise erlaubt, gleich. **In beiden Fällen fehle das aktuelle Unrechtsbewusstsein**. Dies sei allein auf Schuldebene im Rahmen von **§ 17** zu berücksichtigen: Bei Unvermeidbarkeit des Irrtums entfällt die Schuld; bei Vermeidbarkeit wird aus der fraglichen Vorsatztat schuldig gesprochen, nur die Strafe kann gemildert werden.[536] Nach dieser Ansicht hätte sich Dr. D wegen der besonderen Sensibilität von Patientendaten nicht auf Erklärungen des Sachbearbeiters verlassen dürfen. Sein Irrtum wäre durch Rückfrage bei P vermeidbar gewesen. Dr. D wäre strafbar aus § 203 mit Milderungsmöglichkeit gemäß § 17 S. 2.

621 **d) Kritik:** Die strenge Schuldtheorie überzeugt nicht. Das Gesetz will denjenigen, der sich in einem **Sachverhaltsirrtum** befindet, durch den Ausschluss einer Vorsatztat **gemäß § 16 Abs. 1 S.1 besser stellen** als denjenigen, der sich in einem vermeidbaren Rechtsirrtum über das Verbotensein seines Tuns befindet. Diese Trennung muss auch

533 Vgl. Lang/Hinrichsen JR 1952, 1844 ff.; Langer GA 1976, 208.

534 Baumann/Weber/Mitsch/Eisele § 18 Rn. 84.

535 Otto § 15 Rn. 10; Jura 1990, 645, 647; Geerds Jura 1990, 421 ff.

536 NK/Paeffgen/Zabel Vor §§ 32 ff. Rn. 108 ff.

bei Rechtfertigungsirrtümern gelten. Anderenfalls entstünden erhebliche **Wertungswidersprüche** zwischen Straftatbestands- und Erlaubnistatbestandsmerkmalen: Dieselbe Fehlvorstellung würde je nachdem, ob das Merkmal „rechtswidrig" oder „unbefugt" Tatbestandsmerkmal oder allgemeines Deliktsmerkmal ist (z.B. nur in § 303 Abs. 1 und Abs. 2 oder in den §§ 201 ff.) zu ganz unterschiedlichen strafrechtlichen Folgen führen. Demgegenüber ist die Vorstellung des Täters, der rechtsirrig an das Eingreifen eines Rechtfertigungsgrundes glaubt, mit der des im direkten Verbotsirrtum handelnden Täters vergleichbar. Beide konstruieren sich gewissermaßen ihre eigene Rechtsordnung. Eine Entscheidung zwischen der eingeschränkten Schuldtheorie und der Vorsatztheorie erübrigt sich, weil beide vorliegend zum selben Ergebnis kommen.

Zur Stellungnahme gegen die Vorsatztheorie bei einem Erlaubnisirrtum unten Rn. 635.

Dr. D hat sich nicht gemäß § 203 strafbar gemacht.

II. Eine fahrlässige Begehung des Geheimnisverrats ist nicht strafbar, § 15.

Klausurhinweis: *Auch hier liegt eine häufige Fehlerquelle. Häufig gibt es Fahrlässigkeitsvarianten zur Vorsatztat (z.B. § 222, § 229, § 306 d) und bei einem Erlaubnistatbestandsirrtum ist eine Strafbarkeit hieraus begründet, wenn der Irrtum auf Fahrlässigkeit beruhte. Das folgt aus § 16 Abs. 1 S. 2.*

Ergebnis: Dr. D ist straflos.

B. Strafbarkeit des A

I. Eine Bestrafung des A als **mittelbarer Täter zum Geheimnisverrat, §§ 203 Abs. 1 Nr. 1, 25 Abs. 1 Alt. 2** scheidet aus (zu denken wäre an die Fallgruppe „Veranlassung eines Erlaubnistatbestandsirrtums beim Vordermann", oben Rn. 106). § 203 ist ein **Sonderdelikt**. Von einem nicht zur Geheimhaltung Verpflichteten kann daher § 203 nicht in mittelbarer Täterschaft begangen werden.

II. Fraglich ist, ob A als **Anstifter zum Geheimnisverrat** gemäß **§§ 203 Abs. 1 Nr. 1, 26** bestraft werden kann.

1. Dann müsste trotz des **Erlaubnistatbestandsirrtums beim Haupttäter** Dr. D, wel- **622**
cher dessen Bestrafung aus Vorsatztat ausgeschlossen hat, noch eine vorsätzliche und rechtswidrige Haupttat vorliegen. Das hängt davon ab, welcher Untermeinung innerhalb der eingeschränkten Schuldtheorie gefolgt wird.

a) Die **Lehre von den negativen Tatbestandsmerkmalen** ordnet die Voraussetzun- **623**
gen von Rechtfertigungsgründen als negative Tatbestandsmerkmale eines Gesamtunrechtstatbestandes ein.[537] Diese Meinung wendet bei einem Erlaubnistatbestandsirrtum **§ 16 Abs. 1 S. 1** direkt an.[538] Damit entfällt aber auch eine teilnahmefähige Haupttat.

b) Die im Schrifttum stärker werdende **Theorie vom Ausschluss des Vorsatzunrechts** **624**
(auch **Unrechtstheorie**) erkennt an, dass Tatbestand, Rechtswidrigkeit und Schuld drei selbstständige Verbrechensstufen bilden und dass § 16 keine direkte Aussage über den Rechtfertigungsirrtum enthält. Folglich könne der Irrtum auf Rechtswidrigkeitsebene

537 S. AS-Skript Strafrecht AT 1 (2021), Rn. 90.

538 NK/Puppe § 16 Rn. 12 f.

nicht unmittelbar den Tatbestandsvorsatz berühren. Da aber zwischen Tatbestandsirrtum und Erlaubnistatbestandsirrtum kein qualitativer Unterschied bestehe, sei das Merkmal „Umstand des gesetzlichen Tatbestandes" des § 16 auf Rechtfertigungsumstände zu erweitern. Konsequenz dieser **täterbegünstigenden Analogie** auf der **Voraussetzungsseite des § 16** ist zwar nicht der **Wegfall** des Tatbestandsvorsatzes im engeren Sinne, wohl aber des erst auf der Rechtswidrigkeitsebene zu ermittelnden **Vorsatzunrechts**.[539]

Innerhalb dieser Meinungsgruppe besteht Streit bei der Frage der Teilnahmefähigkeit der Tat.

- **Einige** verstehen unter „Vorsatz" in §§ 26, 27 etwas anderes als in § 16. Dies wird damit begründet, dass gleiche Worte in verschiedenen teleologischen Zusammenhängen abweichend ausgelegt werden müssten.[540] Nach dieser Ansicht bedeutet „vorsätzliche Haupttat" in §§ 26, 27 nur, dass der Täter **hinsichtlich der unrechtstypischen Merkmale** des gesetzlichen Tatbestandes vorsätzlich gehandelt haben müsse, was im vorliegenden Fall zu bejahen ist. Folglich wäre A wegen Anstiftung zu § 203 Abs. 1 Nr. 1 zu bestrafen.
- Die **Gegenansicht** innerhalb der Unrechtstheorie lehnt eine solche „ad-hoc-Schöpfung" eines zweiten Vorsatzbegriffs ab und nimmt die **fehlende Teilnahmefähigkeit der im Erlaubnistatbestandsirrtum begangenen Tat** ausdrücklich in Kauf.[541]

625 **c)** Nach der im Schrifttum stark vertretenen **rechtsfolgenverweisenden eingeschränkten Schuldtheorie** lässt der Irrtum über die tatsächlichen Voraussetzungen eines anerkannten Rechtfertigungsgrundes den Willen zur Tatbestandsverwirklichung, also den Tatbestandsvorsatz, unberührt. Auch könne durch die irrige Annahme von Rechtfertigungsvoraussetzungen der objektiv gegebene Handlungsunwert einer Vorsatztat nicht – wie die vorerwähnte Ansicht meint – völlig beseitigt werden. Dem Täter dürfe aber **kein (Vorsatz-)Schuldvorwurf** gemacht werden, weil bei ihm, genauso wie bei dem im Tatbestandsirrtum Handelnden, **das für die Vorsatztat typische Abfallen von den Wertvorstellungen der Rechtsgemeinschaft fehle**. Der Erlaubnistatbestandsirrtum wird daher durch eine **analoge Heranziehung der Rechtsfolgen des § 16 Abs. 1 S. 1** dem Tatbestandsirrtum gleichgestellt.[542]

Diese Ansicht korrespondiert mit der ***Lehre von der Doppelfunktion*** des Vorsatzes. Danach ist der Vorsatz einmal als „Tatbestandsvorsatz" ein Element des im Tatbestand zu prüfenden Handlungsunrechts, zum anderen aber auch als Schuldform Träger des in der Tat aktualisierten Gesinnungsunwerts, in dem sich die mangelnde Einstellung zur Rechtsordnung offenbart. Wenn der Tatbestandsvorsatz bejaht wird, so ist dies ein Indiz dafür, dass beim Täter als „Schuldform" die vorsätzlich-fehlerhafte Einstellung zu den Verhaltensanforderungen der Rechtsordnung zu bejahen ist. Dieses Indiz entfällt, wenn ein Erlaubnistatbestandsirrtum eingreift, und es entfallen dann in analoger Anwendung des § 16 Abs. 1 S. 1 (nur) der Vorsatzschuldvorwurf und die Vorsatzstrafe.

Nach dieser Auffassung liegt bei einem Erlaubnistatbestandsirrtum zwar keine schuldhafte Tat vor. Für die Teilnahme ist nach §§ 26, 27 aber eine vorsätzlich rechtswidrige Haupttat ausreichend (limitierte Akzessorietät).

539 NK/Puppe § 16 Rn. 138; Sch/Sch/Sternberg-Lieben/Schuster § 16 Rn. 18; in diese Richtung weisen auch Formulierungen des BGH, vgl. BGH StV 1995, 463; 1996, 146.

540 So z.B. NK/Puppe § 16 Rn. 136; Stratenwerth/Kuhlen AT § 9 Rn. 160.

541 Sch/Sch/Heine/Weißer Vorbem. §§ 25 ff. Rn. 29.

542 Baumann/Weber/Misch/Eisele § 14 Rn. 79; Fischer § 16 Rn. 38; Lackner/Kühl/Heger § 17 Rn. 15; Rengier § 30 Rn. 21 f.; Wessels/Beulke/Satzger Rn. 756; auch in dieser Richtung finden sich Formulierungen in der Rspr.; siehe OLG Hamm NJW 1987, 1034, 1035; BGH RÜ 2012, 163 im „Hells-Angels-Fall".

d) Kritik: Die Lehre von den negativen Tatbestandsmerkmalen überzeugt nicht. Die **juristische Trennung zwischen Tatbestandsmäßigkeit und Rechtswidrigkeit** hat rechtsethisch-qualitative Bedeutung, weil es etwas anderes ist, ob der Täter schon nicht tatbestandsmäßig handelt (sodass er das strafrechtliche Verbot gar nicht erst tangiert) oder ob er in Kenntnis des für sein Handeln einschlägigen Verbotssatzes tatbestandsmäßig handelt und nur ein Ausnahmesatz das Unrecht beseitigt. Diesen Unterschied vernachlässigt die Lehre von den negativen Tatbestandsmerkmalen. 626

Auch die Unrechtstheorie ist abzulehnen, weil sie den **psychologischen Unterschied zwischen Tatbestands- und Erlaubnistatbestandsirrtum** einebnet: Derjenige, der sich im Tatbestandsirrtum befindet, weiß schon nicht, dass er eine Strafnorm verletzt, während der im Erlaubnistatbestandsirrtum Handelnde den konkreten Normappell kennt und diesem im Vertrauen auf eine Rechtfertigung bewusst zuwider handelt.

Vorzugswürdig ist daher die rechtsfolgenverweisende eingeschränkte Schuldtheorie.

Eine vorsätzliche und rechtswidrige Haupttat liegt damit auch bei einem Erlaubnistatbestandsirrtum des Haupttäters vor. Der fehlende (Vorsatz-)Schuldvorwurf berührt wegen limitierter Akzessorietät die Teilnahmefähigkeit nicht.

2. Zu dieser Tat hat A den Arzt vorsätzlich, rechtswidrig und schuldhaft bestimmt.

3. Wegen der fehlenden Geheimnisträgereigenschaft als strafbegründendes Merkmal ist die Strafe des A gemäß §§ 28 Abs. 1, 49 Abs. 1 zu mildern.

4. Der gemäß § 205 erforderliche Strafantrag ist gestellt.

Ergebnis: A ist gemäß §§ 203, 26 strafbar.

---

b) Irrige Annahme rechtfertigender Umstände beim Haupttäter und Konsequenzen für Teilnehmer mit demselben Irrtum

Der Sachverhalt kann sich auch dergestalt ergeben, dass sowohl der Haupttäter als auch der Teilnehmer irrig (die gleichen) rechtfertigenden Umstände annehmen. 627

Fall 29: Irrtum des Teilnehmers über die Rechtswidrigkeit der Haupttat

Hat sich A strafbar gemacht, wenn er aufgrund einer Verwechslung der Akten selbst irrtümlich vom Vorliegen einer wirksamen Entbindungserklärung seitens der P ausgegangen ist? (Abwandlung des vorhergehenden Falles)

Infrage kommt wiederum nur **Anstiftung zum Geheimnisverrat, §§ 203, 26**. 628

I. Nach der **rechtsfolgenverweisenden eingeschränkten Schuldtheorie** ist auch die im Erlaubnistatbestandsirrtum verwirklichte Tat vorsätzliche und rechtswidrige Haupttat (s.o. Rn. 625). Hierzu hat A den Dr. D bestimmt.

II. Nach **§ 26** muss sich der Vorsatz des Anstifters auf die Vorsätzlichkeit und Rechtswidrigkeit der Haupttat sowie den eigenen Teilnehmerbeitrag beziehen. Die irrige Vorstel- 629 lung, Dr. D handele erlaubt, lässt weder das Bewusstsein einer tatbestandsmäßigen noch einer vorsätzlichen Haupttat entfallen. Da die **Rechtswidrigkeit der Haupttat für den Teilnehmer** aber **vorsatzbedürftiges normatives Tatbestandsmerkmal** ist, muss der Vorsatz in direkter Anwendung des **§ 16 Abs. 1 S. 1** für den Anstifter entfallen, wenn er sich Umstände vorstellt, die die Rechtswidrigkeit der Haupttat beseitigen.[543] Das war hier infolge der Verwechselung der Akte der Fall.

Ergebnis: A ist straflos.

---

c) Zweifel über das Vorliegen rechtfertigender Tatumstände

630 Umstritten ist, welche Auswirkung Zweifel über das Vorliegen rechtfertigender Tatumstände auf die Strafbarkeit des Irrenden haben.

Beispiel: A begeht eine Nötigung gemäß § 240 zum Zweck der Selbsthilfe gegen einen Schuldner nach § 229 BGB, obwohl objektiv staatliche Hilfe erreichbar ist. A hält es für möglich, polizeiliche Hilfe zu erlangen, handelt aber dennoch, weil er nicht ausschließen kann, vergeblich nach einem Beamten zu suchen und dadurch den Schuldner aus den Augen zu verlieren.

Die **h.M. verneint in solchen Fällen einen Erlaubnistatbestandsirrtum**. Hält der Täter danach Rechtfertigungsumstände **nur für möglich**, nimmt er ihr Fehlen wie beim bedingten Vorsatz in seinen Willen auf, so kommt ein Vorsatzausschluss nicht infrage.[544]

Zwar kann nach **einer Ansicht**[545] in Ausnahmefällen ungewisser Notrechtssituationen der Schuldvorwurf entfallen, nicht aber, wenn – wie im Beispielsfall – keine schwerwiegenden Rechtsbeeinträchtigungen drohen und der Täter die ihm gegebenen Möglichkeiten zur Ausräumung seines Zweifels nicht genutzt hat.

2. Erlaubnisirrtum

631 Ein Erlaubnisirrtum (auch: indirekter Verbotsirrtum) liegt vor, wenn der Täter glaubt dass er den Tatbestand einer Verbotsnorm erfüllt, aber irrig annimmt, sein Verhalten sei gerechtfertigt. Man unterscheidet:

- die irrige Annahme, die **Voraussetzungen eines tatsächlich existierenden Rechtfertigungsgrundes lägen vor** (sog. Erlaubnistatbestandsirrtum als Spezialfall des indirekten Verbotsirrtums),
- die irrige Annahme der **Existenz eines Rechtfertigungsgrundes, den es gar nicht gibt** (sog. Erlaubnisexistenzirrtum/Erlaubnisnormirrtum),[546]

  Beispiel: Vater V schlägt seinen Sohn S in der irrigen Annahme, Eltern stünde ein „elterliches Züchtigungsrecht" zu.

---

543 MünchKomm/Joecks/Scheinfeld § 26 Rn. 65; Sch/Sch/Heine/Weißer § 26 Rn. 20.

544 BGH bei Holtz MDR 1978, 108; Lackner/Kühl/Heger § 17 Rn. 18; a.A. Sch/Sch/Sternberg-Lieben/Schuster § 16 Rn. 22, wonach im Regelfall davon auszugehen sein soll, dass der Täter auf das Vorliegen der rechtfertigenden Situation vertraut.

545 Warda, Festschrift für Lange, 1976, S. 119 ff.

546 Wessels/Beulke/Satzger § 14 Rn. 766.

- die irrige Annahme bzgl. des **Umfangs eines tatsächlich existierenden Rechtfertigungsgrundes** (sog. Erlaubnisumfangsirrtum/Erlaubnisgrenzirrtum).[547]

  Beispiel: F wird von Räuber R körperlich attackiert und wehrt sich in der gegebenen Notwehrsituation mit einem Schlag auf den Kopf des R. R geht zu Boden und bleibt bewusstlos liegen, F geht davon aus, dass er R weiter schlagen darf, obwohl bereits keine Notwehrlage mehr gegeben ist.

Fall 30: Streitentscheidung gegen die Vorsatztheorien;
Auswirkung auf Teilnehmer mit demselben Irrtum

Die Eheleute A und B haben in der Zeitung von einem gesuchten Trickbetrüger T gelesen. A erkennt diesen, als er an einer Bushaltestelle steht. Sie bittet ihren Mann, den Gesuchten notfalls mit Gewalt der Polizei zu überstellen. B lässt sich von A überzeugen, dass dies „gutes Recht jedes Bürgers" sei, und schafft den T mit festem Polizeigriff auf die nächste Wache. Strafbarkeit von A und B? § 223 ist nicht zu prüfen.

A. Strafbarkeit des B 632

I. B könnte durch die Überstellung an die Polizei wegen **Nötigung** gemäß **§ 240** strafbar sein.

1. Indem B den Arm des T auf den Rücken drehte und ihn so zur Polizeiwache brachte, hat er T vorsätzlich durch Gewalt zur Erduldung einer Handlung genötigt.

2. Die Tat ist rechtswidrig, wenn Tatmittel und/oder erstrebter Zweck verwerflich sind, § 240 Abs. 2.

a) Daran fehlt es, wenn ein anerkannter Rechtfertigungsgrund vorliegt.

aa) Ein **Festnahmerecht nach § 127 Abs. 1 S. 1 StPO** besteht für den Bürger, wenn er einen Straftäter **„auf frischer Tat"** betroffen oder verfolgt hat. Das ist aber nur so lange der Fall, wie ein unmittelbarer räumlich-zeitlicher Zusammenhang zu einer Straftat vorgelegen hat.[548] Die Taten, wegen derer T gesucht wurde, lagen schon eine Zeit lang zurück; sie waren nicht mehr frisch. Zur Verhinderung zukünftiger Straftaten gibt § 127 Abs. 1 S. 1 StPO dem Bürger kein Festnahmerecht.

bb) Eine Festnahmebefugnis unabhängig von der Tatfrische gewährt § 127 Abs. 2 StPO bei dringendem Tatverdacht und einem Haftgrund nur der Staatsanwaltschaft oder Polizeibeamten, nicht aber einem Bürger.

cc) Auch „Notstandshilfe" gemäß § 34 zugunsten des staatlichen Strafanspruchs scheidet aus, da die Begrenzung der Jedermann-Festnahme auf frische Taten insoweit eine **abschließende Spezialregelung** enthält, also den Rückgriff auf allgemeine Rechtfertigungsgründe sperrt.

b) Die Anwendung von Personengewalt ohne Rechtfertigung überschreitet das Maß des in einer Gesellschaft tolerablen Umgangs untereinander. Damit war schon das eingesetzte Mittel verwerflich.

---

547 Wessels/Beulke/Satzger § 14 Rn, 765.

548 KK-StPO/Glaser, 9. Aufl. 2023, § 127 Rn. 10 ff.; AS-Skript StPO (2022), Rn. 56 ff.

3. B glaubte aber, ihm stehe die Festnahmebefugnis zu.

633 **a)** Hätte er sich nach der **eingeschränkten Schuldtheorie** in einem Erlaubnistatbestandsirrtum befunden, wäre die Bestrafung aus Vorsatztat ausgeschlossen. Dann müsste sich B Umstände vorgestellt haben, bei deren Vorliegen seine Handlung tatsächlich gerechtfertigt gewesen wäre. Hier kannte B aber alle Tatsachen, aus denen sich die Rechtswidrigkeit seines Handelns ergab; insbesondere wusste er, dass er T nicht bei einer aktuellen Straftat festnahm. **Ein Erlaubnistatbestandsirrtum scheidet aus.**

634 **b) Zur Verneinung einer Nötigung käme hier nur die (modifizierte) Vorsatztheorie**, die bei Irrtümern über Rechtfertigungsgründe generell – auch wenn sie auf einer Verkennung der Rechtslage beruhen – den Vorsatz ablehnt.

635 **c) Kritik:** Auch in modifizierter Form überzeugt die Vorsatztheorie nicht, weil sie **schon bei jedem – sogar wahnhaften – Rechtsirrtum** über das Eingreifen eines Erlaubnissatzes **den Vorsatz ausschließt**. Diese Meinung behandelt einen solchen Irrtumstäter noch besser als denjenigen, der schon einem Rechtsirrtum über die Existenz oder Verwirklichung einer Strafnorm unterliegt, denn ein solcher Irrtum ist für den Schuldspruch unbeachtlich, wenn er vermeidbar war, § 17 S. 2.

636 **4.** Damit kann der Rechtfertigungsirrtum des B allenfalls noch gemäß **§ 17** dessen Schuld ausgeschlossen haben.

637 **a)** Nach der **eingeschränkten Schuldtheorie** kann ein Irrtum über einen Rechtfertigungsgrund, der kein Erlaubnistatbestandsirrtum ist, nur noch ein Erlaubnisirrtum sein.

638 Ein **Erlaubnisirrtum** liegt vor, wenn der Täter **lediglich über die rechtlichen Grenzen eines anerkannten Rechtfertigungsgrundes irrt oder einen Rechtfertigungsgrund annimmt, den die Rechtsordnung nicht kennt.** In einem solchen Fall finden ausschließlich die Grundsätze des Verbotsirrtums Anwendung, § 17. Nur wenn der Irrtum unvermeidbar war, entfällt die Schuld, § 17 S. 1. War dieser Erlaubnisirrtum bei Einsatz aller Erkenntniskräfte vermeidbar, ist wegen der Vorsatztat (mit Milderungsmöglichkeit gemäß §§ 17 S. 2, 49 Abs. 1) zu bestrafen.

Hier durfte sich B nicht ohne Weiteres auf die Aussage seiner Frau verlassen. Auch gesuchte Straftäter sind nicht „vogelfrei". Vor einer Beeinträchtigung der Fortbewegungsfreiheit des T wäre es B **zumutbar gewesen, per Notruf mit der Polizei Kontakt aufzunehmen und sich zu erkundigen**. B wäre dann mit Sicherheit geraten worden, nicht selbst tätig zu werden und das Eintreffen von Beamten abzuwarten. Zumindest für den Versuch einer Kontaktaufnahme wäre hier Zeit gewesen, da sich T nicht verfolgt fühlte. Der Irrtum des B war vermeidbar. Er handelte schuldhaft.

639 **b)** Zu demselben Ergebnis kommt die **strenge Schuldtheorie**, die Rechtfertigungsirrtümer generell nur nach § 17 behandelt. Einer Stellungnahme zwischen der eingeschränkten und strengen Schuldtheorie bedarf es bei einem Erlaubnisirrtum deshalb nicht.

Zur Stellungnahme gegen die strenge Schuldtheorie oben Rn. 620.

II. Die durch die Nötigung ermöglichte **Freiheitsberaubung** nach **§ 239 Abs. 1 Alt. 2** steht dazu in Tateinheit.[549]

Ergebnis: B ist strafbar wegen Nötigung und Freiheitsberaubung in Tateinheit, § 52.

B. Strafbarkeit der A

I. In Betracht kommt nur **Anstiftung zur Nötigung, §§ 240, 26.**

1. Die im Erlaubnisirrtum begangene Tat ist – wenn man die Vorsatztheorie ablehnt – sowohl nach der eingeschränkten als auch nach der strengen Schuldtheorie **teilnahmefähig**. Selbst wenn für den Haupttäter der Erlaubnisirrtum unvermeidbar gewesen sein sollte, § 17 S. 1, bleibt es doch bei einer vorsätzlichen und rechtswidrigen Haupttat. 640

2. A hat ihren Mann hierzu bestimmt, als sie ihn aufforderte, den T auch gegen dessen Willen zur nächsten Polizeiwache zu bringen.

3. Zweifelhaft könnte allenfalls der **Vorsatz bezüglich der Rechtswidrigkeit der Haupttat** sein, denn A war davon überzeugt, dass B das Recht habe, auch einen nicht auf frischer Tat betroffenen Straftäter vorläufig festzunehmen. Die Rechtswidrigkeit der Haupttat ist normatives Tatbestandsmerkmal des Teilnehmerdelikts (s.o. Fall 29 Rn. 629). Deshalb muss sich der Vorsatz auch hierauf erstrecken. Kennt der Teilnehmer die tatsächlichen Umstände der Rechtswidrigkeit der Haupttat, braucht er für den Vorsatz nur noch eine zutreffende **Parallelwertung in der Laiensphäre** besessen zu haben. Diese verlangt hier lediglich das Bewusstsein der A, dass man nur ausnahmsweise die Freiheit der Willensbildung und -betätigung eines anderen beeinträchtigen darf. 641

Ein solches Vorstellungsbild kann bei A unterstellt werden. Dass sie geglaubt hat, für einen gesuchten Straftäter gälte eine solche Ausnahme, ist lediglich ein Irrtum über die Grenzen der Rechtswidrigkeit der Nötigung. **Der Erlaubnisirrtum des Haupttäters wird damit für den Teilnehmer in derselben Irrtumslage zu einem Subsumtionsirrtum über die Rechtswidrigkeit der Haupttat.** Dieser lässt den Teilnehmervorsatz aber nicht entfallen. 642

4. Auch für die Anstiftungshandlung der A gab es keine Rechtfertigung.

5. Dass A geglaubt hat, ihren Mann zu einem erlaubten Verhalten zu motivieren, begründet bei ihr ebenfalls einen Verbotsirrtum, der nach den Umständen durch eine Rückversicherung bei der Polizei vermeidbar war, § 17 S. 2.

II. Tateinheitlich mitverwirklicht ist eine Anstiftung zur Freiheitsberaubung, §§ 239 Abs. 1 Alt. 2, 26.

Ergebnis: A ist strafbar wegen Anstiftung zur Nötigung und Freiheitsberaubung in Tateinheit.

---

549 Vgl. Sch/Sch/Eisele § 240 Rn. 41.

3. Doppelirrtum

a) Mehrfacher Tatsachenirrtum, mehrfacher Rechtsirrtum

643 Verkennt der Täter nicht nur einen, sondern gleich mehrere Umstände desselben Erlaubnissatzes, ist die Behandlung unproblematisch, wenn es sich um **dieselbe Art von Irrtümern** handelt:

644 **aa)** Bei **mehreren Irrtümern auf Tatsachenebene** liegt ein **Erlaubnistatbestandsirrtum** vor, wenn in der Vorstellung des Täters – als wahr unterstellt – alle Voraussetzungen eines anerkannten Rechtfertigungsgrundes vorgelegen hätten.

Beispiel: Die A geht abends durch einen Park, als eine groß gewachsene männliche Gestalt mit Kapuzen-T-Shirt zielgerichtet auf sie zukommt. Aus Angst, überfallen zu werden, sprüht A ihrem Opfer Pfefferspray in die Augen. Später stellt sich heraus, dass der vermeintliche Angreifer ein geistig behinderter Junge im Alter von 13 Jahren war, der sich verirrt hatte und nach Hause gebracht werden wollte. – Die gefährliche Körperverletzung nach §§ 223, 224 Abs. 1 Nr. 2 ist nicht durch Notwehr gemäß § 32 gerechtfertigt, weil schon kein Angriff vorlag. Es liegt aber ein Erlaubnistatbestandsirrtum vor: Da A irrig annahm, die männliche Person wolle sie angreifen (Tatsachenirrtum 1), erfüllt ihr Vorstellungsbild einen gegenwärtigen Angriff. Da sie zudem nicht wusste, dass es sich um eine schuldlose Person handelte (Tatsachenirrtum 2), stellte sie sich zudem eine Angriffslage vor, bei der die Notwehr nicht eingeschränkt war. – Gegeben ist aber bei Sorgfaltswidrigkeit schon bezüglich eines dieser Irrtümer fahrlässige Körperverletzung, §§ 229, 16 Abs. 1 S. 2.

645 **bb)** Auch bei **mehreren Rechtsirrtümern** liegt letztlich nur ein **Erlaubnisirrtum** vor, der nach § 17 zu behandeln ist.

Beispiel: Aus Langeweile veranlasst der nüchterne A den erkanntermaßen alkoholisierten B zu der „Mutprobe", sich von A bis zur Bewusstlosigkeit mit einem Rohr strangulieren zu lassen. A glaubt, dass er nichts Unerlaubtes tue, weil B ja eingewilligt habe. – Die lebensgefährliche Körperverletzung nach §§ 223, 224 Abs. 1 Nr. 2, 5 ist schon deshalb nicht gerechtfertigt, weil B infolge seiner Alkoholisierung nicht mehr einwilligungsfähig war. Darauf, dass die Einwilligung zudem wegen Sittenwidrigkeit der Tat gemäß § 228 gar nicht wirksam sein konnte,[550] kommt es schon gar nicht mehr an. Es lag auch kein Erlaubnistatbestandsirrtum vor, weil A die Alkoholisierung des B und damit den Umstand kannte, der die Einwilligungsunfähigkeit ausmachte. Sein doppelter Rechtsirrtum, nämlich die Unkenntnis, dass Alkoholisierung die Einwilligungsfähigkeit ausschließt und dass die Einwilligung wegen des Sittenverstoßes der Tat unwirksam war, begründet insgesamt einen vermeidbaren Erlaubnisirrtum.

b) Gleichzeitiger Tatsachen- und Rechtsirrtum

646 Stellt sich der Täter irrtümlich Tatsachen vor, die einen Rechtsguteingriff erlauben würden, und überschreitet er dann noch die Grenzen des Erlaubnissatzes in der rechtsirrigen Vorstellung, auch dies sei erlaubt, ist ein **Erlaubnistatbestandsirrtum zu verneinen**: Die Prüfung der Rechtfertigungsvoraussetzungen auf der Grundlage des vom Täter vorgestellten Sachverhalts ergibt nämlich, dass er auch dann, wenn der vorgestellte Sachverhalt Realität gewesen wäre, zu der konkreten Tat nicht berechtigt gewesen wäre. Es bleibt bei diesem **Doppelirrtum immer ein Erlaubnisirrtum** übrig, der nach **§ 17** behandelt wird.[551]

Beispiel: A hat über seinen Nachbarn N ehrverletzende Gerüchte verbreitet. Als sich beide kurz danach im Hausflur begegnen und N sagt, man müsse da mal was klären, befürchtet A, der N wolle ihn im

550 BGHSt 49, 166.

551 Vgl. Wessels/Beulke/Satzger Rn. 771.

nächsten Moment wegen der üblen Nachrede niederschlagen. Obwohl er die Möglichkeit hätte, auf Distanz zu gehen und N zu fragen, was er wolle, schlägt A sofort zu. Später stellt sich heraus, dass N den A wegen der Gerüchte nur zur Rede stellen wollte. A seinerseits ging davon aus, dass er „im Recht" gewesen sei. – Die Körperverletzung des A gemäß § 223 Abs. 1 Alt. 1 ist nicht durch Notwehr gemäß § 32 gerechtfertigt, weil gar kein Angriff des N vorlag. Auch ein Erlaubnistatbestandsirrtum ist zu verneinen: Selbst wenn N im Begriff gewesen wäre, den A zu schlagen, wären Schläge nicht die gebotene Verteidigung gewesen. Vielmehr wäre A dann wegen seiner schuldhaften Provokation des Angriffs durch die kurz vorher erfolgte üble Nachrede gemäß § 186 zunächst zum Ausweichen verpflichtet gewesen.[552] Die Vorstellung, dennoch gerechtfertigt zu handeln, ist nur ein Erlaubnisirrtum und löst wegen seiner Vermeidbarkeit allenfalls eine Strafmilderung aus, § 17 S. 2.

Hinweis: *Ein solcher Doppelirrtum ist auch der Putativnotwehrexzess. Hier verkompliziert sich die Prüfung durch § 33 (s.u. Fall 31, Rn. 659).*

War bei einem Doppelirrtum über einen Rechtfertigungsgrund der Erlaubnisirrtum unvermeidbar, handelt der Täter gemäß § 17 S. 1 ohne Schuld.

Fraglich ist, ob dies auch anzunehmen wäre, wenn bei einem **Doppelirrtum der Sachverhaltsirrtum auf Fahrlässigkeit beruhte**. Diese Lösung würde dazu führen, dass der Doppelirrtum besser behandelt würde als der Erlaubnistatbestandsirrtum allein. Aus diesem Grund wird vorgeschlagen, den im unvermeidbaren Rechtsirrtum handelnden Täter zumindest so zu stellen, als würde dieser Irrtum der rechtlichen Wirklichkeit entsprechen. Dann wäre zwar immer noch der Vorwurf der vorsätzlichen Körperverletzung zu verneinen. Über **§ 16 Abs. 1 S. 2** bliebe dann zumindest ein Fahrlässigkeitsdelikt.[553]

552 Vgl. dazu AS-Skript Strafrecht AT 1 (2021), Rn. 231 ff.

553 Vgl. Schuster JuS 2007, 617, 620 f.

Irrtum über Rechtfertigungsgründe

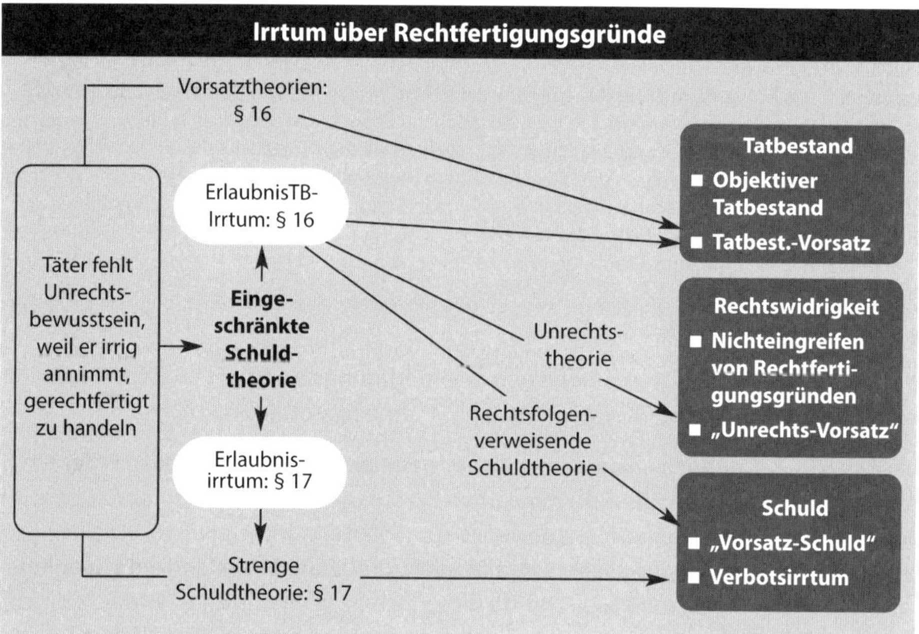

Bezugspunkt des Irrtums	***Unkenntnis***	***Irrige Annahme***
Tatsächliche und rechtliche Voraussetzungen eines anerkannten Rechtfertigungsgrundes	Kennt der Täter den objektiv vorliegenden Rechtfertigungsgrund nicht oder hat er nicht die erforderliche Rechtfertigungsmotivation, fehlt ihm das „subjektive Rechtfertigungselement" Folge streitig: Rspr. und Teil der Lit. verlangen für alle Rechtfertigungsgründe subj. Rechtfertigungselement. Bei Fehlen: Bestrafung wegen vollendeten Delikts Lehre vom Handlungs- und Erfolgsunrecht: Zwar ist bei allen Rechtfertigungsgründen subj. Rechtfertigungselement erforderlich, aber bei Vorliegen der obj. Rechtfertigungsvoraussetzungen führt das Fehlen des subj. Rechtfertigungselements lediglich zur Bestrafung wegen Versuchs. Bei Fahrlässigkeitstatbeständen entfällt eine Bestrafung.	Nimmt der Täter die Vorauss. eines Rechtfertigungsgrundes irrig an, so liegt ein „Putativ-Rechtfertigungsfall" vor. 1. **Vorsatztheorien:** Fehlendes Unrechtsbewusstsein lässt Vorsatz entfallen. 2. **Schuldtheorien:** Unrechtsbewusstsein ist nicht Bestandteil des Vorsatzes, sondern selbstständiges Schuldelement. a) **Strenge Schuldtheorie:** Verbotsirrtum, § 17 b) **Eingeschr. Schuldtheorie** (h.M.): Erlaubnistatbestandsirrtum: Keine Bestrafung wegen Vorsatztat. Begründungen unterschiedlich: aa) Lehre von den negativen TB-Merkmalen: Vorsatzausschluss nach § 16 Abs. 1 S. 1 bb) Unrechtstheorie: Ausschluss des Unrechts einer vors. Tat, analog § 16 Abs. 1 S. 1 cc) Rechtsfolgenverweisende eingeschr. Schuldtheorie (h.M.): Tatbestandsvorsatz bleibt bestehen, es entfällt nur der Vorsatzschuldvorwurf und damit die Vorsatzstrafe, analog § 16 Abs. 1 S. 1
Rechtliche Grenzen eines anerkannten Rechtfertigungsgrundes	Bei Vorliegen des Rechtfertigungsgrundes ist der bloße Rechtsirrtum, nicht gerechtfertigt zu sein, unerheblich (Wahndelikt).	1. **Vorsatztheorien:** Fehlendes Unrechtsbewusstsein lässt Vorsatz entfallen
Existenz eines nicht anerkannten Rechtfertigungsgrundes	Nicht denkbar	2. **Schuldtheorien (strenge u. eingeschr.):** Verbotsirrtum, § 17

C. Irrtum und Schuld

I. Irrtum über die eigene Schuldfähigkeit

Der Irrtum über die eigene **Schuldfähigkeit** ist sowohl im Falle der Unkenntnis als auch im Falle irriger Annahme **unbeachtlich**.[554] **647**

II. Irrtümer des Schuldunfähigen

1. Pathologisch bedingte Tatbestandsirrtümer

Geht es um ein nur als Vorsatzdelikt strafbares Verhalten und prüft man den Vorsatz als subjektives Tatbestandselement, müsste konsequenterweise bei jedem Tatbestandsirrtum schon tatbestandsmäßiges Verhalten verneint werden. Dies würde auch gelten, wenn der Irrtum seine Wurzel in einer krankhaften **Wahnvorstellung eines nach § 20 schuldunfähigen Täters** hätte. **648**

- Ein beachtlicher **Teil des Schrifttums zieht** daraus die Konsequenz, dass bei einem solchen Täter mangels „rechtswidriger Tat" nicht einmal eine Maßregel der Sicherung und Besserung verhängt werden könnte, speziell § 63: Unterbringung in einem psychiatrischen Krankenhaus.[555]
- Die zum Teil in der Lehre, aber vor allem in der Praxis, **vertretene Gegenmeinung** lehnt dieses Ergebnis als kriminalpolitisch unbefriedigend ab und behandelt den pathologisch bedingten Tatbestandsirrtum als **unbeachtlich**.[556]

2. Rauschbedingte Irrtümer

a) Identitätsirrtum des actio libera in causa-Täters

Umstritten ist, welche Auswirkungen es hat, wenn der Täter in einer actio-libera-in-causa-Situation einem Identitätsirrtum unterliegt. **649**

Beispiel: A berauscht sich, um so ungehemmt den B verprügeln zu können. Im Rausch verwechselt A den B mit C und begeht an diesem die Körperverletzung. – In der Tatsituation ist A nicht aus § 223 strafbar. Zwar ist sein Identitätsirrtum unbeachtlich, doch handelte er schuldunfähig. An sich liegen die Voraussetzungen einer vollendeten Körperverletzung i.V.m. vorsätzlicher actio libera in causa vor.

- Die **Werkzeugtheorie**[557] zieht die Parallele zur mittelbaren Täterschaft (der Sichberauschende macht sich selbst zum Werkzeug), in welcher der Identitätsirrtum des Tatmittlers für den Hintermann zur aberratio ictus werde. Daher sei **der Identitätsirrtum im Rausch auch für den actio libera in causa-Täter eine aberratio ictus.**[558] Im Beispielsfall wäre A danach allenfalls aus versuchter Körperverletzung gemäß §§ 223 Abs. 1, Abs. 2, 22, 23 Abs. 1 i.V.m. vorsätzlicher actio libera in causa, tateinheitlich mit § 229 und mit § 323 a (Vollendung des § 223 als Rauschtat) strafbar.

---

554 Bachmann JA 2009, 510, 513 (mit einer guten Übersicht über die Irrtümer auf Schuldebene).

555 Jescheck/Weigend § 77 II 2 a; Lackner/Kühl/Heger § 63 Rn. 2.

556 Sch/Sch/Kinzig § 63 Rn. 9; BGH StraFo 2003, 58.

557 S. AS-Skript Strafrecht AT 1 (2021), Rn. 351.

558 Sch/Sch/Perron/Weißer § 20 Rn. 37; Wessels/Beulke/Satzger Rn. 674.

- Der **BGH**[559] hält dagegen den Identitätsirrtum auch bei Heranziehung der actio libera in causa für unbeachtlich. A ist im Beispielsfall aus vollendeter Körperverletzung gemäß § 223 (i.V.m. vorsätzlicher actio libera in causa) strafbar.

b) Rauschbedingte Irrtümer bei der Rauschtat im Zusammenhang mit Vollrausch, § 323 a

650 **aa)** Betrifft ein solcher Irrtum ein **Tatbestandsmerkmal**, spielt die Rauschbedingtheit keine Rolle. Bei Unkenntnis fehlt dem Täter der für die Rauschtat erforderliche Vorsatz. Eine Bestrafung aus § 323 a kommt nur in Betracht, wenn die Tat fahrlässig begehbar ist.[560]

651 **bb)** Bei irriger Annahme der **tatsächlichen Voraussetzungen von Rechtfertigungsgründen** liegt, auch wenn der Irrtum rauschbedingt war, nach h.M. ein Erlaubnistatbestandsirrtum vor, der eine vorsätzliche Rauschtat entfallen lässt.[561]

652 **cc)** Dagegen ist ein **rauschbedingter Verbotsirrtum** unbeachtlich. Ein Verbotsirrtum ist somit bei der Rauschtat im Rahmen von § 323 a nur zu berücksichtigen, wenn der Täter auch im nüchternen Zustand dem gleichen Irrtum erlegen wäre.[562]

III. Der Irrtum über Entschuldigungsgründe

1. Objektiv Entschuldigung bei subjektiv nicht vorliegender Entschuldigung

653 Ist der Täter objektiv entschuldigt, glaubt er aber, sich dennoch strafbar gemacht zu haben, so ist zu unterscheiden:

a) Beruht der Irrtum darauf, dass der Täter die **entschuldigende Tatsachenlage nicht kennt** – Parallele zum fehlenden subjektiven Rechtfertigungselement (s.o. Rn. 604) –, fehlt ihm die für den Entschuldigungsgrund entscheidende psychische Zwangslage. Er handelt dann nach allgemeiner Ansicht **schuldhaft**.[563]

Beispiel: A ruft den Gelegenheitskriminellen K an und fordert ihn auf, ein bestimmtes Auto mit einem Hammer zu beschädigen. Die anschließende Drohung mit Prügel missversteht K dahin, dass er für die Tat eine Belohnung zu erwarten habe. Er führt deshalb das Delikt aus. – Vollendete Sachbeschädigung ohne Entschuldigung wegen Nötigungsnotstandes gemäß § 35.

b) Verengt der Täter bei Kenntnis der Tatsachenlage und bei vorhandenem Rettungswillen **den Entschuldigungsgrund** nur rechtsirrig, ist die Tat wegen der tatsächlich empfundenen Zwangslage entschuldigt.[564]

Beispiel: A begeht eine Urkundenfälschung, um auf diese Weise seine Lebensgefährtin, die in den unberechtigten Verdacht eines Betruges geraten und deren Verurteilung anders nicht zu verhindern ist, vor einer Gefängnisstrafe zu schützen. Dabei geht A davon aus, rechtswidrige Taten dürfe man nur bei Gefahr für Leib und Leben begehen. – Entschuldigung der Tat aus § 267 wegen § 35. Der Irrtum des A ist unschädlich.

---

559 BGHSt 21, 381, 384.

560 Sch/Sch/Hecker § 323 a Rn. 15.

561 Sch/Sch/Hecker § 323 a Rn. 15.

562 Dencker NJW 1980, 2159, 2165; Sch/Sch/Hecker § 323 a Rn. 18 m.w.N.

563 Sch/Sch/Perron § 35 Rn. 16.

564 Vgl. Wessels/Beulke/Satzger Rn. 731.

2. Objektiv keine Entschuldigung bei subjektiver Entschuldigung

654 Ist die Tat **objektiv nicht entschuldigt**, kann der Täter sich dennoch für nicht strafbar halten. Gesetzlich geregelt ist nur der Irrtum über die sachlichen Voraussetzungen des entschuldigenden Notstandes, § 35 Abs. 2.

a) Entschuldigungsirrtum

655 **aa)** Die **irrige Annahme der tatsächlichen Voraussetzungen** eines entschuldigenden Notstandes ist in **§ 35 Abs. 2** geregelt: Nimmt der Täter bei Begehung der Tat irrig Umstände an, welche ihn nach § 35 entschuldigen würden, so wird er nur dann bestraft, wenn er den Irrtum vermeiden konnte. Die Strafe **muss** (anders als in § 17 S. 2) nach § 49 Abs. 1 gemildert werden.[565]

§ 35 Abs. 2 gilt entsprechend für andere Entschuldigungsgründe, insbesondere für den übergesetzlichen entschuldigenden Notstand und die Unzumutbarkeit normgemäßen Verhaltens beim Unterlassungsdelikt.[566]

656 **bb) Bedeutungslos** für den Schuldspruch ist der **Irrtum über das Bestehen oder die Grenzen** eines Entschuldigungsgrundes, da nur der Gesetzgeber zu entscheiden hat, in welchen Fällen von der Erhebung eines Schuldvorwurfes abzusehen ist.[567] Die Fehlvorstellung kann allenfalls bei der Strafzumessung berücksichtigt werden.

b) Putativnotwehrexzess

657 Putativnotwehr liegt vor, wenn jemand in vermeintlicher Notwehr handelt, eine Notwehrlage in Wirklichkeit aber nicht gegeben ist. Grundsätzlich unterliegt der Handelnde somit einem **Erlaubnistatbestandsirrtum**. Nach **§ 33** bleibt derjenige, der die Grenzen der Notwehr im Rahmen des Putativnotwehrexzesses aus **Verwirrung, Furcht oder Schrecken** (asthenische Affekte) überschreitet, ebenfalls straffrei.

Erfasst ist hiervon nach **h.M.** aber nur der **intensive Notwehrexzess**, d. h. der Fall, in dem die Abwehrhandlung des Täters gegenüber einem wirklichen rechtswidrigen Angriff die Grenzen der Erforderlichkeit überschreitet. Der extensive Notwehrexzess in zeitlicher Hinsicht wird von § 33 nicht erfasst.

Problematisch ist die Situation, in welcher der Handelnde sich einerseits über das Vorliegen einer Notwehrlage im Irrtum befindet und daneben zusätzlich auch noch die **zulässigen Grenzen der Verteidigung aufgrund eines asthenischen Affekts überschreitet**, also in der vorgestellten Konstellation gemäß **§ 33** entschuldigt wäre.

Fall 31: Reichweite von § 33

Dem A, der sehr ängstlich war und deshalb immer einen Schlagring bei sich führte, trat abends auf dem Weg durch den Stadtpark der T, ein schmächtiger Mann, entgegen, der mit den Worten „Prego Signore" einige Gesten vor dem Gesicht des A vollführte. A glaubte an eine Aufforderung zur Aushändigung der Brieftasche. Trotz sei-

565 Vgl. auch BGH NStZ-RR 2006, 200 f. zur heimtückischen Tötung eines „Familientyrannen".

566 Rengier § 32 Rn. 1.

567 Rengier § 32 Rn. 3.

ner körperlichen Überlegenheit und Bewaffnung geriet A in Panik, zog den Schlagring und schlug den vermeintlichen Angreifer damit unters Kinn und bewusstlos. Der Verletzte war ein harmloser italienischer Tourist, der mit den Gesten lediglich verständlich machen wollte, dass er sich verirrt hatte und nach dem Weg zum Hotel fragen wollte. T erlitt einen Kieferbruch. Strafbarkeit des A?

658 **I.** A könnte sich durch die Schläge wegen **gefährlicher Körperverletzung** gemäß **§§ 223, 224 Abs. 1** strafbar gemacht haben.

1. Objektiv und subjektiv liegt eine körperliche Misshandlung mittels einer Waffe und mittels lebensgefährdender Behandlung, § 224 Abs. 1 Nr. 2 Alt. 1, 5 vor.

2. § 32, Notwehr, kann hier nicht als Rechtfertigungsgrund eingreifen, da **objektiv keine Notwehrlage** bestand. Die Tat war damit rechtswidrig.

659 **3.** A könnte sich in einem **Erlaubnistatbestandsirrtum** befunden haben, der nach h.M. den Vorwurf einer Vorsatztat ausschließt. Folgt man der eingeschränkten Schuldtheorie, müsste A dann Umstände angenommen haben, bei deren Vorliegen sowohl eine Notwehrlage gegeben als auch der Kinnhaken mit dem Schlagring erforderlich gewesen wäre. A hat sich einen gegenwärtigen rechtswidrigen Angriff auf sein Eigentum eingebildet und in den Gesten drohende Gebärden gesehen, die ihn zur Übergabe der Brieftasche nötigen sollten (räuberische Erpressung). Er hat aber auch wahrgenommen, dass T ihm **körperlich unterlegen und unbewaffnet** war. Er kannte also die Umstände, die ihn – bei Wahrunterstellung einer Notwehrlage – zu einem weniger eingriffsintensiven Handeln gezwungen hätten, nämlich zumindest zur vorherigen Androhung der Waffe. Ein Erlaubnistatbestandsirrtum liegt folglich nicht vor (s.o. Rn. 646).

4. Fraglich ist die Schuld.

660 **a)** Wegen der aus Furcht motivierten Reaktion könnte an **Notwehrexzess** gemäß **§ 33** als **Entschuldigungsgrund** gedacht werden.

Aufbau: *Prüfen Sie § 33 wegen seiner weiter reichenden Rechtsfolge in Fällen psychischer Ausnahmesituationen vor § 17!*

661 **aa)** Voraussetzung ist nach **h.M.** aber, dass eine **Notwehrlage tatsächlich vorgelegen hat**, weil ohne eine reale Angriffslage auch kein Verteidigungsrecht bestanden hat, dessen Grenzen hätten überschritten werden können. § 33 regelt somit den sog. **intensiven Notwehrexzess.**[568] Im vorliegenden Fall hat A sich die Notwehrlage aber nur eingebildet und dann noch aus einem defensiven Affekt mehr an Verteidigung geübt, als ihm sogar bei bestehender Notwehrlage gegenüber dem körperlich unterlegenen und unbewaffneten T erlaubt gewesen wäre. Die Tat ist ein **Putativnotwehrexzess**.

662 **bb)** Auf den **Putativnotwehrexzess** ist **§ 33 nach h.M. nicht anwendbar**, weil anderenfalls nur der Affekt als solcher schuldausschließend wirken würde, obwohl die für § 33 tragende Unrechtsminderung, nämlich die Abwehr eines Rechtsverletzers, gerade nicht vorgelegen hat.[569] Befürwortet werden im Schrifttum allenfalls dann Ausnahmen,

---

568 Ausführlich AS-Skript Strafrecht AT 1 (2021), Rn. 349 ff.

569 BGH NStZ 2003, 559, 600; MünchKomm/Erb § 33 Rn. 18.

wenn das Fehlen der Notwehrlage auch bei pflichtgemäßer Prüfung nicht erkennbar war und das Opfer die alleinige Verantwortung für die Situation trifft.[570] Ein solcher Extremfall lag hier jedoch nicht vor. Die Behandlung des Putativnotwehrexzesses folgt damit allgemeinen (Rechtfertigungs-)Irrtumsregeln:[571]

b) Der Täter, der sowohl die Voraussetzungen als auch die Grenzen eines anerkannten Erlaubnissatzes – wenn auch affektbedingt – überschreitet, befindet sich in einem nach **§ 17** zu behandelnden **Erlaubnisirrtum**. Dieser war – ungeachtet der Ängstlichkeit bei A – **vermeidbar**, schon weil A nicht ohne weitere Anhaltspunkte aus der Anrede und den Gesten auf einen Angriff schließen durfte. Bei der Unklarheit der Lage, seiner eigenen Bewaffnung und der körperlichen Unterlegenheit des T hätte er sich vergewissern müssen und können, ob T es wirklich auf seine Geldbörse abgesehen hatte. A ist einer gefährlichen Körperverletzung schuldig. **663**

II. Gegeben ist ferner **versuchte Nötigung** gemäß **§§ 240, 22, 23**, weil A den T durch die Gewaltanwendung zugleich zum Unterlassen seines vermeintlichen Angriffs zwingen wollte.

Ergebnis: A ist strafbar wegen gefährlicher Körperverletzung in Tateinheit mit versuchter Nötigung.

D. Irrtum über Strafausschließungs- oder Strafaufhebungsgründe

I. Bei **sachlichen Strafausschließungsgründen** (z.B. Erweislichkeit der Wahrheit in § 186) entscheidet allein die objektive Lage. Irrige Annahme und Unkenntnis des Täters sind also unbeachtlich. **664**

II. Bei **persönlichen Strafausschlussgründen** (z.B. Selbstbegünstigungsprivileg des § 258 Abs. 5; Angehörigenprivileg in § 258 Abs. 6) ist die Behandlung umstritten. **665**

- Nach einem **Teil der Lit.** ist **allein die objektive Lage entscheidend**, sodass etwaige Fehlvorstellungen des Täters unbeachtlich sind.[572] Die Umstände, die persönliche Strafausschließungsgründe begründeten, seien solche, die außerhalb von Tatbestandsmäßigkeit, Rechtswidrigkeit und Schuld stünden. Weder das Vorliegen noch das Nichtvorliegen solcher Umstände könne also die Schuld des Täters berühren. **666**
- Eine **Gegenmeinung** sieht in den persönlichen Strafausschließungsgründen „Privilegierungen zur Straflosigkeit“, die, ähnlich wie die privilegierenden Umstände in § 16 Abs. 2, durch die Motivationslage des Täters ausgelöst seien. Für ihr Eingreifen komme es daher **analog § 16 Abs. 2 nur auf die Tätersicht** an.[573] **667**
- Eine **differenzierende Auffassung**[574] will dem hinter dem jeweiligen Strafausschließungsgrund stehenden gesetzgeberischen Gedanken Rechnung tragen: Auf die rein **668**

---

570 NK/Kindhäuser § 33 Rn. 16; Roxin/Greco AT I § 22 Rn. 96; Sch/Sch/Perron/Eisele § 33 Rn. 8.

571 BGH NStZ 2003, 559, 600.

572 Baumann/Weber/Mitsch/Eisele § 19 Rn. 12.

573 Sch/Sch/Sternberg-Lieben/Schuster § 16 Rn. 34.

574 Vgl. Wessels/Beulke/Satzger Rn. 728.

objektive Lage sei immer dann abzustellen, wenn die gesetzliche Regelung ausschließlich oder überwiegend **staatspolitischen Belangen** diene (wie z.B. das Abgeordnetenprivileg, § 36) oder auf kriminalpolitischen Zweckmäßigkeitserwägungen beruhe (wie z.B. die Straflosigkeit des an der Vortat Beteiligten bei der Begünstigung nach § 257 Abs. 3 S. 1 oder bei der Geldwäsche nach § 261 Abs. 9 S. 2). Auf das **Vorstellungsbild des Täters** sei hingegen abzustellen, wenn der Strafausschließungsgrund in erster Linie einer **notstandsähnlichen Motivationslage** und dem verminderten Schuldgehalt der Tat Rechnung tragen wolle (wie z.B. das Angehörigenprivileg bei der Strafvereitelung, § 258 Abs. 6).

669 ■ Die **Rspr.** hat keine in dieses Schema passende Linie. Einerseits wurde für den früheren Strafausschließungsgrund des „Ehegattendiebstahls" der Irrtum als unbeachtlich angesehen, die entwendete Sache sei Eigentum des Gatten.[575] Andererseits soll es für den Strafausschluss des § 258 Abs. 5 genügen, dass der Täter aus einer – wenn auch unbegründeten – Befürchtung der eigenen Strafverfolgung die Vereitelungshandlung zugunsten eines Dritten vorgenommen hat.[576]

670 **III.** Anders als die Fehlvorstellung über strafausschließende Tatsachen wirkt sich der **Rechtsirrtum über das Eingreifen eines Strafausschließungsgrundes** weder zulasten noch zugunsten des Täters aus.

Beispiele:

Hilft die X ihrem Verlobten V, nach begangener Straftat ins Ausland zu fliehen, so ist diese Strafvereitelung selbst dann straflos, wenn X entgegen § 11 Abs. 1 Nr. 1 a annimmt, „Angehörige" seien nur Ehepartner oder Verwandte.

Glaubt umgekehrt die Freundin F, ihre Verlobung mit dem von seiner Ehefrau getrennt lebenden M sei trotz noch bestehender Ehe gültig, und begeht sie dann eine Strafvereitelung, so nützt ihr die irrige Annahme, Angehörige zu sein, nichts. Da auch eine analoge Anwendung des § 258 Abs. 6 auf eheähnliche Gemeinschaften ausscheidet, ist F gemäß § 258 Abs. 1 strafbar.[577]

E. Irrtum über Prozessvoraussetzungen und Prozesshindernisse

671 Da es sich bei den Prozessvoraussetzungen (z.B. Antragsbedürftigkeit nach § 247) und Prozesshindernissen (z.B. Verjährung) lediglich um Umstände handelt, die die Durchsetzbarkeit des entstandenen staatlichen Strafanspruchs betreffen, ist allein die objektive Lage entscheidend. Ein Irrtum über solche Umstände **ist in jeder Richtung bedeutungslos.**[578]

F. Irrtum über Regelbeispiele

I. Unkenntnis von Tatsachen, die objektiv ein Regelbeispiel erfüllen

672 Die Merkmale eines Regelbeispiels, in denen das Gesetz beispielhaft angibt, wann ein besonders schwerer Fall „in der Regel" vorliegt (z.B. §§ 113 Abs. 2 S. 2, 218 Abs. 2 S. 2, 243

575 BGHSt 23, 281.
576 BGHSt 2, 375; BGH NStR-RR 2002, 215.
577 BGH NStZ 1983, 564.
578 BGHSt 18, 123; Sch/Sch/Sternberg-Lieben/Schuster § 16 Rn. 36.

Abs. 1 S. 2, 240 Abs. 4 S. 2, 263 Abs. 3 S. 2), sind ebenso wie die sonstigen unbenannten Strafschärfungsgründe, die eine Straferhöhung an das Vorliegen eines „besonders schweren Falles" anknüpfen (z.B. § 212 Abs. 2), keine Merkmale des „gesetzlichen Tatbestandes" i.S.d. § 16, sondern bloße Strafrahmenergänzungen.[579]

Das folgt daraus, dass die Erfüllung eines Regelbeispiels nicht zwingend einen besonders schweren Falles auslöst und dass das Gericht auch ohne das Vorliegen eines Regelbeispiels einen (unbenannten) „besonders schweren Fall" annehmen kann. Daher kann es hier keinen Tatumstandsirrtum i.S.v. § 16 geben.

Nach **allgemeiner Ansicht** gilt aber **§ 16 analog,** weil die Verlagerung der Entscheidung über die Voraussetzungen erhöhter Strafbarkeit in Regelbeispielen oder sonstigen unbenannten Strafschärfungsgründen nicht zu einer Herabsetzung der Erfordernisse subjektiver Zurechnung führen darf. **Das vorsatzgleiche Bewusstsein muss sich daher auf die Merkmale der Regelbeispiele oder auf die sonstigen Umstände erstrecken,** in denen der Richter einen „besonders schweren Fall" erblickt.[580] **673**

Beispiel: Der Täter weiß nichts vom Vorhandensein einer Wegnahmesicherung i.S.v. § 243 Abs. 1 S. 2 Nr. 2. Er kann deswegen nicht aus dem erhöhten Strafrahmen des Regelbeispiels bestraft werden.

II. Irrige Annahme von Umständen, die ein Regelbeispiel erfüllen

Eine selbstständige Versuchsstrafbarkeit gibt es bei der irrigen Annahme von Umständen, die ein Regelbeispiel erfüllen würden, nicht. Das Versuchsdelikt kann sich immer nur auf Tatbestände beziehen. Es fragt sich aber, ob dann, wenn der **Täter glaubt, ein Regelbeispiel zu verwirklichen**, der erhöhte Strafrahmen ausgelöst werden kann. Dies ist **umstritten**, wird aber von der Rspr. – zumindest beim Versuch des Grunddelikts – bejaht.[581] **674**

Beispiel: Die Rspr. bestraft also aus besonders schwerem Diebstahl gemäß § 243 Abs. 1 S. 2 Nr. 2, wenn der Täter nur irrig annimmt, die wegzunehmende Sache befände sich in einem verschlossenen Koffer.

G. Irrtum über objektive Strafbarkeitsbedingungen

I. Da sich der Vorsatz auf die objektiven Bedingungen der Strafbarkeit nicht zu erstrecken braucht, ist ein Irrtum darüber **unbeachtlich**. Die Unkenntnis davon, dass die objektive Strafbarkeitsbedingung verwirklicht ist, fällt also nicht unter § 16. Umgekehrt kann die irrige Annahme einer objektiven Strafbarkeitsbedingung nicht die Versuchsstrafbarkeit begründen. **675**

Beispiel: Der an einer Schlägerei Mitwirkende wird auch dann nach § 231 bestraft, wenn er nicht weiß, dass die Schlägerei den Tod eines Menschen verursacht hat.[582]

II. Besondere Verbotsirrtumsregeln bestehen in § 113 Abs. 4 (Widerstand gegen Vollstreckungsbeamte) und in § 136 Abs. 4 (Verstrickungsbruch, Siegelbruch). **676**

---

579 BGHSt 23, 254, 256 ff.; Jescheck/Weigend § 26 V 2.

580 Vgl. Sch/Sch/Sternberg-Lieben/Schuster § 15 Rn. 27, 29, 30.

581 Ausführlich dazu AS-Skript Strafrecht BT 1 (2021), Rn. 205.

582 BGHSt 14, 132.

Irrtum über Schuldelemente/Prozessvoraussetzungen etc.

Bezugspunkt d. Irrtums	***Unkenntnis***	***Irrige Annahme***
Eigene Schuldfähigkeit	In beiden Richtungen unbeachtlich	
Tatsächliche Voraussetzungen des entschuldigenden Notstandes Entspr. bei anderen Entschuldigungsgründen	Entschuldigungsgrund greift nicht ein	§ 35 Abs. 2: bei Unvermeidbarkeit entschuldigt, bei Vermeidbarkeit Bestrafung aus Vorsatztat mit zwingender Strafmilderung
Existenz und Grenzen eines Entschuldigungsgrundes	Wenn lediglich rechtliche Verengung des tatsächlich gegebenen Entschuldigungsgrundes: Täter ist entschuldigt	Rechtsirrtum für den Schuldspruch unbeachtlich, allenfalls Berücksichtigung bei Strafzumessung
Putativnotwehrexzess d.h. irrige Annahme einer Notwehrlage, dabei intensiver verteidigt als zur Abwehr des vorgestellten Angriffs erforderlich gewesen wäre	Nicht denkbar	§ 33 gilt nach h.M. nicht analog: Es liegt ein nach § 17 zu behandelnder Erlaubnisirrtum vor.
Tatsächliche Voraussetzungen von Strafausschließungs- oder Strafaufhebungsgründen	1. Rspr. u. z.T. Lit.: unbeachtlich, allein obj. Lage entscheidet 2. Teil der Lit.: immer Tätervorstellung berücksichtigen 3. Teil der Lit.: differenzierend: Obj. Lage entscheidet, wenn hinter Regelung staatspolitische Belange oder kriminalpolitische Zweckmäßigkeitserwägungen stehen – Tätervorstellung entscheidet, wenn notstandsähnliche Motivationslage	
Existenz und Grenzen eines Strafausschließungs- oder Strafaufhebungsgrundes	In beiden Richtungen unbeachtlich	
Prozessvoraussetzungen	In beiden Richtungen unbeachtlich	
Strafzumessungsgründe (Regelbeispiele, sonstige unbenannte Strafschärfungsgründe)	Entspr. § 16 Abs. 1 S. 1 nicht zu berücksichtigen	Kann bei Strafzumessung berücksichtigt werden
Objektive Bedingung der Strafbarkeit	▪ Grds. in beiden Richtungen unbeachtlich ▪ Besond. Verbotsirrtumsregeln bei §§ 113 Abs. 4, 136 Abs. 4	

3. Abschnitt: Irrtum unter Tatbeteiligten

Sind mehrere Personen an einer Tat beteiligt, fragt sich bei allen Irrtümern immer, wie sich der Irrtum des einen Beteiligten auf den oder die anderen Beteiligten auswirkt. 677

A. Auswirkungen eines error in persona vel objecto des Tatnächsten auf andere Tatbeteiligte

I. Identitätsirrtum eines Mittäters

Umstritten ist, welche Auswirkung ein Identitätsirrtum (error in persona) eines Mittäters auf die Strafbarkeit des anderen Mittäters hat. 678

Fall 32: Verfolgerfall

X und Y vereinbaren, nachts in ein Museum einzudringen und ein wertvolles Gemälde zu stehlen. Sie verabreden auch, bei ihrer Flucht auf etwaige Verfolger zu schießen. Um ihre Festnahme zu verhindern, ist ihnen sogar die Tötung eines Verfolgers gleichgültig. Nachdem X und Y versucht haben, die Eingangstür des Museums mit einem Spezialschlüssel zu öffnen, und dadurch versehentlich die Alarmanlage ausgelöst wurde, laufen sie erschrocken davon. Als X sich umdreht und die Gestalt des hinter ihm laufenden Y wahrnimmt, hält er seinen Komplizen für einen Verfolger und schießt auf ihn. Dabei ist es ihm recht, dass die Kugel tödlich trifft. Y erleidet nur einen Streifschuss. Strafbarkeit von X und Y? (Fall frei nach BGHSt 11, 268)

1. Handlungskomplex: Der versuchte Bilderdiebstahl 679

A. X und Y könnten wegen versuchten **gemeinschaftlichen Diebstahls mit Waffen** strafbar sein, **§§ 242, 244 Abs. 1 Nr. 1, Abs. 2, 25 Abs. 2, 22**.

I. Zur Tatvollendung ist es nicht gekommen, weil nichts weggenommen wurde.

II. X und Y hatten **Tatentschluss**, gemeinsam das fremde Bild wegzunehmen, um sich dieses rechtswidrig zuzueignen. Da sie vorher vereinbart hatten, auf etwaige Verfolger zu schießen, war beiden Beteiligten bewusst, dass bei der Tat eine einsatzbereite Pistole, also eine gefährliche Waffe, mitgeführt wurde. X und Y hatten also Tatentschluss gemäß §§ 242, 244 Abs. 1 Nr. 1 a, 25 Abs. 2. Indem sie sich an der Museumstür zu schaffen machten, um diese aufzubrechen, haben sie nach ihrer Vorstellung **unmittelbar** zur Verwirklichung des Diebstahls **angesetzt, § 22**.

III. Rechtswidrigkeit und Schuld liegen vor.

IV. Ein **Rücktritt nach § 24 Abs. 2 S. 1** kommt nicht in Betracht. In dem versehentlichen Auslösen der Alarmanlage liegt eine nachträgliche Risikoerhöhung, die das Abstandnehmen von der Tat erzwang. Eine freiwillige Vollendungsverhinderung scheidet damit aus.

B. X und Y sind wegen versuchten gemeinschaftlichen Diebstahls mit Waffen strafbar.

2. Handlungskomplex: Der Schuss auf den vermeintlichen Verfolger

A. Strafbarkeit des X

I. Zu denken wäre an einen **Mordversuch, §§ 211, 22, 23 Abs. 1, 12 Abs. 1**.

1. X müsste Tatentschluss gehabt haben.

680 **a)** Da es ihm recht war, dass die Kugel tödlich traf, handelte er mit für § 211 ausreichendem dolus eventualis. Zwar glaubte er, auf einen Verfolger zu schießen, während es sich in Wahrheit um seinen Komplizen Y handelte. Dieser Irrtum ist aber nur ein **error in persona**, der wegen der tatbestandlichen **Gleichartigkeit** des vorgestellten und des tatsächlich verletzten Opfers **unbeachtlich** ist.

b) Der Schuss auf den vermeintlichen Verfolger diente dem Zweck, einen Menschen auszuschalten, der zur Aufdeckung des vorangegangenen Diebstahlsversuchs beitragen konnte. X handelte also zur Verdeckung einer anderen Straftat.[583] Er hatte Tatentschluss zu einem Mord.

2. Das unmittelbare Ansetzen zur Tatbestandsverwirklichung liegt in dem Abfeuern der Waffe.

X hat rechtswidrig und schuldhaft einen Mordversuch begangen, §§ 211, 22, 23.

II. Die mit dem Streifschuss vollendete **gefährliche Körperverletzung, § 224 Abs. 1 Nr. 2 Alt. 1, 5**, steht aus Klarstellungsgründen zum Mordversuch in Tateinheit, § 52.[584]

B. Strafbarkeit des Y

I. In Betracht kommt **Mittäterschaft zu dem von X begangenen Mordversuch, §§ 211, 25 Abs. 2, 22, 23 Abs. 1, 12 Abs. 1.**

1. Dann müsste der von X abgegebene Schuss im Rahmen eines auf Mittäterschaft gerichteten Tatentschlusses gelegen haben.

a) Y hatte den **Schusswaffengebrauch vorher mit X verabredet** und die möglicherweise tödliche Wirkung gebilligt. Er hatte auch Verdeckungsabsicht.

b) Fraglich ist, ob Y nach dem Tatplan die Rolle eines Mittäters haben sollte.

681 **aa)** Nach der **materiell-objektiven Teilnahmelehre** ist eine **gemeinsame Tatausführung** von X und Y zu bejahen; denn nach dem **Tatplan** war jedem Einzelnen, je nach der konkreten Fluchtsituation, unter Umständen das alleinige Handeln zur Absicherung der Flucht aller und damit die Tatherrschaft zugewiesen. Dass nach dem Plan voraussichtlich nur einer der Beteiligten schießen würde, also die **„Alternativität"** beim abschließenden Handlungsakt, steht der Tatherrschaft nicht entgegen (s.o. Fall 1 Rn. 46).

682 **bb)** Nach der **subjektiven Theorie (normative Kombinationstheorie)** genügt bei dem vorhandenen Täterwillen des Y im Zeitpunkt der Tat bereits „eine geistige Mitwirkung, auch eine Vorbereitungshandlung in der Weise, dass der Mittäter dem ausführenden Tatgenossen durch einen vor der Ausführung gegebenen Rat zur Seite steht oder in irgendeinem Zeitpunkt in sonstiger Weise dessen Tötungswillen stärkt".[585] Eine derartige **Mitwirkungshandlung** erfolgte hier durch den vor der Tat **verabredeten Waffengebrauch** zur Verhinderung drohender Festnahme, durch die eine **„Gefahrengemeinschaft"** begründet und X gewissermaßen zum Schießen verpflichtet wurde.

583 BGHSt 11, 268, 270.

584 Vgl. BGHSt 44, 196.

585 BGHSt 11, 268, 271.

Damit lag Tatentschluss zur gemeinschaftlichen Ermordung eines anderen Menschen vor.

c) X hat jedoch gerade nicht auf einen Verfolger geschossen, sondern auf eine andere Person, und dies war zudem noch der Tatgenosse Y. Diese **Verwechslung** könnte außerhalb des gemeinsamen Tatplans gelegen haben und damit als **Exzess eines Mittäters** anzusehen sein. **683**

aa) Allgemein anerkannt ist, dass dann, wenn ein Mittäter über die Grenzen des gemeinsamen Entschlusses hinausgeht, nur er strafrechtlich für das Übermaß (= **Exzess**) haftet, nicht aber der andere Mittäter.[586] **Umstritten** ist aber, ob der für einen Mittäter **unbeachtliche Identitätsirrtum** auch **für den anderen Mittäter unbeachtlich bleibt** und ob das sogar dann gelten kann, wenn ein Mittäter infolge seines Irrtums die Rechtsgüter des anderen Mittäters verletzt. **684**

Auf der Grundlage der **Konkretisierungstheorie** (s.o. Fall 27 Rn. 590) betont ein **Teil des Schrifttums**, dass der gemeinsame Tatplan nicht auf die Erschießung irgendeines Menschen, sondern **nur auf die Abwehr und eventuelle Erschießung von Verfolgern gerichtet** gewesen sei. Wenn stattdessen auf einen Mittäter geschossen werde, so sei das ein Exzess, für den die übrigen nicht verantwortlich gemacht werden könnten. Das sei bei der absichtlichen Erschießung eines Mittäters unbestreitbar; an der Überschreitung des gemeinsamen Tatplans ändere sich aber dadurch nichts, dass sie irrtümlich erfolge.[587] Folgt man dieser Ansicht, so entfällt für Y eine Mittäterschaft an dem Mordversuch. Er ist dann wegen Verabredung zu einem Verbrechen nach §§ 211, 30 Abs. 2 strafbar. **685**

Der **BGH und die h.Lit.** betonen demgegenüber zutreffend, dass auch bei Mittäterschaft der Vorsatz nur auf die – wenngleich arbeitsteilige – Verwirklichung der gesetzlichen Tatbestandsmerkmale gerichtet sein müsse. So wie beim Alleintäter die Möglichkeit eines Identitätsirrtums bestehe, sei dies auch beim Einschalten eines Mittäters möglich. Wenn aber jemand als Alleintäter trotz Verwechslung rechtlich gleichwertiger Handlungsobjekte aus Vorsatztat strafbar sei, **müsse ihm auch der Identitätsirrtum eines Mittäters subjektiv zugerechnet werden** können, sofern nur die fragliche **Handlung vom Tatplan umfasst** sei. **686**

Merke: *Der error in persona vel objecto eines Mittäters ist damit für die übrigen Mittäter grundsätzlich unbeachtlich.*[588]

Hätte X demnach einen völlig Unbeteiligten für den Verfolger gehalten, so wäre also nach h.M., da der Schuss auf Verfolger vorher verabredet war, für Y kein Exzess gegeben.

bb) Fraglich ist, ob eine **wesentliche Kausalabweichung** darin liegt, dass Y selbst zum Opfer der Tat geworden ist. Gegen eine Bestrafung des Y als Mittäter könnte sprechen, dass § 211 die **Tötung eines „anderen"** voraussetzt und die Selbsttötung straflos ist. Entscheidend ist jedoch nach **h.M.**, dass der in dem **gemeinsamen Tatplan** enthaltene **687**

586 Fischer § 25 Rn. 36 f. m.w.N.

587 Roxin AT II § 25 Rn. 195.

588 BGH RÜ 2019, 170, 172; MünchKomm/Joecks/Scheinfeld § 25 Rn. 245 f. m.w.N.

Mordvorsatz des Y sich durch die dem Y zuzurechnende Tatausführung durch X an einem „anderen" i.S.d. § 211 auswirken sollte. Ob der Schuss einen Verfolger traf, ins Leere ging oder einen Tatgenossen verletzte, ist nur für die Vollendung bzw. Vollendbarkeit der Tat von Bedeutung, nimmt dem in jedem Fall verwirklichten Versuch aber nicht die Strafbarkeit.[589]

Der Schuss auf Y selbst lag daher im Rahmen des mittäterschaftlichen Tatentschlusses zum Mord.

2. Das unmittelbare Ansetzen durch X wird Y nach der für den Versuchsbeginn bei Mittätern geltenden **Gesamtlösung** (s.o. Rn. 388) zugerechnet, auch wenn für Y nur ein untauglicher Versuch vorliegt.

3. Rechtswidrigkeit und Schuld liegen auch bei Y vor.

II. Die **vollendete gefährliche Körperverletzung** wird Y dagegen nicht angelastet, weil er als Opfer kein anderer war. Der nach §§ 224 Abs. 1, Abs. 2, 25 Abs. 2, 22 verbleibende Versuch tritt hinter den Mordversuch zurück.

III. Gegenüber dem Mordversuch ist die **Verabredung zum Mord, §§ 211, 30 Abs. 2**, subsidiär.

Ergebnis: X und Y sind strafbar als Mittäter eines versuchten Diebstahls mit Waffen, tatmehrheitlich mit versuchtem Mord, und der X in Tateinheit dazu wegen gefährlicher Körperverletzung.

II. Auswirkung eines Identitätsirrtums des Täters auf Anstifter

688 Umstritten ist, welche Auswirkung ein Identitätsirrtum (error in persona) des Täters auf die Strafbarkeit des Anstifters hat.

Fall 33: „Rose-Rosahl"-Fall (Der Klausurklassiker)

Der Holzhändler Rosahl bot seinem Arbeiter Rose eine Belohnung dafür, dass dieser den Zimmermann Schliebe töte. Daraufhin legte sich Rose abends an einem Weg auf die Lauer, um Schliebe zu erschießen. Aufgrund einer Verwechslung tötete er jedoch den – dem Schliebe ähnlich sehenden – Gymnasiasten Harnisch.

Strafbarkeit von Rose und Rosahl? (Fall des Preuß. Obertribunals GA 7 [1859], 322 ff.)

689 **A. Strafbarkeit des Rose**

I. In Betracht kommt ein **vollendeter Mord an Harnisch, § 211**.

1. Durch seinen Schuss hat Rose einen anderen Menschen getötet. Der Tatvorsatz wird durch den Irrtum, statt des tatsächlich getroffenen Opfers (Harnisch) den Schliebe zu erschießen, nicht berührt. Wegen der **rechtlichen Gleichwertigkeit** der verwechselten Tatobjekte liegt ein **unbeachtlicher error in persona** des Rose vor.

589 BGHSt 11, 268, 272; Rengier § 44 Rn. 33; Sch/Sch/Heine/Weißer § 25 Rn. 101; Wessels/Beulke/Satzger Rn. 833.

2. Als Mordmerkmale kommen **Heimtücke und Habgier** in Betracht. Versteht man mit dem BGH unter Heimtücke das bewusste Ausnutzen der Arg- und Wehrlosigkeit in feindlicher Willensrichtung, ohne dass ein besonderer Vertrauensbruch begangen sein muss,[590] liegt in dem Schuss auf das ahnungslose Opfer Harnisch aus dem Hinterhalt eine heimtückische Tötung. Da Rose ferner ein Menschenleben allein des finanziellen Gewinns wegen auslöschen wollte, handelte er auch aus Habgier.

Rose hat rechtswidrig und schuldhaft einen Mord gemäß § 211 begangen.

II. Fraglich ist, ob in der Tat am falschen Opfer zugleich ein **untauglicher Mordversuch** gemäß **§§ 211, 22, 23 Abs. 1, 12 Abs. 1** am richtigen Opfer Schliebe liegt.

Mit Blick auf die Konsequenzen für den Tatveranlasser bejaht dies ein Teil der Lehre, denn Rose habe immerhin nach seiner Vorstellung zur Tötung des vorgesehenen Opfers Schliebe unmittelbar angesetzt.[591] Mit der Gegenansicht ist jedoch ein eigenständiger Versuch abzulehnen, weil Rose dann aus einer Vollendungstat in Tateinheit mit Versuch zu bestrafen wäre, obwohl er nicht zwei, sondern nur einen Menschen töten wollte.[592]

Ergebnis: Rose ist wegen vollendeten Mordes strafbar.

B. Strafbarkeit des Rosahl

I. Mittäterschaft zum Mord gemäß **§§ 211, 25 Abs. 2** – dann wäre der Identitätsirrtum des Schützen Rose auch für Rosahl unbeachtlich! (s. dazu den vorhergehenden Fall) – scheidet mangels Tatherrschaft und Täterwillens des Rosahl aus.

II. In Betracht kommt **Anstiftung zum vollendeten Mord, §§ 211, 26.**

1. Rose hat den Tatbestand des § 211 vorsätzlich und rechtswidrig erfüllt. Durch das Versprechen einer Belohnung hat Rosahl den Rose objektiv zur begangenen Tat bestimmt. Dass er nicht selbst aus dem personenbezogenen Habgiermotiv handelte, ist unerheblich, da ihm zumindest die heimtückische Ausführung durch Rose als tatbezogenes Mordmerkmal bekannt war.

2. Er müsste auch **Anstiftervorsatz** gehabt haben. Rosahl wollte in Rose den Tatentschluss zur heimtückischen Tötung eines anderen Menschen hervorrufen. Insofern hatte er Vorsatz für alle gesetzlichen Merkmale der Haupttat und seiner Anstiftung. Doch sollte Schliebe das Opfer der Tat sein und nicht der irrtümlich erschossene Harnisch. Heftig **umstritten** ist, ob dem Anstifter auch noch eine solche Tat als vorsätzlich veranlasst zugerechnet werden kann, die wegen eines error in persona (vel objecto) des Täters von seiner Vorstellung abweicht. **690**

a) Nach **einer Meinungsgruppe im Schrifttum** ist die Lage des Anstifters beim error in persona des Haupttäters anders als beim Haupttäter. Der **Haupttäter stehe in der unmittelbaren Tatsituation**, für ihn bleibe die Tat trotz des error in persona die **Tötung eines individualisierten**, nämlich des vor ihm stehenden Menschen. Der Anstifter habe dagegen den Vorsatz, zur Tötung einer ganz bestimmten Person anzustiften, und da der Anstifter nicht in der Tatsituation stehe, könne sein Unrecht auch nicht auf die Tötung des (anderen) Menschen, der sich dem Täter nähere, reduziert werden.[593] Wäre der **691**

590 BGHSt 28, 210, 211 f.; BGHSt 30, 105, 116; vgl. auch AS-Skript Strafrecht BT 2 (2024), Rn. 49.

591 Vgl. Puppe NStZ 1991, 124.

592 Kudlich/Koch JA 2017, 827.

593 Otto JuS 1982, 557, 562.

Identitätsirrtum unbeachtlich, wäre der **Anstifter für alle weiteren Tötungshandlungen verantwortlich**, die der Haupttäter nach Erkennen seines Irrtums zwecks Erfüllung des Auftrags noch vornehmen würde.[594] Nach dieser Ansicht hat Rosahl das Verwirklichte nicht gewollt und Rose das Gewollte nicht verwirklicht.

Merke: *Der error in persona (vel objecto) des Täters wirkt sich nach der Lit. für den Anstifter als aberratio ictus bzw. als unvorsätzlicher Exzess aus. Vollendete Anstiftung zum vollendeten Mord ist danach zu verneinen.*[595]

692 **aa) Umstritten** ist in dieser Gruppe die verbleibende Vorsatzstrafbarkeit: Für diejenigen, die in der Tat am falschen Opfer zugleich einen untauglichen Versuch am vorgesehenen Opfer annehmen,[596] ist Rosahl wegen **vollendeter Anstiftung zum versuchten Mord** strafbar, **§§ 211, 22, 23 Abs. 1, 26.**

693 **bb)** Die **übrigen Vertreter der aberratio ictus-Lösung**, die einen zurechenbaren, in der Vollendungstat mitenthaltenen Versuch an Schliebe ablehnen, können als Vorsatztat nur den Mordauftrag an Schliebe erfassen. Sie kommen zur **versuchten Anstiftung zum Mord, §§ 211, 30 Abs. 1 S. 1 Var. 1.**[597]

cc) Möglich bleibt nach allen vorgenannten Ansichten eine Strafbarkeit des Rosahl für den Tod des Harnisch wegen **fahrlässiger Tötung** gemäß **§ 222**, sofern Rosahl damit rechnen musste, dass der Täter einer Personenverwechslung unterliegen würde.

694 **b)** Die **h.M.** hält den **error in persona des Täters,** der dessen Vorsatz unberührt lässt, **auch beim Anstifter grundsätzlich für unbeachtlich**, denn Rosahl habe den Rose angestiftet, denjenigen, den dieser als Schliebe erkennen würde, zu töten, und zu dieser Tat sei es gekommen.[598]

In zwei Entscheidungen hat der **BGH** diese Auffassung bestätigt: Danach sind die Regeln der aberratio ictus auf die vorliegende Irrtumskonstellation nicht übertragbar. Der Strafgrund der Teilnahme – dessen indirekter über den Haupttäter wirkender Rechtsgutangriff – und die Tatsache, dass der Anstifter das von ihm angegriffene Rechtsgut tatsächlich verletzt habe, sprächen dagegen, den für den Haupttäter unbeachtlichen Irrtum für den Anstifter als rechtserheblich anzusehen. Zwar habe die Haupttat einen anderen als den geplanten Verlauf genommen, dies sei aber nach den **allgemeinen Regeln zur Kausalabweichung** zu behandeln, d.h. die Verwechslung sei rechtlich unbeachtlich, wenn sie sich (wie regelmäßig) in den Grenzen des nach allgemeiner Lebenserfahrung Voraussehbaren halte und die Tat keine andere Bewertung verdiene. Damit sei auch der Fall des nach Erkennen seines Irrtums weitermordenden Haupttäters sinnvoll zu bewältigen, denn für solche (gemeint sind wohl: Exzess-)Handlungen sei der Anstifter nicht mehr verantwortlich.[599] Danach ist Rosahl wegen vollendeter Anstiftung zum Mord strafbar.

695 **c)** Eine der h.M. nahestehende Ansicht verneint ausnahmsweise dann eine vollendete Anstiftung, **wenn der Tatveranlasser dem Vordermann genaue Individualisierungskriterien an die Hand gegeben hat und der Täter von diesen Vorgaben bewusst abgewichen ist.**[600] Auch danach liegt hier eine vollendete Anstiftung vor: Entweder ge-

594 Sog. „Blutbad-Argument" von Binding (vgl. z.B. Bock JA 2009, 599, 603).
595 Lackner/Kühl/Heger § 26 Rn. 6; Roxin AT II § 26 Rn. 119.
596 Toepel JA 1997, 348.
597 Herzberg JuS 1999, 226; Schlehofer GA 1992, 307 (317); Toepel JA 1997, 348.
598 Preuß. Obertribunal GA 7 [1859], 332, 337; Krey/Esser Rn. 1096.
599 BGHSt 37, 214 im sog. Hoferben-Fall; BGH NStZ 1998, 294 im Sprengfallen-Fall.
600 Kindhäuser/Zimmermann § 41 Rn. 38.

nügte die bloße Namensnennung des Schliebe schon als Individualisierungskennzeichen nicht (wenn Rose den Schliebe nicht kannte) oder aber es war mit der Namensindividualisierung auch für Rose klar, wer gemeint war (wenn er Schliebe auch kannte), dann ist er aber durch seine Fehlindividualisierung von dieser Vorgabe nicht bewusst abgewichen, sondern glaubte, sein Opfer genau so zu identifizieren wie auch Rosahl es ausgewählt hätte.[601]

Ergebnis: Rosahl ist strafbar wegen Anstiftung zum Mord.

III. Auswirkungen eines Identitätsirrtums des Tatmittlers auf den mittelbaren Täter

Auch die Auswirkungen eines Identitätsirrtums (error in persona) des Tatmittlers auf die Strafbarkeit des mittelbaren Täters sind umstritten. **696**

Fall 34: Auswahlfehler des unvorsätzlichen Werkzeugs

H hat an der Hotelbar mitbekommen, dass Gast G seine Brieftasche mit Kreditkarten und Bargeld auf dem Nachttisch in Zimmer 2 liegen gelassen hat. H will damit seine knappe Urlaubskasse aufbessern. Er bittet den Hotelangestellten A, „seine" Brieftasche vom Nachttisch in Zimmer 2 zu holen. Der gutwillige und nichts ahnende A verwechselt jedoch die Zimmertüren und gerät, ohne den Irrtum zu bemerken, in das Zimmer Nr. 3, das der Gast X bewohnt. Dort liegt ebenfalls eine Brieftasche auf dem Nachttisch. A ergreift diese und verlässt das Zimmer. Mit der Brieftasche in der Hand wird A von X auf dem Flur gestellt. Er kann jedoch alles aufklären und gibt X seine Brieftasche, in der sich nur Ausweispapiere befinden, zurück. Strafbarkeit des H?

I. H könnte wegen **Diebstahls in mittelbarer Täterschaft** strafbar sein, **§§ 242, 25 Abs. 1 Alt. 2**. **697**

1. Die im Eigentum des X stehende Brieftasche samt Inhalt war für H eine fremde bewegliche Sache. Dadurch, dass A die Brieftasche an sich nahm und damit das Zimmer des X verließ, wurde dessen Gewahrsam gebrochen. Die Wegnahme muss sich H als eigenes Handeln zurechnen lassen, da er den **gutgläubigen Hotelangestellten A als unvorsätzliches Werkzeug** (bezüglich der Wegnahme) zur Tatbegehung einsetzte.

2. Hinsichtlich der Wegnahme der Brieftasche des G hatte H Tatvorsatz, das Bewusstsein zur **Tatherrschaft** durch Irrtumserregung bei A und die Absicht rechtswidriger Zueignung. Fraglich ist, ob ihm auch die Wegnahme der Brieftasche des X als vorsätzlich zugerechnet werden kann. Der Tatmittler A hatte diese Brieftasche aufgrund einer **Verwechslung** an sich genommen, denn er glaubte, es handele sich um die verlangte Brieftasche aus Zimmer 2. Bei A lag ein **error in objecto** vor. **698**

---

601 Anders Kindhäuser/Zimmermann § 41 Rn. 39.

Hinweis: *Beachten Sie den Unterschied zum „Dohna-Fall" (s.o. Rn. 138): Dort war der error in persona des Vordermannes vom Hintermann gerade bezweckt und konnte erst die Tatherrschaft des Hintermannes begründen. Im vorliegenden Fall ist die mittelbare Täterschaft des Hintermannes dagegen bereits aus anderen Gründen (durch Benutzung eines vorsatzlosen Werkzeugs) gegeben, und der error in persona vel objecto des Vordermannes führt dazu, dass die Tat für den mittelbaren Täter unvorhergesehen an einem anderen Objekt ausgeführt wird.*

699 Wie sich ein solcher **Objektirrtum des Tatmittlers auf die Strafbarkeit des mittelbaren Täters auswirkt**, ist **umstritten**.

700 **a) Früher** dominierte die Ansicht, dass ein **error in persona vel objecto des Tatmittlers eine aberratio ictus des mittelbaren Täters** auslöse. Der Vorsatz des Hintermannes umfasse nicht den konkreten Erfolg der Tat; es mache rechtlich keinen Unterschied, ob sich der Täter eines mechanischen Werkzeugs bediene und hiermit das Ziel verfehle oder ob es beim Einsatz eines menschlichen Werkzeugs (gutgläubig, aber auch bösgläubig!) zum Fehlgehen der geplanten Tat komme.[602] Danach kann dem H die Wegnahme der Brieftasche des X nicht als vorsätzlich zugerechnet werden. Eine Bestrafung aus vollendetem Diebstahl ist zu verneinen.

701 **b)** Die **h.M.** fragt heute – wie schon im Verhältnis Haupttäter und Anstifter –, ob der Hintermann dem Ausführenden **eindeutige Auswahlkriterien** an die Hand gegeben hat und ob der Ausführende hiervon abgewichen ist. Nur im letzteren Fall liege eine aberratio ictus vor.[603] A sollte im vorliegenden Fall die „Brieftasche vom Nachttisch in Zimmer 2" an sich nehmen. Damit war das Tatobjekt so **genau individualisiert**, dass der Tatmittler keine Möglichkeit besaß, unter mehreren auszuwählen. In der auftragswidrigen Ansichnahme der Brieftasche aus Zimmer 3 liegt somit auch nach dieser Ansicht für H eine aberratio ictus.

Eine Bestrafung des H aus vollendetem Diebstahl scheidet nach allen Ansichten aus.

II. H ist wegen **Diebstahlsversuchs in mittelbarer Täterschaft** bezüglich der Brieftasche des G strafbar, **§§ 242 Abs. 1, 2, 25 Abs. 1 Alt. 2, 22**.

---

602 Jescheck/Weigend § 62 III 2.

603 Baumann/Weber/Mitsch/Eisele § 25 Rn. 160; Kindhäuser/Zimmermann § 39 Rn. 81; Sch/Sch/Heine/Weißer § 25 Rn. 53 ff.; Wessels/Beulke/Satzger Rn. 866.

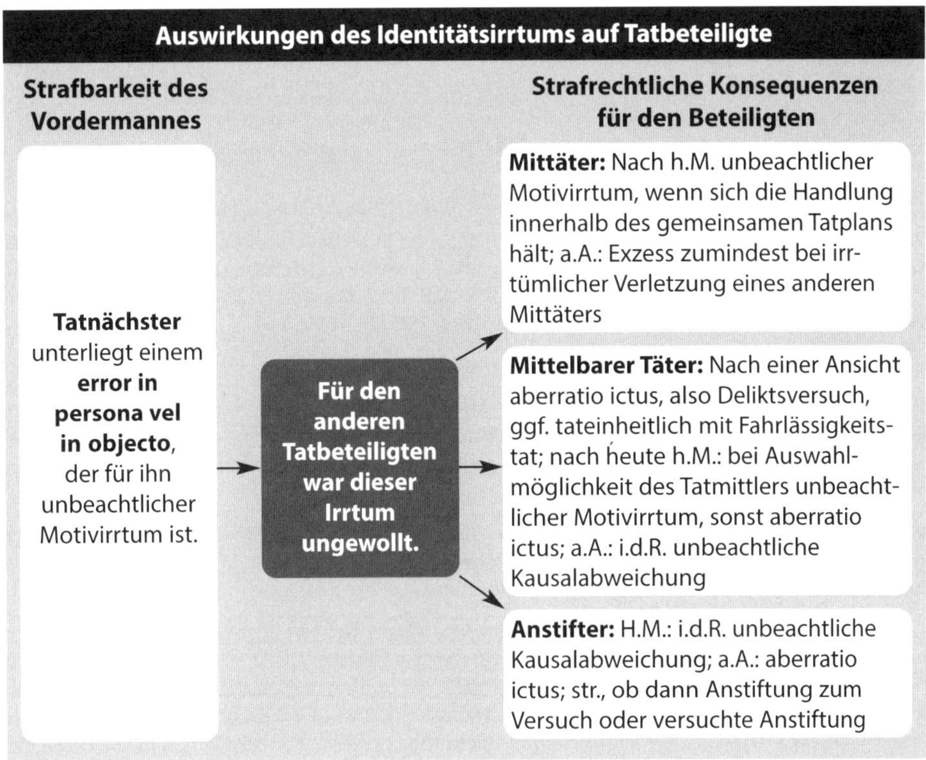

B. Irrtum über die eigene Tatrolle eines Beteiligten

I. Vermeintliche Mittäterschaft

Der Irrtum kann sich außerdem auf die eigene Tatrolle eines der Beteiligten beziehen. **702**
So beispielsweise, wenn eine Person denkt, in einen gemeinsamen Tatplan eingeweiht zu sein und als **(vermeintlicher) Mittäter** zu agieren, obwohl diese Person von dem oder den anderen Tätern als „ahnungsloses Werkzeug" eingesetzt wird. Man spricht von einem **„Scheinmittäter"**.

Fall 35: Untauglicher Versuch durch Scheinmittäter

A lernte in der Gaststätte Z kennen. Z erzählte A, ihm sei der Münzhändler M bekannt, der seine Versicherung, bei der er seine wertvolle Münzsammlung gegen Verlust versichert habe, betrügen wolle. Er machte A den Vorschlag, M in seinem Haus zu überfallen und zu berauben; der Münzhändler sei mit allem einverstanden. Er versprach A für seine Mitwirkung 25.000 €, von denen 10.000 € im Voraus gezahlt werden sollten, 15.000 € sollte sich A aus dem Tresor des M nehmen dürfen. Die zum Schein zu raubenden Münzen sollten Z übergeben werden. Dieser werde sie dem M, nachdem dieser seiner Versicherung den „Überfall" gemeldet habe, wieder zurückgeben. Z wies A an, gegenüber M nicht zu erkennen zu geben, dass er wisse, dass dieser dem Überfall zugestimmt habe. Kurz darauf führte A den Überfall aus, indem er den M mit einer Scheinwaffe bedrohte, im Waschkeller seines Hauses einsperrte und eine Beute von 200.000 € an sich brachte. Tatsächlich war M nicht mit dem Überfall einverstanden. Noch am Tattag meldete er seiner Versicherung den Schadensfall.

Strafbarkeit des A? (Fall nach BGHSt 40, 299)

703 **I. Raub, § 249?** Zwar hat A objektiv fremde Sachen durch (Schein-)Drohung mit gegenwärtiger Leibes- und Lebensgefahr weggenommen. Da er jedoch annahm, M sei mit dem Gewahrsamswechsel einverstanden, wusste er nicht, dass die Sacherlangung tatsächlich ohne Willen des Gewahrsamsinhabers geschah. Ihm fehlte damit der Wegnahmevorsatz, § 16 Abs. 1 S. 1. Mangels Erfüllung des Grundtatbestandes scheitert damit auch die **Raubqualifikation des § 250 Abs. 1 Nr. 1 b**.

II. Diebstahl gemäß **§ 242** scheitert wiederum am Wegnahmevorsatz.

III. Unterschlagung gemäß **§ 246 Abs. 1** ist ebenfalls zu verneinen. Hinsichtlich der Gegenstände, die an M zurückgelangen sollten, handelte A ohne Enteignungswillen, also ohne Zueignungsvorsatz, und hinsichtlich des Geldes, das er behalten wollte, glaubte er an eine die Zueignung rechtfertigende Einwilligung des M. Er unterlag also auch insoweit Tatumstandsirrtümern.

IV. Auch bei den Delikten zum Schutz der Willensfreiheit **(§ 240)**, der Fortbewegungsfreiheit **(§ 239)** und des Hausfriedens **(§ 123)** fehlt der Tatvorsatz, weil sich A vorgestellt hat, M sei mit allem einverstanden gewesen. Dies ist ein Umstand, der den Tatbestand ausgeschlossen hätte.

V. Auch **Vortäuschen von Straftaten** gemäß **§ 145 d Abs. 1 Nr. 1** ist abzulehnen. Zwar kann davon ausgegangen werden, dass A annahm, die Polizei werde entweder von M oder von der Versicherung über den Raub in Kenntnis gesetzt. Es wäre aber gar keine Straftat vorgetäuscht worden, weil tatsächlich ein schwerer Raub begangen worden ist – und zwar durch Z mit dem unvorsätzlich handelnden Tatmittler A. Dass A glaubte, die Strafverfolgungsbehörden würden getäuscht, ist unerheblich. Der Versuch des § 145 d ist nicht strafbar.

VI. In Betracht kommt jedoch **versuchter mittäterschaftlicher Betrug** gegenüber und zum Nachteil der Versicherung, **§§ 263 Abs. 1, 2, 25 Abs. 2, 22**.

1. Zur Tatvollendung konnte es aus zwei Gründen nicht kommen: Zum einen hätte M die Versicherung durch seine Schadensmeldung nicht über das Bestehen eines Versicherungsanspruchs täuschen können, weil er tatsächlich nichts mit dem Überfall zu tun hatte und deshalb sein Anspruch gegen die Versicherung **nicht nach § 81 VVG ausgeschlossen** war. Zum anderen lag tatsächlich **kein gemeinsamer Tatplan** mit A als Grundlage für eine Zurechnung der Schadensmeldung des M nach § 25 Abs. 2 vor.

704 **2.** A müsste **Tatentschluss** für einen mittäterschaftlichen Betrug besessen haben.

a) Wäre die Vorstellung des A zutreffend gewesen, hätte M den zuständigen Sachbearbeiter der Versicherung durch die Schadensmeldung getäuscht. M hätte damit schlüssig behauptet, dass ihm ein Zahlungsanspruch gegen die Versicherung zustehe, obwohl dieser – wegen seiner Beteiligung an der Tat – gemäß § 81 VVG ausgeschlossen gewesen wäre.

705 Fraglich ist, ob A sich auch Umstände vorgestellt hat, bei deren Vorliegen ihm die Täuschung des M über § 25 Abs. 2 angelastet werden könnte. Er ging von einem – wenn auch durch Z vermittelten – gemeinsamen Tatplan aus. Sein Mitwirkungsbeitrag erschöpfte sich aber in dem „Fingieren" des Überfalls, also in einer **bloßen Vorbereitungshandlung** des späteren Versicherungsbetruges.

Denjenigen, die für die Mittäterschaft eine Mitwirkung im Ausführungsstadium verlangen, also die Vertreter eines engen Tatherrschaftsbegriffs, genügt dies nicht.[604] Ebenso wenig den Rechtslehrern, die in weitem Tatherrschaftsverständnis zwar vorbereitende Beiträge genügen lassen, dann aber für die Gesamttat bedeutsame verlangen.[605] Nach diesen Ansichten stellte sich A nicht vor, Mittäter zu sein. Vielmehr lag nur Tatentschluss vor, Beihilfe zu einer vermeintlichen Haupttat zu begehen. Eine solche „versuchte Beihilfe" ist aber generell nicht unter Strafe gestellt.

Der **BGH** bejaht auf der Grundlage der **subjektiven Theorie** Mittäterschaft, weil hierfür jeder **nicht völlig unerhebliche Verursachungsbeitrag** ausreicht, wenn er nur – wegen des eigenen Interesses an der Belohnung – mit Täterwillen geleistet wird.[606] **706**

b) Folgt man dem, so liegt auch Tatentschluss für die übrigen Betrugsmerkmale vor: A wollte, dass der Sachbearbeiter infolge der Täuschung über das Bestehen des Anspruchs des M in einen entsprechenden Irrtum geraten sollte. Er wollte ferner eine vermögensschädigende Verfügung der Versicherung durch Auszahlung des Geldes und er beabsichtigte, M zu Unrecht zu bereichern.

3. A müsste aber auch unmittelbar zur Tatbestandsverwirklichung **angesetzt haben,** **707**
§ 22. Dabei genügt für den mittäterschaftlichen Versuchsbeginn aller, dass nur einer der Mittäter tatplangemäß ins Ausführungsstadium gelangt, sog. **Gesamtlösung** (s.o. Rn. 388).

a) Wäre also die Lage so gewesen, wie sie sich A vorgestellt hat, hätte auch der Betrugsversuch für ihn als Mittäter mit der Schadensmeldung durch M begonnen. Hier ist aber tatsächlich die Versicherung nie in Gefahr geraten, zu Unrecht in Anspruch genommen zu werden; ebenso wenig waren die Zurechnungsvoraussetzungen für § 25 gegeben.

b) Da es nach § 22 genügt, dass sich der **Täter eine Gefährdung nur vorstellt,** kann es **708**
aber auch einen **untauglichen Versuch** geben. Fraglich ist, ob mithilfe dieser Rechtsfigur auch der **Mangel der Zurechnungsvoraussetzungen des § 25 Abs. 2** überwunden werden kann.

(1) Der **4. Strafsenat des BGH** bejaht dies uneingeschränkt. **Entscheidend sei nur die** **709**
Vorstellung des Täters von der Tauglichkeit der Handlung, die als unmittelbares Ansetzen zur Tatbestandsverwirklichung i.S.d. § 22 anzusehen sei. Nimmt er die Handlung nicht selbst vor, kann danach auch die **bloße Vorstellung einer in Wahrheit nicht existenten Mittäterschaft das Bindeglied** zwischen seiner Person und dem vermeintlich Handelnden bilden.[607]

Diese Entscheidung steht in Widerspruch zu früheren Entscheidungen des 2. Strafsenats[608] sowie des 3. Strafsenats des BGH.[609] Hierin wird betont, dass Handlungen, die von Schein-Mittätern nur zum Zweck der Täuschung des anderen „Mittäters" vorgenommen worden seien, nicht ausreichten, um den so Getäuschten wegen Versuchs strafbar zu machen. Solle die Gesamtlösung zur Anwendung kommen, müsse bei bestehender Mittäterschaft der andere tatsächlich in das Stadium eines (vielleicht auch untauglichen) Versuchs gelangt sein. Die bloße Vorstellung des anderen Beteiligten genüge nicht, weil sonst nur noch der verbrecherische Wille, die böse Gesinnung, strafbegründend wirke.

---

604 Roxin AT II § 25 Rn. 198 ff.

605 Z.B. Lackner/Kühl/Heger § 25 Rn. 11.

606 BGHSt 40, 299, 301; so auch: BGH RÜ 2023, 718.

607 BGHSt 40, 299, 302; BGH RÜ 2003, 504; zustimmend Fischer § 22 Rn. 23 a.

608 BGHSt 39, 236 und BGH NJW 1952, 430.

609 BGH wistra 1987, 26.

710 (2) Das **Schrifttum lehnt überwiegend einen untauglichen Versuch ab:** Danach ist das **objektive Fehlen der Zurechenbarkeit fremden Handelns allein durch die Vorstellung des Beteiligten nicht mithilfe der Versuchsregeln überwindbar**. Ebenso wenig wie ein Alleintäter zum Versuch ansetze, weil er sich dies nur vorstelle, ohne eine entsprechende Handlung zu begehen, könne er durch bloße Einbildung, Mittäter zu sein, zum Versuchstäter werden, ohne dass tatsächlich eine versuchsüberschreitende Handlung gegeben sei.[610]

711 (3) **Kritik:** Für die Rechtsauffassung des 4. Strafsenats spricht, dass auch Regeln des Allgemeinen Teils Tatbestandsmerkmale sind, wenn durch sie eine Erweiterung des jeweiligen BT-Tatbestandes bewirkt wird, z.B. § 13. Demgemäß ist auch die **Zurechnungsnorm des § 25 Abs. 2 Tatbestandsmerkmal** eines mittäterschaftlich begangenen Delikts. Da die Versuchsregeln aber einschränkungslos für alle Merkmale des Tatbestandes gelten, finden sie auch für die Merkmale des § 25 Abs. 2 Anwendung. Sind diese nicht erfüllt, hat sich der Täter aber ihr Vorliegen vorgestellt und ist es nach seiner – wenn auch falschen – Vorstellung zu einer konkreten Rechtsgutgefährdung gekommen, liegt ein untauglicher Versuch vor.

A ist strafbar wegen mittäterschaftlichen Betrugsversuchs.

VII. Gegeben ist **Versicherungsmissbrauch** gemäß **§ 265** in der Tatmodalität des Beiseiteschaffens einer gegen Verlust oder Diebstahl versicherten Sache, weil A die Absicht hatte, dem M Leistungen aus der Versicherung zu verschaffen. Dieses Delikt ist jedoch gegenüber dem mit höherer Strafe bedrohten Betrugsversuch formell subsidiär.

Ergebnis: A ist strafbar wegen versuchten mittäterschaftlichen Betruges.

II. Vermeintliche mittelbare Täterschaft

712 Die Frage, ob die Vorstellung des Täters die tatsächlich nicht erfüllte Zurechnungsnorm überwinden kann, stellt sich auch bei mittelbarer Täterschaft.

Beispiel: A täuscht dem B vor, die ihm überlassene Pistole sei nur mit Platzpatronen geladen. Damit könne er ruhig auf C schießen. A will, dass B den C tötet. B durchschaut alles, tut aber so, als sei er gutgläubig. Er verabschiedet sich von A, geht aber statt zu C direkt zur Polizei.

Der BGH hat bei einem vergleichbaren Sachverhalt in dem berühmt gewordenen Salzsäure-Fall einen **untauglichen Versuch in mittelbarer Täterschaft** angenommen.[611]

610 Baumann/Weber/Mitsch/Eisele § 22 Rn. 80 und § 25 Rn. 77; Rengier § 36 Rn. 27; Sch/Sch/Eser/Bosch § 22 Rn. 55 a.

611 BGHSt 30, 363, 366.

III. Objektiv mittelbare Täterschaft bei subjektiver Anstiftung

Problematisch ist auch die Konstellationen, in der objektiv eine mittelbare Täterschaft vorliegt, der Hintermann jedoch subjektiv eine Anstiftung annimmt. 713

Fall 36: Täterwille allein erzeugt keine vorsätzliche Haupttat

Jagdgast J hat die Erlaubnis, im Revier des R einen Hirsch der Jagdklasse I a zu schießen. Zur Sicherheit hat R den Jagdaufseher A – ohne Waffe – mitgeschickt. A erklärt dem J auf dem Ansitz den Grenzverlauf zum nahe gelegenen Nachbarrevier. Als der Hirsch in der Morgendämmerung austritt, erkennt A, dass das Tier noch im fremden Revier steht. Da es wieder im Unterholz zu verschwinden droht, zeigt A dem schläfrigen J das Wild und gibt den Abschuss frei. Er geht davon aus, J erkenne, dass sich das Tier noch im Nachbarrevier befindet. J meint dagegen, die Schussfreigabe erfolge, weil das Tier im Jagdrevier des R stehe. Er legt an und schießt – daneben.

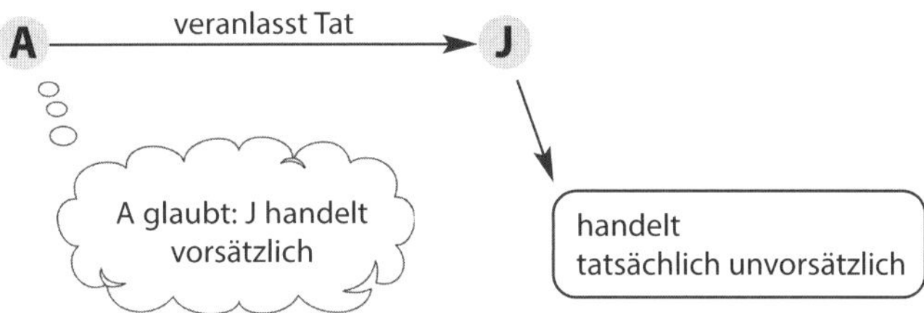

A. Strafbarkeit des J 714

I. In Betracht kommt **Jagdwilderei** gemäß **§ 292 Abs. 1 Nr. 1**.

1. Der Hirsch, auf den J angelegt hat, war ein wild lebendes jagdbares (§ 2 Abs. 1 BJagdG) Tier, also „Wild" i.S.d. § 292. Die Tathandlung des Nachstellens ist bereits durch jeden Versuch des Fangens, Erlegens oder Sichzueignens erfüllt.[612] Der Schuss genügte also; ob das Tier getroffen wurde, ist unerheblich. Das weitere Tatbestandsmerkmal der Verletzung fremden Jagdrechts beurteilt sich nach dem Standort des Wildes, nicht des Jägers. Als J in das fremde Jagdrevier geschossen hat, hat er den objektiven Tatbestand des § 292 Abs. 1 Alt. 1 verwirklicht.

2. Es fehlte jedoch der Vorsatz bezüglich der Verletzung fremden Jagdrechts, denn J ging davon aus, dass der Hirsch in dem Revier stand, für das er die Jagderlaubnis besaß.

II. Ob J die Reviergrenze sorgfaltswidrig verkannt hat, ist ohne Belang, da fahrlässige Wilderei nicht strafbar ist, § 15.

Ergebnis: J ist straflos.

612 Fischer § 292 Rn. 11.

B. Strafbarkeit des A

715 **I. Jagdwilderei in mittelbarer Täterschaft, §§ 292, 25 Abs. 1 Alt. 2?**

1. Der Wildereitatbestand ist durch J objektiv erfüllt. A hat hierzu einen Verursachungsbeitrag geleistet, und er besaß nach den Kriterien der **objektiven Teilnahmelehre** wegen seiner Kenntnis der Jagdrechtsverletzung auch die Tatherrschaft kraft überlegenen Wissens.

2. Wegen seiner Fehlvorstellung, J handele vorsätzlich, **glaubte A, nur Anstifter zu** einer fremden Jagdwilderei zu **sein**. Ihm fehlte damit der Täterwille i.S.d. subjektiven Theorie bzw. das Tatherrschaftsbewusstsein nach der objektiven Theorie. **Mittelbare Täterschaft scheidet damit aus**.

716 **II.** Zu denken wäre an eine **Anstiftung zur Wilderei, §§ 292, 26**. Schon die erste Voraussetzung dafür, nämlich eine **vorsätzliche rechtswidrige Haupttat** des J, **fehlt** aber. Es fragt sich, ob dieser Mangel durch die objektiv verwirklichte mittelbare Täterschaft überwunden werden kann. Dies stünde jedoch im Widerspruch zum eindeutigen Wortlaut des § 26.[613] Eine Bestrafung des A wegen Anstiftung zur Wilderei ist ebenfalls zu verneinen.

III. Auch **versuchte Anstiftung** zum Vergehen der Jagdwilderei kommt nicht in Betracht, da die versuchte Anstiftung gemäß § 30 Abs. 1 nur für Verbrechen unter Strafe gestellt ist.

Ergebnis: Nach h.M. ist A straflos.

IV. Objektive Anstiftung bei subjektiver mittelbarer Täterschaft

717 Im umgekehrten Fall ist objektiv nur die Situation einer Anstiftung gegeben, während der Täter subjektiv von einer mittelbaren Täterschaft ausgeht.

Fall 37: Streit zwischen „aliud-Theorie" und „Plus-Minus-Theorie"

Als A den Schuss freigibt, ahnt er nicht, dass J den Standort des Hirsches im fremden Revier genau erkannt hat (Abwandlung des vorhergehenden Falles).

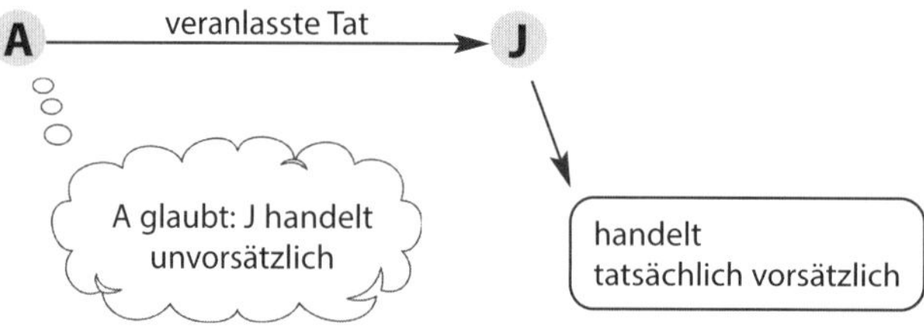

613 KG NJW 1977, 817, 819; Sch/Sch/Heine/Weißer Vorbem. §§ 25 ff. Rn. 76; Stratenwerth/Kuhlen § 12 Rn. 219 f.; Wessels/Beulke/Satzger Rn. 863.

A. Strafbarkeit des J 718

Da J die Verletzung fremden Jagdrechts erkannte, hat er sich wegen einer vorsätzlichen **Jagdwilderei** gemäß **§ 292 Abs. 1 Alt. 1** strafbar gemacht.

B. Strafbarkeit des A

I. Jagdwilderei in mittelbarer Täterschaft gemäß **§§ 292 Abs. 1 Alt. 1, 25 Abs. 1 Alt. 2** 719
könnte nur die **subjektive Teilnahmetheorie** annehmen, wenn – wie häufig formuliert – für den Täterwillen schon der **Wille zur Tatherrschaft** ausreichend wäre. Dieses Ergebnis wird heute jedoch zu Recht nicht mehr vertreten: § 25 Abs. 1 Alt. 2 umschreibt mit dem Erfordernis der Tatbegehung „durch einen anderen" einen objektiven Umstand, der mehr als bloße Verursachung ist und allein durch irrige Annahme nicht erfüllt sein kann.[614] Unverzichtbar ist deshalb sowohl für den Täterwillen als auch nach der **Tatherrschaftslehre** die **objektive Wissens- oder Willensherrschaft des Hintermannes**. Diese Überlegenheit war aber wegen des volldeliktischen Handelns des J objektiv nicht gegeben. Daher scheidet mittelbare Täterschaft aus.

II. A hat sich Umstände vorgestellt, bei deren Vorliegen die Jagdwilderei durch ihn als 720
mittelbarer Täter verwirklicht worden wäre. Da die Tatmodalität des „Nachstellens" des unechten Unternehmensdelikts auch Versuchshandlungen umfasst,[615] könnte man erwägen, auch den vorliegenden Fall der 1. Alt. zu unterstellen. Die **Erweiterung auf den Versuchsbereich** bezieht sich jedoch **nur auf die Handlung** als solche, nicht dagegen auf andere Umstände; für Täterschaft und Teilnahme bleibt es bei den allgemeinen Grundsätzen.[616] Daraus folgt: Da A auch bei erfolgreichem Schuss des vorsätzlich handelnden J kein Täter des § 292 geworden wäre, wird der Versuch mittelbarer Tatbegehung vom „Nachstellen" nicht erfasst. Auch eine gesonderte Versuchsstrafdrohung ist bei der Wilderei nicht vorgesehen. A kann folglich nicht als Täter des § 292 bestraft werden.

III. Infrage kommt nur eine **Anstiftung zur Wilderei, §§ 292 Abs. 1 Alt. 1, 26**. 721

1. J hat mit dem Schuss auf den im fremden Jagdrevier stehenden Hirsch vorsätzlich und rechtswidrig dem Wilde nachgestellt. Durch seine Schussfreigabe hat A ihn hierzu bestimmt.

2. Es müsste auch sein **Anstiftervorsatz** bejaht werden können. A wusste nicht, dass J 722
hinsichtlich der Jagdrechtsverletzung vorsätzlich handelte; er glaubte, die Tat durch sein überlegenes Wissen zu beherrschen, also mittelbarer Täter zu sein.

a) Ein **Teil des Schrifttums verneint eine Bestrafung wegen Anstiftung**. Wer einen 723
anderen zu dessen unvorsätzlich begangener Tat bestimmen wolle, könne keine vorsätzliche rechtswidrige Tat gewollt haben, wie es § 26 voraussetze.[617] Nach dieser **„aliud-Theorie"** wäre A straflos.

---

614 Vgl. Baumann/Weber/Mitsch/Eisele § 25 Rn. 162.

615 Vgl. Sch/Sch/Eser/Hecker § 11 Rn. 47.

616 Sch/Sch/Eser/Hecker § 11 Rn. 50.

617 Krey/Esser Rn. 1093.

724 b) **Überwiegend** wird vollendete Anstiftung bejaht. Danach ist der **Teilnahmewillen als „Minus" im Willen zur eigenen (mittelbaren) Täterschaft enthalten.**[618] Danach ist A Anstifter zur Jagdwilderei.

725 **Kritik:** Dem „Plus-Minus-Modell" ist zuzustimmen. Die Teilnahme ist zwar formal vom Unrecht des Haupttäters abhängig, materiell aber – so auch der Strafgrund der Teilnahme – ein eigener nur minderschwerer Rechtsgutangriff. Nähme man mit der „Aliud-Theorie" ein gegenseitiges Ausschlussverhältnis an, wäre bei Zweifeln über Täterschaft und Teilnahme gar keine Strafbarkeit möglich.

Ergebnis: A ist gemäß §§ 292 Abs. 1 Alt. 1, 26 strafbar.

Hinweis: *Die „Plus-Minus-Lösung" gilt nicht für die Sonderfälle des § 160 (Verleitung zum Falscheid/zur uneidlichen Falschaussage) und des § 271 (Mittelbare Falschbeurkundung).*

Diese Strafvorschriften erfassen die Veranlassung eines unvorsätzlichen Falscheids/einer unvorsätzlichen Falschaussage und einer Falschbeurkundung durch eine gutgläubige Urkundsperson. Dadurch wird die Strafbarkeitslücke geschlossen, die darin besteht, dass bei den §§ 153, 154 wegen der Eigenhändigkeit und bei § 348 als echtes Amtsdelikt keine mittelbare Täterschaft gemäß § 25 Abs. 1 Alt. 2 möglich ist. Der Strafrahmen ist aber für die gelungene Tat durch eine tatsächlich gutgläubige Aussageperson bei § 160 geringer als für die Anstiftung zu §§ 153, 154 und bei einer Falschbeurkundung durch einen tatsächlich gutgläubigen Urkundsbeamten in § 271 geringer als in § 348.

Diese **gesetzliche Vergünstigung würde unterlaufen**, wenn der Veranlasser einer von ihm unerkannt vorsätzlichen Falschaussage oder Falschbeurkundung als Anstifter gemäß § 26 doch wieder aus dem höheren Strafrahmen der §§ 153, 154, 348 (i.V.m. §§ 28 Abs. 1, 49 Abs. 1 Nr. 2) bestraft würde. Folglich ist hier aus §§ 160, 271 zu bestrafen.[619] Streitig ist nur, ob § 160 oder § 271 wegen der objektiv nicht vorhandenen Gutgläubigkeit des Vordermannes versucht oder vollendet ist.[620]

---

618 Jescheck/Weigend § 62 III l; Lackner/Kühl/Heger § 25 Rn. 5; vgl. Sch/Sch/Heine/Weißer Vorbem. §§ 25 ff. Rn. 76; Stratenwerth/Kuhlen § 12 Rn. 216; Wessels/Beulke/Satzger Rn. 864.

619 Wessels/Beulke/Satzger Rn. 864.

620 Ausführlich dazu AS-Skript Strafrecht BT 2 (2024), Fall 24 Rn. 1305 f.

Die wichtigsten Definitionen zu den Irrtümern	
Aberratio ictus	Das Fehlgehen der Tat dergestalt, dass der Verletzungserfolg an einem anderen Objekt als demjenigen eintritt, welches der Täter im maßgebenden Zeitpunkt anvisierte.
Direkter Verbotsirrtum	Der Täter irrt über das grundsätzliche Verbotensein seines Tuns, weil er die Existenz einer Verbotsnorm nicht kennt (§ 17).
Erlaubnistatbestandsirrtum	Der Täter nimmt irrig Umstände an, bei deren tatsächlichem Vorliegen ein anerkannter Rechtfertigungsgrund erfüllt wäre.
Error in persona (vel objecto)	Der Täter verwechselt aufgrund einer fehlerhaften Identifizierung die anvisierte Person oder Sache.
Grober Unverstand	Deutliche und offenkundige Abweichung vom Durchschnittswissen eines Normalbürgers über naturgesetzliche Zusammenhänge, § 23 Abs. 3.
Indirekter Verbotsirrtum	Der Täter weiß, dass er den Tatbestand einer Verbotsnorm erfüllt, glaubt aber irrig, dass sein Verhalten gerechtfertigt sei **(= Erlaubnisirrtum).**
Tatbestandsirrtum	Der Täter irrt in tatsächlicher Hinsicht über das Vorliegen von Umständen, die zu einem gesetzlichen Straftatbestand gehören, § 16 Abs. 1 S. 1.
Umgekehrter Tatbestandirrtum	Der Täter stellt sich irrig eine Sachlage vor, bei deren wirklichem Vorliegen sein Handeln den gesetzlichen Straftatbestand erfüllen würde **(= strafbarer untauglicher Versuch).**
Umgekehrter Verbotsirrtum	Der Täter stellt sich irrig das Verbotensein seiner Handlung vor, tatsächlich ist aber kein Straftatbestand verwirklicht **(= Wahndelikt).**
Verbotsirrtum	Dem Täter fehlt bei Begehung der Tat die Einsicht, Unrecht zu tun, § 17.
Vermeidbarkeit	Wenn der Täter nach seiner sozialen Stellung und seinen individuellen Fähigkeiten bei Einsatz aller seiner Erkenntniskräfte das Unrecht hätte Einsehen können.

Anmerkung: *Alle weiteren Definitionen für das Strafrecht finden Sie kompakt zusammengefasst in unserem AS-Produkt „Definitionen Strafrecht“ (2022).*

4. Teil: Konkurrenzen

1. Abschnitt: Begriff, Bedeutung und Funktionen

726 Konkurrenzen entstehen immer, wenn sich ein Beteiligter **wegen mehrerer selbstständiger Straftaten**, nicht notwendig verschiedener Strafvorschriften, strafbar macht.

Aus den Konkurrenzen ergibt sich, wegen welcher Delikte der Beteiligte schuldig gesprochen wird und wie die Strafe zu bilden ist. Die Konkurrenzen haben also große **Bedeutung für den Schuldspruch und die Strafzumessung.** Darüber hinaus sind die Konkurrenzen auch relevant für die Frage, welche Straftaten **zu derselben strafprozessualen Tat** (vgl. § 264 Abs. 1 StPO) gehören. Dies ist wichtig für den sog. Strafklageverbrauch gemäß Art. 103 Abs. 3 GG.[621] Denn es gilt die Regel: Was schon materiell-rechtlich eine Tateinheit bildet, gehört in der Regel auch prozessual zur selben Tat.[622]

Hinweis: *Dieser Satz gilt aber nicht umgekehrt, denn auch Delikte in materiell-rechtlicher Tatmehrheit können strafprozessual eine Tat sein!*

727 Im Einzelnen beantworten die Konkurrenzen folgende Fragen:

- Welche Gesetzesverletzung gehört zu welcher Handlung **(Ordnungsfunktion)**?

  Beispiele: Bei einer Polizeiflucht verwirklichte Straftaten werden zu einer einzigen Handlung zusammengezogen. Dagegen beruht jeder Einzelakt einer Betrugsserie an verschiedenen Opfern jeweils auf einer selbstständigen Handlung.

- Welche der Gesetzesverletzungen, die durch dieselbe Handlung verwirklicht worden sind, sind für die vollständige Erfassung des Schuldumfangs der Tat unverzichtbar **(Klarstellungsfunktion)**?

  Beispielsweise tritt bei einem versuchten Tötungsdelikt die durch dieselbe Handlung vollendete Körperverletzung nicht zurück; denn nicht jeder Versuch des § 212 verwirklicht notwendigerweise den Tatbestand des § 223. Vielmehr wird der Täter wegen versuchten Totschlags in Tateinheit mit vollendeter Körperverletzung schuldig gesprochen, um klarzustellen, dass das Opfer tatsächlich verletzt wurde (und der Täter nicht nur z.B. danebengeschossen hat).[623]

- Welche der durch dieselbe oder verschiedene Handlungen verwirklichten Gesetzesverletzungen kann nach Art und Schutzrichtung des Delikts als nachrangig zurücktreten **(Bereinigungsfunktion)**?

  Beispiel: Bei einem vollendeten Raub tauchen die üblicherweise mitverwirklichten Delikte der Nötigung, der Freiheitsberaubung und des Diebstahls nicht mehr im Schuldspruch auf und werden auch bei der Strafzumessung nicht mehr berücksichtigt. Diese treten hinter dem spezielleren § 249 „im Wege der Gesetzeskonkurrenz" zurück.

2. Abschnitt: Aufbau

728 Die Darstellung der Konkurrenzen ist keine Nebensache, sondern eigenwertiger Bestandteil des strafrechtlichen Gutachtens und darf nicht – häufig eine Folge falscher Zeiteinteilung – zu kurz kommen oder ganz unterbleiben!

---

621 AS-Skript StPO (2022), Rn. 267.

622 Kritisch BVerfG RÜ 2003, 558.

623 BGHSt 44, 196.

Die Konkurrenzen sind **für jeden Tatbeteiligten gesondert bei dessen Strafbarkeit festzustellen**. Innerhalb der Einzelprüfung sollten sie möglichst früh abgeschichtet werden, also entweder nach einem „Block" verwandter Delikte oder am Ende eines Handlungskomplexes.

Aufbau: *In der Regel ist schon die Reihenfolge der zu prüfenden Delikte nach den möglichen Konkurrenzen auszurichten und es sind die Delikte vorzuziehen, die* ***„konkurrenzdominant"*** *sind, z.B. Tötungsdelikte vor Körperverletzungsdelikten, Spezialtatbestände wie Raub vor Diebstahl und Nötigung sowie alle Delikte, die schon von Gesetzes wegen (formell) vorrangig vor anderen sind, so wie § 242 vor § 248 b oder alle Vermögensdelikte vor § 246 usw. Man kann dann die nachrangigen Delikte kürzer abhandeln und sogleich im Wege der Gesetzeskonkurrenz zurücktreten lassen. Das erspart viel unnötige Schreibarbeit und Zeit!*

Klausurhinweis: *Vermeiden Sie „gesammelte" Konkurrenzen ganz am Ende einer Strafbarkeitsprüfung. Der Leser erinnert sich oft nicht mehr an alle einzelnen Tatbestände und muss mühsam zurückblättern, um dem Gedankengang zu folgen und Sie laufen selbst Gefahr, einzelne Delikte zu vergessen oder bei komplizierteren Fällen den „roten Faden zu verlieren".*

A. Prüfungsschritte

Folgende Prüfungsschritte sind bei den Konkurrenzen „abzuarbeiten". **729**

I. Abschichten unselbstständiger Gesetzesverletzungen

Zunächst ist bei scheinbar mehrfacher Verwirklichung desselben Tatbestandes sicher- **730** zustellen, **ob überhaupt selbstständige Gesetzesverletzungen vorliegen**. Oft gehören die einzelnen Akte zu nur **einer tatbestandlichen Bewertungseinheit**. Hierbei geht es gar nicht um Konkurrenzen, sondern um eine Auslegung der Tathandlung.

Diese Frage ist deshalb auch an frühester Stelle **bei oder unmittelbar nach der Prüfung des jeweiligen Tatbestandes** zu verorten (näher unten Rn. 734 ff.).

II. Verwirklichung durch dieselbe Handlung oder Handlungseinheit

Erst wenn feststeht, dass mehrere (gleichartige oder ungleichartige) Gesetzesverletzun- **731** gen vorliegen, ist unter dem Prüfungspunkt „Konkurrenzen" als erstes zu fragen, ob **die verschiedenen Gesetzesverletzungen auf einer Handlung oder Handlungseinheit beruhen** (s. unten Rn. 745 ff.).

III. Gesetzeskonkurrenz

Ist eine solche Überschneidung der Ausführungshandlungen festgestellt, ist weiter zu **732** ermitteln, ob ein Tatbestand hinter anderen im Wege der Gesetzeskonkurrenz zurücktritt (s.u. Rn. 755 ff.).

Die verbleibenden Tatbestände sind dann bei **Handlungseinheit** in **Tateinheit** (syno- **733** nym: Idealkonkurrenz) und bei **Handlungsmehrheit** in **Tatmehrheit** (synonym: Realkonkurrenz) begangen.

Aus dem Vorgenannten ergibt sich das folgende Aufbauschema:

Aufbauschema: Konkurrenzen

Vorerörterung im Zusammenhang mit dem **jeweiligen Tatbestand**: Liegen überhaupt mehrere Gesetzesverletzungen vor? *Wenn dies zu bejahen ist:*

1. Beruhen die verschiedenen Gesetzesverletzungen **auf einer Handlung oder Handlungseinheit**? *Sofern dies zu bejahen ist:*
   a) Welche Delikte treten im Wege der **Gesetzeskonkurrenz** zurück?
   b) Soweit Gesetzeskonkurrenz zu verneinen ist, können die verbliebenen Delikte nur noch in **Tateinheit** zueinander stehen, § 52!
2. Sofern eine Handlung oder Handlungseinheit zu verneinen ist, kann nur noch **Handlungsmehrheit** vorliegen! *Dann weiterfragen:*
   a) Welche Delikte treten im Wege der **Gesetzeskonkurrenz** zurück?
   b) Soweit Gesetzeskonkurrenz zu verneinen ist, können die verbliebenen Delikte nur noch in **Tatmehrheit** zueinander stehen, §§ 53–55!

B. Scheinbare Mehrheit von Gesetzesverstößen

734 Bei der Prüfung eines Tatbestandes stellt man oft fest, dass der Täter entweder durch die Tathandlung rein tatsächlich mehrere Deliktserfolge herbeigeführt hat oder dass er die Tathandlung mehrfach in Bezug auf dasselbe Schutzgut ausgeführt hat. Die Auslegung des jeweiligen Tatbestandes kann dennoch ergeben, dass die verschiedenen Tatfolgen nur zu einem Taterfolg und die verschiedenen Tatausführungen nur zu einer Tathandlung verschmelzen. Man spricht in solchen Fällen von **tatbestandlicher Bewertungseinheit**. Die Folge ist, dass der **Tatbestand nur einmal erfüllt** ist.[624]

Dies kann bei folgenden Delikts- und Fallgruppen Bedeutung erlangen:

I. Delikte mit pauschalierender Handlungsbeschreibung

735 ■ Das sind solche, deren Tathandlung schon begrifflich **mehrere Willensbetätigungen** umfasst, z.B. „Quälen" in § 225 Abs. 1.[625]

736 ■ Verwandt damit sind auch die **Dauerdelikte**, die alle kontinuierlichen Akte erfassen, welche zur Aufrechterhaltung des rechtswidrigen Zustandes dienen, z.B. Freiheitsberaubung, § 239, Hausfriedensbruch, § 123, Fahren ohne Fahrerlaubnis, § 21 StVG[626] oder eine Trunkenheitsfahrt gemäß § 315 c, auch wenn es währenddessen zu zeitlich nacheinander liegenden Gefahrensituationen gekommen ist.[627]

624 BGH NStZ 2012, 147.
625 Vgl. BGHSt 41, 113.
626 Vgl. Sch/Sch/Sternberg-Lieben/Bosch Vorbem. §§ 52 ff. Rn. 81.
627 BGHSt 22, 71.

II. Mehraktige und zusammengesetzte Delikte

Hierzu gehören z.B. der Raub, § 249, und räuberischer Diebstahl, § 252, aber auch das Fälschen und absichtsgemäße Gebrauchmachen von unechten Urkunden, § 267. **737**

Beispiel: Der Raub nach § 249 setzt sich begriffsnotwendig aus einer Wegnahmehandlung (Diebstahl) und einer Nötigung bzw. Körperverletzungshandlung als erforderliche Gewalt oder Drohung mit gegenwärtiger Gefahr für Leib zusammen.

III. Unselbstständige Intensivierungen desselben Unrechtserfolges

1. Die Auslegung kann ergeben, dass mit **ein und derselben Handlung** zwar begrifflich **mehrere identische Unrechtserfolge** herbeigeführt worden sind, diese aber zu einem **einheitlichen Deliktserfolg** zusammenzufassen sind. **738**

Beispiele:

So liegt nur eine Hehlerei gemäß § 259 vor, auch wenn die Beute, auf die sich die Tathandlung bezieht, aus verschiedenen Vortaten stammt[628] oder der Hehler hinsichtlich derselben Beute mehrere Absatzhandlungen entfaltet.[629]

Der Täter fälscht für eine Vielzahl verschiedener Konten Überweisungsträger und wirft sie gebündelt in den Briefkasten der Bank, die die Beträge seinem Konto gutschreiben soll. – Hier bilden schon das Herstellen und Gebrauchmachen jeder einzelnen Urkunde nur eine Tat nach § 267 (s.o. Rn. 737). Da der Gebrauch zudem durch dieselbe Handlung erfolgte, nämlich das Einwerfen in den Briefkasten, und da § 267 als Allgemeindelikt der Bildung von Bewertungseinheiten zugänglich ist, liegt nur eine einzige Urkundenfälschung vor – ungeachtet der Tatsache, dass es um verschiedene Konten ging.[630]

2. Möglich ist auch, dass **verschiedene Handlungen jeweils für sich gesehen denselben Tatbestand** erfüllen, dass aber alle Handlungen letztlich nur **Teil eines einheitlichen Ganzen** sind und deshalb bereits auf Tatbestandsebene zu nur einer einzigen Tat verschmelzen. **739**

a) Erster Unterfall ist die sog. **iterative** (= wiederholende) **Tatbestandserfüllung**. **740**

Beispiele:

Wer an einem Ort ein Feuer ausbrechen lassen will und dafür verschiedene Objekte in Brand setzt, ist nur aus einer Brandstiftung und nicht etwa aus mehreren, in Tateinheit stehenden Brandstiftungen nach § 306 schuldig.[631]

Nur ein einziger Computerbetrug nach § 263 a liegt vor, wenn der Täter mehrmals hintereinander in wenigen Sekunden Abstand durch Missbrauch einer Girocard Geldabhebungen vornimmt.[632]

b) Zweiter Unterfall ist die sog. **sukzessive Tatbestandserfüllung**. Eine solche fortlaufende oder „ratenweise" Tatausführung kann auch dann gegeben sein, wenn der Täter zunächst davon ausgeht, den angestrebten Taterfolg durch eine Handlung erreichen zu können, sich dann aber umgehend zu weiteren Tathandlungen entschließt, nachdem die ins Auge gefasste Handlung keinen oder nur einen Teilerfolg erbracht hat. Ein Wechsel des Angriffsmittels, räumliche Trennungen oder längere zeitliche Unterbrechungen **741**

628 BGH StV 2003, 396.

629 BGH RÜ 2014, 433.

630 BGH wistra 2008, 182.

631 BGH, Beschl. v. 25.02.2003 – 1 StR 474/02, BeckRS2003, 02849.

632 BGH wistra 2008, 220.

stellen die **Annahme einer Bewertungseinheit** nicht grundsätzlich in Frage, wenn nur die weiteren Tathandlungen auf die vorhergehende Handlung aufsetzen.[633]

Beispiele:

Nur eine einzige Bestechung kann vorliegen, wenn dem Amtsträger als Belohnung für eine bestimmte Diensthandlung der Vorteil in Teilbeträgen zugewendet wird.[634]

Der Täter schießt viermal hintereinander auf sein Opfer. Erst der letzte Schuss trifft tödlich. – Es liegen nicht etwa drei Versuche und eine Vollendung jeweils in Tatmehrheit vor, sondern nur ein einziges Delikt, nämlich vollendeter Totschlag.[635]

742 **3.** Von der Frage, ob man im jeweiligen Tatbestand Bewertungseinheiten zulässt, ist die Frage zu unterscheiden, unter welchen Voraussetzungen sich ein **Geschehen als „einheitliches Ganzes"** darstellt. Die **Rspr.** verlangt einen **engen räumlichen und zeitlichen Zusammenhang der Tatausführung bei einheitlicher, auf denselben Erfolg gerichteter Motivationslage**.

Da diese Kriterien aus dem Bereich der **natürlichen Handlungseinheit** (s.u. Rn. 749) entnommen sind, die die Judikatur für die Begründung der Tateinheit entwickelt hat, ist eine Bewertungseinheit bei Vorliegen einer solchen natürlichen Handlungseinheit möglich.

Aber auch darüber hinaus erkennt die Rspr. „eine Tat im Rechtssinne" an, wenn die der Tatbestandsvollendung dienenden Teilakte zwar über den engen Rahmen einer natürlichen Handlungseinheit hinausgehen, aber durchgängig auf dasselbe deliktische Ziel gerichtet und unselbstständige Teilakte eines Versuchsgeschehens sind. Maßgeblich dafür sind die Kriterien der für den Rücktritt geltenden Gesamtbetrachtungslehre: Die tatbestandliche Handlungseinheit etwa einer Erpressung oder einer Nötigung endet danach dort, wo der Täter nicht mehr strafbefreiend zurücktreten kann, weil er nur nach zeitlicher Zäsur weitermachen zu können glaubt (= Fehlschlag) oder weil er sein Ziel vollständig erreicht hat.[636]

743 **4.** Eine **Bewertungseinheit** ist aber **ausgeschlossen**, wenn es um **höchstpersönliche Rechtsgüter verschiedener Rechtsgutträger** geht. Denn bei solchen Rechtsgütern ist das tatbestandliche Unrecht einer „quantitativen Steigerung", also einer Addition schon nicht zugänglich.[637]

Beispiel: Schießt also der Amokschütze nacheinander auf vier vorbeifahrende Autos, so liegen – trotz zeitlicher Nähe – vier verschiedene Tötungsversuche vor.

C. Von Handlungseinheit zur Tateinheit verschiedener Gesetzesverletzungen

744 Hat man – unter Berücksichtigung des Vorgenannten – verschiedene Gesetzesverletzungen ermittelt, lautet die nächste Frage, ob sich die Ausführungshandlungen wenigstens zum Teil überschneiden.[638] **Diese Handlungseinheit ist notwendige Voraussetzung für Tateinheit i.S.v. § 52.**

Hinweis: *Geprüft wird also „in Richtung Tateinheit"!*

633 BGH StV 2012, 283.

634 Vgl. BGH NStZ 1995, 92.

635 Vgl. Wessels/Beulke/Satzger Rn. 1255.

636 BGH NJW 1996, 936 im „Dagobert-Fall"; BGH RÜ 2020, 381, 382.

637 BGH RÜ 2016, 300.

638 BGHSt 43, 312.

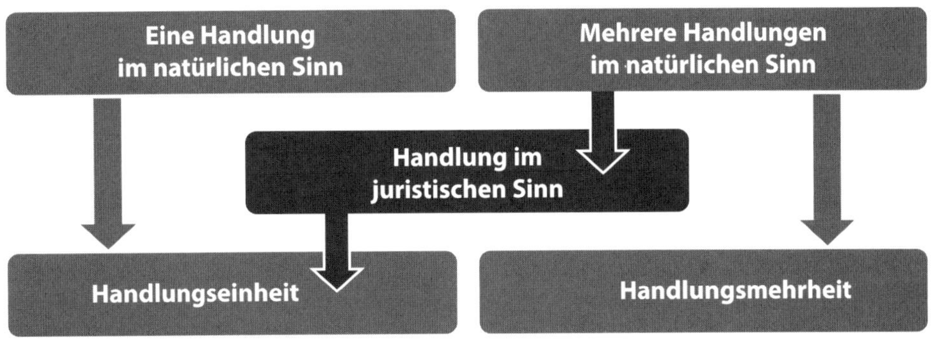

I. (Teil-)Identität der Ausführungshandlungen

1. Eine Handlung im natürlichen Sinne

a) Vollständige Deckungsgleichheit der Ausführung liegt vor, wenn die verschiedenen (oder gleichartigen, aber selbstständigen) Deliktserfolge auf einer Handlung im natürlichen Sinne beruhen. Definiert wird diese als ein **Handlungsentschluss, der zu einer Willensbetätigung geführt hat.**[639] 745

Beispiel: Werden zwei Personen durch eine Bombenzündung getötet, so liegen in der Regel Mord (§ 211) in zwei Fällen und Herbeiführung einer Sprengstoffexplosion (§ 308) in Tateinheit vor.

b) Da das strafbare Unterlassen der Aktivtat gleichsteht, gelten dieselben Grundsätze, wenn eine **Begehungstat gleichzeitig einen anderen Unterlassungserfolg** herbeiführt. 746

Beispiel: A fährt den Fußgänger F an und entfernt sich vom Unfallort. – Durch die Weiterfahrt hat A tateinheitlich § 142 und §§ 212, 13, 22, 23 begangen.

c) Bei **Tatbeteiligten** kommt es auf den von ihnen erbrachten Mitwirkungsbeitrag und nicht auf die zur (Haupt-)Tatverwirklichung erforderlichen Tathandlungen an. Daraus folgt: Hat jemand als Mittäter, mittelbarer Täter, Anstifter oder Gehilfe nur durch eine Handlung im Vorfeld seinen Tatbeitrag erbracht, so sind auch **alle verwirklichten Delikte, die ihm dadurch zugerechnet werden, durch diese eine Handlung als gemeinsames Band miteinander verbunden**. Es spielt keine Rolle, ob für die Tatausführenden die einzelnen Delikte in Tateinheit oder Tatmehrheit stehen.[640] 747

Beispiel: A entwickelt einen Plan für eine Raubserie. Er schickt den B los, der fünf Taten dieser Art vornimmt. – B ist strafbar wegen Raubes in fünf Fällen gleichartiger Tatmehrheit, §§ 249, 53. A ist strafbar wegen Anstiftung zum Raub in fünf tateinheitlich zusammentreffenden Fällen, §§ 249 (52), 26.

2. Natürliche Handlungseinheit

Die **h.M.** nimmt auch dann Zeitgleichheit der Ausführungshandlungen eines oder mehrerer Delikte an, wenn eine sog. natürliche Handlungseinheit vorliegt. 748

a) Diese soll gegeben sein, wenn zwischen mehreren strafrechtlich erheblichen Verhaltensweisen ein solcher unmittelbarer Zusammenhang besteht, „dass sich das gesamte Tätigwerden an sich **(objektiv) auch für einen Dritten als einheitliches zusammen-** 749

639 BGHSt 1, 20; 6, 81; 18, 26.

640 St.Rspr., vgl. BGH RÜ 2004, 477; BGH wistra 2011, 388.

gehöriges Tun bei natürlicher Betrachtungsweise erkennbar macht".[641] Die einzelnen Betätigungen müssen ferner **auf einem einheitlichen und in der Angriffsrichtung gleichartigen Willensentschluss beruhen,**[642] dürfen also nicht durch Fassen eines neuen Tatentschlusses unterbrochen sein.[643]

Hinweis: *Beachten Sie den* ***Unterschied zur tatbestandlichen Bewertungseinheit****. Dort dient die Einheitlichkeit des Geschehens dazu, letztlich nur eine Gesetzesverletzung annehmen zu können. Bei der natürlichen Handlungseinheit geht es hingegen darum, die tatsächliche Überschneidung mehrerer selbstständiger Gesetzesverletzungen und damit deren Tateinheit untereinander begründen zu können.*

Beispiel: Die Rspr. lässt den einheitlichen Fluchtwillen des Täters genügen, um bei einer Fluchtfahrt vor der Polizei zwischen mehreren, sachlich weit auseinander liegenden Delikten eine natürliche Handlungseinheit anzunehmen.[644]

750 **b) Einschränkungen** werden aber bei Angriffen auf **höchstpersönliche Rechtsgüter** gemacht. Richten sich diese gegen **verschiedene Träger**, scheidet in der Regel natürliche Handlungseinheit auch bei einheitlichem Tötungsentschluss und Handeln in einem Zug aus. Da die verschiedenen Personen zustehenden Rechtsgüter wie Leib und Leben einer additiven Betrachtungsweise nur ausnahmsweise zugänglich seien, **verbiete sich hier die Annahme natürlicher Handlungseinheit.**[645]

Ausnahmsweise hat der BGH aber bei zeitlich ganz engen Abläufen – Schüsse und Stiche gegen verschiedene Personen innerhalb weniger Sekunden – natürliche Handlungseinheit bejaht;[646] ferner bei mehreren Angriffen auf eine nicht individualisierte Personenmehrheit.[647]

3. Überschneidung mit rechtlichen Handlungseinheiten

751 **a)** Handlungseinheit als Voraussetzung für Tateinheit liegt auch vor, wenn sich ein Delikt mit einem Teilakt einer rechtlichen Handlungseinheit (insbesondere bei mehraktigen Delikten) deckt.

Beispiel: Der Räuber schlägt sein Opfer nieder und entwendet später dessen Wertgegenstände. Hier ist die Körperverletzung mit dem Nötigungselement des Raubes in der Tatausführung identisch und steht zu dem aus Nötigung und Diebstahl zusammengesetzten Delikt insgesamt in Tateinheit.[648]

752 **b)** Trifft eine Straftat mit einem **Dauerdelikt** zusammen, ist zu differenzieren:

- **Handlungseinheit** ist anzunehmen, wenn die zur Verwirklichung des anderen Tatbestandes dienende Handlung zugleich der Begründung oder Aufrechterhaltung des rechtswidrigen Dauerzustandes **dient.**[649]
- **Handlungsmehrheit** liegt dagegen vor, wenn die andere Straftat **bei Gelegenheit** eines Dauerdelikts begangen wird.

---

641 BGHSt 4, 219, 220; BGH RÜ 2019, 27, 28.

642 Vgl. BGH JZ 1983, 907.

643 BGH NStZ-RR 2002, 207.

644 BGH NZV 2001, 265.

645 BGH NStZ 1996, 129; BGH RÜ2 2016, 181.

646 BGH StV 1998, 72.

647 BGH NJW 1985, 1565.

648 Kraß JuS 1991, 822.

649 Vgl. Lackner/Kühl/Heger § 52 Rn. 7; Seher JuS 2004, 392, 394; weitgehend deckungsgleich die Rspr., die tatsächliche Überschneidung der Ausführungshandlungen und inneren Zusammenhang der Tathandlungen entscheiden lässt, vgl. BGH, Beschl. v. 14.07.2005 – 4 StR 134/05, BeckRS 2005, 09435.

4. Klammerwirkung

Hiervon spricht man, wenn sich **als solche selbstständige Delikte jeweils in ihren Ausführungshandlungen mit einer dritten, annähernd wertgleichen Tat überschneiden und durch diese miteinander zur juristischen Handlungseinheit verbunden werden**. **753**

Das verklammernde Delikt muss nicht mit allen verklammerten Tatbeständen wertgleich sein; es genügt die Wertgleichheit nur mit einem davon.[650] Für die Beurteilung der Schwere des verklammernden Delikts kommt es nicht auf die abstrakte Einteilung als Verbrechen oder Vergehen an. Daher können sogar zwei Verbrechen durch ein Vergehen verklammert werden, wenn bei **konkreter Betrachtungsweise** der Strafrahmen für das verbindende Vergehen höher ist als der Strafrahmen für nur eines der verbundenen Verbrechen.[651]

Beispiel: Während einer Freiheitsberaubung vergewaltigte der Täter sein Opfer. Danach bringt er das weiterhin eingesperrte Opfer um. – Für sich gesehen beruhen sowohl die Vergewaltigung (§ 177) als auch der Mord (§ 211) auf verschiedenen Handlungen. Beide Delikte sind aber während des Dauerdelikts der Freiheitsberaubung begangen worden, die durch die Tötung zur Freiheitsberaubung mit Todesfolge geworden ist (§ 239 Abs. 1, 4). Mit seiner Strafdrohung von drei bis fünfzehn Jahren wiegt dieses Delikt zwar nicht so schwer wie der Mord, wohl aber schwerer als die Vergewaltigung. Alle drei Delikte werden damit durch das „Brückendelikt" des § 239 Abs. 4 zur Tateinheit verklammert.[652]

Gegenbeispiel: Wegen der Strafmilderung gemäß §§ 23 Abs. 2, 49 Abs. 1 kann eine versuchte räuberische Erpressung mit Todesfolge nicht zwei im Zuge der Erpressung begangene Morde verklammern.[653]

Das **Schrifttum** hält die Tateinheit durch Verklammerung für verfehlt. Es sei mit dem Schuldprinzip unvereinbar, dem Täter die vorgenannten strafzumessungsrechtlichen und prozessualen Vorteile nur deshalb zugutekommen zu lassen, weil er ein Mehr an Unrecht (nämlich das verklammernde dritte Delikt) verwirklicht habe.[654]

II. Gesetzeskonkurrenz bei Handlungseinheit

Bei Handlungseinheit mehrerer Delikte stehen diese zueinander in **Tateinheit gemäß § 52**, es sei denn, es liegt ein Fall der Gesetzeskonkurrenz vor. **754**

Hinweis: *§ 52 kommt also erst zum Zug, soweit vorher Gesetzeskonkurrenz verneint werden musste!*

„Gesetzeskonkurrenz" bedeutet, dass von mehreren, dem Gesetzeswortlaut nach verwirklichten Straftatbeständen nur einer (oder einige) anwendbar ist (sind) und die übrigen zurücktreten. Man spricht daher auch von **„unechter" Konkurrenz** oder **„Gesetzeseinheit"**.[655] Bei Handlungseinheit sind die nachfolgenden Fälle von Gesetzeskonkurrenz möglich:

650 BGH NStZ 2014, 272.
651 Vgl. BGH RÜ 2020, 578, 581.
652 BGH NStZ-RR 1998, 324.
653 BGH NStZ 2005, 262.
654 Geppert Jura 2000, 651, 652.
655 Vgl. Mitsch JuS 1993, 385; BGHSt 39, 100, 108.

1. Spezialität

755 **Spezialität bedeutet, dass das spezielle Gesetz dem generellen Gesetz vorgeht.**

756 **a)** Spezialität ist gegeben, wenn ein Tatbestand (*lex specialis*) begriffsnotwendig alle Merkmale eines anderen Tatbestandes (*lex generalis*) enthält und darüber hinaus noch wenigstens ein zusätzliches weiteres Merkmal, das den infrage kommenden Sachverhalt unter einem genaueren (spezielleren) Gesichtspunkt erfasst.[656] Das ist der Fall

- im Verhältnis zwischen **Qualifizierung** oder **Privilegierung** zum Grundtatbestand,

  Beispiel: Diebstahl mit Waffen, § 244, im Verhältnis zum Diebstahl, § 242.

- beim **zusammengesetzten Delikt** gegenüber den in ihm vereinigten Tatbeständen.

  Beispiel: Raub, § 249, gegenüber den Tatbeständen des Diebstahls (einschließlich etwaiger Erschwerungen der §§ 243, 244[657]) und der Nötigung.

757 **b)** Spezialität kann auch vorliegen, wo – ohne gleichlautende Tatbestände – ein bestimmtes Begriffsmerkmal des allgemeinen (= weiteren) Delikts „spezialisiert" (= verengt) wird.[658]

Beispiel: Die Freiheitsberaubung, § 239, ist das speziellere Delikt im Verhältnis zur Nötigung, § 240, wenn sich der Vorsatz auf die Nötigung zur Duldung der Freiheitsberaubung beschränkt.[659]

758 **c)** Wird ein **Grundtatbestand durch verschiedene Strafschärfungen** qualifiziert, so gilt Folgendes:

- Lässt sich zwischen den verschiedenen Strafschärfungen ein **Unwertgefälle** ausmachen, so geht die unrechtsschwerere als speziellere vor.

  Beispiele: Gesetzeskonkurrenz einer nur versuchten Verwendung eines gefährlichen Werkzeugs gemäß §§ 250 Abs. 2, 22, 23 gegenüber dem vollendeten Beisichführen, § 250 Abs. 1 Nr. 1 a.[660]

- Besitzt dagegen von verschiedenen verwirklichten Strafschärfungen jede einen eigenen Unwertgehalt, so kommt ein Zurücktreten nicht infrage, und die Qualifikationen stehen zueinander aus **Klarstellungsgründen** in Tateinheit.

  Beispiel: T bespritzt das Kopftuch seiner Frau F mit flüssigem Grillanzünder und setzte es danach in Brand. Dabei nahm er schmerzhafte und lebensgefährliche Brandverletzungen sowie lebenslang sichtbare Spuren billigend in Kauf. F erlitt an Gesicht, Hals und Händen Verbrennungen zweiten und dritten Grades. Sie musste einen Monat lang auf der Intensivstation behandelt werden. Trotz mehrerer Operationen hat sie bleibende, schmerzhafte Narben. – Hier hat der BGH zur Klarstellung der Lebensgefährlichkeit neben dem Eintritt der dauernden Entstellung die Verurteilung in Tateinheit zwischen § 224 Abs. 1 Nr. 5 und § 226 Abs. 1 Nr. 3 bestätigt.[661]

2. Subsidiarität

759 Ein Subsidiaritätsverhältnis liegt vor, wenn zwischen mehreren, handlungseinheitlich verwirklichten Tatbeständen, die dasselbe Rechtsgut schützen, **ein „normatives Ein-**

---

656 Vgl. BGH RÜ 2020, 582, 584.

657 BGH NStZ-RR 2005, 202.

658 Vgl. NK/Puppe/Grosse-Wilde Vor §§ 52-55 Rn. 9.

659 Sch/Sch/Eser/Eisele § 240 Rn. 41.

660 BGH NStZ 2005, 41.

661 BGH RÜ 2009, 645.

schluss -oder Stufenverhältnis" besteht.[662] Dieses Verhältnis bewirkt, dass das als Auffangtatbestand fungierende Gesetz zurücktritt und nur hilfsweise, nämlich bei Nichteingreifen oder Wegfall der vorrangigen Vorschrift, zur Anwendung kommt.

a) Formelle Subsidiarität

Die Subsidiarität ist zum Teil im Gesetz ausdrücklich angeordnet, sog. „ausdrückliche" oder **„formelle Subsidiarität"** (z.B. §§ 145 d, 248 b, 265 Abs. 1 a.E., 265 a). Hierfür hat der BGH inzwischen klargestellt, dass die Verdrängungswirkung nicht nur von schwereren Delikten derselben Schutzrichtung ausgeht, sondern **von allen Strafvorschriften mit höherer Strafdrohung**.[663] **760**

Beispiel: Hat der Täter ein Fahrzeug unterschlagen (§ 246 Abs. 1) und zugleich eine vorsätzliche Straßenverkehrsgefährdung verwirklicht (§ 315 c Abs. 1), tritt die Unterschlagung zurück, auch wenn die Straßenverkehrsgefährdung gar kein Eigentumsdelikt ist.

b) Materielle Subsidiarität

Die Subsidiarität kann sich auch aus Zweck und Schutzbereich einer Vorschrift als sog. „stillschweigende" oder **„materielle Subsidiarität"** ergeben, also wenn einer Strafvorschrift nur eine „Reservefunktion" gegenüber anderen und intensiveren Angriffen auf dasselbe Rechtsgut zukommt.[664] **761**

aa) Subsidiär ist bei verschiedenen **Entwicklungsstufen desselben deliktischen Angriffs** der weniger weit vorangeschrittene gegenüber dem weiter vorangeschrittenen Angriff. **762**

Beispiel: Die verselbstständigte strafbare Vorbereitungshandlung ist subsidiär gegenüber der versuchten oder vollendeten Haupttat (z.B. § 30 gegenüber der später ausgeführten Tat), solange die vorbereitete und ausgeführte Tat rechtlich und tatsächlich identisch sind.

bb) Subsidiär sind ferner die sog. **„Durchgangsdelikte"**. **763**

Hauptfall: Die Körperverletzung, §§ 223 ff., tritt als subsidiäres Delikt hinter einem vollendeten Tötungsdelikt zurück.

cc) Subsidiär ist stets der ungefährlichere gegenüber dem gefährlicheren Angriff.[665] **764**
Subsidiär ist:

- die auf denselben Erfolg gerichtete Fahrlässigkeitstat gegenüber der Vorsatztat;
- die Unterlassungstat gegenüber der Begehungstat;
- die echte Unterlassungstat gegenüber der unechten Unterlassungstat;
- Gefährdungsdelikte gegenüber Verletzungsdelikten hinsichtlich desselben Schutzwertes (sofern die Gefährdung nicht über die Verletzung hinausgeht);

  Beispiel: Als Gefährdungsdelikt tritt die vollendete Bedrohung (§ 241) hinter dem Erfolgsdelikt der Nötigung (§ 240) zurück, und zwar auch dann, wenn letztere nur versucht wurde.[666]

---

662 BGH RÜ 2020, 100, 102.
663 BGHSt 47, 243.
664 MünchKomm/v. Heintschel-Heinegg Vor § 52 Rn. 46.
665 NK/Puppe/Grosse-Wilde Vor §§ 52-55 Rn. 21.
666 BGH NStZ 2006, 342.

- abstrakte Gefährdungsdelikte gegenüber konkreten Gefährdungsdelikten;
- Anstiftung und Beihilfe gegenüber der Täterschaft;
- Beihilfe gegenüber der Anstiftung.

765 **dd)** Die Grenze der Subsidiarität wird aber durch das **Klarstellungsbedürfnis** im Schuldspruch markiert. Die klausurwichtigsten Fälle:

- Wegen des Klarstellungsbedürfnisses hat der BGH seine frühere Rspr. aufgegeben und lässt eine **vollendete Körperverletzung** nicht mehr als Durchgangstat hinter einem **nur versuchten Tötungsdelikt** zurücktreten, sondern nimmt – weil nicht jeder Tötungsversuch auch eine Verletzung ausgelöst haben muss – Tateinheit an.[667]
- Bei **jeder nur versuchten Erfolgsqualifikation** muss die Vollendung des Grunddelikts durch Tateinheit klargestellt werden.[668]
- Aus Klarstellungsgründen ist Tateinheit zwischen Totschlag/Mord und jeder mit Tötungsvorsatz (§ 18) **vollendeten Erfolgsqualifikation mit Todesfolge** anzunehmen.[669]

3. Konsumtion

766 Begriff und Abgrenzung der Konsumtion sind heftig umstritten, von einigen Autoren wird sie überhaupt nicht als selbstständiger Fall der Gesetzeskonkurrenz angesehen.[670]

767 **a)** Nach **h.M. im Schrifttum** und **höchstrichterlicher Rspr.** ist bei Handlungseinheit Konsumtion dann zu bejahen, wenn ein bestimmtes Strafgesetz trotz an sich anderer Schutzrichtung neben einem anderen Strafgesetz **üblicherweise – aber nicht notwendigerweise – mitverwirklicht ist**, und wenn mit der Bestrafung aus dem vorrangigen Gesetz auch die andere Gesetzesverletzung mit abgegolten ist. Es handelt sich also um die sog. **mitbestrafte Begleittat.**[671]

Hinweis: *Nicht zu verwechseln mit der sog. mitbestraften Vortat und mitbestraften Nachtat im Rahmen der Handlungsmehrheit.*

Beispiele:

Der unbefugte Gebrauch eines Kraftfahrzeugs, § 248 b, beinhaltet in der Regel Diebstahl oder Unterschlagung am Benzin; es werden jedoch §§ 242/246 – trotz ihrer höheren Strafandrohung – insoweit von § 248 b konsumiert.[672]

Mit dem Verfälschen einer Urkunde gemäß § 267 Abs. 1 Mod. 2 geht regelmäßig eine Unterdrückung der vormals echten Urkunde gemäß § 274 Abs. 1 Nr. 1 einher. Obwohl § 267 die Sicherheit und Zuverlässigkeit des Beweisverkehrs mit Urkunden und damit ausschließlich Allgemeininteressen schützt wohingegen § 274 das individuelle Beweisführungsrecht schützt, tritt § 274 als typische Begleittat hinter § 267 zurück.[673]

---

667 BGHSt 44, 196.

668 BGH RÜ 2004, 655 zu § 306 a in Tateinheit mit Versuch des § 306 c.

669 BGHSt 39, 100, 109 (Großer Senat); BGH, Beschl. v. 14.07.2005 – 4 StR 134/05, BeckRS 2005, 09435.

670 S. Sch/Sch/Sternberg-Lieben/Bosch Vorbem. §§ 52 ff. Rn. 124 m.w.N.

671 Vgl. BGH RÜ 2020, 100, 102.

672 BGHSt 14, 388.

673 BGH RÜ 2020, 100.

b) Die Grenze der Konsumtion bildet – wie bei der Spezialität und Subsidiarität – wieder das **Klarstellungsbedürfnis** für den Schuldspruch. 768

Sehr klausurwichtige Beispiele:

Verwirklicht der Täter zur Begehung eines **Diebstahls** eine **Sachbeschädigung** (z.B. durch Aufbrechen eines Schlosses), tritt § 303 zum Diebstahl in Tateinheit, selbst wenn ein besonders schwerer Fall nach § 243 oder sogar eine Qualifikation nach §§ 244, 244 a vorliegt.[674]

Leistet der Täter gegen einen **Vollstreckungsbeamten in einer konkreten Vollstreckungssituation Widerstand durch einen tätlichen Angriff**, verwirklicht er sowohl § 113 als auch § 114. § 113 schützt die Autorität staatlicher Vollstreckungsakte und damit das staatliche Gewaltmonopol; § 114 schützt den Vollstreckungsbeamten selbst vor feindseligen körperlichen Attacken. Die unterschiedlichen Schutzrichtungen beider Strafnormen gebieten bei Verwirklichung beider Straftaten zur Klarstellung Tateinheit.[675]

III. Tateinheit (= Idealkonkurrenz), § 52

1. Werden durch dieselbe Handlung i.S.d. **Handlungseinheit mehrere Delikte** erfüllt und liegt nach dem Vorgenannten keine Gesetzeskonkurrenz vor, so ist das Ergebnis „Tateinheit" oder „Idealkonkurrenz" i.S.d. § 52 zwangsläufig. Hier wird unterschieden: 769

- **Gleichartige** Tateinheit, wenn durch die **eine Handlung dasselbe Strafgesetz mehrmals** verletzt wird.

  Beispiel: Durch einen Bombenwurf werden gleichzeitig drei Menschen getötet.

- **Ungleichartige** Tateinheit, wenn durch die **eine Handlung mehrere – verschiedene – Strafgesetze** verletzt werden.

  Beispiel: Durch eine Sprengstoffzündung in einem Pkw werden die Insassen getötet und das Fahrzeug zerstört.

Merksatz: Tateinheit ist Handlungseinheit minus Gesetzeskonkurrenz!

2. Für die **Bestrafung bei Tateinheit** gilt nach § 52 das eingeschränkte **Absorptionsprinzip**. Der Täter ist zwar wegen aller konkurrierenden Delikte schuldig zu sprechen. Die Strafe wird jedoch nach dem Gesetz bestimmt, das die **schwerste Strafe** androht, § 52 Abs. 2 S. 1. Welches Gesetz den schwersten Strafrahmen enthält, ist nach der konkreten Sachlage zu ermitteln.[676] 770

Das mildere Gesetz bleibt in dreifacher Hinsicht bedeutsam:

- Die Strafe darf niemals das Mindestmaß, das in einem milderen Gesetz angedroht ist, unterschreiten (§ 52 Abs. 2 S. 2).
- Auf Nebenstrafen und Nebenfolgen muss (oder kann) erkannt werden, auch wenn nur das mildere Gesetz sie vorschreibt (oder zulässt), § 52 Abs. 4 S. 2.
- Bei der Strafzumessung kann die tateinheitliche Straftat strafschärfend berücksichtigt werden.[677]

---

674 BGH RÜ 2013, 782; BGH RÜ 2019, 174 f.

675 BGH RÜ 2020, 582, 584.

676 RGSt 75, 15; BGHSt 6, 375.

677 OLG Hamm NJW 1973, 1891; Lackner/Kühl/Heger § 52 Rn. 10.

Allerdings darf dies nicht dazu führen, dass dem Täter das im tatsächlichen Überschneidungsbereich der tateinheitlichen Normen verwirklichte Unrecht mehrfach angelastet wird. Bei Raub mit Todesfolge in Tateinheit mit Mord beispielsweise darf der Tod des Opfers also nicht zweimal zum Strafzumessungsfaktor gemacht werden. Insofern hat die Tateinheit nur klarstellende Bedeutung.[678]

Klausurhinweis: *In der Klausur ist zum Absorptionsprinzip oder zur Strafzumessung nichts zu schreiben.*

„Trichterfunktion"

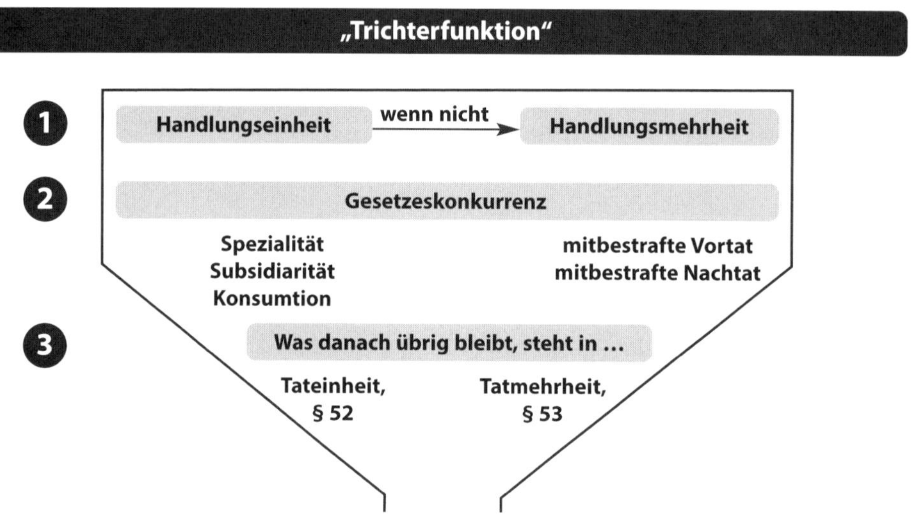

D. Von der Handlungsmehrheit zur Tatmehrheit verschiedener Gesetzesverletzungen

771 Kann weder eine Handlung im natürlichen Sinne noch eine natürliche Handlungseinheit noch eine juristische Handlungseinheit in dem oben dargelegten Sinne angenommen werden, liegt (zwangsläufig) **Handlungsmehrheit** vor.

Hinweis: *Die Handlungsmehrheit ergibt sich also von selbst aus der Verneinung von Handlungseinheit. Merken Sie sich das oben abgebildete „Trichter-Schema".*

I. Gesetzeskonkurrenz bei Handlungsmehrheit

772 Hat jemand mehrere selbstständige Straftaten i.S.d. Handlungsmehrheit begangen, deren gleichzeitige Aburteilung möglich ist, so liegt Tatmehrheit gemäß § 53 vor, es sei denn, es ist eine **mitbestrafte Vor- oder Nachtat** gegeben. Auch hierbei handelt es sich um Fälle der „Gesetzeskonkurrenz". Umstritten ist lediglich, ob es dabei um Subsidiarität oder Konsumtion oder eine eigenständige Konkurrenzform geht.[679]

678 BGHSt 39, 100, 109.

679 Vgl. MünchKomm/Heintschel-Heinegg Vor § 52 Rn. 58.; für die Zuordnung zur Konsumtion BGH RÜ 2020, 100, 102.

1. Mitbestrafte Vortat

Bei einer Mehrzahl an sich strafbarer Handlungen eines Täters kann die Strafbarkeit des früheren Tuns entfallen, weil der **Unrechtsgehalt des früheren Tuns von dem des späteren mitumfasst** wird.[680] 773

Beispiel: Unterschlägt der Täter bei dem Geschädigten einen Fahrzeugschlüssel, um mit dessen Hilfe später das dazugehörende, im Gewahrsam des Geschädigten befindliche Fahrzeug zu entwenden, so ist diese Unterschlagung mitbestrafte Vortat und durch die Bestrafung wegen des Fahrzeugdiebstahls mit abgegolten.[681]

2. Mitbestrafte Nachtat

Eine mitbestrafte Nachtat liegt vor, wenn die durch sie begangene Rechtsgutverletzung im Verhältnis zu der durch die vorangegangene Straftat geschehenen Rechtsgutverletzung keinen selbstständigen Unwertgehalt hat. Mit der **Nachtat** will der Täter den durch eine andere Tat erlangten Erfolg **sichern, ausnutzen oder verwerten**; der Verwertung steht die Beschädigung oder Zerstörung der Sache gleich. Die Nachtat muss sich aber **gegen denselben Rechtsgutträger und dasselbe Rechtsgut richten, und es darf kein Schaden entstehen, der qualitativ über das Maß der Haupttat hinausgeht.** Rechtsgüter dritter Personen dürfen nicht beeinträchtigt werden.[682] 774

Beispiel: Der Täter hat durch eine räuberische Erpressung Bargeld erlangt und wird vom Opfer verfolgt. Um sich die Beute zu erhalten, nötigt er das Opfer zur Umkehr. – Mangels Schaden keine erneute räuberische Erpressung; die Nötigung gemäß § 240 zur Beutesicherung gegenüber dem Opfer der Vortat tritt als mitbestrafte Nachtat zurück.[683]

Hätte sich die Nötigung gegen einen anderen Verfolger gerichtet, wäre sie nicht zurückgetreten, sondern hätte in Tatmehrheit zur räuberischen Erpressung gestanden.[684]

Umstritten ist die konstruktive Begründung der mitbestraften Nachtat: Nach **h.M.** ist die Nachtat nur „straflos", wenn und weil sie durch die Strafe für die Haupttat schon hinreichend gesühnt wird. Diese „Konsumtion" der Nachtat setze die Strafbarkeit der Haupttat voraus.[685] 775

Eine andere Meinungsgruppe betrachtet Vor- und Nachtat als ein Gesamtgeschehen, für das die Vortat die ausschließliche materielle Bewertungsgrundlage bilde.[686]

Relevant wird der Streit, wenn die Vortat wegen eines Verfahrenshindernisses nicht mehr verfolgbar ist.

Beispiel: A findet auf seinem Dachboden ein Bild, das er sechs Jahre zuvor aus einem Museum gestohlen hatte. Da er befürchtet, das Gemälde nicht verkaufen zu können, verbrennt er es. – Der Diebstahl ist verjährt, § 78 Abs. 3 Nr. 4. Die Sachbeschädigung gemäß § 303 Abs. 1 tritt nach der zweiten Meinung als mitbestrafte Nachtat hinter dem Diebstahl zurück und kann auch ungeachtet der Verjährung der Vortat nicht mehr geahndet werden. Nach h.M. entfällt der Grund für die Straflosigkeit der Nachtat mit Eintritt eines Verfolgungshindernisses für die Vortat. A ist aus Sachbeschädigung strafbar.

---

680 OLG Hamm MDR 1979, 421; Wessels/Beulke/Satzger Rn. 1279.

681 OLG Hamm MDR 1979, 421.

682 BGH NStZ 2001, 195 zur Untreue als mitbestrafte Nachtat eines Betruges.

683 BGH NStZ-RR 2000, 106; vgl. auch BGH RÜ 2011, 579.

684 BGH NStZ-RR 2002, 334.

685 BGH JZ 1993, 474; Wessels/Beulke/Satzger Rn. 1281.

686 Jescheck/Weigend § 69 II 3 a; Stree JZ 1993, 476.

II. Tatmehrheit (= Realkonkurrenz), § 53

776 **1.** Werden durch **mehrere Handlungen** i.S.d. Handlungsmehrheit mehrere Delikte erfüllt, deren gleichzeitige Aburteilung möglich ist, und liegt kein Fall der mitbestraften Vor- oder Nachtat vor, ist Tatmehrheit i.S.d. **§ 53** gegeben.

- **Gleichartige** Realkonkurrenz liegt vor, wenn durch mehrere (rechtlich selbstständige) Handlungen **dasselbe Strafgesetz mehrmals** verletzt wird.

  Beispiel: Der T hat am 01.03. das Kind J und am 01.04. das Kind M sexuell missbraucht. – Die zwei selbstständigen Handlungen des § 176 stehen in – gleichartiger – Tatmehrheit.

- **Ungleichartige** Realkonkurrenz liegt vor, wenn durch mehrere (rechtlich selbstständige) Handlungen **verschiedene Strafgesetze** verletzt werden.

  Beispiel: A begeht am 01.03. einen Diebstahl, am 01.04. eine Körperverletzung.

Merksatz: Tatmehrheit ist Handlungsmehrheit minus Gesetzeskonkurrenz!

777 **2.** Bei der Tatmehrheit gilt für die **Straffestsetzung** Folgendes:

- Grundsätzlich ist eine **Gesamtstrafe** zu bilden. Dies geschieht durch **Erhöhung der verwirkten schwersten Strafe (Einsatzstrafe), sog. Asperationsprinzip (§§ 53, 54)**. Eine Ausnahme gilt nach § 54 Abs. 1 S. 1, wenn eine der Einzelstrafen eine lebenslange Freiheitsstrafe ist. Da diese nicht erhöht werden kann, ist die lebenslange Freiheitsstrafe zugleich als Gesamtstrafe zu verhängen. Die übrigen Einzelstrafen behalten dann ihre Bedeutung für die Aussetzung des Strafrestes gemäß §§ 57 a, b.
- Eine Gesamtstrafe **muss** gebildet werden, wenn mehrere zeitige Freiheitsstrafen oder mehrere Geldstrafen verwirkt sind (§ 53 Abs. 1).
- Eine Gesamtstrafe **kann** gebildet werden, wenn Freiheitsstrafen mit selbstständigen Geldstrafen zusammentreffen (§ 53 Abs. 2 S. 1); es kann jedoch in diesen Fällen auch auf die Geldstrafe gesondert erkannt werden (§ 53 Abs. 2 S. 2).

778 **3.** Wird nach rechtskräftiger Verurteilung wegen einer anderen, zeitlich früher liegenden Straftat auf Strafe erkannt, so ist **nachträglich** eine Gesamtstrafe zu bilden **(§ 55)**.

Einbezogene Taten bei der Gesamtstrafe

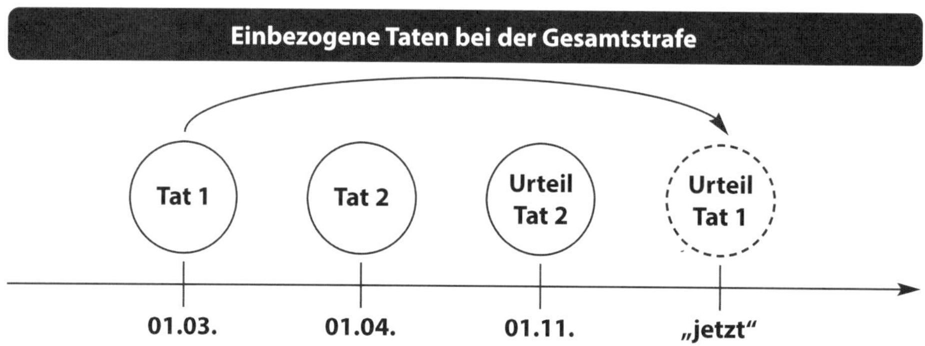

Die **nachträgliche Gesamtstrafenbildung** hat folgende Voraussetzungen: 779

- Die jetzt abzuurteilende Tat muss **vor der früheren Verurteilung** begangen worden sein.

  Beispiel: A begeht am 01.03. einen Diebstahl und am 01.04. eine Körperverletzung. Für die Körperverletzung wird er am 01.11. zu einer Geldstrafe verurteilt. Bei der jetzt am 01.12. abzuurteilenden Tat handelt es sich um den davor begangenen (aber noch nicht abgeurteilten) Diebstahl.

- Die frühere Verurteilung muss im jetzigen Zeitpunkt **rechtskräftig** sein.

Unter **formeller Rechtskraft** versteht man die Unanfechtbarkeit der Entscheidung, sie tritt ein, wenn keine Rechtsmittel mehr vorhanden sind. Die **materielle Rechtskraft** bezieht sich auf den Inhalt eines formell rechtskräftigen Urteils und verhindert, dass dieser erneut zum Gegenstand eines Verfahrens werden kann.

- Die frühere Strafe darf noch **nicht vollständig erledigt** sein. **Erledigung** bedeutet Vollstreckung (bei Geldstrafe: Bezahlung), Verjährung oder Erlass.

  Beispiel: A hat die Geldstrafe, zu der er am 01.11. (Beispiel oben) verurteilt wurde, noch nicht bezahlt.

Grundgedanke des § 55 Abs. 1 ist es, die durch eine (zufällig) getrennte Aburteilung entstandenen **Vor- und Nachteile auszugleichen**, sodass Taten die bei gemeinsamer Aburteilung nach §§ 53, 54 behandelt worden wären, auch nach getrennter Aburteilung noch nachträglich so zu behandeln sind.

Hinweis: *Details zur Strafzumessung müssen Sie erst im zweiten Staatsexamen können.*

Die wichtigsten Definitionen zu den Konkurrenzen	
Absorptionsprinzip	Sind mehrere Strafgesetze verletzt, so wird die Strafe nach dem Gesetz bestimmt, das die schwerste Strafe androht (§ 52 Abs. 2).
Asperationsprinzip	Im Rahmen der Tatmehrheit wird die Gesamtstrafe durch Erhöhung der verwirkten höchsten Einzelstrafe gebildet (§ 54 Abs. 1).
Handlung im juristischen Sinn	Wenn mehrere Handlungen im natürlichen Sinn zu einer Handlung zusammengefasst werden.
Handlung im natürlichen Sinn	Wenn ein Handlungsentschluss sich in einer Willensbetätigung realisiert.
Handlungseinheit	Die selbe Handlung verletzt mehrere Strafgesetze oder dasselbe Strafgesetz mehrmals, § 52 (=Tateinheit/Idealkonkurrenz).
Handlungsmehrheit	Der Täter verletzt durch mehrere Handlungen mehrere Gesetze, § 53 (=Tatmehrheit/Realkonkurrenz).
Klammerwirkung	Zwei voneinander unabhängige Delikte stehen mit einer dritten Handlung in Idealkonkurrenz und werden so miteinander zu einer rechtlichen Handlungseinheit verbunden.
Konsumtion	Wenn weder Spezialität noch Subsidiarität vorliegen, bei Verwirklichung eines bestimmten Strafgesetzes jedoch üblicherweise, wenn auch nicht notwendigerweise andere Strafgesetze mitverwirklicht werden, deren Unwertgehalt mit der Bestrafung aus dem vorrangigen Gesetz abgegolten ist.
Spezialität	Wenn eine Strafvorschrift zunächst die Merkmale einer anderen Strafvorschrift und darüber hinaus noch weitere Merkmale enthält, sodass die Verwirklichung des spezielleren Delikts zwangsläufig auch die Verwirklichung des allgemeinen Tatbestandes nach sich zieht.
Subsidiarität	Wenn eine Strafvorschrift nur hilfsweise anwendbar ist, was bedeutet, dass die Anwendung nur dann in Betracht kommt, wenn eine andere Norm nicht einschlägig ist.

Anmerkung: *Alle weiteren Definitionen für das Strafrecht finden Sie kompakt zusammengefasst in unserem AS-Produkt „Definitionen Strafrecht" (2022).*

Vorerörterung bei mehrfacher Verletzung derselben Strafvorschrift

Nur **ein Delikt** in Fällen **tatbestandlicher Handlungs- oder Bewertungseinheit:**

- Delikte mit pauschalisierender Handlungsbeschreibung; Dauerdelikte
- Mehraktige und zusammengesetzte Delikte
- Unselbstständige Intensivierungen desselben Unrechtserfolges

Konkurrenzen

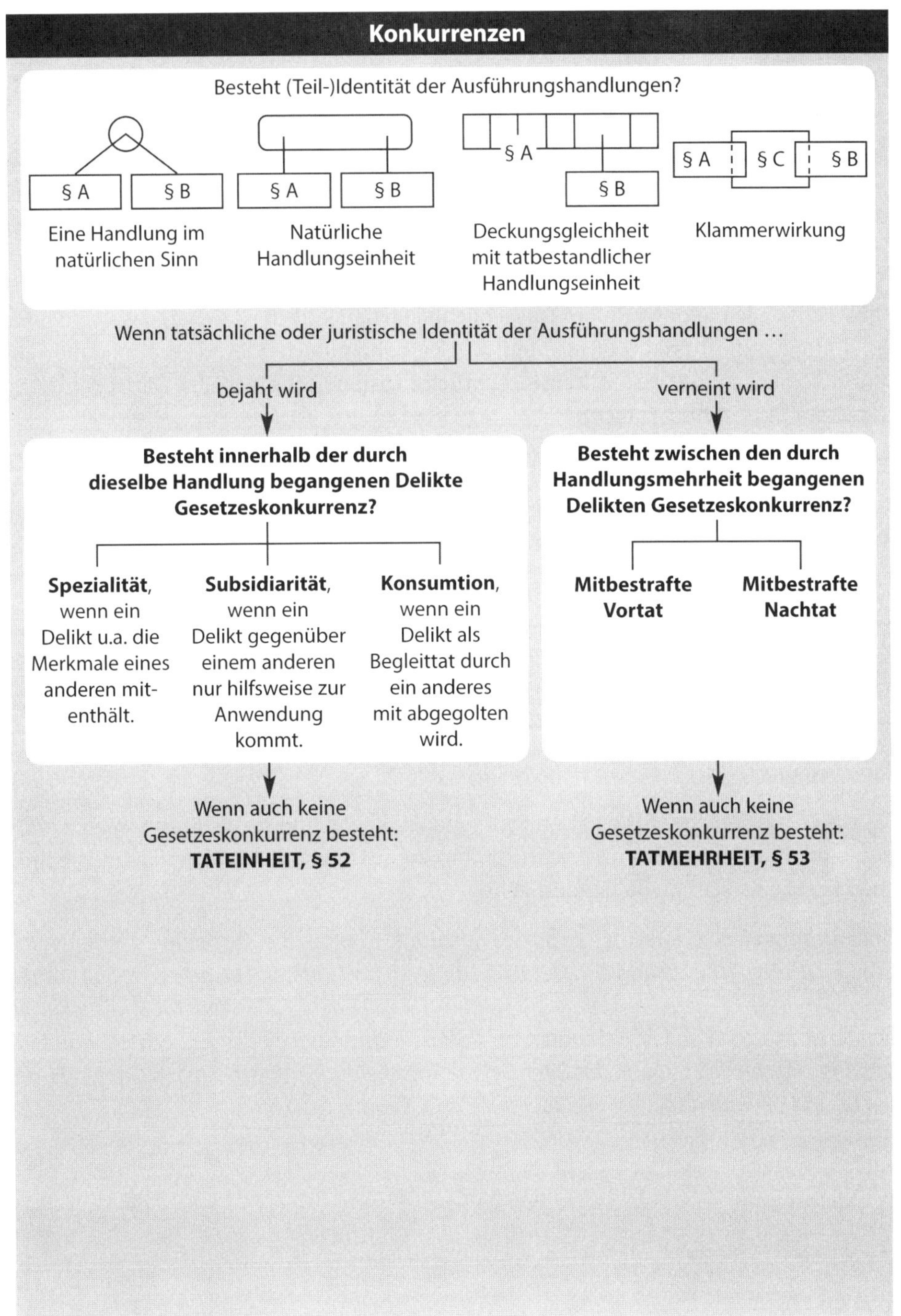

5. Teil: Die rechtliche Bewältigung unklarer Sachverhalte

1. Abschnitt: Überzeugung von der Schuld und Zweifelssatz

780 Aus dem in **Art. 103 Abs. 2 GG, § 1** niedergelegten **Gesetzlichkeitsprinzip**[687] folgt, dass ein Angeklagter nur verurteilt werden darf, wenn ihm die Begehung einer bestimmten Tat, d.h. die Erfüllung der gesetzlichen Tatbestandsmerkmale **nachgewiesen** werden kann. Dafür muss das Gericht nach Ausschöpfung aller Beweis- und Erkenntnisquellen von denjenigen Tatsachen, die den Schuldspruch tragen, **überzeugt** sein, §§ 244 Abs. 2, 261 StPO. Bleiben Zweifel, muss nach dem Grundsatz **„in dubio pro reo"** freigesprochen werden.[688]

Beispiel: A hat den Fußgänger F übersehen, mit seinem Auto angefahren und dadurch auf die Straße geschleudert. Kurze Zeit später hat B den auf der Fahrbahn Liegenden überrollt. F ist tot. Der Gerichtsmediziner hält es für möglich, dass schon A den F durch das Anfahren getötet hat, aber auch, dass A den F nur verletzt und erst B ihn getötet hat. – Für B ist in dubio pro reo davon auszugehen, dass F bereits tot war, als er ihn überfuhr. B ist nicht strafbar.

Zahlreiche Fälle bleiben zwar im Tatsächlichen unklar, jedoch ist sicher, das sich der Täter strafbar gemacht hat, weil ein strafloser Hergang ausscheidet. Hierbei sind die Fälle unproblematisch, bei denen **keine rechtliche Ungewissheit** bleibt. Dann gilt der in dubio pro reo-Grundsatz nicht.

Im vorgenannten Beispiel ist A wegen fahrlässiger Tötung gemäß § 222 strafbar. Die Tatsachenungewissheit, ob er unmittelbar den F getötet hat oder durch sein Anfahren erst das Überfahren durch B verursacht hat, ist unerheblich. A hat in beiden Fällen fahrlässig und im Pflichtwidrigkeitszusammenhang damit den Tod des F verursacht.

Es bleiben Fälle von Tatsachenungewissheit, bei denen zwar irgendeine Strafbarkeit des Täters sicher ist, aber zweifelhaft bleibt, **aus welcher Strafvorschrift**. Fraglich ist, ob dann trotzdem eine Verurteilung erfolgen kann.

Abwandlung des vorgenannten Beispiels: Möglich ist, dass A den F angefahren hat, um ihn umzubringen. Möglich ist aber auch, dass er ihn übersehen hat. Soll A in doppelter Anwendung des in dubio pro reo-Grundsatzes weder wegen Mordes noch wegen fahrlässiger Tötung strafbar sein oder kann man ihn wenigstens wegen fahrlässiger Tötung bestrafen?

Für die Lösung solcher Fälle haben Rspr. und Lit. Rechtsfiguren als Ausnahmen zum in dubio pro reo-Grundsatz entwickelt. Um ihre Voraussetzungen und verfassungsrechtlichen Grenzen soll es im Folgenden gehen.

Klausurhinweis: *Unklare Sachverhalte sind zum 1. Examen die Ausnahme. Meistens sind alle für die rechtliche Lösung erforderlichen äußeren und inneren Tatsachen im Fall enthalten und müssen als gegeben unterstellt werden. Da 2017 der Große Senat für Strafsachen einen Streit zwischen den BGH-Senaten zur Verfassungsmäßigkeit der sog. echten Wahlfeststellung entschieden hat und das BVerfG diese Entscheidung inzwischen gebilligt hat (s. unten Rn. 814), könnten solche Fälle aber auch im 1. Examen vorkommen.*

---

687 S. dazu AS-Skript Strafrecht AT 1 (2021), Rn. 22 ff.

688 Vgl. BVerfG NJW 1988, 477.

2. Abschnitt: Aufbau

In einer Falllösung sollte man zunächst versuchen, Zweifel im Tatsächlichen durch **lebensnahe Auslegung** zu beseitigen. 781

Klausurhinweis: *Unterlassen Sie in Ihrem Gutachten Kritik am „unvollständigen" Fall. Tatsachenzweifel dürfen auch nicht mit platten Unterstellungen abgetan werden, wenn Sachverhalte bewusst in verschiedenen Richtungen offengehalten sind. Sie erkennen das an Formulierungen wie: „Auch nach Ausschöpfung aller Erkenntnisquellen bleibt unklar ..." oder: „Es kann nicht aufgeklärt werden ...".*

Meistens sind nur **einzelne Tatsachen einer Handlung** unklar, die für die Deliktsprüfung Bedeutung erlangen können – häufig der Zeitpunkt einer bestimmten Handlung, der Vorsatz oder die Schuldfähigkeit. Hier sollte man wie üblich aufbauen und den jeweiligen **Tatsachenzweifel bei dem oder den zu prüfenden Merkmalen aufwerfen**. Dabei liegt oft sofort auf der Hand, welche Sachverhaltsmöglichkeit für den Täter günstiger ist; man kann dann sofort eine in dubio pro reo-Entscheidung treffen. Dieses Vorgehen lässt sich als **„kleine alternative Lösung"** bezeichnen.

Wenn ganze Handlungsabläufe zweifelhaft sind, ist es dagegen unerlässlich, schon **vor dem Einstieg in einen Tatbestand die Sachverhaltsungewissheit offenzulegen** und dann verschiedene Sachverhaltsalternativen zu bilden. Dafür unterstellt man jeden der denkbaren Geschehensabläufe als wahr, löst alle für sich gesehen gutachtlich durch und fragt erst dann, ob eine eindeutige oder wahldeutige Verurteilung oder gar Freispruch in Betracht kommt – sozusagen die **„große alternative Lösung"**.

Aufbauschema: Strafrechtliche Bewältigung von Sachverhaltszweifeln

1. Sind nur **einzelne Fakten innerhalb einer Handlung oder eines Handlungskomplexes** unklar, „kleine alternative Lösung", d.h.
   a) Tatsachenzweifel erst bei der Subsumtion des **jeweils damit zusammenhängenden Deliktsmerkmals** offenlegen und Aufklärung durch **Sachverhaltsauslegung** oder Beweiswürdigung suchen.
   b) Ist Aufklärung nicht möglich und ist offensichtlich, welcher Sachverhalt für den Täter günstiger ist: **in dubio pro reo-Entscheidung**.
2. Sind **ganze Geschehensabläufe unklar**, „große alternative Lösung", d.h.
   a) Tatsachenzweifel **vor Einstieg in die Tatbestandsprüfung** offenlegen und Aufklärung durch Sachverhaltsauslegung oder Beweiswürdigung suchen.
   b) Ist Aufklärung nicht möglich: **Alle denkmöglichen Sachverhaltsvarianten bilden, jeweils als wahr unterstellen und konsequent durchprüfen**.
   c) **Vergleich der Ergebnisse:**
      aa) Wenn auch nur nach einer Variante Straflosigkeit oder geringere Bestrafung wegen Stufenverhältnisses: **Anwendung (ggf. mehrfache) des Zweifelssatzes in dubio pro reo,**
      es sei denn:

bb) Der Täter ist nach allen Varianten aus denselben Vorschriften strafbar: Schuldspruch aus den sicher verwirklichten Delikten, **gleichartige Wahlfeststellung**.

cc) Ein Nachtatgeschehen ist sicher, aber in seiner Strafbarkeit abhängig von einem nicht sicheren Vortatgeschehen: Strafbarkeit nur aus der Nachtat, **Postpendenz-Feststellung**.

dd) Es ist nicht sicher, ob der Täter den Tatbestand X oder Y verwirklicht hat. Strafloses Geschehen ist ausgeschlossen. Die möglicherweise verwirklichten Tatbestände stehen auch nicht in einem Stufenverhältnis zueinander. Sie sind aber rechtlich und psychologisch vergleichbar: Schuldspruch aus „entweder Tatbestand X oder Y", **ungleichartige Wahlfeststellung**.

3. Abschnitt: In dubio pro reo-Grundsatz

A. Reichweite des Zweifelssatzes

782 Der aus § 261 StPO und Art. 6 Abs. 2 EMRK ableitbare Zweifelssatz besagt im Kern, dass nur der wirklich Schuldige Strafe verwirkt hat und dass **straflos ist, wessen Schuld nicht zweifelsfrei feststeht** und wer daher möglicherweise unschuldig ist.[689]

Unstreitig gilt der Grundsatz für die Feststellung solcher Tatsachen, die den **Tatbestand**, die **Rechtswidrigkeit** oder die **Schuld** betreffen.

Beispiel: Bei der Fahrlässigkeitstat entfällt der Pflichtwidrigkeits- bzw. Zurechnungszusammenhang zwischen Fahrlässigkeit und Erfolg, falls dieser auch eingetreten wäre, wenn der Täter sich pflichtgemäß verhalten hätte oder falls sich dies aufgrund erheblicher Tatsachen nicht ausschließen lässt – „in dubio pro reo".

Nach heute **h.M.** gilt der Grundsatz „in dubio pro reo" auch für Tatsachen, die nach materiellem Recht die Verhängung von Strafen und Maßregeln betreffen, insbesondere also für Tatsachen, die für das Vorliegen von **Strafausschließungs- oder Strafaufhebungsgründen** von Bedeutung sind.[690] Ferner ist bei Unklarheit über die tatsächlichen Voraussetzungen von **Tateinheit oder Tatmehrheit** zugunsten des Angeklagten von Tateinheit auszugehen.[691] Schließlich dürfen in Fragen der Strafzumessung zulasten des Angeklagten nur solche Tatsachen verwertet werden, die erwiesen sind.

Umstritten ist, inwieweit der Grundsatz „in dubio pro reo" auch für **Prozessvoraussetzungen** gilt. Hauptfälle sind Zweifel, ob **Verjährung** eingetreten oder ein **Strafantrag** wirksam gestellt worden ist. Hier ist nicht die Schuld des Angeklagten zweifelhaft, sondern nur seine Verfolgbarkeit, was gegen eine Anwendbarkeit des in dubio pro reo-Satzes sprechen könnte. Wenn man jedoch aus dem Rechtsstaatsprinzip den weitergehenden Satz herleitet, dass niemand bestraft werden darf, wenn nicht sicher ist, dass seine Tat der staatlichen Strafgewalt (noch) unterliegt, so ist der Grundsatz anwendbar.[692]

---

689 BGHSt 18, 274, 275.

690 KK-StPO/Tiemann § 261 Rn. 69.

691 BGH StV 1988, 902.

692 Grundlegend für die Verjährung BGHSt 18, 274.

B. Der Zweifelssatz bei normativen Stufenverhältnissen

Stehen die möglicherweise verwirklichten Delikte nach strafrechtlichen Maßstäben im Verhältnis von **„Mehr oder Weniger"** zueinander, also in einem normativen Stufenverhältnis, so ist der Angeklagte nach dem Grundsatz „in dubio pro reo" **aus dem leichteren Tatbestand zu verurteilen**. **783**

I. Ein solches Stufenverhältnis besteht zunächst in den Fällen, in denen ein Delikt **Grund- oder Durchgangsstufe** zu dem anderen Delikt ist. **784**

Beispiele: Grunddelikt und qualifizierter Fall; Versuch und Vollendung; vorsätzliche Körperverletzung und Tötungsversuch.[693]

In dieser Gruppe ist die Verwirklichung der Grund- oder Durchgangsstufe sicher, während die Verwirklichung der höheren Verbrechensstufe zweifelhaft bleibt.

II. Ein Verhältnis von „Mehr" zu „Weniger" besteht auch, wenn ein **Tatbestand einen anderen mitumschließt**. **785**

Beispiele: Raub, § 249, zu § 242; Diebstahl, § 242, zur Gebrauchsanmaßung, § 248 b.

III. Auch wenn unklar bleibt, ob der Beschuldigte einen Deliktserfolg aktiv oder durch garantenpflichtwidriges Unterlassen herbeigeführt hat, ist von der **Unterlassung als milderer Möglichkeit** auszugehen.[694] **786**

IV. Mit unterschiedlichen Begründungen wird der Grundsatz „in dubio pro reo" auch dann angewendet, wenn zweifelhaft bleibt, ob der Angeklagte als **(Mit-)Täter oder Gehilfe** oder ob er als **Anstifter oder Gehilfe** gehandelt hat. **787**

Die **Rspr.** lehnt zwar eine unmittelbare Anwendung des in dubio pro reo-Satzes ab, weil ein Stufenverhältnis streng logisch nicht gegeben sei; denn die Gehilfentätigkeit sei nicht als ein Minus im täterschaftlichen Verhalten oder im Verhalten des Anstifters enthalten. **Der Grundsatz „in dubio pro reo" sei in diesen Fällen aber entsprechend anzuwenden:** Ihm sei der Grundgedanke zu entnehmen, dass der Angeklagte für den geringeren der beiden Unwertgehalte einzustehen habe. Die Beihilfe sei gegenüber der Mittäterschaft als minder schwere Beteiligungsform einzustufen,[695] und der Anstiftung sei ein höherer Unwertcharakter als der Beihilfe beizumessen.[696] Im Schrifttum wird die unmittelbare Anwendung des Grundsatzes „in dubio pro reo" auch für das Verhältnis von Täterschaft und Beihilfe bejaht.[697]

V. Auch zwischen der möglichen **Beteiligung an einem Verbrechen und der Nichtanzeige desselben nach § 138** wird inzwischen ein normatives Stufenverhältnis angenommen. Der Unrechtsgehalt der Nichtanzeige liege in der Gefährdung gerade des Rechtsguts, das durch die anzuzeigende Verbrechenstat verletzt werde. Dafür spreche, dass die Anzeigepflicht nicht allgemein, sondern nur dann bestehe, wenn der Täter zu einer Zeit von dem Vorhaben erfährt, zu welcher der Erfolg noch abgewendet werden kann.[698] **788**

Beispiel: A hat sicher vom Vorhaben einer räuberischen Erpressung (§ 255) des B erfahren. Er ist damit an sich nach **§ 138 Abs. 1 Nr. 7 wegen Nichtanzeige einer geplanten Straftat** strafbar. Möglich ist

---

693 Vgl. BGH MDR 1991, 70.

694 BGH NStZ 2004, 89; Sch/Sch/Hecker § 1 Rn. 86.

695 BGHSt 23, 203, 207.

696 BGHSt 31, 136, 138.

697 So z.B. Jescheck/Weigend § 16 II 2.

698 BGH NJW 2010, 2291; zustimmend Lackner/Kühl/Heger § 138 Rn. 6.

aber, dass er auch an dem Verbrechen als Mittäter beteiligt war. Wäre dies der Fall, dürfte er nicht aus § 138 bestraft werden: Den Beteiligten trifft wegen des nemo tenetur-Grundsatzes keine Pflicht zur Anzeige seiner eigenen Tat, es muss also als ungeschriebenes Tatbestandsmerkmal des § 138 das verbrecherische Vorhaben eines „anderen" vorliegen. – A ist nach der Rspr. dennoch wegen des normativen Stufenverhältnisses aus dem milderen und nachweisbaren § 138 zu bestrafen.

789 **VI.** Nach überwiegender Meinung ermöglicht die Anwendung des Grundsatzes „in dubio pro reo" auf die Fälle des „normativen Stufenverhältnisses" auch, im Verhältnis von **Vorsatz- und Fahrlässigkeitstat** den Täter aus dem Fahrlässigkeitsdelikt zu verurteilen, soweit ihn jedenfalls der Fahrlässigkeitsvorwurf trifft.[699]

Damit ist A in der Abwandlung des Beispiels oben (Rn. 780) auch bei möglichem Mordvorsatz wegen fahrlässiger Tötung gemäß § 222 strafbar.

C. Mehrfache Anwendung des Zweifelssatzes

790 Da das Gericht von der Erfüllung aller die Strafbarkeit begründenden Voraussetzungen überzeugt sein muss, können Sachverhaltsungewissheiten bei demselben Tatbeteiligten mehrmals auftauchen. Wenn dann keine der in den nachfolgenden Abschnitten dargestellten Sonderregeln eingreifen, muss bei **jeder zweifelhaften Voraussetzung** der Grundsatz in dubio pro reo neu angewendet werden. Das kann zu gegenteiligen Sachverhaltsunterstellungen und tatsächlich zur Straflosigkeit des Täters führen.

Beispiel dafür ist der Fall, in dem der Täter eine Straftat in alkoholisiertem Zustand begangen hat, aber der Alkoholisierungsgrad nicht mehr nachweisbar entweder unterhalb der Schwelle des § 21, aber auch im Bereich des § 20 gelegen haben kann. – Wenn hier die Voraussetzungen der actio libera in causa nicht erfüllt sind, muss in dubio pro reo die Rauschtat ausgehend von der **höchstmöglichen Alkoholisierung** wegen Schuldunfähigkeit abgelehnt werden. Bei § 323 a ist dann in dubio pro reo die **geringstmögliche Alkoholisierung** anzunehmen, sodass nach h.M. das Tatbestandsmerkmal „Rausch" entfällt.[700]

4. Abschnitt: Tatsachenalternativität (unechte Wahlfeststellung)

791 Bei uneingeschränkter Anwendung des in-dubio-pro-reo-Grundsatzes käme es in bestimmten Konstellationen zu **Unbilligkeiten**. In diesem Bereich wird von der h.M. deswegen eine sog. „Wahlfeststellung" angenommen. Diese sieht vor, dass der Täter unter bestimmten Voraussetzungen wahlweise nach dem einen oder anderen Tatbestand **(echte Wahlfeststellung)** bzw. nach demselben Tatbestand wahlweise in der einen oder anderen Sachverhaltsalternative **(unechte Wahlfeststellung)** bestraft werden kann.

Fall 38: Sachverhaltszweifel ohne Rechtsnormungewissheit

X hatte eine gefährliche Körperverletzung begangen. Im Strafverfahren gegen X sagte A als Zeuge am 01.06. eidlich aus, mit eigenen Augen gesehen zu haben, wie X den Y mit einem Messer verletzt habe. X wird rechtskräftig verurteilt. Im Schadensersatzprozess des Y gegen X sagte A am 03.09. unter Eid aus, dass er die Auseinandersetzung zwischen X und Y tatsächlich nicht gesehen habe.

Strafbarkeit des A?

---

699 BGH MDR 1988, 982; vgl. auch BGH JR 1990, 470; Sch/Sch/Hecker § 1 Rn. 85 m.w.N.; Wolter JuS 1983, 772, 773.

700 Vgl. die ausführliche Falllösung AS-Skript Strafrecht BT 2 (2024), Fall 15 Rn. 834.

A. Die eidlichen Aussagen des A vom 01.06. und 03.09. **widersprechen sich**. Daher muss A bei einer der Aussagen gelogen haben. Welche falsch ist, lässt sich nicht mehr ermitteln. **792**

B. Untersucht man die Strafbarkeit des A in den **denkbaren Sachverhaltsalternativen**, so ergibt sich Folgendes:

1. Variante: A hat die Auseinandersetzung, so wie am 03.09. ausgesagt, tatsächlich nicht mit angesehen.

I. Durch die beeidete Zeugenaussage über seine angeblichen Wahrnehmungen hat A sich am 01.06. wegen **Meineides** schuldig gemacht, **§ 154**.

II. Eine **Falschverdächtigung** durch diese Aussage gemäß **§ 164 Abs. 1** kommt nach der Rspr. nicht infrage, weil X die ihm vorgeworfene Straftat tatsächlich begangen hat.[701]

III. Aus demselben Grunde entfallen **§ 145 d Abs. 1 Nr. 1** und **§ 187**.

2. Variante: A hat den Streit, so wie am 01.06. geschildert, mit angesehen.

A hat sich dann durch die Zeugenaussage vor dem Zivilgericht eines **Meineides** gemäß **§ 154** schuldig gemacht.

Damit steht fest, dass A einen Meineid begangen hat; offen ist nur, ob dies am 03.09. oder am 01.06. geschehen ist. Ein dritter, strafloser Hergang scheidet aus.

C. Im vorliegenden Fall besteht also **eine Sachverhaltsalternativität, die aber nicht zu einer Rechtsnormungewissheit führt**. Daher kann eine eindeutige Verurteilung im Wege einer **unechten Wahlfeststellung** erfolgen. Bei dieser Figur handelt es sich nach h.M.[702] nicht um eine Wahlfeststellung im eigentlichen Sinne; denn die Verletzung eines bestimmten Strafgesetzes ist nachgewiesen. Da die bloße **„Tatsachenalternativität"** die Eindeutigkeit des Schuldspruchs nicht berührt, stellt sich die Frage nach den materiell-rechtlichen Voraussetzungen der Wahlfeststellung hier nicht (s. dazu unten Rn. 803 ff.). **793**

Ergebnis: A ist wegen Meineides strafbar.

---

5. Abschnitt: Postpendenz

Bei der sog. Postpendenz liegt keine doppelte Tatsachenungewissheit, also keine Tatsachen-Alternativität vor, sondern nur eine **„einseitige" Sachverhaltsungewissheit:** Ein Folgegeschehen ist dem Täter sicher nachweisbar und erfüllt für sich gesehen alle Voraussetzungen einer Anschlusstat (Hauptfall: Hehlerei). Rechtlich ist die Strafbarkeit aus der Anschlusstat aber von einem **nur möglicherweise gegebenen Vortatgeschehen** abhängig (= „post-pendent"). **794**

701 Vgl. BGHSt 35, 50; a.A. h.Lit., Sch/Sch/Bosch/Schittenhelm § 164 Rn. 16 m.w.N.

702 Vgl. BGHSt 2, 351; 13, 70; Sch/Sch/Hecker § 1 Rn. 60.

Fall 39: Voraussetzungen und Grenzen der Postpendenz

Begleitet von einer weiteren Person brach B in die Geschäftsräume des J ein und erbeutete zusammen mit dem anderen Brillantschmuck. Später wurde die Hälfte der Beute bei dem Kriminellen K sichergestellt. Möglich ist, dass K der Begleiter des B war, der den Schmuck als Beuteanteil für die Tatbeteiligung von B erhalten hat; Zeugen haben jedenfalls gesehen, dass K den Schmuck in Kenntnis des strafbaren Vorerwerbs von B entgegengenommen hat. Strafbarkeit des K?

795 **A.** Auch hier sind zunächst die je nach der einen oder anderen Sachverhaltsgestaltung verwirklichten Tatbestände zu ermitteln.

1. Möglichkeit: K war an der Vortat beteiligt

I. Hat K den B bei dem Einbruch begleitet, hat er aufgrund gemeinsamen Tatplans fremde bewegliche Sachen in der Absicht rechtswidriger Zueignung weggenommen und ist dazu in eine Wohnung eingebrochen. Er ist damit Mittäter eines Diebstahls im besonders schweren Fall gemäß **§§ 242, 25 Abs. 2, 243 Abs. 1 S. 2 Nr. 1**.

II. Die mitverwirklichten Delikte des **gemeinschaftlichen Hausfriedensbruchs** gemäß **§§ 123 Abs. 1 Alt. 1, 25 Abs. 2** und der **gemeinschaftlichen Sachbeschädigung** gemäß **§§ 303 Abs. 1, 25 Abs. 2** stehen dazu aus Gründen der Klarstellung in Tateinheit, § 52 (s.o. Rn. 769). Die durch den Diebstahl mitverwirklichte **Unterschlagung in Mittäterschaft** gemäß **§§ 246 Abs. 1, 25 Abs. 2** tritt als formell subsidiär zurück.

III. War K selbst Mittäter der Vortat, so kann die spätere Erlangung der Beute schon nach dem Gesetzeswortlaut des **§ 259 Abs. 1**, der die Vortat eines „anderen" verlangt, nicht mehr als **Hehlerei** tatbestandsmäßig sein.

Zwischenergebnis: In der 1. Variante ist K strafbar als Mittäter eines Diebstahls im besonders schweren Fall in Tateinheit mit gemeinschaftlichem Hausfriedensbruch und Sachbeschädigung.

2. Möglichkeit: K hat den Schmuck in Kenntnis der strafbaren Herkunft erlangt, ohne an der Vortat beteiligt gewesen zu sein

I. Infrage kommt **Hehlerei** gemäß **§ 259 Abs. 1 Var. 1**. Die von B und seinem Begleiter begangene Tat war die gegen fremdes Vermögen gerichtete Vortat anderer Personen, durch die eine rechtswidrige Besitzlage an dem Schmuck erzeugt wurde. K hat sich die Beute durch abgeleiteten Erwerb vom Vortäter zu eigener wirtschaftlicher Verfügungsmacht verschafft. Dies geschah in Kenntnis der Herkunft des Schmucks, also vorsätzlich und mit Bereicherungsabsicht. K hat rechtswidrig und schuldhaft eine Hehlerei begangen.

II. Die mitverwirklichte **Unterschlagung** tritt dahinter als formell subsidiär zurück, **§ 246 Abs. 1 a.E.**

Zwischenergebnis: In der 2. Variante ist K strafbar gemäß § 259 Abs. 1 Var. 1.

796 **B.** Fraglich ist, ob trotz dieser unterschiedlichen Lösungen eine eindeutige Verurteilung möglich ist.

I. Die Delikte der Sachbeschädigung und des Hausfriedensbruchs, aus denen nur bei sicherer Vortatbeteiligung bestraft werden darf, scheiden nach dem Grundsatz „in dubio pro reo" aus.

II. Der Sachverhalt, der die **Hehlerei** begründet (abgeleiteter Erwerb der Beute vom Vortäter in Kenntnis der deliktischen Herkunft und in Bereicherungsabsicht), ist dem K **nachweisbar. Insoweit bestehen keine Zweifel.** Nur die rechtliche Einordnung dieses Nachtatgeschehens hängt von einem nur möglicherweise gegebenen weiteren Sachverhalt (K könnte auch Mittäter des Einbruchsdiebstahls gewesen sein) ab.

1. Ein **Stufenverhältnis besteht** zwischen Mittäterschaft zum Einbruchdiebstahl und Hehlerei **nicht**. **797**

2. Käme man zur Anwendung des **in dubio pro reo-Grundsatzes**, müsste der Vorwurf des Diebstahls im besonders schweren Fall und der Hehlerei **jeweils wegen der Möglichkeit der anderweitigen Strafbarkeit entfallen**. Dieses Ergebnis wäre aber offenbar unbillig, denn eine doppelte Sachverhaltsungewissheit besteht im vorliegenden Fall gar nicht. Der Nachtat-Sachverhalt ist sicher und nur seine rechtliche Einordnung als Hehlerei ist von dem möglichen Vortatsachverhalt abhängig. **798**

3. Fraglich ist, ob eine eindeutige Verurteilung im Wege der **Postpendenzfeststellung** möglich ist. **799**

Das **Schrifttum** begrenzt diese Rechtsfigur vielfach auf sog. **konkurrenzrelevante Postpendenz**, also die Fälle, in denen die sichere Nachtat **nur aus Konkurrenzgründen** als mitbestrafte Nachtat hinter der Vortat zurücktreten würde, z.B. Zerstörung (§ 303) einer zuvor durch Diebstahl (§ 242) erlangten Beute.[703] In allen anderen Fällen komme nur eine Wahlfeststellung in Betracht (dazu nachfolgend Rn. 803 ff.). Danach wäre hier eine eindeutige Verurteilung aus Hehlerei ausgeschlossen. **800**

Die **h.Lit. und Rspr.** lassen auch bei Fällen **tatbestandsrelevanter Postpendenz** eine **eindeutige Verurteilung wegen des Nachtatgeschehens** zu. Begründung: Stehe ein Sachverhalt fest, der für sich gesehen die Bestrafung aus einer Anschlusstat rechtfertige, könne deren Verurteilung nicht daran scheitern, dass den Angeklagten möglicherweise noch zusätzlich ein Strafbarkeitsvorwurf treffe. Nur bewiesene Vortaten böten Anlass, auf die Bestrafung einer tatsächlich sicheren Folgetat zu verzichten.[704] **801**

Die Strafe ist aber auch bei Postpendenz dem Gesetz zu entnehmen, das nach konkreter Betrachtung die mildeste Strafe zulässt.[705] Das ist im vorliegenden Fall der Strafrahmen des § 259. Wäre die Anschlusstat eine gewerbsmäßige Hehlerei gemäß § 260 gewesen, die Vortat aber nur ein einfacher Diebstahl, hätte der Strafrahmen des § 242 gegolten.

Ergebnis: K ist wegen Hehlerei zu verurteilen.

---

703 Sch/Sch/Hecker § 1 Rn. 91; weitergehend Joerden JZ 1988, 847 ff., der auch in dem Tatbestandsmerkmal „anderer" in den §§ 145 d, 259 nur ein konkurrenzregulierendes Merkmal sieht.

704 Vgl. Hruschka JZ 1970, 637, 640 f.; Wolter JuS 1983, 602, 604; BGHSt 35, 86; BGH RÜ 2018, 104.

705 BGH NStZ 2011, 510.

802 Aus dem Vorgenannten folgt, dass eine **Postpendenzfeststellung in folgenden Konstellationen ausgeschlossen ist:**

- Weder das Vortat- noch das Nachtatgeschehen steht eindeutig fest, beide sind aber möglich (dann: echte Wahlfeststellung oder doppelte Anwendung des in dubio pro reo-Grundsatzes; dazu der nachfolgende Fall).
- Das Nachtatgeschehen ist sicher, für die Verfolgbarkeit aus dem nur möglichen Vortatgeschehen greift aber ein Verfahrenshindernis ein (z.B. Verjährung). Dann darf der Täter nicht schlechter stehen, als er stünde, wenn die Vortat bewiesen wäre; in dubio pro reo ist damit Freispruch geboten.[706]

6. Abschnitt: Ungleichartige (oder auch: echte) Wahlfeststellung

803 Wenn die doppelte Ungewissheit im Tatsächlichen dazu führt, dass auch nur **verschiedene Straftatbestände** erfüllt sein können, die nicht in einem Stufenverhältnis zueinander stehen, aber dennoch **rechtsethisch und psychologisch miteinander vergleichbar** sind, ermöglicht die **Rspr.** mit der sog. echten Wahlfeststellung einen **alternativen** Schuldspruch des Täters „entweder wegen ... (Straftat X) oder wegen ... (Straftat Y)". Ob diese Rechtsfigur verfassungsrechtlich zulässig ist, war Gegenstand eines inzwischen abgeschlossenen Streits unter den verschiedenen Strafsenaten.

Fall 40: Herstellung der Wahlfeststellungsfähigkeit durch Reduktion; Verfassungsmäßigkeit der echten Wahlfeststellung

Bei dem Kleinkriminellen K wird Brillantschmuck sichergestellt, der aus einem Einbruch in die Geschäftsräume des J stammt. Wie K in den Besitz des Schmucks gelangt ist, ist nicht aufzuklären: Entweder war er Mittäter des Einbruchs und der Schmuck ist sein Beuteanteil. Oder er hat den Schmuck in Kenntnis seiner strafbaren Herkunft von den Einbrechern angekauft. Wie kann K bestraft werden?

(Abwandlung des vorhergehenden Falles)

804 **A.** War K Mittäter des Einbruchs, ist er aus **Diebstahl im besonders schweren Fall** gemäß **§§ 242, 243 Abs. 1 S. 2 Nr. 1** in Tateinheit mit gemeinschaftlicher Sachbeschädigung gemäß §§ 303 Abs. 1, 25 Abs. 2 und gemeinschaftlichem Hausfriedensbruch gemäß §§ 123 Abs. 1 Alt. 1, 25 Abs. 2 strafbar.

Hat er den Schmuck von den Vortätern erworben, liegt **Hehlerei** nach **§ 259** in der Modalität des Ankaufens vor.

805 **B.** Sicher ist, dass K **entweder** durch den Einbruch mittels Wegnahme einen Diebstahl im besonders schweren Fall **oder** durch das dolose Erlangen der Schmuckstücke eine Hehlerei begangen hat. Ein weiterer strafloser Hergang, der sonst in dubio pro reo zugrunde zu legen wäre, ist nicht denkbar. Diebstahl im besonders schweren Fall und Hehlerei stehen auch nicht in einem normativen Stufenverhältnis zueinander.

706 BGH NJW 2003, 2759.

C. Da bei den verschiedenen Tatvorwürfen **unterschiedliche Straftatbestände** verwirklicht worden wären, entfällt auch eine eindeutige Verurteilung im Wege einer **unechten Wahlfeststellung** oder **Tatsachenalternativität**. 806

Erwägenswert wäre eine unechte Wahlfeststellung aus Unterschlagung, denn sowohl durch den Diebstahl als auch durch die Hehlerei wurde – formell subsidiär – § 246 Abs. 1 miterfüllt. Dessen Strafrahmen ist aber geringer als der von § 242 und § 259. Eine Bestrafung nur aus Unterschlagung würde den Schuldgehalt der möglichen Taten nicht ausschöpfen.

D. Eine eindeutige Verurteilung aus Hehlerei durch **Postpendenzfeststellung** setzt voraus, dass K **faktisch alle Tatbestandsmerkmale des § 259** erfüllt hat und nur offen ist, ob er an der Einbruchstat beteiligt war.[707] Das ist hier aber nicht erwiesen. 807

Hinweis: *Hier liegt der entscheidende Unterschied zu Fall 39!*

E. Damit bleibt die Frage, ob eine sog. **echte** oder **ungleichartige Wahlfeststellung** möglich ist. 808

I. Als Ausnahme des in dubio pro reo-Grundsatzes kommt die Wahlfeststellung von vornherein nur bei solchen Delikten infrage, die **rechtsethisch** und **psychologisch vergleichbar** sind. 809

- **Rechtsethische Vergleichbarkeit** bedeutet nach dem Verständnis der Rspr., dass die alternativen Straftatbestände **rechtlich hinsichtlich der Schwere der Schuldvorwürfe und nach allgemeiner sittlicher Bewertung ähnlich schwer wiegen**. 810
- **Psychologische Vergleichbarkeit** bedeutet eine einigermaßen **vergleichbare seelische Beziehung des Täters zu den mehreren infrage stehenden Verhaltensweisen**. 811

Das Schrifttum stellt teilweise auf die **„Identität des Unrechtskerns"** ab.[708] Diese setze voraus, dass sich die deliktischen Angriffe gegen dasselbe Rechtsgut oder dieselben Rechtsgüter derselben Gattung richteten und der Handlungsunwert der verschiedenen Delikte in etwa gleichartig erscheine.[709]

Soweit **keine Vergleichbarkeit** besteht, ist eine echte Wahlfeststellung nicht möglich. 812
Dann gilt wieder das **in dubio pro reo-Prinzip**. Der Zweifelssatz eliminiert aus der Vergleichsbetrachtung zunächst alle Straftatbestände, die nur in einer Sachverhaltsvariante verwirklicht werden. Außerdem entfallen mithilfe des in dubio pro reo-Grundsatzes auch nicht wahlfeststellungsfähige Strafschärfungen und sogar Elemente eines Tatbestandes selbst. Bleibt dann noch ein um alle nicht wahlfeststellungsfähigen Elemente **reduzierter Straftatbestand** übrig, der mit einem (oder mehreren) anderen rechtsethisch und psychologisch vergleichbar ist, kann aus diesen alternativ verurteilt werden.[710]

Beispiel: Hat sich der Angeklagte entweder wegen einer vorsätzlichen Trunkenheitsfahrt der Verkehrsgefährdung nach § 315 c oder wegen Überlassung eines Kraftfahrzeugs an einen Fahrer ohne Fahrerlaubnis eines fahrlässigen Verstoßes gegen § 21 Abs. 1 Nr. 2 i.V.m. Abs. 2 Nr. 1 StVG strafbar gemacht, so ist nach OLG Hamm[711] eine Wahlfeststellung zwischen fahrlässiger Trunkenheit im Verkehr, § 316

707 Vgl. BGH RÜ 2018, 166.
708 Vgl. z.B. Deubner JuS 1962, 23; NJW 1967, 738; 1969, 147.
709 Otto § 24 Rn. 9.
710 BGHSt 25, 182; BGH b. Holtz MDR 1986, 793.
711 OLG Hamm NJW 1982, 192.

Abs. 2, und fahrlässigem Gestatten des Fahrens ohne Fahrerlaubnis, § 21 Abs. 1 Nr. 2 i.V.m. Abs. 2 Nr. 1 StVG, zulässig. Dafür eliminiert OLG Hamm gedanklich aus § 315 c die konkrete Gefährdung und geht für den verbleibenden § 316 von fahrlässiger Begehung aus. Zwischen beiden fahrlässigen, abstrakten Gefährdungstatbeständen bestehe die erforderliche rechtsethische und psychologische Vergleichbarkeit.

Wendet man diese Grundsätze auf den vorliegenden Fall an, sind die nur bei Mittäterschaft zum Einbruch verwirklichten Straftaten des Hausfriedensbruchs und der Sachbeschädigung in dubio pro reo aus der weiteren Betrachtung auszuklammern, weil ihnen im Zusammenhang mit dem möglichen hehlerischen Erwerb nichts vergleichbares gegenübersteht. Dasselbe gilt für die Straferschwerung des § 243.

Damit verbleiben Diebstahl auf der einen und Hehlerei auf der anderen Seite.

813 **§ 242 und § 259** sind **nach ihrem Unrechts- und Schuldgehalt rechtlich miteinander vergleichbar**, weil in beiden Fällen fremdes Eigentum angetastet wird. Auch in der Rechtsbevölkerung ist die Gleichwertigkeit anerkannt („Der Hehler ist mindestens so schlecht wie der Stehler.").[712] Darüber hinaus haben Diebstahl und Hehlerei **denselben Strafrahmen** von bis zu fünf Jahren. Auch **psychologische Gleichwertigkeit** liegt vor, weil es in beiden Delikten darum geht, die Sache fort vom Eigentümer in eine rechtswidrige Vermögenslage zu bringen bzw. diese aufrechtzuerhalten. Damit liegen die Voraussetzungen der Wahlfeststellung vor.

814 **II.** Umstritten war, ob die **echte Wahlfeststellung mit Art. 103 Abs. 2 GG vereinbar** ist, weil hierfür keine gesetzliche Regelung existiert.

Der 2. Strafsenat des BGH vertrat die Ansicht, die echte Wahlfeststellung verstoße gegen den in Art. 103 Abs. 2 GG verankerten Gesetzesvorbehalt. Es handele sich um eine **richterrechtliche Rechtsfortbildung mit strafbegründender Wirkung**, die sich auf die **materiellen Voraussetzungen** der Strafbarkeit und der Strafandrohung beziehe. Wenn die Voraussetzungen der alternativ infrage kommenden Strafnormen jeweils nicht sämtlich zur Überzeugung des Tatgerichts feststellbar seien, führe dies nicht zur Anwendung einer der infrage kommenden Strafnormen, sondern einer **ungeschriebenen dritten Norm**, die – angeblich – übereinstimmende Unrechtselemente der gerade nicht zur Anwendung gelangenden Normen in sich vereinige. Da es an einem gemeinsamen Tatbestandsmerkmal fehle, werde dieses in Gestalt einer – angeblichen – rechtsethischen „Vergleichbarkeit" fiktiv ergänzt.[713]

815 Nach den übrigen Strafsenaten des BGH,[714] dem **Großen Senat für Strafsachen**[715] und inzwischen auch nach dem **BVerfG**[716] ist die echte Wahlfeststellung mit ihren Voraussetzungen der rechtsethischen und psychologischen Vergleichbarkeit **verfassungskonform**. Der Bestimmtheitsgrundsatz des Art. 103 Abs. 2 GG sei gar nicht berührt, da die Wahlfeststellung als Ausnahme des in dubio pro reo-Grundsatzes gar nicht zum sachlichen Recht, sondern zum **Prozessrecht** gehöre, für das das Gesetzlichkeitsprinzip nicht gelte. Auch die Notwendigkeit rechtsethischer und psychologischer Vergleichbarkeit der alternativ zur Verurteilung stehenden Strafvorschriften sei nicht materiellrechtlicher Natur, sondern schränke nur den Anwendungsbereich der an sich uneingeschränkt möglichen Wahlfeststellung wieder ein.

712 RGSt 68, 257, 262; BGHSt 7, 134, 140.

713 BGH RÜ 2014, 507; RÜ 2016, 96.

714 Antwortbeschlüsse zusammengefasst in RÜ 2015, 97.

715 BGH RÜ 2017, 709.

716 BVerfG RÜ 2019, 638.

Damit bestehen an der Verfassungsmäßigkeit der echten Wahlfeststellung keine Bedenken.

Hinweis: *Wegen der eindeutigen höchstrichterlichen Positionierung braucht die Verfassungsmäßigkeit der echten Wahlfeststellung in einer Klausur nicht mehr problematisiert zu werden. Es genügt die Feststellung in einem Nebensatz. Für Nachfragen in der mündlichen Prüfung sollte man den dargestellten Streit aber kennen.*

Ergebnis: K ist wegen Diebstahls oder Hehlerei strafbar.

- **Bejaht** wurde die Wahlfeststellungsfähigkeit von der Rspr.:

  bei den **Alternativen desselben Tatbestandes**, ferner bei **Diebstahl und Hehlerei**,[717] gewerbsmäßigem Diebstahl und gewerbsmäßiger Hehlerei,[718] Bandendiebstahl und Bandenhehlerei,[719] **Betrug und Hehlerei**,[720] **Betrug und Computerbetrug**,[721] **besonders schwerem Diebstahl und Begünstigung**,[722] **Raub und räuberischer Erpressung**,[723] **Falschverdächtigung** und **uneidlicher Falschaussage**,[724] **Allein- und Mittäterschaft**,[725] **Mittäterschaft und mittelbarer Täterschaft**.[726]

- **Verneint** wurde Wahlfeststellung:

  zwischen **Diebstahl und Betrug**[727] oder **Diebstahl und Erpressung**[728] ferner **zwischen Vollrausch, § 323 a, und der im Rausch begangenen Tat**.[729]

---

717 BGHSt 2, 93; BGHSt 1, 304; 11, 28; 15, 65.

718 BGH RÜ 2018, 166.

719 BGH NStZ 2000, 473.

720 BGH NJW 1974, 804.

721 BGH RÜ 2008, 311.

722 BGHSt 23, 361.

723 BGH NStZ 1984, 506.

724 OLG Braunschweig NJW 1959, 1144; BayObLG JR 1978, 25 sogar für §§ 154/164; BGHSt 32, 146, 149; BayObLG NStZ 1991, 405.

725 BGHSt 11, 18.

726 BGHSt 15, 65.

727 BGH NStZ 1985, 123.

728 BGH RÜ 2018, 433.

729 BGHSt 1, 275, 277; 9, 390, 394.

In dubio pro reo (Zweifelssatz)

Bleiben nach Ausschöpfung aller Beweis- und Erkenntnisquellen Zweifel an der Erfüllung der gesetzlichen Tatbestandsmerkmale, so ist **von der für den Täter günstigsten Sachverhaltsgestaltung** auszugehen (in dubio pro reo).

Der Zweifelssatz gilt für die Feststellung von Tatsachen,

- die den Tatbestand, die Rechtswidrigkeit, Schuld oder Konkurrenzen betreffen,
- die für die Strafausschließungs-, Strafaufhebungsgründe oder für die Strafzumessung von Bedeutung sind,
- die Prozessvoraussetzungen betreffen (str., von der Rspr. bei Verjährung bejaht).

Der Zweifelssatz gilt ferner bei möglichen Tatbestandsverwirklichungen, die in einem **normativen Stufenverhältnis** zueinander stehen. Der Tatbeteiligte ist dann in dubio pro reo aus dem schwächeren Delikt zu bestrafen.

Der Zweifelssatz kann bei demselben Tatbeteiligten mehrfach zu entgegengesetzten Sachverhaltsunterstellungen und dadurch zur Straflosigkeit führen.

Ausnahmen:

Gleichartige (oder auch: unechte) Wahlfeststellung

Tatsachenalternativität ohne Rechtszweifel: Eindeutiger Schuldspruch basierend auf verschiedenen Sachverhalten.

Postpendenz

Sicheres Nachtatgeschehen, das für sich gesehen alle Voraussetzungen einer Anschlusstat erfüllt, die aber durch ein nur mögliches Vortatgeschehen wieder in rechtliche Zweifel gezogen werden: Eindeutiger Schuldspruch nur aus dem sicheren Nachtatgeschehen.

Ungleichartige (oder auch: echte) Wahlfeststellung

Sachverhaltsungewissheit, nach der die Strafbarkeit des Täters sicher ist, aber entweder aus einem oder aus einem anderen Straftatbestand. Die möglichen Straftatbestände stehen nicht in einem normativen Stufenverhältnis, sind aber rechtsethisch und psychologisch vergleichbar: Schuldspruch „entweder aus dem einen oder dem anderen Delikt".

6. Teil: Rechtsfolgen der Tat (Überblick)

Das **Rechtsfolgensystem** des StGB geht von **Zweispurigkeit** aus. Es unterscheidet Strafen (Haupt- und Nebenstrafen), für deren Zumessung die Schuld des Täters die Grundlage ist (§ 46 Abs. 1 S. 1), und **Maßregeln der Besserung und Sicherung** (§§ 61 ff.), die unabhängig von der Schuld dem Schutz der Allgemeinheit vor dem gefährlichen Täter oder dessen Resozialisierung dienen sollen. 816

1. Abschnitt: Strafen

Hauptstrafen des StGB sind **Freiheitsstrafe**, §§ 38 f., und **Geldstrafe**, § 40. Nebenstrafe ist das **Fahrverbot** gemäß § 44. Im Bereich des Jugendstrafrechts ist die Jugendstrafe Hauptstrafe. 817

A. Freiheitsstrafe

Das StGB kennt **lebenslange** Freiheitsstrafe (als absolute Strafe z.B. angedroht bei Mord, § 211) und **zeitige** Freiheitsstrafe. Bestimmt das Gesetz nichts anderes, ist die Freiheitsstrafe zeitig. Ihr Höchstmaß ist 15 Jahre, ihr Mindestmaß einen Monat, § 38 Abs. 2. Auch bei einer Gesamtstrafe darf das Höchstmaß von 15 Jahren nicht überschritten werden, § 54 Abs. 2. 818

Nach § 47 Abs. 1 darf eine **Freiheitsstrafe unter sechs Monaten** nur verhängt werden, wenn besondere Umstände, die in der Tat oder der Persönlichkeit des Täters liegen, die Verhängung einer Freiheitsstrafe zur Einwirkung auf den Täter oder zur Verteidigung der Rechtsordnung **unerlässlich** machen.

Bei Verurteilung zu einer Freiheitsstrafe von **nicht mehr als einem Jahr** hat das Gericht bei günstiger Sozialprognose des Verurteilten die Vollstreckung der Freiheitsstrafe zur Bewährung auszusetzen, § 56 Abs. 1. Eine höhere Freiheitsstrafe, die **zwei Jahre nicht übersteigt**, kann zur Bewährung ausgesetzt werden, § 56 Abs. 2. Nach Ablauf der Bewährungszeit (zwei bis fünf Jahre, § 56 a), die mit Auflagen (§ 56 b), Weisungen (§ 56 c) und Bewährungshilfe (§ 56 d) verbunden sein kann, wird die Strafe erlassen (§ 56 g). Die Strafaussetzung zur Bewährung kann unter den Voraussetzungen des § 56 f widerrufen werden. Gemäß § 57 kann nach Verbüßung von zwei Dritteln der Strafrest zur Bewährung ausgesetzt werden.

Auch der Rest einer lebenslangen Freiheitsstrafe kann nach 15 Jahren verbüßter Strafe unter den besonderen Voraussetzungen des § 57 a ausgesetzt werden.

B. Geldstrafe

In den Strafrahmen des BT ist **Geldstrafe** nie allein angedroht, sondern wahlweise neben Freiheitsstrafe, und zwar grundsätzlich dann, wenn deren gesetzliches Mindestmaß (ein Monat) nicht erhöht ist. Nach § 47 Abs. 2 ist Geldstrafe auch dann möglich, wenn das Gesetz sie zwar nicht androht, im konkreten Anwendungsfall aber nur eine kürzere Freiheitsstrafe als sechs Monate in Betracht käme. 819

Für die Verhängung der Geldstrafe gilt das **Tagessatzsystem**. Dessen Sinn ist es, die Geldstrafe einerseits – durch die **Anzahl** der Tagessätze – ohne Rücksicht auf die wirtschaftlichen Verhältnisse des Täters **schuldadäquat** bemessen zu können, sie andererseits durch die **Höhe** des Tagessatzes aber dem konkreten Täter nach seinen **wirtschaftlichen Verhältnissen** anzupassen und empfindlich zu machen.

Die Festsetzung geschieht folglich in zwei Akten: Zunächst wird, abgestellt auf die Schuld, nach den allgemeinen Grundsätzen der Strafzumessung die Anzahl der Tagessätze festgesetzt (mindestens 5, höchstens 360, bei Gesamtstrafe höchstens 720, §§ 40 Abs. 1, 54 Abs. 2). Sodann wird die Höhe des einzelnen Tagessatzes nach den persönlichen und wirtschaftlichen Verhältnissen des Täters festgelegt (mindestens 1 €, höchstens 30.000 €, § 40 Abs. 2 S. 3). Dafür ist in der Regel von dem **Nettoeinkommen** auszugehen. Darunter versteht man die Summe aller Einkünfte nach Abzug der Steuern, Sozialabgaben, Werbungskosten und Unterhaltsverpflichtungen. Macht ein Angeklagter keine Angaben zu seinem Einkommen, kann dies nach § 40 Abs. 3 geschätzt werden. Der Tagessatz wird dadurch ermittelt, dass man das ermittelte monatliche Nettoeinkommen durch 30 dividiert.

Nach § 52 Abs. 3 und § 41 kann Geldstrafe bei Gewinnsuchttaten **neben** einer **Freiheitsstrafe** verhängt werden (wichtig für den Bereich der Wirtschafts- und Steuerkriminalität).

Die Anzahl der festgesetzten Tagessätze gibt zugleich die **Ersatzfreiheitsstrafe (§ 43)** an, die an die Stelle einer uneinbringlichen Geldstrafe tritt.

Hat der Angeklagte nur eine Geldstrafe bis zu 180 Tagessätzen verwirkt, kann das Gericht ihn bei günstiger Sozialprognose **mit Strafvorbehalt verwarnen**, §§ 59–59 c. Der Angeklagte wird schuldig gesprochen und verwarnt. Die Geldstrafe wird zwar bestimmt, aber es erfolgt insoweit keine Verurteilung, sondern ihre Verhängung wird vorbehalten.

Sowohl bei Freiheitsstrafe (höchstens 1 Jahr) als auch bei Geldstrafe schreibt § 60 das **Absehen von Strafe** vor, wenn eine Abwägung ergibt, dass der Angeklagte schon durch die Folgen der Tat hinreichend „bestraft" ist. Das Urteil enthält dann nur einen Schuldspruch und die Kostenentscheidung.

C. Fahrverbot

820 Gemäß **§ 44** kann ein Fahrverbot nur **neben** einer Freiheits- oder Geldstrafe verhängt werden. Das Fahrverbot ist in erster Linie eine „Denkzettel-Strafe" für nachlässige oder leichtsinnige Kraftfahrer und wird regelmäßig verhängt, wenn eine **Entziehung der Fahrerlaubnis** nach **§ 69** unterbleibt. Möglich ist ein Fahrverbot aber auch wegen anderer Straftaten, um dem Richter eine spürbare Einwirkungsmöglichkeit auf den Täter zu geben und die Verhängung kurzzeitiger Freiheitsstrafen zu vermeiden.

2. Abschnitt: Maßregeln der Besserung und Sicherung

821 Die Maßregeln der Besserung und Sicherung sind im Katalog des § 61 enthalten. Freiheitsentziehende Maßregeln sind:

- Unterbringung in einem **psychiatrischen Krankenhaus**, § 63,
- Unterbringung in einer **Entziehungsanstalt**, § 64,
- Unterbringung in der **Sicherungsverwahrung**, § 66.

Maßregeln ohne Freiheitsentzug sind:

- **Führungsaufsicht**, §§ 68–68 g,
- **Entziehung der Fahrerlaubnis**, §§ 69–69 b,
- **Berufsverbot**, §§ 70–70 b.

Alle Maßregeln der Besserung und Sicherung stehen unter dem Grundsatz der **Verhältnismäßigkeit**, § 62. Sicherungsverwahrung, § 66, und Führungsaufsicht, § 68, können nur neben einer Strafe angeordnet werden. Die übrigen Maßregeln setzen keine Verurteilung wegen schuldhaft begangener Tat voraus; sie können auch gegen einen Schuldunfähigen angeordnet werden.

3. Abschnitt: Nebenfolgen einer Straftat

Als **Nebenfolgen** einer Strafe (wegen Verbrechens Freiheitsstrafe von mindestens einem Jahr) kennt das Gesetz in § 45 den 822

- Verlust der **Amtsfähigkeit**,
- Verlust der **Wählbarkeit**,
- Verlust des **Stimmrechts**.

4. Abschnitt: Weitere Maßnahmen

- **Einziehung**, §§ 73–76 b, 823
- **Unbrauchbarmachung**, § 74 d.

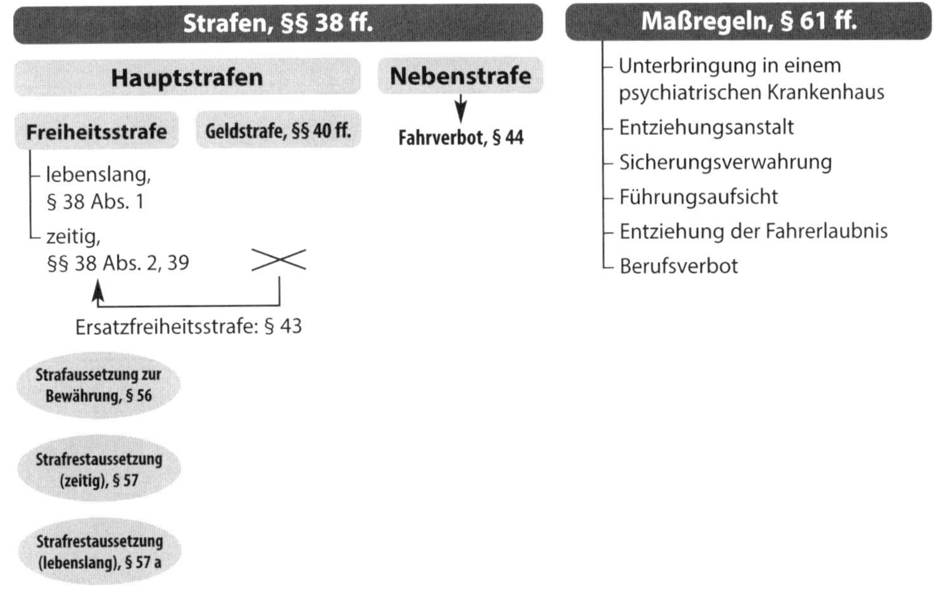

Stichwortverzeichnis

Die Zahlen verweisen auf die Randnummern.